신성한 동화를 들려주시오

방정환 문학과 사상의 재조명

필자
김경희(金璟姬, Kim, Kyunghee) 건국대학교 인문학연구원 연구교수
김용휘(金容暉, Kim, Yonghwi) 방정환한울학교 상임이사
박금숙(朴錦淑, Park, Keumsook) 동시인
박종진(朴鍾振, Park, Jongjin) 인하대학교 인문과학연구소 연구교수
서희경(徐希京, Seo, Heekyung) 동시인
오현숙(吳炫淑, Oh, Hyunsook) 서울대학교 강사
이성훈(李星薰, Lee, Songhoon) 건국대학교 동화미디어콘텐츠학과 교수
이주영(李柱暎, Lee, Juyoung) 어린이문화연대 상임대표
장정희(張貞姬, Jang, Jeunghee) 방정환연구소 소장
정선희(鄭仙熹, Jeong, Sunny) 고려대학교 국어국문학과 박사수료
홍창수(洪彰秀, Hong, Changsoo) 고려대학교 문화창의학부 교수
오오타케 키요미(大竹聖美, Otake, Kiyomi) 도쿄 쥬신대학교 어린이문화학과 교수

신성한 동화를 들려주시오 방정환 문학과 사상의 재조명

초판 인쇄 2018년 4월 25일 **초판 발행** 2018년 5월 5일
엮은이 방정환연구소 **펴낸이** 박성모 **펴낸곳** 소명출판 **출판등록** 제13-522호
주소 서울시 서초구 서초중앙로6길 15, 1층
전화 02-585-7840 **팩스** 02-585-7848 **전자우편** somyungbooks@daum.net **홈페이지** www.somyong.co.kr

값 38,000원
ISBN 979-11-5905-274-3 93810

방정환 총서 01

신성한 동화를 들려주시오

Share the divine fairy tale

방정환 문학과 사상의 재조명

방정환연구소 편

김경희 김용휘 박금숙 박종진 서희경 오현숙 이성훈
이주영 장정희 정선희 홍창수 오오타케 키요미

소명출판

서문 / 방정환 연구는 곧 방정환 실천

국립어린이청소년도서관 토론실 한 켠에서 '방정환 원문읽기'를 처음 시작한 것이 2014년 10월 16일. 그로부터 매주 열띤 연구자들의 회합이 이어지며 어느새 방정환 원문읽기도 어언 3년이라는 시간을 지나고 있다.

'방정환 문학을 원문으로 읽자'. 그저 소박하고 단순하기까지 했던 방정환 원문읽기의 역사는 그래서 더 선이 굵고 뚜렷하다. 우리가 하고 있는 일, 우리가 해 가야 할 일은 선명하다. 그것은 곧 방정환 자료를 실증하고, 연구의 기초를 튼튼히 하며, 그 내면의 속살까지 훌륭하게 규명해 내는 일이다. 거창한 주제, 화려한 이론 이전에 원 작가의 원텍스트를 직접 대면하고 그 밑바닥의 깊이를 회의하고 고구하는 일. 비록 한 걸음 한 걸음 느릴지라도 기초적 연구를 수행하고 감내하는 작업은 앞으로 우리 시대, '새로 개척되는' 방정환학方定煥學의 정초定礎가 되어 주리라.

이번 방정환 총서는 지난 3년간 축적해 온 주목할 만한 최신 연구 논문을 한 자리에 결집한 것이다. 한 편 한 편이 모두 방정환 연구사를 새롭게 써 나갈 성과들이다.

제1장은 방정환의 소설 · 번역동화 · 동화극의 심층을 드러내는 연구이다.

「방정환의 소설 「유범流帆」 연구」(장정희)는 3 · 1독립운동 서사를 내면화한 최초의 항일저항소설로서 방정환의 소설을 재조명한 것으로 독립운동가 방정환의 면모를 새롭게 부각시킨다. 「방정환의 '귀신동화'의 형성과 의미 연구」(김경희)는 지금까지 창작으로 알려져 왔던 방정환의 '양초귀신'이 일본 동화의 저본임을 공개하고 그 비교 연구를 수행한다. 「방정환 동화극의 극작술 연구」(홍창수)는 극작 · 연출의 관점에서 무대 · 음향 · 언어 · 음악, 극행동의 결합까지 방정환의 동화극에 나타난 극작 기법을 본격적으로 탐구한다.

제2장은 근대 아동문학의 문예사적 의미를 더하는 『어린이』 연구이다.

「손진태의 『어린이』 소재 작품 목록 재고」(정선희)는 남창 손진태가 기고한 최초의 글이 『어린이』에 발표한 역사동화였으며, 그것은 1권 4호에 발표된 「우리의 첫 한아버지(단군신화에서)」였음을 밝힌다. 「이영철 동화의 특징 연구」(박금숙)는 일제 시기 우리말과 민족혼을 일깨우고자 한 동화작가 이영철의 생애와 작품 세계를 다루며 한국 아동문학사에 차지하는 그의 위상을 부조해 낸다. 「『어린이』에 발표된 동요 · 동시 · 소년시 연구」(서희경)는 『어린이』의 대표적 서정 장르를 동요, 동시, 소년시로 나누어 그 장르적 특성을 다루고 이로부터 파생한 다양한 장르군의 양상을 입체적으로 분석한다.

제3장은 방정환의 어린이운동과 교육철학, 문학 사상의 원류 동학

과 천도교를 주목하는 연구이다.

「1923년 천도교소년회 어린이선언이 갖는 세계아동문화사적 의미」(이주영)는 일제시대 우리나라의 어린이해방운동이 갖는 참된 의미를 밝히는 한편, 역설적으로 퇴보하고 있는 현대 아동 권리와 헌장에 맞서 우리 시대 어린이해방정신을 선언한다. 「방정환의 교육철학과 동학사상」(김용휘)에서는 동학 · 천도교의 무위이화와 시천주를 기원으로 한 방정환의 영성 교육, '모심'의 철학을 현대 실천 교육의 신념으로 구현해 낸다. 「근대 아동문학 초창기의 '사랑'」(오오타케 키요미)에서는 방정환이 펼친 어린이 인권운동과 아동문학의 뿌리를 사랑으로 파악하고 그의 삶에 밀착한 민족주의와 사회변혁 의식을 조명한다.

제4장은 방정환의 세계동화집 『사랑의 선물』의 원작, 일본어 저본과의 상관성을 탐색하는 연구이다.

「방정환의 『사랑의 선물』에 실린 그림동화」(이성훈)는 방정환이 번역한 「잠자는 왕녀」와 원제의 동화 「가시장미공주」를 분석하여 동화 전형의 세 가지 모티프를 분석한다. 「「왕자와 제비」에 나타난 방정환의 내러티브」(박종진)는 영어 원본, 일본어 중역본, 방정환 번역본의 문장 비교를 통해 방정환의 「왕자와 제비」가 보여 주는 서사 변형의 독자성과 그 세부를 드러낸다. 「방정환의 『사랑의 선물』에 나타난 멜로드라마적 특성과 동화의 숭고미」(오현숙)에서는 종종 지적되어 온 방정환 문학의 감상성과 눈물주의 담론을 지양하며 방정환 동화의 미적 표현 양식의 하나로 숭고미를 발견한다.

방정환 연구는 곧 방정환 실천이 아닐까? 이러한 마음에서 우리는 방정환이 소망했던 바람 한 가지로 이 총서의 제목을 삼게 되었다.

> 귀여운 어린 시인에게 돈 주지 말고 과자 주지 말고 겨를 있는 대로 기회 있는 대로 신성한 동화를 들려 주시오. 때때로 자주 자주.
>
> —『천도교회월보』, 1921.2

신성한 동화를 들려 주시오! 돈보다도 과자보다도 어린이에게 동화를 들려 주라고 호소했던 방정환. 동화는 더없는 신성神聖의 어린이문학이다. 동화는 어린이를 움직이고, 어린이는 그 시대를 움직일 것이다. 신성한 동화의 가치를 되묻고 부활시켜 보려는 작은 실천. 이번 총서의 발간도 기꺼이 그 흐름에 합류했다고 자평해 본다.

2018.4.5

장정희

차례

제2장

제3장

제4장

제1장

“

모두가 봄이다.

산도 봄 들도 봄이다.

사람도 봄이고 공기까지도 봄공기이다.

”

방정환의 소설 「유범流帆」 연구

'독립'의 서사 전략화 및 항일저항소설로서 문학사적 의의

장정희

1. 들어가며

〈그림 1〉 『주간소학생』 13, 1946.5.6.

이 글은 방정환이 『개벽』 창간호(1920.6)에 발표한 소설 「유범」을 연구 대상으로 하여, 이 소설에 내면화된 '3·1독립운동 서사'의 측면을 분석하고, 1919년 3월 1일 기미독립선언 이후 이를 소재로 처음 나타난 항일 저항소설로서의 가치를 새롭게 발견하고 그 의의를 부여해 보려고 한다.

방정환의 소설[1] 발표는 1910년대 『청춘』의 「우유배달

1 여기서의 '소설'은 성인 독자를 상정한 성인소설의 범주로 제한한다. 넓은 의미의 개념으로서 '소설'이라면 '소년소설(아동소설)'에서 '소년탐정소설' 등도 범주에 포함시킬 수 있을 것이다. 방정환이 본격적으로 성인소설을 발표한 기간은 약 4년 정도이다. 그러나 넓은 의미의 '소설' 개념으로 볼 때 방정환의 소설 창작 시기는 '아동' 독자로 전환한 '소년소설', '소년사진소설', '학생소설', '소년탐정소설' 등 아동 서사의 실험과 장르 확장을 주도해 나간 시기까지 포함해 볼 수도 있다. 탐정소설 「소년 사천

부」(13호, 1918.4)와 『유심』의 「고학생」(3호, 1918.12) 당선으로부터 출발하였다. 그 뒤 방정환은 경성청년구락부라는 청년 비밀 결사 활동을 조직하고 이 기구의 기관지격인 『신청년』을 창간하여 「금시계」(1호, 1919.1), 「사랑의 무덤」(2호, 1919.12), 「졸업의 일」(2호, 1919.12) 등 다수의 소설을 연이어 발표하였다.

이와 같은 방정환 소설 분야의 연구는 방정환의 작가 의식을 탐구하고 그의 문학이 지닌 전체성을 해명하는 데 있어 중요한 과제이다. 이러한 인식 아래 방정환 소설 연구는 김복순 · 최수일 · 장정희 · 염희경 · 서희경 등으로 그 성과를 축적해 왔다.

김복순[2]은 방정환의 초기소설에 나타난 '고학의 의미와 가난'에 대해 분석하였다. 소략하게 언급된 것이 다소 아쉽긴 하지만, "심리적 갈등에 시달리고 있는 인물로 그려져 있어 더욱 생생하게 살아 있는 인물로 형상화"[3] 등 방정환 소설의 성격 창조와 심리 묘사를 평가하였다. 신소설의 과도기적 성격을 극복하고 근대소설의 면모를 뚜렷이 갖추고 있었다는 점에서 방정환을 위시한 1910년대 소설들이 가진 위치를 진단하였다.

『개벽』 연구의 대표적 연구자인 최수일[4]은 『개벽』 내의 서사물을 크게 세 경향으로 구분하며 방정환의 작품을 박달성과 현진건과 같은 작품군으로 평가하고, '민족 내지 사회적 각성을 촉구한 계몽문학'으로 방정환 소설을 성격 지었다. 특히 「유범」에 대해서는 '민족을 위한 자

왕」을 연재한 1930년 9월까지를 감안해 보면, 적어도 방정환의 소설 창작은 약 13년간, 생애 전반에 걸쳐 꾸준히 지속되었다.

2 김복순, 『1910년대 한국문학과 근대성』, 소명출판, 1999.

3 위의 책, 246쪽.

4 최수일, 『개벽 연구』, 소명출판, 2008.

기 희생의 인간상', 「그날 밤」에 대해서는 '육체성 · 물질성의 회복'으로 해석하였다.

장정희[5]는 『신청년』에 발표한 방정환의 단편소설이 '아동'을 독자로 전제하는 소년소설로 개작된 양상과 1920년대 초창기 '소년소설'의 장르의식과 서사 전략을 분석하였다. '소설'에서 '소년소설'로 독자 대상이 변화해 감에 따라 원 텍스트를 다양하게 변모시켜 나가는 방정환의 서사 전략적 측면에 대해 다루었다.

염희경[6]은 방정환 소설의 계보를 크게 '고학생소설'과 '연애소설'로 구분하고, 전자의 소설에 대해서는 "식민지 근대 '입지'를 향한 꿈과 좌절"로, 후자의 소설에 대해서는 "연애, '봉건'과의 결별과 정치의 접속"으로 분석하였다. 특히 『신여자』의 발표 작품군부터 해서 미확인 상태였던 방정환의 새로운 소설을 발굴 소개하여 조명한 것은 중요한 성과였다.

서희경[7]은 소설 「그날 밤」을 중심으로 다루면서 연애 서사의 측면을 주로 분석하였다. 그는 이 작품을 '1920년대 신여성 담론과 근대의 공간을 사실적으로 구현한 문제작'으로 보고 문학사적 평가가 필요하다고 지적하였다. 특히 주체의 선택으로서 '영식의 죽음'을 주목하고 "근대의 선물인 자유연애와 주체의 선택에 의한 결혼에 대한 문제를 근대 공간에서 진지하게 받아들이고 실천"[8]한 것으로 해석한 것이 주목된다.

---

5 장정희, 「방정환 문학 연구—'소년소설'의 장르의식과 서사전략을 중심으로」, 고려대 박사논문, 2013.

6 염희경, 「'소설가' 방정환과 근대 단편소설의 두 계보」, 『아동청소년문학연구』 13, 2013.

7 서희경, 「방정환의 소설 '그날 밤'에 나타난 연애 서사와 신여성관」, 『봄에 만나는 방정환』(2015 포럼집), 방정환연구소 포럼(2015.3.27. 국립어린이청소년도서관).

8 위의 글, 26쪽.

이러한 연구 성과는 그 동안 주목받지 못했던 방정환 소설이 근대 신여성관의 형성, '연애' 담론의 확장, 봉건과 근대의 갈등과 주체의 모색, 일제 강점의 정치적 담론에 이르기까지 다양한 문학적 스펙트럼을 지닌 텍스트라는 사실을 새롭게 환기해 주었다. 최근 들어서 방정환의 소설에 나타난 '연애' 담론에 대한 조명이 활발해지고 있음 또한 주목할 필요가 있다. 「유범」 또한 '연애소설'의 층위에서 다루어지고 있는 측면이 강하다.

그러나 '독립' 서사를 내면화한 '항일저항소설'로서 「유범」이 가진 문학사적 의의에 대해서는 그 동안 조명되지 못했다. 「유범」은 『개벽』 창간호 전체를 관통하여 '독립'이라는 어휘를 기표화한 유일한 작품으로 확인되고 있다. 특히 「유범」은 1919년 3·1독립운동 전후 이를 서사의 배경으로 은닉하고 '거사'를 비밀리에 준비하는 청년 학생들의 직·간접적 실천을 그리고 있다.

「유범」은 표층적으로는 등장하는 세 인물 사이의 애정 갈등을 다루는 서사로 이루어져 있다. 하지만 그 심층에는 쓰고 싶은 '다른' 한쪽의 이야기 — 즉, '독립'의 서사 지향성 — 를 치밀하게 직조해 나간다. 이와 같은 서사 욕망은 검열 제도에 맞서 억압되고 은폐되어 있는 양상을 보이는데, 은어의 사용, 생략적 대화, 시간 축약, 암시적 공간, 지시 대상의 생략 등 다양한 서술 기법으로 나타나고 있다. 이에 이 글은 「유범」에 나타난 '독립'의 서사 전략화 방법에 집중하여 문면에 드러나는 방정환 소설의 저항적 의미를 찾아보고자 한다. 이 논의를 위해 이 글은 당시 3·1독립운동의 준비과정에 있어 방정환의 체험이 서사의 재구성에 어떤 유기적 관련성을 갖게 되는지도 아울러 살펴볼 것이다.

2. 서사 공간의 분석

『개벽』 창간호가 발매되자마자 방정환의 소설 「유범」은 '봄 공기에 싸여 있는 독립문의 정경'이 묘사된 "'모도가 봄이다' 다음 4행"에 대해 삭제 처분을 받게 된다. '독립'이라는 기표가 일제의 검열 당국을 자극시켰던 것이다. 최근까지 방정환의 소설 「유범」은 이 삭제 대목이 '빈 여백'인 채로 읽혀 왔다. 2006년 발간 범우사판 문학 선집만 보더라도 "'모도가 봄이다' 다음 4행"이 삭제된 텍스트가 실려 있는 형편이었다.[9] 그러나 정진석 · 이종호 · 최수일에 의한 『개벽』 연구의 본격화 및 일제의 검열 체계에 대한 실증적 조사가 이루어지면서,[10] 미확인 상태로 있던 『개벽』 창간호의 압수 원본이 발굴되고 소설 「유범」의 삭제 내용이 온전히 밝혀짐에 따라 이 작품에 대한 새로운 분석 또한 가능해졌다.

1) '독립' 기표화의 전략

주지하듯 『개벽』 잡지는 1919년 3 · 1독립운동 이후 일제의 탄압으로 천도교 교세가 급격히 기울자 천도교 청년들이 주축이 된 천도교청

9 이원수 · 이주홍 · 이재철, 『방정환문학전집』, 문천사, 1974; 이재철, 『어린이찬미』, 범우사, 2006.

10 정진석, 『한국언론사』, 나남, 1990; 이종호, 「『개벽』의 원문 분석을 통한 1920년대 검열제도 연구」, 동국대 석사논문, 2005; 최수일, 「『개벽』에 대한 서지적 고찰」, 『민족문학사연구』 27, 성균관대 대동문화연구원, 2005.

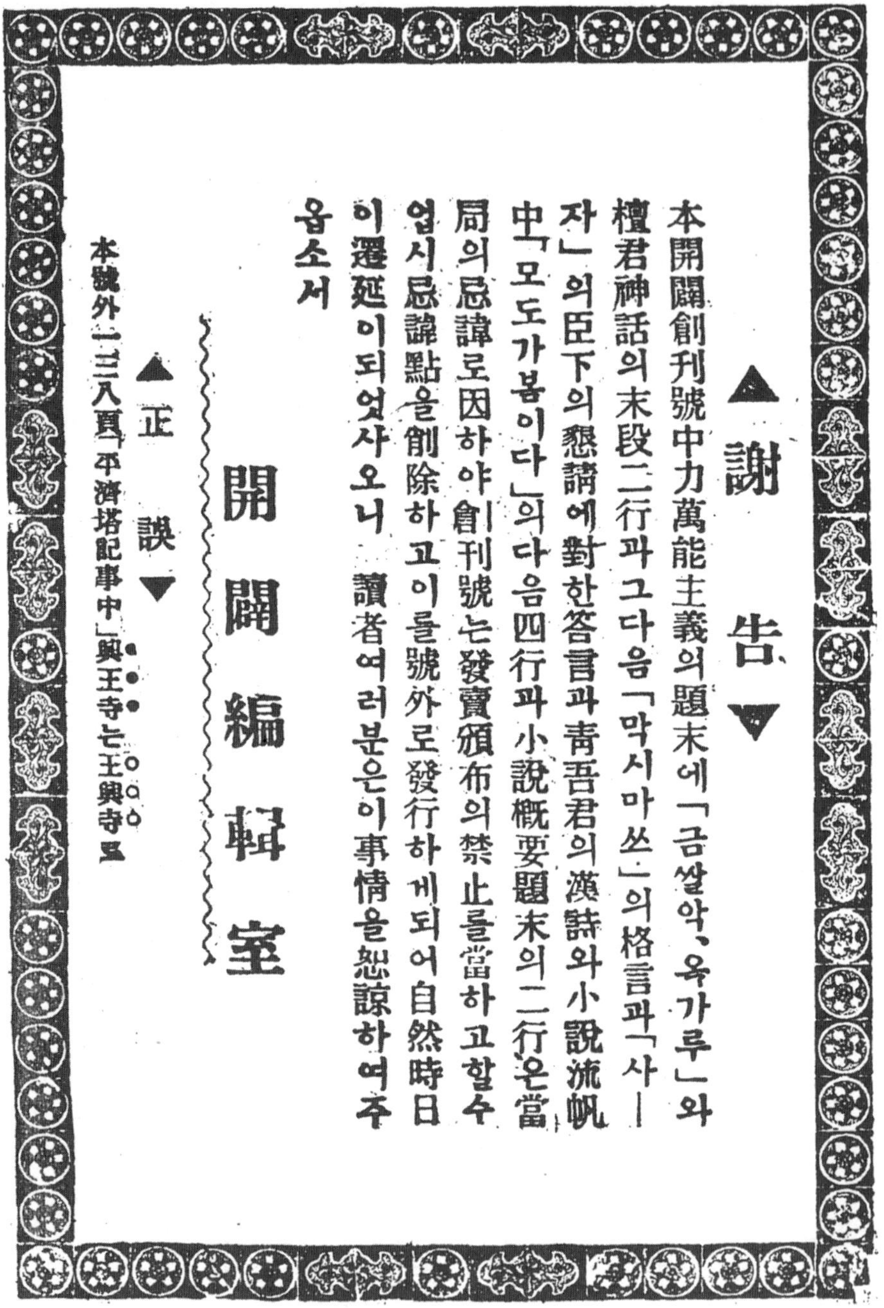

▲謝 告▼

本開闢創刊號中力萬能主義의題末에「금쌀악、옥가루」와檀君神話의末段二行과그다음「막시마쓰」의格言과「사ー자ー」의臣下의懇請에對한答言과靑吾君의漢詩와小說流帆中「모도가봄이다」의다음四行과小說槪要題末의二行은當局의忌諱로因하야創刊號는發賣頒布의禁止를當하고할수업시忌諱點을削除하고이를號外로發行하게되어自然時日이遲延이되엇사오니 讀者여러분은이事情을恕諒하여주옵소서

開闢編輯室

▲正 誤▼

本號外一三八頁「平濟塔記事中」與王寺는王興寺로

〈그림 2〉『개벽』 창간호, 1920.6, 개벽사(『개벽 영인본』 1, 1969년판)

년회 교리강연부에서 대중 강연 활동과 함께 역점 사업의 하나로 발행하기 시작한 잡지이다. "평균 발행 부수 8,000~9,000부에 그 구독자 수가 최소 1만 명 이상"[11]이었던 『개벽』은 우리나라 근대 종합 문예 잡지로서 당대 독자 장악력이 높았던 잡지였다.

誠嚴學人의 회고에 의하면 「유범」이 실린 『개벽』의 "창간호는 連 二回나 押收를 當"[12]하였다. 『개벽』은 '신문지법'으로 발행 허가를 받았기 때문에 역설적으로 일제 검열 삭제 원본을 남길 수 있게 된 셈이었지만,[13] "창간호는 압수 당하기 전의 것은 거의 滅種이 되어(한두 부가 겨우 전할 뿐), 그 실물을 거의 볼 수 없었"[14]던 실정이었다.

『개벽』은 첫 인쇄 발행본인 '본호'가 압수되면 예외없이 '호외', 또는 '임시호'를 이어 발행했다. '號外'판 『개벽』 창간호는 다음과 같이 사고謝告를 싣는다.

◀ **謝告** ▶

本 開闢 創刊號 中力萬能主義의 第末에 '금쌀악, 옥가루'와 檀君神話의 末段 二行과 그 다음 '막시마쓰'의 格言과 '사-자'의 臣下의 懇請에 對한 答言과 靑吾君의 漢詩와 小說 流帆 중 **'모도가봄이다'의 다음** 四行과 小說槪要 題末의 二行은 當局의 忌諱로 因하야 創刊號는 發賣頒布의禁止를 當하

11 최수일, 「1920년대 문학과 『개벽』의 위상」, 성균관대 박사논문, 2001, 27~30쪽.

12 誠嚴學人, 「開闢誌에 對하여」, 『개벽 영인본』 1, 1969년판, 4쪽.

13 "(개벽은) 거의 호마다 압수를 당하고 또는 벌금형 정간을 당하면서 꾸준히 굴함 없이 압수를 당하면 호외 또는 임시호를 발간하며 그 필봉을 굽히지 않았고 압수당할 것을 예기하고 그 발행 납본하기 앞서 미리 독자에게 잡지를 발송했었다." 위의 글, 4쪽.

14 김근수, 「'개벽'지 압수원본선집 발간에 즈음하여」, 『개벽 압수원본선집』, 동방문화사, 2007.10.

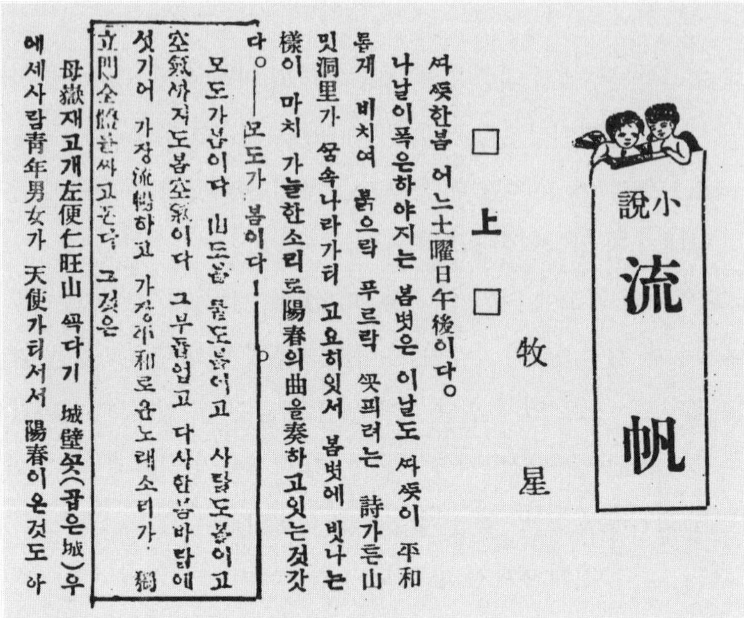

小說 流帆

牧星

□上□

싸뜻한봄 어느土曜日午後이다。
나날이폭은하야지는 봄볏은 이날도 싸뜻이 平和
롭게 비치여 풀으락 푸르락 쏫피려는 詩가튼山
밋洞里가 꿈속나라가티 고요히잇서 봄볏에 빗나는
樣이 마치 가늘한소리로陽春의曲을奏하고잇는것갓
다。——모도가 봄이다!——。
모도가봄이다 山도봄 들도봄이고 사람도봄이고
空氣싸지도봄空氣이다 그부드럽고 다사한봄바람에
섯기어 가장流暢하고 가장平和로운노래소리가 獨
立門全般을싸고돈다 그것은
母嶽재고개左便仁旺山 쏙다기 城壁쏫(굽은城)우
에세사람靑年男女가 天使가티서서 陽春이온것도 아

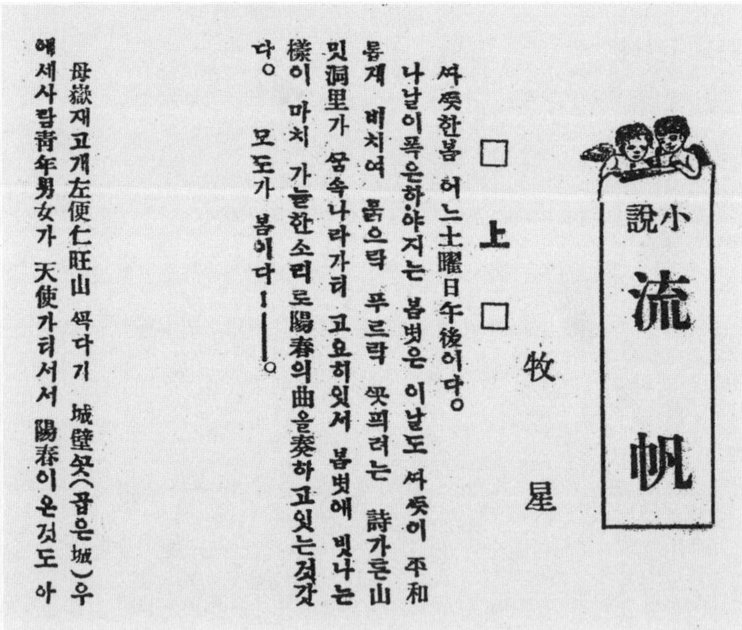

小說 流帆

牧星

□上□

싸뜻한봄 어느土曜日午後이다。
나날이폭은하야지는 봄볏은 이날도 싸뜻이 平和
롭게 비치여 풀으락 푸르락 쏫피려는 詩가튼山
밋洞里가 꿈속나라가티 고요히잇서 봄볏에 빗나는
樣이 마치 가늘한소리로陽春의曲을奏하고잇는것갓
다。 모도가 봄이다!——。
母嶽재고개左便仁旺山 쏙다기 城壁쏫(굽은城)우
에세사람靑年男女가 天使가티서서 陽春이온것도 아

〈그림 3〉 「유범」의 삭제 전후의 모습

고 할 수 업시 忌諱點을 削除하고 이를 號外로 發行하게 되어 自然時日이 遷廷되엿사오니 讀者 여러분은 이 事情을 恕諒하여 주옵소서[15]

검열 당국이 『개벽』 창간호에서 문제 삼은 작품은 4편이었다. "당국의 기휘"란 일제의 검열 당국을 의미하는 것이며, 창간호가 당국의 검열로 인해 "발매배포의 금지를 당"하여 부득이 "기휘점을 삭제"한 채로 '호외'판을 발행하게 되었다는 설명이다. 이렇게 검열 당국에 의해 삭제된 내용은 공통적으로 망국에 대한 수치심과 나라를 잃은 허무감을 토로하거나 독립과 '國'에 대한 강렬한 자부심으로 점철되고 있다.

소춘 김기전의 「금쌀악」은 '기미년에 일어났던 3·1독립운동' 사건을 풍유적으로 표현한 것으로 짐작된다. 즉, '금쌀악 → 金米 → 기미년'으로 그 뜻의 풀이가 가능하다고 본다. 청오 차상찬의 한시 「경주회고」는 "왕의 기운王氣", "영웅英雄", "옛나라故國"와 같이 고도 경주를 통해 망국의 무상함과 조선이 식민지로 전락한 현실을 대비적으로 드러낸다. 「단군신화」는 국조인 단군을 "우리 대황조大皇祖"라고 두 차례 찬양한다. '단군'을 '황제의 국조皇祖'라고 극찬양한 대목은 일제가 자국을 '皇國'으로 자칭하며 조선의 왕과 서열을 두었던 황국의식으로 용납될 수 없는 표현이었다.

그 중에서 방정환은 "小說 流帆 중 '모도가 봄이다'의 다음 四行"이 삭제 처분을 받게 되었다. 삭제된 '4행'의 면모는 다음과 같다.

모도가 봄이다. 山도 봄 물도 봄이고 사람도 봄이고
空氣까지도 봄 空氣이다 그 부들업고 다사한 봄바람에

---

15 『개벽』 창간호, 1920.6. 『개벽 영인본』 1, 개벽사, 1969년판에서 재인용.

섯기어 가장 流暢하고 가장 平和로운 노래소리가
獨立門 全體를 싸고 돈다 그것은

방정환은 다른 작품과 달리, '독립'이라는 기표를 보다 직접적으로 노출시키는 과감한 서술 방법을 선택한다. '독립'이라는 관념론적 의식을 '독립문'이라는 대상에 투사하고 그 묘사를 통해 전경화한다. 서술 방법 역시 서술자의 직접 서술 대신에 작중 인물이 부르는 노래 형식으로 간접화하는 전략을 구사한다. 이로 인해 '삭제 대목'이 가진 시적 풍유성諷諭性은 배가되고 있다.

삭제된 '4행'은 봄이라는 계절과 인왕산에서 내려다보는 '독립문'과 '서대문감옥'의 비극적 대치 상황을 묘사함으로써 독립 의식을 고취하여 노골적인 항일의식을 드러낸다. "'모도가 봄이다' 다음 4행"이 삭제된 상태의 「유범」을 보면, "갑갑한 속에 지내는 형제", "山밋 붉은 담"(139쪽), "감옥굴ㅅ둑"(140쪽)이라는 표현이 간접적으로 나타나고는 있지만 그 곳이 '서대문감옥'이라는 구체적 장소로 특정되지는 못한다. 그렇기 때문에 "'모도가 봄이다' 다음 4행"에서 묘사한 '독립문'이라는 뚜렷한 좌표 제시는 '서대문감옥'이라는 대립적 공간을 설정하고 확정할 수 있는 근거로 작용하게 된다.

"'모도가 봄이다' 다음 4행"이 일제 검열에서 삭제 처분을 받은 것은 역시 이 대목이 지닌 언어의 정치성과 그것이 조선 민중에게 미칠 파급력 때문이라고 볼 수 있다. "모도가 봄이다!"라고 하는 경탄과 함께, 무르익은 봄 분위기는 '산 → 물 → 사람 → 공기'까지 이어진다. 마침내 "봄 공기"가 조선 전체에 이어지며 "가장 流暢하고 가장 平和로운 노래소리"가 "독립문 전체"를 감싸고 있다고 하는 서두의 점층적 정경 묘사는 결코 단순한 계절적 변화로 기획된 것은 아니었다. 곧 '독립'을 이룰 봄의 분위기가 조선에 무르익었다는 암시적 서술인 것이다.

어떤 면에서 일제 검열에 의한 "'모도가 봄이다' 다음 4행" 삭제는 '소설가' 방정환이 「유범」에서 기획했던 서사 전략의 파손으로 이어진다. 그만큼 이 삭제 4행은 「유범」이라는 소설에서 중요한 의미를 가진 핵심적 서사 요소라고 할 수 있는 것이다.

2) '곱은성曲城'의 지리학적 상상력

'독립문'과 그에 대척적 공간인 '서대문감옥'을 한 눈에 조감하며 세 작중인물이 내려다보며 노래를 부르는 장소는 "母岳재 고개 左便 仁旺山 씍다기 城壁 긋(곱은성)"으로 묘사된다. '인왕산 꼭대기 성벽끝'은 오늘날 서울의 한양도성을 이루는 성벽의 일부로 '곡성曲城'이라고 불리는 장소이다. '곡성'은 인왕산 정상에서 서대문구 방향으로 내려오는 굽이 능선에 자연 지형을 이용해서 축조한, 일종의 '치성雉城'과 같은 역할을 하는 곳이다. 적이 접근하는 것을 쉽게 파악할 수 있다는 지형적 조건으로 천혜의 요새가 된다. 이 소설에서는 '곱은성'이라고 표현되었다. 표현 그대로, 성벽이 '곱았다-굽었다'는 것이다.

인왕산 '곱은성(곡성)'은 방정환의 소설 「유범」의 배경지가 된 작품 무대로서 근대 서울의 문학적 자산[16]으로 조명 가치가 높다. 특히 조선 시대의 왕궁은 철저하게 도성의 안과 밖을 구획하고 성안 / 성밖으로

〈그림 4〉 독립문

분리시켜 신분 질서를 위계화하였다. 일제는 '근대화'라는 미명으로 왕정을 견고히 상징화하는 성벽 허물기부터 시작하였다. 어떤 면에서 인왕산은 일제의 조선 식민지화 과정 속에 능욕과 근대를 동시에 체험한 공간이다. 이러한 무대로 한 근대소설은 의외로 희소하다.

「유범」은 바로 이 '곱은성'을 작품 무대의 중요 좌표로 설정하여, 정치한 지리학적 상상력을 펼친다.

> 母嶽재 고개 左便 仁旺山 꼭다기 城壁 웃(곱은城) 우에 세 사람 靑年男女가 天使가티 서서 陽春이 온 것도 아지못하고 갑갑한 속에서 지내는 兄弟를 爲하야 놉히 부르는 慰安의 노래소리얏다
>
> 望鄕歌도 마치고 이제 惡夢이라는 哀然한 獄中歌를 마치자 惠淑이는 手巾으로 눈물을 씻엇다
>
> 들고 섯던 手帖을 접어 洋服 주머니에 너흐면서 重植이가 오날은 그만

16 필자는 현장 탐사를 통해 이 소설이 묘사한 구체적 장소를 가늠할 수 있었다. 바로 인왕산 정상 아래쪽 '범바위'에서 서대문구 방향으로 길쭉하게 뻗어나가며 성벽이 이룬 지점, 이곳이 곧 한양도성의 한 부분인 '곡성(曲城)'이다. 오늘날 이곳에는 군사시설이 들어서 있고 민간인 출입이 금지된 상태이다.

> 나려가지……
>
> 하고 돌아가기를 催促하닛가 惠淑이가 手巾을 접으면서 팔ㅅ장을 씨고 서서 山 및 붉은 담을 힘업시 보는 東昊를 向하야
>
> '나려가시지요'하고 自己는 重植의 압헤 서서 나려간다 무슨 生覺을 하는지 팔장을 씨고 山밋 담안을 들여다보며 잠잠히 섯던 東昊는 말업시 발을 돌려 두 사람의 뒤를 짤아 나려간다(띄어쓰기 인용자)[17]

현재, "세 사람 청춘 남녀"는 인왕산 꼭대기의 '곱은성' 위에 서서 아래를 내려다보고 있다. 그곳에는 민족 투사들이 갇혀 있는 "서대문감옥"과 외세로부터의 독립을 표방하는 "독립문"이 하나의 조망권 아래 놓이게 된다. 이와 같은 지리적 구도의 전경은 바로 '인왕산 꼭대기 성벽 끝'에 있는 "곱은城"에 올라섰을 때 비로소 확보될 수 있다.

'곱은성'을 중심으로 「유범」의 서사 공간을 그림으로 표현하면 〈그림 5〉와 같다.

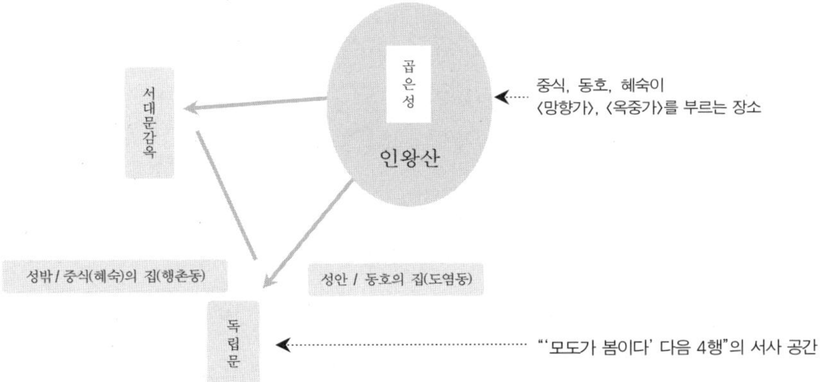

〈그림 5〉 인왕산 곱은성–서대문감옥–독립문의 삼각 구도의 공간

17 목성, 「유범」, 『개벽』 창간호, 1920.6, 139쪽.

소설의 공간은 단순한 지리적 배경이 아니다. 인간의 존재가 그 지역의 환경과 분위기 속에서 삶의 주체가 될 수 있는 것과 마찬가지로, 문학 텍스트 내에서 인물의 주체성은 인물이 설정된 작품의 서사적 공간 — 지명, 건물, 장소, 그 주위의 부속물들 — 에 의해 발현되게 마련이다. 즉, 소설 속 인물의 행위를 보다 입체화시키는 것은 바로 지리적 공간이다. 이러한 공간 형식은 '실재와 정합한 공간보다 작가의 의식과 독자의 체험으로써 새롭게 기획되고 창출되는 공간'[18]으로서 소설의 서사 공간으로 창조된다.

여기서 시선 B는 일제 검열에서 삭제된 시선이다. '곱은성'을 중심으로 펼치는 방정환의 지리적 상상력은 곧 '곱은성(인왕산 곡성) — 서대문 감옥 — 독립문'의 서사 공간을 구조화함으로써 '민족 주권(고향, 나라) 상실과 독립의 열망'을 내면화하기 위한 서사 전략으로 기획된 것이다. 그런 점에서 점선으로 표시한 시선의 삭제와 '독립문' 공간의 삭제는 「유범」을 이루는 서사 공간의 한쪽 벽면을 제거한 것과 같다. 시선 A와 시선 B 사이에 놓여 있는 공간 '삭제'는 '독립문'을 포함한 조망권의 '기우뚱거림', 시선의 '흔들림'으로 인해 두 공간 사이의 심리적 움직임을 확장시키지 못하고 그 의미까지 '소거'시킨다. 또한 세 청춘 남녀가 부르는 "망향가", "옥중가" 역시 주권(고향, 나라)의 상실을 노래하는 서사 행위의 하나라는 사실조차 미약해진다. '망향가'나 '옥중가'는 당대에 구전되던 여러 판본이 있었기 때문에 특정 작품을 단정하기는 어렵다. 그러나 국토를 내면화한 고향 상실 의식과 몸의 구속에 대한 민족적 저항 의식을 투사한 내용이었을 것으로 짐작할 수 있다.

18 장일구, 「소설 공간론, 그 전제와 지평」, 『공간의 시학』, 예림기획, 2002, 23쪽.

문학 텍스트에 그려진 지리적 공간은 곧 서술자(또는 작가)가 투사하고자 하는 인간 내면의 심상 지리와 그 시대의 담론을 담아내는 전략상의 한 방법이다. "공간이란 우리 눈앞에 주어져 있는 것이 아니라, 일정한 방식으로 생산되는 것"[19]이라는 점에서 곧 소설 텍스트의 지리적 공간은 담론을 전달하는 서사 전략의 측면에서 간과할 수 없는 장치이다. 따라서, 방정환이 '곱은성'을 좌표로 하여 '독립문'과 '서대문감옥'을 전경화하여 그 풍경을 삼각형 구도로 설정한 것은, 조선 민중의 '수난' 현장과 '독립'의 갈망을 대조적으로 드러내어 그 의미 상승을 촉구하기 위한 중요한 서사 전략으로 평가할 수 있다.

3. 서사 전략의 분석

「유범」은 표층적으로는 등장하는 세 인물 — 중식과 동호, 그리고 혜숙 — 이 벌이는 연적으로서의 심리적 갈등을 다룬다. 그러나 이 소설은 '연애 서사'를 문면에 드러내면서, 쓰고 싶은 '다른' 한쪽의 이야기 — 즉, '독립'의 서사 지향성 — 를 치밀하게 직조해 나간다. 이러한 서사 욕망은 검열 제도에 맞서 매우 억압되고 은폐되어 있는 서술 기법으로 나타나는데, 은어의 사용, 생략적 대화, 시간 축약, 암시적 공간, 지시 대상의 생략 등으로 표현되고 있다.

---

19 빅토리아 보르소, 「문학적 위상학 — 공간의 저술과 저술의 공간」, 슈테판 귄첼 편, 『토폴로지』, 에코리브르, 2010, 365쪽.

1) 검열과 은어隱語

소설 「유범」의 서술 방법을 보면 일제의 검열을 의식한 은어隱語의 사용이 나타나고 있다. 은어는 범박하게 특수 집단이나 계승에서 남이 모르게 자기들끼리만 통용하여 사용할 수 있는 언어이다. 소설의 서술에서 노출을 꺼리는 언어 사용으로 '직접적인 표현'을 피하거나 '언어를 축약'시켜 일제 검열을 비켜나갈 수 있도록 은폐된 언어 의식을 보여 준다.

(가)

한참이나 잠잠하고 나려가다가 이때것 말업시 잇던 동호가

"그 手巾 흔들던 사람이 아마 申禹錫이지……" 하닛가 중식이가

"그 만흔 사람 中에 엇더케 알 수가 잇나?" 한다.

"글세 사람은 만치만은 房이 그 房이닛가"

"바로 그 房인가?"

"응, 그 房이지……" 하고는 暫間後에

"그 房에 只今 셋이 잇나 둘이 잇나 그러치……"

다시 잠잠하야젓다. 세 사람은 벌서 선바위ㅅ재를 훨신 지나왓다.[20]

(나)

"저기 저 허연 것이 무얼가요" 옵바하고 惠淑이가 손을 들어 南大門 停車場 그 넘어 東幕 벽돌 맨드는 큰 굴둑 엽헤 무슨 집인지 西洋 鐵 집웅이 잇고 그 뒤는 푸른 樹木이 잇고 그 푸른 樹木 뒤로 무엇인지 허연 것이 보인다.

---

20 목성, 「유범」, 『개벽』 창간호, 1920.6, 140쪽.

"그게 무슨 旗 아니게……?"

"거긔 무슨 그러케 큰 旗가 잇겟서요"

"글세 그래도 旗는 旗야……"

이러는 판에 엽헤 默默이 섯던 東昊가

"그게 旗가 아니라 돗임니다. 거긔가 물이 아니 보여 그러치 漢江일 것임니다. 배에 돗 달린 것이야요. 저것 보시오, 그 동안에 벌서 이 아래까지 가지 안앗슴닛가? 그러케 이야기하는 동안에 배는 벌서 저만큼 갓슴니다"

(…중략…)

"歲月의 흐름이 저러케 速한 것임니다 저 배가 모르는 동안에 位置가 變해진 그 만큼 歲月이 모르는 동안에 지나간 것임니다 쌀아서 事業을 일울 機會라는 것도 저러케 모르는 동안에 지나가고 마는 것임니다 生覺 하면 只今 우리의 이 暫時동안도 이렇게 無意味하게 보낼 것이 안인가 해요 이러고 잇는 동안에 엇더케 機會 엇던 歲月이 모르게 지나가는지 모름니다………"[21]

(다)

이윽고 동호가 먼저 城ㅅ길로 나려서면서

"자— 이제 그만 나려갑시다" 하닛가 중식이가

"가지" 하면서 짤아 나려서매 혜숙이는 고개를 숙인 채로 시원히 들지도 아니하고 중식의 뒤를 쏫는다.

"집에 안이 단여 가려나?"

---

21 위의 글, 140~141쪽.

"바로 가지! 왜 느졋는대…… 모레 學校에 그것 가지고 갈 터이지? 注意해 하게……"

"念慮 말게. 우리 學校는 念慮 업네"

"혜숙 씨! 萬萬注意해 하실 줄 밋습니다"[22]

(가)에서 세 청춘남녀는 인왕산 도성의 성벽 끝(곱은성)에서 위안의 노래를 부르고 선바위쪽으로 향해 내려오면서 대화를 주고받는다. 한참이나 잠잠하던 동호는 "수건 흔들던 사람"에 대해 불쑥 화제를 꺼낸다. 그리고 "신우석"이라는 구체적 이름을 거명한다. 동호는 "그 방"에 동지 두세 명이 있다는 것을 언급한다. 감옥을 내려다보며 "방"의 위치를 정확히 가늠하는 것은 쉽지 않은 일이다. 서술자는 동호가 얼마 전에 모종의 일로 투옥되었다는 사실을 대화의 행간에 담아낸다. 중식과 동호의 대화는 "房이 그 房이닛가", "바로 그 房인가?", "응, 그 房이지……", "그 房에 只今 셋이 잇나 둘이 잇나 그러치……" 하고 마치 수수께끼 같은 질문과 응답만이 짧게 오갈 뿐이다. 이 "방"이 '서대문감옥'의 '감방'을 지칭한다는 사실은 그리 쉽게 노출되지 않는다.

(나)에서 "그 방"의 신우석이 흔들었다는 "수건"의 이미지는 이제 "돗" 이미지로 확장된다. '수건'이 개인적 차원이라면 '돗'은 보다 민중적 차원의 신호이다. '수건'이 감방에 갇혀 있는 '신우석'의 기억을 호출하였다면, '돗'은 이제 곧 흘러가버릴 수 있는 '시기'에 대한 경각심을 호출하고 있다. 그런 점에서 떠 가는 배의 "돗"은 대중을 향한 암시, 또는 선언적 의미로 확장 해석이 가능하다. "배가 모르는 동안에 位置가 變

22 위의 글, 141쪽.

해진 그 만큼 歲月이 모르는 동안에 지나간 것"이라는 동호의 언표는 "사업을 일울 기회", 곧 독립을 이룰 기회 역시 쉽게 지나가버릴 수 있다는 위기의식의 표현이다. 이 시기에는 '거사', '독립'의 의미를 함유하는 은어적 표현으로 "사업"이라는 표현이 사용되는 용례가 많았다. 대표적 일례로 『개벽』 창간호에서 김기전의 글 말미에 붙은 「금쌀악 옥가루」의 내용에서도 '사업'이 민족 독립 활동을 암유하고 있다.

> 黃昏南山 부홍이 事業復興하라고 復興復興하누나
>
> 晩山暮夜 속독새 事業督促하여서 速速速速웨이네
>
> □□맛난 개구리 事業저다하겟다 皆皆皆皆 우놋다
>
> —「옥가루」 중

「옥가루」에서는 "사업"이 3번이나 반복적으로 나타난다. "남산"의 부엉이가 "사업 부흥"하라고 "부흥부흥" 운다는 것이나, "속독새"가 "사업 독촉"하느라 "속속속속" 외친다는 것이나, 개구리가 "사업" 저 다하겠다고 "개개개개" 울어댄다고 하는 것이 모두 국치의 회복, 민족 독립에 대한 염원으로서의 활동을 의미한다. 이렇게 『개벽』 창간호에서 "사업"이라는 어휘는 개인적 차원의 수익 사업이 아닌, 민족적 차원의 '독립을 위한 일'을 간접적으로 드러내는 은어隱語로 기능했다.

(다)에서 청춘남녀는 "萬萬注意"할 "그것"에 대해 말을 주고받는다. "그것"이 무엇인가에 대해서는 전혀 서술되지 않는다. "모레 學校에 그것 가지고 갈 터이지? 注意해 하게……", "念慮 말게. 우리 學校는 念慮 업네", "萬萬注意해 하실 줄 밋습니다." 이렇게 주고받는 대화를 통

해 "그것"의 실체를 문맥 속에서 유추해 낸다는 것은 쉽지 않은 일이다. '감춤'의 방식으로 구축되는 이야기 상황은 검열이라는 감시 체계를 의식한 서술의 결과로 파악된다. "그것"의 존재는 "萬萬注意"라고 표현되었을 만큼 조금의 실수도 용납할 수 없는 극비의 문건으로 인식된다.

"그것"의 해석에 대해서는, 당대 시대적 맥락과 방정환의 전기적 체험에서 미루어 추정이 가능하다. "그것"은 바로 3 · 1독립운동 준비과정에서 방정환을 포함하여 당시 학생들이 비밀리에 배포했던 「독립선언서」, 3 · 1독립운동을 최초로 보도한 『조선독립신문(보성전문 교내신문)』을 지칭한다고 볼 수 있다. 민족대표 33인의 한 사람인 정암 이종훈 선생의 손자 이태운李泰運은 보성전문 급우이자 자신의 이모부인 방정환에 대해 다음과 같이 기록을 남기고 있다.

> 소파 방정환 선생은 3 · 1독립운동에도 많은 활약을 하신 분입니다. 그 당시 방 선생은 21세의 학생으로서 보성 전문학교에 재학 중이었습니다. 그 학교 교장 선생님은 윤익선(尹益善) 씨였습니다. 이 윤 선생님이 바로 『독립신문』의 사장이었습니다. 『독립선언서』를 박이던 보성사에서 『독립신문』 제1호를 인쇄하여 가지고 『독립선언서』와 같이 몰래 각처에 배부하였습니다. 3월 1일자의 『독립신문』은 다 뿌려 버리고 계속하여 발간하여야겠는데 윤익선 사장은 이미 경찰서에 체포되었고 일경(日警)의 탄압과 감시가 심하여 어디서이고 활판 인쇄는 도저히 할 수가 없었습니다. 그리하여 보전(普專)의 서무를 맡아 보는 오일철(吳一澈, 오세창 선생의 둘째 자제) 선생과 방 선생과 몇몇 친구들이 모여서 협의한 결과 등사판(謄

寫版)으로 인쇄하기로 하여 재동 방 선생과 뒷방에서 제2호부터 날마다 발행하였습니다. 그 신문은 각 남녀 중학생들과 연락하여 매일 집집마다 배달하였습니다. 해외(海外) 소식은 무전 장치를 한 외국 선교사들의 비밀 수신으로 미국 워싱턴이나 또는 프랑스 파리, 상해(上海) 등지에서 우리 독립 투사들의 활동 상황을 보도하였고, 국내 소식은 각처에서 학생들이 릴레이식으로 정보를 모아다가 보도하였습니다.

이와 같이 3주일 동안을 두고 계속하던 중, 하루는 새벽 다섯 시쯤 하여 종로서 형사들에게 습격을 당했습니다. 방 선생은 별안간 당한 일이지만 침착하게 우선 등사판과 먹을 우물에다 넣어 버렸습니다. 그 형사대들은 행방을 뒤지며 조사하였으나 아무 증거도 잡지 못하였습니다. 그러나 방 선생을 결박하여 데려갔습니다.

이 소식을 들은 동지들은 방 선생이 모든 사실을 자백한다면 갈 데 없이 붙들려 갈 것이라고 생각하고 각각 피신을 하였습니다. 형사들은 방 선생의 사지를 묶어 놓고 코에다 물을 넣는다, 손가락에 단근질을 한다…… 갖은 악형을 다하였습니다. 그러나, 동지들의 이름을 대지 않았을 뿐만 아니라 모든 사실을 일체 부인하여 버렸습니다. 경찰서에서는 며칠을 두고 취조를 하였으나, 아무 증거가 없어 할 수 없이 1주일 만에 놓아 주었습니다. 그 후에도 계속적으로 『독립신문』을 발간하였습니다.[23]

이 글에서 소설 「유범」과 관련하여 주목해 볼 수 있는 방정환의 전기적 사실은 첫째, 보성사에서 인쇄한 「독립선언서」와 『조선독립신

23 이태운, 「소파 선생과 3 · 1운동」, 『사랑의 선물』, 1962.6.20. 『소파 방정환 문학전집』 8권, 문천사, 1974, 26~27쪽에서 재인용.

문』 1호를 각처에 몰래 배부한 일, 둘째, 재학하고 있던 보성전문학교 교장이자 『조선독립신문』의 발행인이었던 윤익선 교장이 경찰에 연행되어 간 뒤 제2호부터 신문을 등사판으로 인쇄한 일, 셋째, 종로경찰서 형사들이 습격하였을 때 재동집 뒷방에서 등사판과 먹을 우물에다 빠뜨려 동지들과 함께 위기를 모면하고 구속당하여 악형을 당한 뒤 증거 불충분으로 풀려난 일 등이다.

「유범」에서 학생들이 주고 받는 대화 속에서 "모레 學校에 그것 가지고 갈 터이지? 注意해 하게……", "念慮 말게. 우리 學校는 念慮 업네" 하고 조용히 언급되고 있는 "그것"의 실체를 당시 '비밀 거사(3·1독립운동)'를 위해 학교 단위로 배포해야 했던 「독립선언서」, 『조선독립신문』으로 볼 수 있는 근거가 타당하다고 하겠다. 이렇게 텍스트 이면에 감출 수밖에 없었던 "그것"의 해석을 보다 구체화하기 위해 소설의 한 장면인 학생 비밀 회합 때 언급된 "오후 2시"와 관련을 지어 논의를 연장해 보기로 하자.

2) 오후午后 2시와 '3·1독립운동' 서사

그날 밤 아홉 時 중식의 집 건넌房에서 람포불 하나를 에워싸고 七八人의 學生이 來日 일을 議論하는 中이다.

"엇지햇던가. 來日 午后 두 時에 맨 먼저 나서서 소리칠 사람이 잇서야 겟소. 勿論 미리 覺悟하고……"

이 소리에 意外에 — 依例 남아 잇서서 뒤ㅅ일 할 — 동호가

"그것은 念慮 마시오. 내가 하리다"

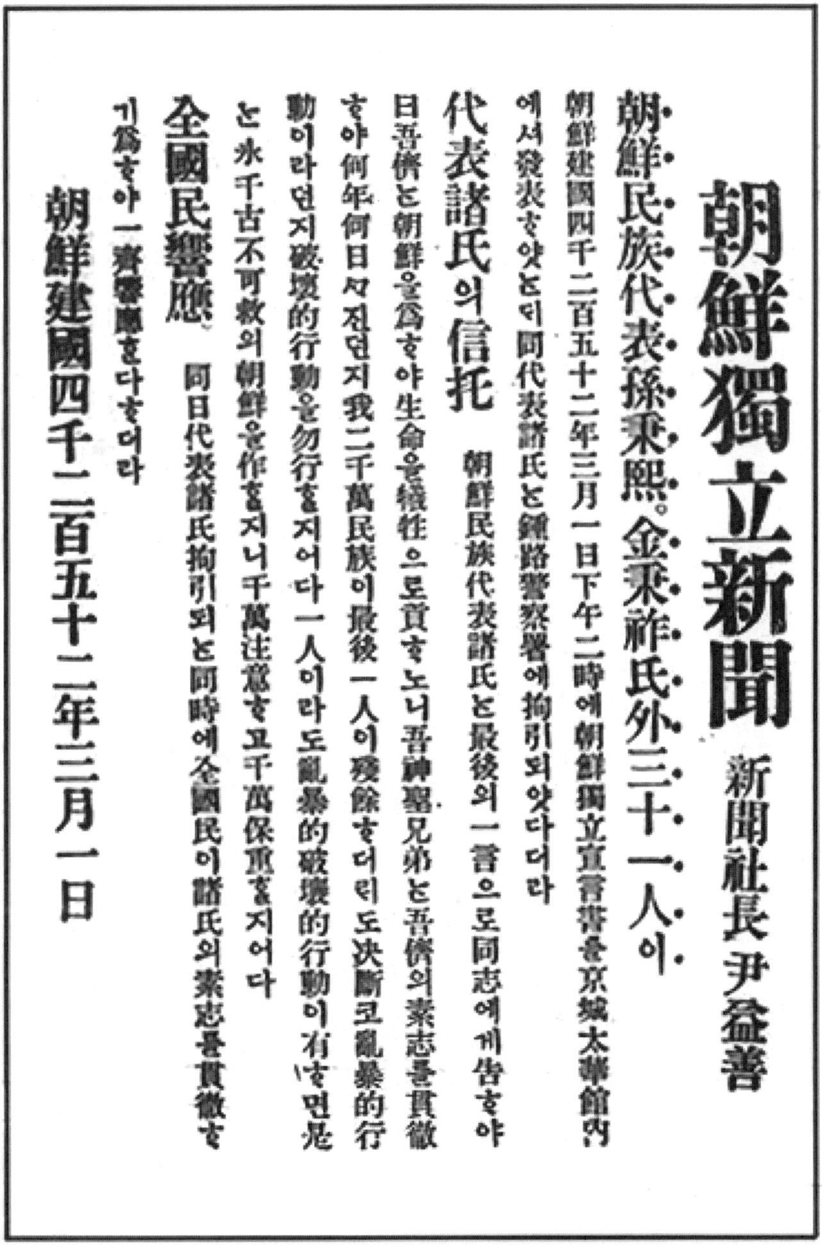

朝鮮獨立新聞

新聞社長 尹益善

朝鮮民族代表孫秉熙。金秉祚氏外三十一人이

朝鮮建國四千二百五十二年三月一日下午二時에朝鮮獨立宣言書를京城太華館內에서發表하얏는데同代表諸氏는鍾路警察署에拘引되얏다더라

代表諸氏의信托 朝鮮民族代表諸氏는最後의一言으로同志에게告하야曰吾儕는朝鮮을爲하야生命을犧牲으로貢하노니吾神聖兄弟는吾儕의素志를貫徹하야何年何日까지던지我二千萬民族이最後一人이殘餘하더라도決斷코亂暴的行動이라던지破壞的行動을勿行할지어다一人이라도亂暴的破壞的行動이有하면是는永千古不可救의朝鮮을作할지니千萬注意하고千萬保重할지어다

全國民響應 同日代表諸氏拘引되는同時에全國民이諸氏의素志를貫徹하기爲하야一齊響應을다하더라

朝鮮建國四千二百五十二年三月一日

〈그림 6〉 1919년 조선독립선언을 가장 먼저 보도한 『조선독립신문』, 보성전문 교내신문. 선언 발표 시간이 '오후 2시'라고 인쇄되어 있다.

"아니 동호 씨는 남아 잇서야 뒤ㅅ일을……"

"아니요. 뒤ㅅ일은 여러분이 계시닛가 나는 安心하고 來日 들어갈 터이올시다."

"아-니 동호 씨는 반듯이 남아 잇서야……"

"아니요. 내가 來日은 하기로 決心하얏스닛가 이제 그것은 다시 議論하지 맙시다. 다른 것 또 議論할 것 업나요?"

"인제 다른 것은 別로 議論할 게 업지마는……"

"그러면 헤여지십시다" 이러케 대강 議論을 마치고 一時에 헤여지기도 注意가 되어 한 사람式 두 사람式 드문드문이 大門을 나서서 컴컴한 골목 속으로 몸을 감추고……… 하야 갓다.

소설 「유범」 중에서도 가장 은밀하게 진행되는 장면이다. 밤 9시 중식의 집에 모인 7, 8명의 학생들은 "내일 일"을 의논하고 있다. "내일 일"이란 무엇일까? 왜 늦은 밤에 회합하여 "내일 일"을 의논해야 하는 것일까? 그 "내일 일"은 "내일 오후 2시"에 시작되어야 한다고 한다. 그리고 이 비밀 회합에서 중요하게 결정될 사항은 누군가 결행하여 "맨 먼저 나서서 소리칠" 사람을 누구로 할 것이냐 하는 것이다. 그 사람은 "물론 미리 각오"를 해야 하는 상황이다. "각오"해야 할 사정이란 이 날 낮에 이미 동호가 홍화문 대궐의 경계인 성벽 위에 앉아 "또 철창 생활을……" 하고 마음을 다졌던 일에서 어느 정도 유추할 수 있다.

이 때 "오후 2시"는 1919년 3월 1일 민족대표 33인이 '조선독립선언'을 발표하기로 예정, 전국적으로 "대한독립만세"를 외칠 것을 결의한 기폭의 시점과 일치한다. 당시 "오후 2시"는 그만큼 민족적 거사의 움직임을 상징하는 시점이었다.

3 · 1독립운동은 그 계획과 준비 과정에서 종교계, 특히 천도교의 기성지도층이 주도적인 역할을 하였지만 이 운동을 거족적인 대중운동으로 발전시키는 데 주도적인 역할을 한 것은 학생층이었다. 학생들은 운동의 조직과 선언문 배부 등의 임무를 수행하여 3 · 1독립운동 당일 민족 대표 33인이 연행되어간 그 날부터 "일반 대중에 대한 지도세력으로서의 역할", "독립시위의 전위대 및 주력 부대로서의 사명을 수행"[24]하게 되었다.

주지하듯 3 · 1독립운동은 1919년 고종의 인산일因山日을 전후하여 "한민족 전체가 일본 제국주의의 식민 통치에서 벗어나고자 한 항일독립운동"[25]이었다. 1910년 조선(한국)을 강제 병합한 일본은 세계사적으로 유례가 없는 '헌병경찰정치'로 조선의 민중을 억압하고 갖은 수탈을 일삼았다. 이에, 총과 칼로 통치하려던 일제에 항거, 국제정세와 민족자결주의를 배경으로 일시에 조선 독립을 외치며 전 국민이 동시에 독립운동을 일으킨 것이 '3 · 1만세운동'이다.

'거사'를 앞두고 2월 26일, 천도교 내 보성사에서는 「독립선언서」가 비밀리에 인쇄되었다. 이렇게 인쇄된 선언서의 전국 배포와 군중 동원은 전적으로 학생들이 맡게 된다. 학생들은 서로 나누어 구역별로 선언문을 배포하였는데, 대체로 이런 과정을 통해 3월 1일의 '거사'는 일제 관헌에 발각되지 않은 채 무사히 진행되고 있었다.

당시의 정황을 재현해 보기로 하자.

---

24 박성택, 「3 · 1운동과 학생층의 역할」, 경희대 석사논문, 1978, II면.
25 김호일, 「3 · 1運動考」, 『인문학연구』 12, 중앙대 인문과학연구소, 1986, 159쪽.

학생들은 一般 市民들보다 엄중한 監視 하에 있었음에도 불구하고 準備工作은 그 機密이 잘 維持되었다. 3월 1일 午後 2시를 기하여 塔洞公園으로 學生들이 集合되어 올 때까지 官憲측은 일절 그 動向을 알지 못하고 있었다.

貞洞예배당에서 專門學校 代表들로부터 獨立宣言書를 나누어 받은 各 중등학교 學生들은 그 一部를 3월 1일 새벽을 기해 要所에 配布하는 동시에 대체로 當日 아침 朝禮時間을 利用하여 擧事의 趣旨 說明과 함께 一般學生들에게 나누어 주고 이것을 契機로 學生들이 組織되어 (…중략…)

午後 2시 正刻이 되자 八角亭 壇上에는 10年 동안 자취를 감추었던 커다란 太極旗가 나타나 바람에 나부끼고 있었다. 33人의 民族代表가 예정을 바꾸어 式場에 나오지 않기 때문에 모여 있던 群衆들이 서로 눈치만 보고 있을 때, 갑자기 경신학교 졸업생 海州人 鄭在容이 壇上에 올라가 獨立宣言書를 朗讀하였다. 宣言書의 朗讀이 끝나기도 전에 群衆 속에서 "大韓獨立萬歲" 소리가 터져 나왔다.(…중략…)

일제 관헌의 눈을 피해 「독립선언서」와 『조선독립신문』이 인쇄된 과정, 거사를 목전에 두고 독립 선언의 발표장이 태화관으로 변경된 일, 3월 1일 당일 탑동(파고다) 공원에서는 정작 학생 대표의 「독립선언서」 낭독으로 '대한독립만세'가 기폭된 일이 생생한 증언으로 남아 있다. 3월 1일에 발행한 것으로 된 『조선독립신문』 1호(1919.3.1)에는 "조선민족대표 손병희 씨 외 31인"이 1919년 3월 1일 "하오 2시"에 "「조선독립선언서」를 경성 태화관 내에서 발표"하고 "종로 경찰서에 구인"되었다는 소식이 기사화되어 있다. 발행일 이전에 이미 '조선독립선언서' 발표 장소가 태화관으로 정해졌으며 앞으로 닥칠 일까지 예측하여 인

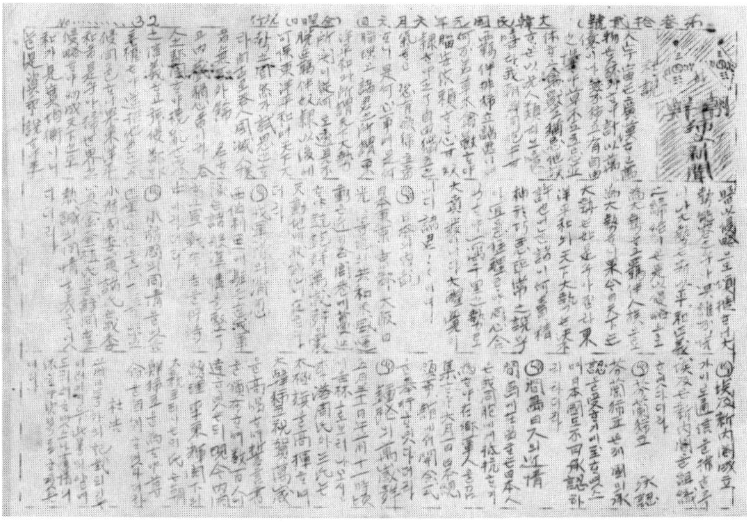

〈그림 7〉『조선독립신문』 32호. '대한민국 원년 6월 6일'로 발행일이 표기되어 있다.

쇄까지 마무리해 놓은 것으로 보인다.

당시 3월 1일 서울과 같이 동시에 독립선언식을 갖고 만세시위운동을 벌인 곳은 평남의 평양, 진남포의 안주, 평북의 선천, 의주, 정주, 함남의 원산 등 4도 7개 부와 군에 이르렀다.[26] 조선총독부에서 작성한 3·1독립운동 일별 통계표에 의하면,[27] 3월 1일부터 20일까지 20일간 평균 12개 처에서 일어났고 3월 21일부터 그 중에서도 3월 21일부터 4월 10일까지 20일간은 그 갑절인 매일 평균 25개 처에서 일어났고, 그 중에도 3월 31일부터 4월 3일까지 4일간이 최고조에 달하여 3월 31일에 39개 처, 4월 1일에 53개 처, 2일에 40개 처, 3일에 39개 처에서 일어난 것으로 기록되어 있다.

---

26 김진봉, 『3·1운동』, 세종대왕기념사업회, 1977. 김호일, 「3·1운동 고」, 『인문학연구』 12, 중앙대 인문과학연구소, 1986, 176쪽에서 재인용.

27 국사편찬위원회, 『한국독립운동사 자료』 II. 김호일, 「3·1운동 고」, 『인문학연구』 12, 중앙대 인문과학연구소, 1986, 179쪽에서 재인용.

한편 당시 국내에는 기성의 독립운동 준비와는 별개로, 국내 전문학교 지도급 학생들을 중심으로 학생들만의 독립운동에 대한 논의도 이루어지고 있었다. "쏘 몃 백의 몸이 얽히겟고나" 하는 동호의 내적 서술에서 "쏘"라는 표현은 이미 많은 인원이 "종로 모퉁이"에서 먼저 일을 겪었다는 서사를 내포하고 있다. "내일은 종로 모퉁이에서 쏘 몃 백의 몸이 얽히겟고나……", "아아 대사大事를 압헤 둔 우리가 이런 일로 가슴을 태우니"[28] 하고 내일 있을 '거사'를 걱정한 동호였다. "종로 모퉁이"에서 한두 명도 아니고 "몃 백의 몸"이 얽힐 정도의 "대사"라면, 그것도 일제의 감시가 삼엄하던 종로 거리에서 이루어질 '대사'라는 점을 상상해 볼 때 '거사'의 규모를 짐작하고도 남음이 있다.

거사가 일어날 정확한 날짜는 작품에 서술되어 있지 않다. 그러나 소설은 '꽃'의 묘사를 통해 시간적 배경을 서술한다. "흰 것은 살구쏫 누른 것은 개나리 붉은 것은 철쭉", "개나리와 복사쏫 봉오리진 가지를 썩거들고 지나가는 사람"(147쪽)[29]이라는 표현을 보면 3월 초순인 것을 알 수 있다. "개나리"와 "복사쏫"은 봄을 알리는 전령과 같은 꽃이다. 이들은 연중 가장 이른 시기에 피는 꽃이다. 더구나 꽃이 다 피지도 않은 "복사쏫 봉오리진 가지"라고 하였으니 '3 · 1독립운동'이 도화선을 타고 전국으로 불길을 일으키기 시작하던 3월 초순인 것을 알 수 있다.

이렇듯 「유범」은 '3 · 1독립운동'이라는 민족적 거사를 비밀리에 준비하는 학생들의 비밀회합과 각 학교에 『독립선언문』을 배포하는 서사의 한 장면을 삽입시켜 '독립'에 대한 은폐된 욕망을 서사화하고 있다.

---

28 목성, 「유범」, 『개벽』 창간호, 1920.6,

29 위의 글, 147쪽.

3) 시점과 연애

연애소설의 관점에서 「유범」을 어떻게 바라볼 수 있을 것인가, 하는 측면도 중요한 고려 사항이 아닐 수 없다.

연애의 관점에서 「유범」의 서사 골격은 혜숙을 사이에 두고 전문학교 법학도인 중식과 동호의 삼각관계의 갈등이 주를 이룬다. 원래 중식과 혜숙은 친남매는 아니지만 어릴 적부터 남매처럼 자라온 의남매이다. 중식과 동호는 동지적 관계이다. 혜숙에 대한 중식의 연애 감정은 혜숙과 동호가 가까워지면서부터이다. 그러나 중식과 동호는 각각 내면 갈등을 극복하고 삼각 애정 관계가 아닌 동지적 관계를 회복하게 된다.

선행 연구에서 지적하고 있듯이, '연애'를 처리하는 서술 방법에 있어서 방정환의 소설 「유범」은 당대 동인지소설의 전개와 다른 전략을 보여 준다. 최수일은 이러한 연애 서사는 '비슷한 시기의 동인지 문학에서 찾아보기 힘든 결말 구조'라고 논의한 바 있다.

> 이 소설이 특별한 데에는 두 가지 이유가 있다. 첫째는 삼각관계적 애정 갈등이 화해로 끝난다는 것이다. 이는 『무정』 이후 몇몇 통속적 연애물에서나 발견할 수 있는 설정으로, 비슷한 시기 동인지 문학에서는 찾아보기 힘든 결말 구조다. '사랑문제'는 동인지 문학이 중점적으로 다루고 있는 소재지만 대부분의 주인공들은 결국 사랑에 실패하고 비극적 상황에 빠지고 만다. 예를 들어 김동인의 소설 「마음이 옅은 자여」에서 주인공 K는 Y와 사랑에 빠지지만 결국 그녀를 잃고 아내와 아들마저 죽음에 이르게 한다. 반면

「유범」의 세 남녀는 이런 비극적 결말에 이르지 않는다. 동인지소설에서 반복되던 소설문법이 「유범」에서 회피되는 것이다.

주목할 점은 「유범」이 동인지 소설들과 상반되는 결말에 이르게 된 데에는 욕망의 포기라는 문제가 개입되어 있다는 점이다. 동인지소설의 주인공들이 주체의 욕망을 끝까지 포기하지 않음으로써 비극적 결말을 비켜갔다고 할 수 있다. 이 점이 「유범」이 특별한 두 번째 이유이다. 따라서 논의의 초점은 '해피엔딩'이라는 결말구조를 이끈 계기, 즉 동호의 '자기 희생' 모티브다.[30]

이러한 의미에서 최수일은 「유범」의 근대문학사적 의미를 "식민지 민족현실을 문학 공간으로 이끌고, 민족적 대의를 위해 개인의 욕망을 희생하는 새로운 인간상을 실현함으로써 당대 주류문학의 흐름에 역행하는 흐름이 존재했음"[31]으로 해석하였다. 대의적 서사를 위해 개인의 욕망 포기를 계몽 기획으로 활용한 「유범」의 서사는 전근대적 의식을 완전히 탈각하지 못한 측면으로 이해될 수도 있다. 그러나 과연 「유범」의 서사에서 '연애'가 어떤 위치에 놓여 있는지에 대해서도 다시 한 번 분석될 필요가 있을 듯하다. 중식－혜숙－동호, 세 청춘 남녀의 연애 갈등을 다루고 있다고 하지만, 실제 「유범」이 엮어가는 서사는 중식－동호의 갈등에 가깝다는 것이다. 연애의 중심자인 혜숙의 감정이 노출되지 않고 있는 점, 자신의 입장이 서술되지 않고 있는 점이 그 뚜렷한 증거이다. 기실, 혜숙은 연애 갈등 구조에서 비껴나 있는 수동적 그

30 최수일, 「1920년대 문학과 『개벽』의 위상」, 성균관대 박사논문, 2002, 142쪽.
31 위의 글, 145쪽.

림자 인물과도 같다. 즉, 실제의 연애는 세 사람을 중심으로 이루어지지만 소설 「유범」이 그리는 갈등은 중식—동호의 관계로 보여 주고 있다는 점이다. 이것은 소설 「유범」이 단지 세 사람의 연애 갈등을 전략화하지 않았다는 의미이기도 하다.

이러한 서사 전략을 단적으로 보여 주는 근거는 '시점'이다.

> 中
>
> 그러나 아— 그러나 혜숙에게 對한 自己의 마음이 萬一 戀이라 하면! 愛라 하면! 惟一한 親友인 동호는 戀의 敵이다.
>
> 아아 大義를 위하야 生死를 가티할 親友를 戀敵으로 보게 되는 卑劣한 마음! 이런 마음을 가지고도 그래도 무엇을 하겟다고……
>
> 아니다. 아니다!! 혜숙이는 나의 동생이다!!
>
> 그는 몃 번이나 이러케 부르지젓스나 그러나 동호의 便紙가 혜숙에게 잇는 것을 본 後부터는 동호의 말에 혜숙익 贊同하고 혜숙의 말에 동호가 귀를 기울일 째만 조흔 心氣는 가지지 못햇다. 禁하려도 禁치 못할 一種嫉妬의 마음을 아모려도 눌르는 수가 업섯다.

> 下
>
> 삶이 世上에 난 것이 이미 罪라고 한 말이 果然일다.
>
> 아— 중식군과 혜숙 씨, 혜숙 씨와 나!
>
> 눈치를 안 혜숙 씨도 이마적 퍽 괴로워하는 모양이다. 나와 중식이와의 友誼를 傷치 안케 하려하야 苦悶하는 것이다—. 남모르게 다 各己 속태우는 煩悶! 이것으로 因하야 세 사람의 사이는 조곰식 벌어져 가는 것

도 事實이다.

그러면 나는 이 동호는 중식이 남매의 사이를 벌게 한 者이다. 나로 因하야 親男妹보다 더 誼조케 살아가던 生活이 破壞된다면 아— 나는 罪人이다.

아아 나는 가리라. 중식이 남매의 波瀾 업는 生活을 爲하야 또 한便으로는 중식이와 나와의 永遠한 友誼를 保存하기 爲하야 세 엉킈 中에서 내 몸을 쌔이리라.

나의 一生의 紀念일 풋사랑인 이 愛를 犧牲ㅎ야 그 男妹의 眞正한 愛를 살리리라. 그리고 아모 것으로도 바꾸지 못할 信友를 일치 말리라.

「유범」의 내용은 크게 上·中·下로 나뉘어 있다. 특징적인 것은 각 장마다 시점의 변화를 보여 주면서 사건을 전개한다는 것이다. 소설은 서두의 3인칭 관찰자 시점(上)에서 중식의 시점(中), 동호의 시점(下)으로 옮기다가 다시 3인칭 관찰자 시점으로 순환적 회귀 구조를 그린다. 이렇게 각각 중식과 동호의 시점에서 그들의 심리를 묘사함으로써 소설 「유범」은 두 남자의 연애 갈등을 자연스럽게 봉합시킨다. 이 소설이 '연애'를 모티프로 한 서사 구조를 갖고 있으면서도 두 남자의 동지애를 다시 확인하고 민족적 대의를 향해 함께 나아가는 결말 구조를 제시하는 것은, 결국 「유범」이 전략화한 서사가 본질적으로는 '연애'의 문제에 멈춰 있지 않았다는 것을 보여 주는 증거이기도 하며, '연애소설'로서 일종의 한계를 내포할 수밖에 없음을 의미하기도 하다.

「유범」은 시점의 입체적 변화를 통해 두 남자의 심리 묘사와 갈등의 구조를 보여 주는 시점 서술의 전략을 구사한다. 1920년대 김동인의 시점론에 의하면, '시점'에 의한 글쓰기 방식에 의해 1910년대 문학과 1920년대 문학의 미학적 차이는 구분된다. 김동인은 그의 「소설작법」(『조선문단』, 1925) 연재 마지막회에서 '시점서술방법론'에 대해 논의하였다. 이 글에서 김동인이 제시한 시점의 종류는 '일원묘사체, 다원묘사체, 순객관적묘사체'이다.

김동인의 시점 분류에 따르면 소설 「유범」은 '다원적묘사체'에 가깝다. '일원묘사체'는 소설의 주인공을 통하여 모든 국면이 파악되기 때문에 주인공 이외의 사건과 인물의 심리는 제약을 많이 받게 된다. 대표적으로 김동인은 1910년대 「무정」은 내용상으로 근대적 가치를 내포하고 있지만 그것을 서술하는 방법에서 전지적 시점에 의한 평면적 서술 방식을 벗어나지 못한다고 보는 것이다.[32] 그러나 김동인이 말하는 '다원묘사체'는 인물의 시점을 교차하여 보다 다양한 인물을 초점화할 수 있으며 '일원묘사체'가 갖고 있는 서술 제약을 극복할 수 있는 장점을 가진다. 이의 연장에서 「유범」의 시점 전략은 1910년대 소설에서 당연하게 노출되었던 '전지적 작가의 개입'을 최소한 줄이고 인물을 초점화함으로써 객관적 서술을 확보하고자 한 '새로운 근대소설로서의 전략'으로 평가할 수 있다.

32 정연희, 『근대 서술의 형성』, 월인, 2005, 31쪽.

4. 나오며

이상으로 이 글은 방정환의 소설 「유범」을 연구 대상으로 이 소설의 '독립' 서사 전략화 방법을 분석하고, 「유범」의 문학사적 위치를 1919년 3·1독립운동 이후 이것을 소재로 하여 '독립'이라는 민족적 대의를 투사한 '항일저항소설'로서 재조명하였다. 이를 논의함에 있어 이 글은 3·1운동의 준비과정과 방정환의 체험적 서사의 유기적 관련성을 역사 전기적 관점으로 해석하고, 당대의 문화사적 측면을 아울러 살폈다.

『개벽』 창간호에 발표된 소설 「유범」은 그 동안 '연애소설'의 성격으로 논의되어 왔기 때문에 1919년 3·1독립운동 이후 이를 소재로 한 '항일저항소설'로서의 면모는 조명 노력이 적었다. 소설 「유범」은 표층적으로는 연애 서사를 다루고 있다. 그러나 이 소설은 학생들의 비밀결사 활동과 3·1만세운동과 관련된 서사를 문면에 은닉시키면서도 '독립'에 대한 서사 욕망을 뚜렷하게 부조해 내고 있다. 「유범」은 검열을 의식한 서술 장치로서 '독립'이라는 기표를 '독립문'이라는 구체적 물상 속에 포함시키고 서술 형식도 노래의 시가 양식으로 간접화하는 방식을 취한다.

이 글은 방정환의 소설 「유범」에 내포된 항일 저항적 성격을 밝히기 위해 '서사 공간'과 '서사 전략'의 측면을 나누어 분석하였다. '서사 공간'에서는 일제에 의해 삭제된 '4행'의 시편에 내포된 '독립' 기표화의 전략과 소설의 무대가 된 인왕산 '곱은성'의 지리학적 상상력에 대해 논의하였다. '서사 전략'의 측면에서는 「유범」에 나타난 은어의 양상을 검열

제도와 관련지어 해석하고, 소설에서 제시하고 있는 '오후 2시' 기표를 '3·1독립운동' 당시 '조선독립선언'을 발표하던 시점과 결부하여 해석하였다. 은어의 사용, 생략적 대화, 시간 축약, 공간 암시, 지시 대상의 생략, 시점의 문제 등 「유범」의 서술 기법을 다양하게 분석하였다.

'3·1독립운동'이 1919년 일제에 대항에 일어난 전 민족적인 항일 저항 운동이었음에도 해방 전에는 이를 소재로 한 작품이 거의 발견되지 않고 있다. 해방이 되자마자 각 매체에서 마련한 일련의 '기미독립운동'의 기획물들을 비롯하여, 함세덕의 희곡 「기미년 3월 1일」, 김남천의 희곡 「3·1운동」, 아동문학도 여기에 뒤떨어질세라 '3·1독립운동'과 일제 항거를 서사의 전면에 내세운 작품이 우후죽순 쏟아졌던 현상과 매우 대조적이다. 그런 점에서 일제의 검열 체계와 맞서 '3·1독립운동' 서사를 치밀하게 내면화하고 '독립'에 대한 민족적 열망을 부여한 「유범」의 문학사적 가치를 새롭게 평가하지 않을 수 없다.

그 동안 방정환은 아동문학 또는 아동문화운동의 선구로 평가되어 1920년대 초기를 대표하는 소설가로서의 위치는 부각되지 못했다. 현 단계의 방정환 소설 연구는 아직 미미하다고 할 수밖에 없는 기초적 단계이다. 방정환의 소설은 신소설 이후 1920년대 초 근대적 서술 기법을 원용한 근대소설로서 입지를 충분히 갖추고 있다. 방정환 소설의 근대성을 해명함에 있어, 자유 연애와 자살의 문제, 경성의 지리학적 구도, 소설의 어휘적 측면, 발굴 소설에 대한 연구는 후속 과제로 남겨야 할 듯하다.

참고문헌

1. 기본자료

『개벽 영인본』

2. 논문

김호일, 「3 · 1운동고」, 『인문학연구』 12, 중앙대 인문과학연구소, 1986.

박성택, 「3 · 1운동과 학생층의 역할」, 경희대 석사논문, 1978.

서희경, 「방정환의 소설 '그날 밤'에 나타난 연애 서사와 신여성관」, 2015 포럼집 『봄에 만나는 방정환』, 방정환연구소(2015.3.27. 국립어린이청소년도서관).

염희경, 「'소설가' 방정환과 근대 단편소설의 두 계보」, 『아동청소년문학연구』 13, 2013.

이종호, 「『개벽』의 원문 분석을 통한 1920년대 검열제도 연구」, 동국대 석사논문, 2005.

장정희, 「방정환 문학 연구－'소년소설'의 장르의식과 서사전략을 중심으로」, 고려대 박사논문, 2013.

최수일, 「1920년대 문학과 『개벽』의 위상」, 성균관대 박사논문, 2001.

______, 「『개벽』에 대한 서지적 고찰」, 『민족문학사연구』 27, 성균관대 대동문화연구원, 2005.

3. 단행본

김근수, 「'개벽'지 압수원본선집 발간에 즈음하여」, 『개벽 압수원본선집』, 동방문화사, 2007.

김복순, 『1910년대 한국문학과 근대성』, 소명출판, 1999.

박성서, 『한국전쟁과 대중가요, 기록과 증언』, 책이있는 풍경, 2010.

이원수 · 이주홍 · 이재철, 『방정환문학전집』, 문천사, 1974.

이재철, 『어린이찬미』, 범우사, 2006.

장일구, 「소설 공간론, 그 전제와 지평」, 『공간의 시학』, 예림기획, 2002.

정진석, 『한국언론사』, 나남, 1990.

최수일, 『개벽 연구』, 소명출판, 2008.

슈테판 귄첼 편, 『토폴로지』, 에코리브르, 2010.

방정환 '귀신동화'의 형성과 의미 연구

김경희

1. 문제 제기

방정환(1899.11.9~1931.7.23)이 6백여 편의 글[1]을 신문과 잡지에 기고하는 등 한국아동문학사에 지대한 영향을 끼쳤지만, 유일한 저서는 1922년 출판된 세계명작동화집인 『사랑의 선물』이다. 방정환에 대한 연구는 동화・소년소설・수필・동화극・평론 등 각 장르에 대한 논의가 쏟아졌다. 그 가운데 방정환의 동화연구는 번역동화[2]에 집중되었다. 그러나 방정환이 조선동화에 대한 관심도 상당히 많았다는 것을

1 장정희, 「방정환 문학 연구」, 고려대 박사논문, 2013, 203쪽.

2 염희경, 「"네이션" 상상한 번역 동화—방정환의 『사랑의 선물』에 대하여(1)」, 『동화와 번역』 13, 2007; 이정현, 「방정환의 번역동화 「호수의 여왕」에 대한 고찰」, 『동화와 번역』 13, 2007; 장정희, 「소파방정환(小波方定煥)번역동화의 창작동화로의 이행 연구」, 『동화와 번역』 21, 2011; 염희경, 「일제 강점기 번역・번안 동화 앤솔러지의 탄생과 번역의 상상력(2)」, 『아동청소년문학연구』 11, 2012.

다른 글들을 통해서 확인할 수 있다. 이에 이 글에서는 방정환이 수용한 외국동화와 조선동화에 대한 관심을 함께 탐색해 보고자 한다.

1923년 1월 1일 잡지 『개벽』에 「새로 개척開拓되는 '동화童話'에 관關하야, 특特히 소년少年 이외以外의 일반一般 큰 이에게」라는 글에서 당시 조선에서 발간된 동화집의 경향에 대해 이야기하였다.

> 조선서 동화집이라고 발간된 것은 韓錫源 씨의 「눈꼿」과 吳天錫 씨의 「금방울」과 拙譯 「사랑의 선물」이 잇슬 뿐이다.[3]

한석원, 오천석, 방정환 모두 번역동화집을 발간하였고, 이것이 당대의 일반적인 추세였다. 위의 글을 통해서 조선의 이야기가 아닌 외국 동화의 출판이 주류를 이루었다는 것을 알 수 있다. 그렇다면, 방정환은 조선 동화에 대한 관심이 없었던 것일까. 실은 그렇지 않다. 방정환이 남긴 글을 따라가 보면, 먼저 동화에 대한 이해가 부족한 조선의 현실에서 외국 동화를 수입하여 소개하고 조선동화에 대한 발굴을 점진적으로 기획하고 있었다는 것을 알 수 있다. 방정환의 조선 동화에 대한 기획은 '고래동화 현상 모집'(1923.1) 속에 드러난다. 하지만, 1917년 9월부터 시작된 방정환의 집필 활동이 1931년 8월로 끝을 맺으면서 14년간의 아동문학에 대한 열정이 막을 내리게 되었고, 조선 동화에 대한 기획은 결실을 맺지 못하고, 산발적으로 신문과 잡지에 남게 되었다.

3 소파, 「새로 開拓되는 '童話'에 關하야, 特히 少年 以外의 一般 큰 이에게」, 『개벽』 31, 1923.1, 23쪽.

당시 조선동화에 대한 단행본 출판은 1924년 조선총독부의 『조선동화집』, 1926년 심의린의 『담화재료 조선동화대집』으로 시작되었다. 방정환이 보여준 동화의 세계에는 분명 조선동화에 대한 명확한 그림이 있었음에도, 하나의 단행본으로 출판되지 못했다.

번역동화집인 『사랑의 선물』에서 주목할 것은 방정환식의 개작 방식이다. 소재나 주제 면에서 외국동화를 수용하였지만, 그 내용전개에 있어서는 조선의 상황, 문제, 환경 등을 바탕으로 원작과는 다른 작품을 구성했기 때문이다. 최근 장정희・박종진은 「한네레의 죽음」에 대해서 "가장 '방정환다운' 서사로 피력되는 독자성은 방정환은 원작에 존재하지 않는 제3의 인물인 '한네레의 언니'를 등장시켜 조선의 핍박받고 고통스러워하는 어린이의 모습을 대변하는 역할을 부여한 것으로 보고, 두 어린 자매는 비록 원작에서와 같이 천국 세계의 '성녀'가 되지는 않지만, 조선 어린이의 희생과 고통을 대속하는 구원자로서 더 큰 의미의 대승적 '신성'을 완성하였다"[4]고 해석하였다. 이렇듯 방정환의 동화는 외국동화와 조선동화가 혼합되어 있는 경향성이 짙다.

따라서 이 글에서는 방정환 동화를 다양한 시각에서 접근하여 '귀신동화' 3편의 형성과정을 탐색하고 그 안에 담겨있는 메시지를 밝혀보고자 한다.

4 장정희・박종진, 「근대 아동문학과 「한네레의 승천」 전유양상」, 『근대아동문학의 양상과 동화문학의 미래』(추계학술대회자료집), 동화와번역연구소, 2015, 17쪽.

2. 이야기에 대한 관심

우리집에 오육인(五六人) 되는 이 어린 시인(詩人)들이 늘 나를 조른다 녯날 니야기를 해달나고…… 그럴 쌔마다 나는 질겨하며 니야기를 들녀 쥬엇다 어린애들은 늘 노인(老人)보고 졸은다 소학생(小學生)들은 중학생(中學生)도 선생(先生)님을 조른다 나도 전(前)에 퍽 졸낫다 니야기를 듯고 십어셔.

동생 잇난 형(兄)이여 어린애 기르는 부모(父母)여 어린이 가르치는 선생(先生)님이여 원(願)하노니 귀(貴)여운 어린 시인(詩人)에게 돈 쥬지 말고 과자(菓子)쥬지 말고 겨를 잇난 딕로 기회(機會)잇난 딕로 신성(神聖)한 동화(童話)를 들녀쥬시요 씩씩로 자조자조.

어린 동모를 위(爲)하야 되도록 국문(國文)으로 쓸 터이니 언문 아는 애에게는 바로 닑히는 것도 좆치만은 되도록 부모(父母)가 닑어 말로 들녀쥬는게 유익(有益)할 듯 생각(生覺)된다 누님이나 어머니는 밤저녁에 바느질하면서 선생(先生)님은 교수(敎授)하는 시간(時間)에 기외(其外)에 쏘 교중(敎中) 청년회(靑年會)일로 시일(侍日) 예배(禮拜)시간(時間)외(外)에 잠간(暫間)잠간(暫間) 니야기 해쥬는 것도 조을듯하다[5]

방정환은 자신도 어린 시절 어른들에게 이야기를 들려달라고 꽤나 졸랐고, 그가 어른이 되어 보니, 아이들은 여전히 어른을 보면 이야기

5 방정환, 「동화(童話)를 쓰기 전(前)에―어린의 기르는 부형(父兄)과 교사(敎師)에게」, 『천도교회월보』 126, 1921.2, 94쪽.

를 해 달라고 조르고 있었다. 현재의 아이들도 그렇다. 시대를 막론하고 아이들은 이야기를 듣고 싶어 하는 욕구가 있다. 방정환은 어린이에게 돈, 과자보다 기회가 있을 때마다 동화를 자주 들려주라고 한다. 또한, 글자를 아는 아이들이 자기가 읽는 것도 좋지만 가능한 부모가 읽어주는 것이 더 유익하다고 강조한다. 이는 혼자만의 독서보다는 부모와 아이 사이에 이루어지는 상호 교환적인 말하기 방식이 이야기를 습득하는 데 더 유의미하다는 것을 보여준다. 하지만 사람들은 문자생활에 익숙해지면서 이야기를 하는 것보다 눈으로 보는 것에 더 익숙해 있다. 어린이가 글자를 알게 되면 어른들은 어린이가 스스로 책을 읽는 것이라고 말하지만, 실은 어른들이 책을 읽어주거나 이야기해주기 어렵기 때문에 핑계를 대는 것은 아닐까 생각해 본다.

이러한 고충을 잘 알기 때문에 방정환은 글을 읽을 수 있는 어린이에게도 이야기를 많이 들려줄 것을 부모와 선생님에게 신신당부했다. 그리고 이듬해 1922년 7월 7일 『사랑의 선물』을 출판하여 어린이에게 줄 선물을 마련하였다. 이후, 방정환은 동화 구연 활동을 통하여 그 선물을 직접 어린이에게 전달하였다. 염희경은 『사랑의 선물』에 대하여 "외국의 유명한 전래동화와 창작동화, 그리고 공상성이 강한 이야기와 현실성이 강한 이야기를 두루 소개한 것은 전래동화와 창작동화의 특성을 다르게 파악했을 뿐 아니라 동화를 공상성이 강한 이야기뿐 아니라 현실성이 강한 이야기로도 이해했음을 보여 준다"[6]라고 하였다. 그러나 외국동화, 조선동화, 창작동화들이 혼합되어 있는 상황에서 개별적 특수성에 주안점을 두기보다는 이들의 유기적 관계를 중요하게 여

6 염희경, 「소파 방정환 연구」, 인하대 박사논문, 2007, 120쪽.

기고 그 안에서 새로운 방향을 모색했을 가능성이 더 높다. 1923년 개벽사를 통해 「고래동화 현상모집」에서 조선 고래동화의 중요성을 역설하고 1년 앞선 시점에는 어린이를 위한 『사랑의 선물』이 외국 번역 동화로 이루어졌다. 이러한 결과물은 조선동화와 외국동화에 대한 인식이 함께 있다는 것을 보여준다.

> 내가 生覺하난 것을 먼져 쓰기 前에 外國의 童話를 하나 먼저 紹介하고 요 다음 回부터 내가 生覺하야 맨든 것을 쓰겟슴니다 이 王子와 제비는 外國에 有名한 것 中의 하나임니다.[7] (…중략…) 요 다음에는 다른 재미잇는 것을 내겟습니다.[8]

방정환은 동화를 쓰기 전에 외국 동화를 소개하고, 이후에 생각하고 있는 동화를 만들어 쓰겠다고 밝히고 있는데, 이는 조선동화라는 것을 알 수 있다.

> 나의 가장 사랑하난 어린 벗들에게
>
> 다달이 재미잇난 리약이를 말슴하기로 약속을 하여놋코 두 달채나 말슴을 하지 안아서 몹시 미안합니다. 쌘―히 내가 아니 써 보닉고도 월보가 오면 동화(童話)가 차져지고 또 업난 것이 몹시 나의 마암로도 섭섭하엿습니다. 더구나 일젼에 '왜, 계속 해셔 내이지 안느냐고' 독촉하신 모르는 이의 엽서를 밧아보고 더욱더 미안하엿습니다. 용셔하십시요. 쓰려고

7 방정환, 「왕자와 제비」, 『천도교회월보』 126, 1921.2, 95쪽.
8 위의 책, 103쪽.

쓰려고는 하엿스나 지지난달에 몸이 갓쳐 잇느라고 쓰지 못하고 지난 달에는 학교 일로 쓰지 못하고 마음 속으로 미안한 마음만 그윽하던 즁 이번에 또 학교일 청년회일로 밧바셔 생각할 겨를이 업시 또 쓰지 못하게 되엿습니다. 미안에 미안만 거듭치게 되엿습니다.

그러나 여러 어린 벗을 사랑하난 나의 마음 속에 진경으로의 셥셥함을 얼마라도 덜기 위하야 이번에는 급한되로 짤막짤막한 것을 주셨쓰겟습니다.

예술(藝術) 즁에도 가장 어렵다는 동화 창작(創作)을 그리 함부로 쓸 슈도 업고하야 이번에는 창작만은 쉬고 다른 것을 쓰기로 하고 다음 달 붓터는 느긋이 생각하야 반닷이 조흔 세 것을 쓸 것을 다시 약속하야 둡니다.[9]

방정환은 1921년 2월 외국 동화 소개 이후에, 생각하고 있는 동화를 만들어서 주겠다고 했지만, 그 일이 순탄하게 진행되지 않았다. 방정환은 "지지난달에 몸이 갇혀있었다"고 했다. 방정환은 1921년 2월 16일 양근환이 민원식을 동경에서 살해하여 학우회의 간부들과 개벽사 동경지사의 박달성 등과 함께 연행되어서 감옥에 갇히게 되었다. 이러한 상황에서 방정환은 여러 독자에게 독촉장을 받지만 새로 쓴 글을 발표하지 못했다. 방정환은 동화 창작이 함부로 할 수 없는 일이라고 여기고 신중을 기하고 있다. 이에 「귀 먹은 집오리」와 「까치 옷」을 급하게 손 봐서 소개[10]하였다.

이후에 1922년 1월에 「귀신을 먹은 사람」을 발표하고 다음 호에 속편을 발표하겠다는 약속을 한다. 방정환이 『천도교회월보』를 통해 동

9 목성, 「리약이 두 조각」, 『천도교회월보』 129, 1921.5, 103쪽.
10 위의 글, 93~97쪽.

화를 발표하겠다고 기획하고 구상한 작품이 바로 「귀신을 먹은 사람」으로 보인다. 그 뒤에 방정환의 조선동화에 대한 관심은 지속적으로 이어지고, 개벽사를 통해 '고래동화 발굴'에 참여하게 되었다.

외국동화의 수입보다도 가장 중요하고 긴요한—우리 동화의 무대의 기초가 될 古來童話의 발굴이 아모 것보다도 難事이다. 이야말로 실로 難中의 難事이다.

세계동화문학계의 重寶라고 하는 독일의 그리므 동화집은 그리므 형제가 50여 년이나 長歲月을 두고 지방 지방을 다니며 고생고생으로 모은 것이라 한다. 일본서는 明治 때에 文部省에서 일본 고유의 동화를 纂集하기 위하야 전국 各 府縣 당국으로 하여곰 각기 관내의 각 소학교에 명하야 그 지방 그 지방의 과거 及 현재에 구전하는 동화를 모으려 하엿스나 성공을 못하엿고 近年에 또 俚謠와 동화를 모집하려다가 政府의 豫算삭감으로 인하야 또 못 니루엇다 한다.

이러한 남의 예를 보면 古來童話 모집이 如何히 難事인 것을 짐작할 수 잇다.

더구나 정부이니 문부성이니 하고 미들 곳도 가지지 못한 우리는 남의 50년 사업에 100년을 費한대도 우리는 우리의 힘으로 이 일에 착수하지 아니하면 아니될 것이다.

이 難中의 難事임에 不關하고 開闢社가 이 뜻을 納하야 쾌연히 今番 古來童話 모집의 擧에 出한 성의는 무한 감사한다. 그리고 또 이 의미잇는 일에 응하야 손수 동화 발굴에 조력해 주는 응모자 諸氏에게도 나는 감사를 들이려 한다.

얼마 잇지 안하서 그들의 원고는 내게로 올 것이다. 그리고 그 속에서 만흔 寶玉 가튼 동화를 어들 수 잇슬 것을 나는 깃븐 마음으로 고대하고 잇다.[11]

당시 방정환은 외국동화의 수입보다 절대적으로 조선의 현실에서 중요한 것이 '고래동화'의 발굴에 있다고 보았다. 독일 그림형제의 이야기 수집 노력과 일본 정부의 대대적인 구전 동화 모집처럼 조선에서의 '고래동화' 모집이 가장 시급한 급선무임을 강조하고 있다. 이에 개벽사를 통해 '고래동화' 현상 모집을 실시하였고, 그 동화를 기다리는 기쁨을 나타냈다.

모집된 數로는 150여 편에 달한 것은 실로 예상 이상의 성황이외다. 당선된 동화를 신년호에 발표할 일이오나 할 수 업는 사정으로 인하야 本號에는 爲先 當選者의 氏名만 발표하고 그 내용과 選者의 考評은 來號부터 次第揭載하겟습니다.[12]

'고래동화' 현상 모집에 150여 편이 도착하고, 날짜가 지나서도 계속 도착하고 있다. 이 가운데 당선작을 뽑아 『개벽』을 통해 발표하였다. 지역적으로 보면, 경성, 황해도, 경남 등 조선의 전 지역에서 참가하였고 중국이나 일본에서도 적극적으로 참여하였다.

---

11 소파, 「새로 開拓되는 '童話'에 關하야, 特히 少年 以外의 一般 큰 이에게」, 앞의 책, 23~24쪽.

12 위의 글, 100쪽.

당선 작품명 : 숫닭의 내력 / 「금선」의 이약이 / 고양이와 개 / 또드락 방맹이 / 톡기의 재판 / 개고리 이약이 / 당나귀 색기 / 애무한 둑거비 / 뎔쥐의 혼인 / 거지 두 아이 / 구렁이 신랑 / 해와 달 / 선생님의 벼루 / 범과 할머니 / 안즌뱅이와 장님 / 날방우 이약이 / 목합속의 녀왕 / 옥동의 긔화 / 소원보다 큰 복 / 지혜 잇는 소녀 / 범과 톡긔 이약이 / 욕심쟁이 서생 / 호랭이와 톡긔와 둑거비 / 꾀 만흔 아해

공모된 작품은 3단계로 나뉜다. 선정 작품, 선정 작품과 동일한 제목인데 당선이 되지 않은 것, 동화 연구 자료가 될 것이 그것이다. 방정환은 외국동화와 조선동화에 관심을 가지고 이를 수용하여 자신만의 동화를 만들었다. 그가 심사숙고하던 끝에 내놓은 '귀신동화'를 통해서 그의 의도를 찾아보도록 하겠다.

3. '귀신동화'

1) 「귀신을 먹은 사람」

「귀신을 먹는 사람」은 방정환이 외국동화인 「왕자와 제비」[13]를 발표하고 나서 재미있는 동화, 창작동화를 선언한 이후 근 1년이 지난 시점에 나온 작품이다. 방정환의 베스트셀러인 『사랑의 선물』이 출판되기

13 『천도교회월보』 126, 1921.2.

전이다. 방정환은 「귀신을 먹는 사람」을 발표한 이후에 다음호에 계속 연재할 것을 예고했지만, 속편은 2년 뒤인 1924년 10월 『어린이』에 「성칠의 귀신 잡기」로 소개되었다. 외국동화를 소개하는 일보다 조선동화를 발표하는 일이 더 어렵다는 것을 간접적으로 보여주는 증거이다. 「귀신을 먹은 사람」은 똑같은 내용이 다른 잡지에 총3회 수록되었고, 속편은 1회만 남아 있다.

목성, 「귀신을 먹는 사람」, 『천도교회월보』 137호, 1922.1

몽중인, 「귀신을 먹는 사람」, 『어린이』 제2권 제9호, 1924.9.6.

몽중인, 「성칠의 귀신잡기－귀신 먹은 사람의 속편」, 『어린이』 제2권 제10호, 1924.10.

방정환, 「귀신 먹는 사람」, 『조선농민』 2권 3호, 1926.3

「귀신을 먹은 사람」의 주인공 성칠이는 친척 아주머님 댁에 갈 때, 강에서 잡은 생선 한 마리를 들고 길을 떠났다. 성칠이는 산 속에서 새 그물에 걸린 꿩을 보고는 꿩을 가지고 갔다. 미안한 마음에 생선을 새 그물에 넣어 놓았다. 성칠이가 지나간 후에 그물 임자가 와서 새 그물에 생선이 있는 것을 보고, 놀라서 귀신의 장난이라고 여기게 되면서 이야기가 시작된다.

마을 사람들은 새 그물에 생선이 걸린 것은 산신령이 노해서 벌어진 '변고'라고 믿었다. 이들은 '변고'를 해결하기 위해 예전에 신령님을 모셨다는 노인을 찾아갔다.

"그 생선은 산신령님의 변하신 몸인ᄃᆡ 지난 번 졔 지낼 ᄯᅢ에 이 동리 사람들이 정셩은 업시 함부로 지ᄂᆡ여셔 그 졔에 부졍이 ᄭᅵᆫ 것도 몰느고 지냇스나 신령님은 대단히 로하서셔 이 동리를 벌을 쥬기 위하여 생선으로 변하야 나려 오신 것인즉 어셔 무슨 변이 나기 젼에 그 생선을 잘 모시여 놋코 동리 백셩이 모다 나와서 정셩껏 사죄를 아니하면 아니 되리라" 하엿슴니다.[14]

마을의 안녕과 평화를 기원하기 위해 마을마다 모시는 신들이 있는데, 이 마을은 산신을 모셨다. 신령님을 모시는 노파는 마을 사람들에게 제를 지낼 때, 정성을 드리지 않아서 부정이 탔다고 이야기했다. 부정의 결과는 노한 산신령이 새 그물에 생선을 달아 두어 화가 났음을 선포하고 7일 동안 비를 내려 마을을 물에 잠기게 하여 그 부정함을 징치한다는 내용이다. 마을 사람들은 이러한 일련의 사건들을 해명할 수 없었다. 비는 자연적인 현상이고, 홍수와 같은 재난은 언제든 일어날 수 있는 일이다. 그러나 과학적인 방법으로 그것을 설명할 수 없었던 시절에 이러한 재난은 인간의 탓으로 귀결되었다. 이 마을의 변고는 제사 지낼 때의 부정으로 발생하였다. 그러므로 이 문제를 풀기 위해서는 산신령의 현신인 생선을 극진히 대접해야 하고, 노한 산신령님을 위해 제사를 다시 지내는 방법밖에 없었다.

엇더케던지해서 신령님의 로긔를 풀고 이 동리의 큰 재변을 면하려고 동리 사람들은 신령님 모신 로파의 지휘ᄃᆡ로 마을 뒤 산밋 큰 느트나무

14 목성, 「귀신을 먹은 사람」, 『천도교회월보』 137, 1922, 95쪽.

밋헤 풀을 쎕고 짱을 다지고 그리고 아즉 급한듸로 죠그마하게 당집을 짓고 그 안에 생선을 모시여 놋코 음식을 차려 놋코 촉불을 켜고 만슈향을 피우고 치셩을 드렷습니다.[15]

마을 사람들은 노파의 말대로 당집을 짓고 지극정성을 다해서 그 변고를 물리치기 위해 애를 썼다. 그러나 이러한 노력에도 비는 멈추지 않았다.

아주머니 댁에 간 성칠이는 비가 많이 내려 하루는 그 곳에서 머물고 다음 날 돌아가는 길에, 꿩을 가지고 갔던 마을에 잠시 들리게 되었다. 그런데 마을 사람들이 비를 맞으면서 느티나무 아래에서 치성을 드리고 있는 광경을 목격하였다. 성칠이는 마을 사람들에게 치성을 드리는 이유를 듣고 나서, 자신이 신령님 대신 비도 그치고 변고도 없게 해 주겠다고 약속했다.

성칠이는 그 비에 몃 십리를 걸어오느라고 싀장하여셔 그 당 안에 차려 노은 치성 음식을 모다 맛잇게 먹엇습니다. 그리고 밥 반찬으로는 (다른 이들이 불을 피여 오겟다닛가 그것을 못 가져오게 말니고) 그 **당집을 허러셔 나묵덕이만 츄려셔 불을 지르고 그 불에다가 그 신령님이라는 생선을 구어셔 맛잇게 쯧어 먹엇습니다.**

신령님을 먹닷게 져런 사람이 어듸 잇느냐고 눈이 쫑그래져서 쳐다보는 동리ㅅ사람을 보고 성칠이는 니러서셔 다시 한울을 처다 보앗습니다 한울의 구름 볏겨지는 것을 보고 성칠이는

15 위의 글, 96쪽.

"내가 이렇케 신령님을 먹어 바렷스닛가 인제 아모 일도 업습니다 아모 렴려 마십시요 그리고 우선 오늘부터 비가 긋칠 것이니 그리 아십시요 나는 아무 곳에 사는 리성칠이라고 귀신 잡아 먹기로 유명한 사람이올시다" 하고는 픽 우셧습니다.[16]

성칠이는 마을에 일어난 '변고'를 일으킨 장본인이다. 마을 사람들은 새 그물에 생선이 걸린 이유를 알 수 없었지만, 성칠이는 알고 있었다. 그러니 성칠이가 이 문제를 해결하는 일은 아주 쉬운 일이다.

깊은 산속에 쳐 놓은 새 그물에 자연적으로 생선이 걸릴 수 없다. 그러나 다른 원인에 의해서 새 그물에 생선이 걸릴 수도 있다. 하지만 마을 사람들은 누군가 생선을 가져다 놓았을 것이라는 생각을 하지 못한다. 새 그물에는 새만 걸려야 한다. 마을 사람들은 이러한 생각의 틀에 갇혀 있다. 반면에, 성칠이는 산이나 강이라는 지역의 경계를 넘나들면서, 지역적인 한계에 갇혀있지 않다. 오히려 꿩과 생선이라는 물건 중에서 어느 것이 더 값어치가 있는지를 알고 있다. 그래서 성칠이는 강에서 얻은 생선보다 산에서 얻은 귀한 꿩을 바꿔치기 할 수 있었고 대신에 생선을 새 그물에 놓고 올 수 있었다. 새 그물에는 새만 있어야 한다고 생각했다면, 성칠이는 생선을 두고 오지 않았을 것이다. 반면에 마을 사람들은 성칠이가 한 행동을 알지 못하고, 새 그물에 생선이 걸린 현상만을 인식하고, 이것을 마을에 내려진 재앙이라고 여긴다. 마을 사람들이 산의 속성과 강의 속성만을 고정적으로 인식한 한계를 보여준다.

---

16 위의 글, 98쪽.

이 때, 모든 사실을 알고 있는 성칠이가 마을 사람들에게 나타난 변고를 제거해 주겠다고 나섰다. 그 해결책은 성칠이가 산신령을 위해 차려진 음식을 모두 먹고, 당집을 허물고, 신령님이 노해서 변한 생선까지 먹어 버리는 것으로 끝이 난다. 공교롭게도 그 때 마침, 퍼붓던 비가 그치자 마을 사람들은 성칠이를 '귀신을 먹는 사람'이라고 규정한다. 성칠이는 자신이 바꿔치기한 생선으로 굶주림을 해결하기 위해 먹었을 뿐인데 마을 사람들은 귀신을 먹어서 잡은 사람으로 믿었다. 마을 사람들은 여전히 벌어진 현상만을 인식할 뿐이다. 성칠이가 생선을 먹어치운 그 순간 비가 멈추었다는 그 사실만 인식할 뿐이다. 그 일이 일어난 원인에 대해서는 생각해 보려고 하지 않았다. 성칠이가 '귀신 잡아먹기로 유명한 사람'이라고 자청하면서 웃었던 것은 사람들이 귀신이라고 믿었던 것이 바로 자신이 바꾸어 놓은 '생선'이었기 때문이다. 성칠이는 자신이 저지른 문제를 해결했을 뿐인데 귀신 잡는 유명한 사람이 되어 버렸다.

이 부분에서 '귀신을 먹는 사람'의 주인공인 성칠이의 성향에 대해서 생각해 볼 필요가 있다. 성칠이는 산과 강이라는 고정된 속성에 대한 획일적인 관념보다는 물건의 가치와 적절성을 판단할 줄 아는 인물이라고 할 수 있다. 마을 사람들은 자신들이 해명할 수 없었던 일을 '변고'라고 여기고, 그 변고를 산신령님이 부리는 노여움이라고 여긴다.

부정 탄 음식, 부정한 행위로 발생하는 신의 노여움을 푸는 방법은 신을 달래는 것이었다. 하지만 성칠이는 이러한 방법이 아닌 신을 먹어버리는 행위를 보여줌으로써 마을 사람들에게 신보다 우월한 위치를 차지하고 있다는 것을 보여준다. 여기에서 성칠이가 신을 달래는 방법이 아닌 신으로 현신한 생선을 먹어버릴 수 있었던 것은 생선의 정체를 명확하게 알고 있었기 때문이다. 반면에 마을 사람들은 생선을 산신령의 노여움으로 보고 있으니 당연히 생선을 위해 제사를 지낼 수밖에 없었다. 이 때문에 마을 사람들은 생선을 모시고 음식을 차리고 당집을 지어 지극정성을 다 하였다. 사람들이 귀신이라고 잘못 믿고 있고 그 믿음을 지키기 위해 노력할 때, 성칠이는 사물의 정체를 제대로 파악하고 대처하는 방법을 알았던 셈이다.

이렇게 성칠이는 귀신을 잡는 사람으로 유명해졌고, 「귀신을 먹은 사람」(속편)에서 다른 마을에 나타난 귀신을 잡는 일에 불려가게 되었다.

> 귀신을 먹고 한 동리의 재변을 업시하여 쥬엇다는 성칠이의 소문이 각도에 퍼져셔 귀신 먹는 성칠이라고 아죠 유명하여젓슴니다.
>
> 그 후 어느 싀골 큰 부자집이 잇난ᄃᆡ 그 집에 귀신의 작란이 생겨서 밤이면 별별 작란을 다하야 재산 보물을 가져 갓슬 샌 아니라 밤마다 밤마다 뒤겻셔 곡셩이 나는 고로 내여다보면 큰 괴화나무에 파—란 불이 반짝어리며 거긔 무셔운 귀신이 나와셔 쥬인ᄃᆡᆨ ᄊᆞᆯ색씨를 졔물로 밧치라고 호령을 한다 그ᄅᆡ셔 성칠의 소문을 듯고 다리러 왓다고 안 간면 잡아라도 갈 듯이 달겨 들엇슴니다. (다음호)[17]

성칠이가 귀신을 먹었다는 소문은 전국에 퍼지고, 귀신 때문에 고통받는 어느 집에서 귀신을 잡기 위해 성칠이를 데려가려고 했다. 하지만 성칠이는 귀신 먹는 사람이 아니라, 자신에게 벌어진 일련의 사건

---

17 위의 글.

속에서 자신의 역할만을 다했을 뿐이다.

> 마음 약한 성칠이는 이약이만 듯고 "아니라오 내가 정말 귀신을 먹은 것이 아니라 **내가 내여 버린 생선을 가지고 귀신이라고 써들기에 그 생선을 먹엇더니 귀신을 먹엇다고 헛소문이 낫다오** 귀신을 먹닷게 귀신이란 말만 드러도 나는 니러나지 못하는 사람이라오"[18]

부잣집에 잡혀 가게 된 성칠이는 아무리 자신이 귀신을 잡아먹는 사람이 아니라고 항변하여도 소용없었다. 부잣집에 들어온 귀신은 돈을 빼앗고, 딸을 제물로 바치라고 지속적으로 강하게 요구하였다. 하지만 성칠이는 이번 사건에 대해서는 어떻게 해결할 방도를 찾지 못하고 있었다.

> 성칠이는 것흐로는 아모 말 못하나 온르은 낫동안에 도망을 하고 말니라고 속으로 잔득 도망갈 요량을 하고 잇섯습니다. 그러자 아츰 밥상이 나오고 또 뒤밋처 하인이 큰 그릇에 생선 조린 것을 담어 들고 나아 왓습니다. 성칠이는 그것을 바다 들고 무심코 생선과 하인을 번가라 보면서 **"으—응 이 놈이 귀신 노릇하든 놈이로군!……" 하엿습니다.**
>
> 그리닛가 그 말을 듯고 하인이 얼골빗이 별안간에 색파래젓습니다. 이 하인이야말로 밤마다 귀신노릇을 하야 사람을 놀래이고 이 집 재산과 쌀을 쌔아스려 하는 아조 흉악한 낫븐 하인 놈이엿습니다.[19]

---

18 몽중인, 「성칠의 귀신잡기—귀신 먹은 사람의 속편」, 『어린이』 제2권 제10호, 1924, 30쪽.

성칠이는 귀신을 무서워하여 어젯밤에 나타난 귀신을 생각하고는 도망갈 생각만 하고 있었다. 그러다 아침 밥상을 받았을 때, 생선을 보고는 성칠이가 생선에게 '귀신 노릇하던 놈'이라고 이야기하였다. 성칠이는 생선을 보고 새삼 예전에 자신이 바꿔치기 했던 생선을 떠올리고 이야기했던 것이다. 하지만 귀신 장난을 하던 하인은 성칠이가 자기에게 하는 소리로 오해했다.

> 오늘 밤에는 쏙 귀신을 잡던지 다시는 못오게 쏫던지 아조 잡수어 버리시던지 세 가지 중에 쏙 해주서야 한다고 당부하엿습니다. 그러닛가 성칠이는 하도 딱하여서 머리를 극적극적하고는 탄식하는 말로
>
> "허허 오늘밤에는 성칠이가 쏙 죽엇고나!" 하엿습니다. 그러닛가 그만 앗가 그 하인놈이 얼골이 파래저서 쒸여올나 오더니 성칠이 압헤 와서 업드려서
>
> "그저 죽을 죄로 잘못하엿스니 목숨만 살려 주십시오" 하고 작고 빕니다. 원래 이 놈의 일흠이 성칠인대 지금 성칠이가 오늘 저녁에는 자긔가 귀신 째문에 죽겟구나하고 탄식하는 소리를 오늘밤에는 저를 쏙 죽이겟다하는 말로 듯고 그만 겁이 나서 자백을 한 것이엿습니다.
>
> 그 소리를 듯고 성칠이는 속으로 "오오 이 놈도 일흠이 성칠이로구나" 하면서 "그럼 너의 목숨은 살려 줄 것이니 주인께 자백을 하여라!" 하엿습니다. 그래 그 놈은 자긔가 재물과 주인의 쌀에게 욕심이 생겨서 그 소원을 이루려고 그런 짓을 한 것을 주인께 자백하엿습니다.[20]

---

19 위의 글, 33쪽.

20 위의 글, 34쪽.

부잣집 사람들은 성칠이에게 이제 '귀신을 잡든가, 쫓아내든가, 먹어 버리든가' 셋 중에서 선택해야 한다고 강하게 요구하였다. 이를 들은 성칠이는 무심결에 '오늘 밤에 성칠이가 죽었구나'라고 내뱉었다. 성칠이라는 이름을 가진 귀신 장난하던 하인이 이 소리를 들었다. 하인은 성칠이가 자신을 잡을 것이라고 생각하여 겁을 먹고는 스스로의 죄를 귀신 잡는 성칠이에게 자백하게 되었다. 성칠이는 자신의 경험을 이야기했을 뿐인데, 옆에서 귀신 장난하던 하인은 그 이야기를 모두 자기 이야기로 동일시하였다. 이름이 같았기 때문이다. 결국, 성칠이가 우연히 말한 것이 그대로 현실이 되어 귀신을 잡게 되었다. 성칠이가 귀신을 퇴치할 방법이 없어 고민하던 상황에서 자신이 겪은 경험이 귀신을 잡는 데 기여하였다. 또한 하인의 이름이 성칠이라는 점도 큰 작용을 했다.

염희경은 「귀신을 먹은 사람」을 순수 창작동화로 속편은 창작전래동화[21]로 간주하였다. 그 이유는 귀신을 잡는 속편의 이야기가 「돌이와 개구리」[22]이야기를 그대로 삽입한 것으로 보았기 때문이다. 그러나 이들 작품은 순수 창작동화나 창작전래동화이기 보다는 다양한 옛이야기들이 방정환의 개작 방식을 거쳐 결합된 것으로 옛이야기를 기반으로 하는 성향이 강하기 때문에 창작과는 거리가 있어 보인다.

「돌이와 개구리」는 부잣집 돌이가 가난한 친구를 위해서 집안의 물건을 숨기고 찾아내는 과정에서 개구리는 점을 잘 치는 아이가 되어 소

---

21 염희경, 「소파 방정환 연구」, 인하대 박사논문, 2007, 178쪽.

22 염희경은 「가짜 점쟁이」, 「점 잘 치는 훈장 이야기」로 보았다. 같은 유형의 이야기인데, 「돌이와 개구리」가 이 이야기의 성격을 제일 잘 드러낼 수 있어, 이 제목으로 하였다.

문을 타고 중국에까지 가서 임금님의 옥쇄를 찾게 되었다는 이야기이다. 개구리는 근심하다가 우연히 말을 하게 되는데 그 말이 범인의 이름과 동일하였다. 옥쇄를 훔친 자가 개구리에게 와서 자백을 하여 개구리는 자연스럽게 옥쇄를 찾게 되었다. 「성칠의 귀신 잡기」의 서사구조는 「돌이와 개구리」와 닮아있다. 하지만 개구리가 옥쇄를 찾게 된 것이나, 성칠이가 귀신을 잡게 된 것은 우연의 결과가 아니다. 성칠이가 전편에서 생선의 존재가 무엇인지 명확하게 알았기 때문에, 마을 사람들이 귀신이라고 믿는 생선을 먹어치워 문제를 풀었다. 이후 발표된 속편에서 성칠이는 자신의 경험을 이야기하고 자신의 문제에 골똘하고 있다가 귀신 장난을 일으킨 하인 성칠이를 잡게 되었다. 처음 「귀신을 먹은 사람」에서 귀신을 잡는 방법은 성칠이가 자신의 경험으로 마을 사람들의 잘못된 믿음을 깨뜨리는 것이었다. 속편에서 성칠이는 자신의 경험을 되새기고 이야기하는 과정에서 귀신을 잡을 수 있었다. 성칠이가 귀신을 잡을 수 있었던 것은 모두 자신의 경험에서 비롯되었다고 말할 수 있다.

2) 「양초 귀신」

방정환의 속편 「성칠의 귀신잡기」 이후 근 1년 후에 나온 작품이 바로 「양초귀신」[23]이다. 이 작품은 『어린이』와 『별건곤』에 발표되었고 동화 구연[24]으로도 인기를 끌었다.

---

23 『어린이』 제3권 제8호, 1925.8.1.

24 "세계아동전람회에서는 예명과 가티 지난 사일 오후 네 시부터 텬도교 교당 안에서

몽중인, 「양초귀신」, 『어린이』 제3권 제8호, 1925.8.

파영, 「양초귀신」, 『별건곤』 3호, 1927.1

「양초 귀신」은 새로운 문물이 들어와 벌어지는 해프닝을 다루고 있다. 일본 고지마 마사지로小島政二郎의 「로소쿠 우오ろうそく魚, 양초물고기」 이야기도 「양초 귀신」과 유사하여 함께 비교해 보고자 한다.

고지마 마사지로(小島政二郎), 「로소쿠 우오(ろうそく魚)」, 『긴노호시(金の星)』 6권 7호, 긴노호시샤(金の星社), 1924.7.[25]

고지마 마사지로의 「로소쿠 우오」는 방정환의 「양초 귀신」보다 약 1년 전에 발표되었다. 두 작품의 중요 사건을 중심으로 정리하면 〈표 1〉과 같다. 논의의 편의를 위해서 마사지로小島政二郎의 「로소쿠 우오」는 (가)로, 방정환의 「양초 귀신」은 (나)로 표기 하겠다.

〈표 1〉 로소쿠 우오(ろうそく魚)와 양초 귀신 내용 비교

	(가) 로소쿠 우오(ろうそく魚)	(나) 양초 귀신
양초구매자	촌장	송서방
구매 장소	에도	한양
사용법 안내	연장자	글방 선생
양초 사용	국을 끓여 먹음	국을 끓여 먹음
해결 방법	연못 속으로 들어감	물 속으로 들어감

배재음악대의 음악으로 여흥을 시작하야 삼광유치원의 표정유히와 텬도교 소년의 하모니카 독주와 무도가 잇섯스며 **소파 방뎡환 씨의 양초귀신이란 동화가 잇서 매우 성황을 일우엇더라.**"(『동아일보』, 1928.10.6)

25 이 자료는 박종진 연구자가 필자에게 번역을 해서 제공해 주었다. 이 자료로 「양초 귀신」이 외국동화를 방정환식으로 개작했다는 논의를 진행할 수 있게 되었다. 이 자리를 통해서, 다시 한번 진심으로 감사를 드린다.

두 작품 모두, 서울에 구경을 간 인물이 양초를 처음 보고 너무 신기해서 마을 사람들에게 주기 위해 양초를 구입했다. 「로소쿠 우오ろうそく魚」에서 촌장은 의도적으로 양초의 사용법을 가르쳐 주지 않고 마을 사람들에게 전달했다.

방정환의 「양초 귀신」에서는 다음과 같이 서술되었다.

> 동네 사람들은 그 처음 보는 물건을 받기는 받았어도, 무엇하는 것인지, 어떻게 쓰는 것인지 알지를 못하여, 퍽 갑갑해 하였습니다. 그러나 사다 준 사람에게 새삼스럽게 물어 보기는 부끄러우니까 물어 보지도 못하고 저희들끼리만 이 집 저 집 찾아다니면서 서로 물어 보았으나, 한 사람도 그 하얗고 가늘고 깰쯤한 것이 무엇하는 것인지를 도무지 알지 못하였습니다.[26]

아주 깊은 시골에 사는 양반이 서울 구경을 갔다가 신기한 물건인 '양초'를 하나 사와 동네 사람들에게 나누어 주었다. 신문물을 접해 보지 못한 시골 사람들은 그 용도를 알 수 없었다. 그런데 특이한 점은 동네 사람들이 그 물건의 사용법을 알지 못하면서도 물건을 주는 사람에게 그 방법을 묻지 않았다는 점이다. 시골에만 살아왔던 동네 사람들끼리 아무리 머리를 맞대고 그 용도를 알고자 하였으나 그들의 지식과 경험으로는 역부족이었다. 그래서 동네 사람들이 고민 끝에 동네에서 가장 아는 것이 많은 글방 선생을 찾아갔다. 글방 선생 역시 이 물건의 사용법을 알지 못했다. 하지만 글방 선생은 자신이 모른다는 것을 동

26 몽중인, 「양초귀신」, 『어린이』 제3권 제8호, 14쪽.

네 사람들에게 말하고 싶지 않았다. 글방 선생은 자신이 알고 있는 지식과 경험을 총동원하여 그것이 무엇인지를 가르쳐 주었다.

(가)

그 속에서 사쿠쥬라는 남자가,

"저, 가혜에 할아범." 하고 그 집 주인이자 올해 아흔아홉이 되는, 마을 제일로 아는 게 많은 사람에게 말을 걸었습니다.

"도대체 로소쿠라는 건 어디에 쓰는 건가?"

"난 또 뭘 물어보나 했더니 그거? 그걸 자네 모르나? **그걸 모르다면 차라리 죽는 게 나아.**"

"아니, 나만 모르는 게 아니니까 죽을 건 없지. 온 마을 사람들이 한사람도 모르지."

"그러면 다들 죽어버리라고 해."

"그렇게 말하면 안 돼지. 알고 있으면 알려 주시구랴." (…중략…)

"뭐라고, 모쿠에몬 씨. 영감도 모르는게야? 그거야, **먹을거지.**"[27]

(나)

"그까짓 것도 모르는 사람이 있단 말인가. 죽게, 죽어 버리게. 죽는 게 옳으이……."

"예, 죽더라도 시원히 알기나 하고 죽겠으니, 제발 좀 가르쳐 줍시오."

"아무리 무식한 사람이기로 그것도 모른단 말인가. 그것이 국 끓여 먹는 것이라네. 서울 사람들은 그 걸루 국을 끓여 먹어요."[28]

---

27 小島政二郎, 「ろうそく魚」, 『金の星』 6券 7号, 金の星社, 1924.7, pp.24-25.

(가)의 연장자와 (나)의 글방 선생은 동네 사람들에게 그것도 모르면 죽어버리라면서 동네사람들을 '무식한 사람'으로 몰아버린다. 그러면서 모두 먹는 것이라고 규정하였다.

(가)

"이건 생선이야."

"생선?"

"로소쿠 우오라고 해서 에도 사람들은 하루에 서너 개 정도씩 먹지요."

"그래도, 생선치고는 비늘도 아무것도 없는데."

"생선이라면 비늘이 꼭 있을거라고 생각하면 그건 틀렸어. 생선이라도 비늘이 없는 것도 있지."

"그래도 아무래도 생선 같지는 않은데?"

"어허, 조용히 좀 해, 이봐, 할멈 로소쿠 물고기를 가져와 보게."

"당신, 이게 물고기 맞어? 아주 깨끗한 물고기도 다 있네. 여기 뾰족한 건 뭔가요?"

"그건 주둥이지."

"어라? 여기 구멍이 있네."

"그건 배꼽이야."

"이건 어떻게 먹는거지?"

"음, 조리거나 구워도 먹을 수 있지만, 오늘처럼 추운 날에는 된장국이 가장 맛있을 거야."

"그럼 한번 만들어서 사람들이 먹게 나누어주지 않겠나?"

---

28 몽중인, 「양초귀신」, 『어린이』 제3권 제8호, 15쪽.

"아, 물론이지. 할멈. 된장국을 끓여서 그 속에 이 로소쿠를 부러뜨려서 넣고 뜨거울 때 사람들에게 담아주시게."[29]

(나)

"백어(白魚)라고 물 속에 잇는 생선을 잡어서 말린 것이야."

"이상한 생선도 만습니다. 눈깔도 업고 이 압헤 요 섀죽한 것(심지)은 무엄닛가"

"눈깔이 원래 업는 생선이야…… 그래서 더욱 귀(貴)하다는 것이라네 섀죽한 것은 그게 주둥이 아니고 무언가."

"이 밋헤 잇는 이 구녁은 무엄닛가."

"그것은 똥 구녁이지 무어야."

"네-녜 알엇습니다 말삼을 듯고 보니 참말 생선말린 것입니다 그려…… 대톄 서울 사람들은 별생선을 다 잡어먹는군요."

"그러기에 서울이 좃타는 것 아닌가."

"그래 이것으로 죽을 엇더케 끌임닛가."

"허허 무식한 사람이라 갑갑도 하군? 물을 끌이고 이것을 칼로 얇다랏케 썰어넛코 간을 처 먹는 것 아닌가…."

"그게 그럿케 맛이 잇슬가요."

"맛이 잇고 말고…… 자아 이왕이니 오늘 우리집에서 끌여 먹어 보고 가게."[30]

두 작품에서 물고기라고 믿지 않는 마을사람들에게 연장자와 글방

29 小島政二郞, 앞의 글.

30 몽중인, 「양초귀신」, 『어린이』 제3권 제8호, 15~16쪽.

선생이 물고기인지를 설명한다. (가)는 주둥이와 배꼽으로, (나)는 주둥이와 똥구녁으로 이야기하고 있다. 지금의 관점에서 보면, '양초'를 어떻게 물고기 혹은 '백어白魚'라고 생각할 수 있는지 쉽게 이해되지 않는다. 하지만 연장자와 글방 선생의 시점에서 보면 불가능한 일도 아니다. 마을 사람들은 연장자이거나 글방 선생을 세상의 모든 것을 다 알고 있는 경험자이면서 지식인이라고 생각하고 있다. 연장자와 글방 선생 역시 마을 사람들이 인식하고 있는 자신의 명예를 손상시키기 싫어서 모르는 물건임에도 아는 체하였다. 그런데, 흥미로운 것은 연장자와 글방 선생이 고민 끝에 내린 물고기(백어)라는 인식은 나름 근거가 있다.

일본에 '로소쿠 우오ろうそく魚'라는 '양초 물고기'가 있는데, "이 물고기에서 짜낸 기름을 태워 조명에 사용하고, 또한 이 물고기를 말린 것을 가지에 끼워 간단한 촛불로 사용되었다"[31] 고 한다.

「양초 귀신」에 사용된 백어라는 고기를 찾아보면, 길고 흰색에 양초 심지 같은 눈이 달려 있다. 글방 선생은 눈은 없고 그 까만 백어의 눈을 입이라고 하였다. 양초의 아래쪽은 백어의 항문으로 보았다. 딱딱한 양초를 보고 글방 선생은 말린 백어라고 규정하고 끓여서 먹으면 아주 맛있다고 덧붙이기까지 했다. 『난호어목지蘭湖漁牧志』에 백어에 대한 설명은 다음과 같다. "길이는 겨우 수촌이고 비늘이 없으며 전신이 희고 밝은데 다만 두 눈의 검은 점은 알아볼 수 있다."[32]

연장자와 글방 선생이 물고기라고 규정한 이유는 당시에 양초와 유

31 ろうそくの歴史, https://ja.wikipedia.org.

32 한국콘텐츠진흥원, 문화원형백과 조선시대 식문화, 2003. http://www.culturecontent.com

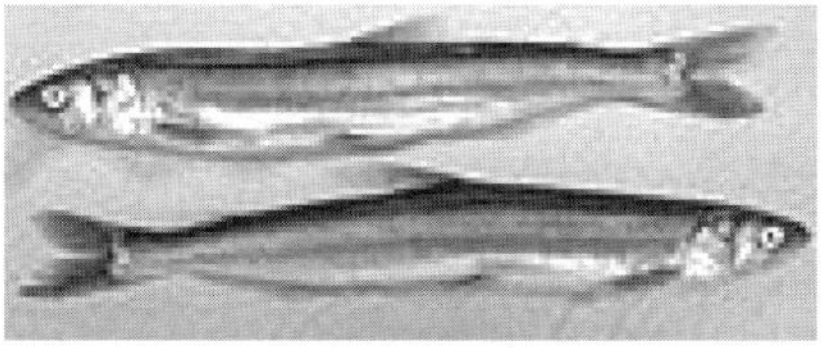

〈그림 1〉 **로소쿠 우오**(ろうそく魚)

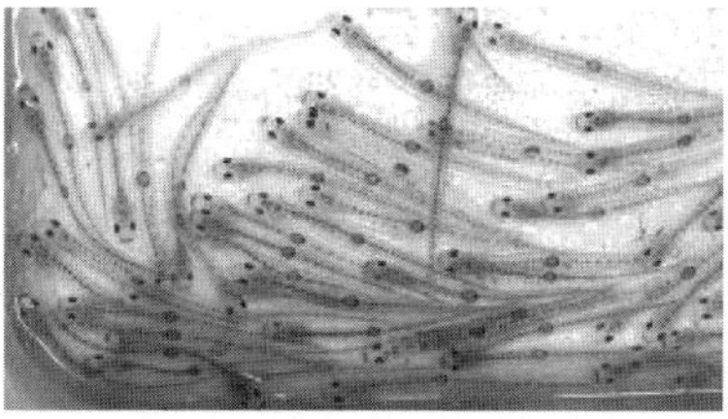

〈그림 2〉 **백어**

사한 물고기가 있었기 때문이다. 특히, 일본에는 로소쿠 우오ろうそく魚가 있었고, 이 물고기는 오래 전부터 서양에서 양초처럼 사용되었던 흔적도 발견된다. 조선의 백어는 『난호어목지蘭湖漁牧志』의 기록처럼 비늘이 없고, 흰색에 심지와 같은 검은 점만 있다. 백어와 양초 사이의 유사성도 충분히 가능한 일이다. 일본 동화의 연장자와 조선동화의 글방 선생은 모두 자신이 지닌 경험과 지식을 토대로만 새로운 물건의 용도를 파악한 셈이다.

마지막에 마을 사람들이 양초를 먹고 난 후에 몸에서 불이 날 것을 염려하여 물속으로 들어가는 서사는 양국이 동일하고 세부적인 차이점이 있다.

(가)

"어이쿠 그거 큰일이다. 불을 밝히는 걸 마시고 뱃속에 화상이라도 입으면 어쩌지? 담배라도 피워서 불과 불이 부딪히면 뱃속에서 불이 일어나는 거 아냐? 이걸 어쩌지?"

"하는 수 없지. 물에 들어가자."

"그게 좋겠어. 목에 새끼줄을 매고 우물 속에 매달릴까?"

"바보 같은 소리 하지 마. 어떻게 우물에 들어갈 수 있어?"

"자, 친주사마[鎮守様] 연못으로 갑시다."

"맞다, 그게 좋겠어."

그래서 사람들은 모조리 일어서서 친주[鎭守]숲을 향해서 달려갔습니다. 그리고 그 연못으로 풍덩풍덩 뛰어 들어가 목만 내놓고

"아휴, 사람한테 이상한 걸 먹여가지고 봉변을 당했네. 그래도 이렇게 물에 들어가 있으면 아까 먹은 로소쿠 불도 꺼지겠지?"[33]

(나)

그러나 그중에도 쌧빩안 얼골을 폭 숙으리고 안젓는 선생은 다른 사람보다도 더 겁이 낫습니다. 그래 생각하면 생각할스록 자긔 배 속 불씨가 드러가 잇는 생각에 마음이 조급해서 별안간에 소리를 지르며 "배속에 불이 니러나기 전에 물 숙으로 뛰여 드러가자! —" 하면서 뎨일 압장을 서서 뛰여나가 마을 뒤 내ㅅ가에 가서 모다들 옷을 홀닥 홀닥 버서버리고 물 속으로 풍덩풍덩 드러가서 목아지만 물 우에 내여놋코 불이 안 나도록 몸을 물 속에 잠그고 잇섯습니다.

달이 환—하게 밝은 밤이엿는대 늣게 지나가는 나그네(旅客) 한 사람이 그러치 안어도 내ㅅ가로 혼자 지나가기가 겁이 나는대 냇물 우에서 짓걸짓걸 하는 소리가 나는고로 깜짝 놀라 달빗에 자세 보닛가 내ㅅ물에 사람의 대가리만 수박갓치 떠 잇섯습니다.

"올치 저놈들이 독갑이로구나…… 독갑이는 담배불을 무서워 한다드라" 하고 불이낫케 담배를 담어 물고 담배불를 붓치느라고 석양 불을 드윽 그엇습니다. 물속에 잇는 선생과 상투쟁이들은 간신이 배 속에 잇는 초에 불이 안이 닐어나도록 물 속에 잇난대 나그네가 석양 불을 그으닛가

33 小島政二郞, 앞의 글, 27쪽.

그 석양 불 때문에 자긔네의 배 속에 잇는 초에 불이 켜질가 겁나서

죽을 둥 삭 둥 몰으고 소리 치면서

"여보게 저놈이 석양 불을 그어 우리 배 속에 초에 불을 켜려고 하니 모다 머리까지 물 속으로 잠그게 큰일나네."

하고 모다 머리와 얼골까지 물 속으로 잠거 버리고 말엇습니다.

나그네는 그런 줄은 몰으고 내ㅅ물 우에 수박갓흔 독갑이 대가리만 업서진 것을 보고

"대톄 독갑이란 놈들이 담배 불은 톄일 무서워 하는군……" 하고 지나가 버렷습니다.[34]

방정환 「양초귀신」은 결말에서 일본의 「로소쿠 우오ろうそく魚」와 차이가 있는데, 그것은 나그네와 도깨비에 대한 이야기이다. 「로소쿠 우오ろうそく魚」의 마을 사람들은 모두 물속에 들어가 양초를 먹은 뱃속에서 불이 꺼지기를 바라고 있다. 한편 「양초귀신」의 나그네는 이런 사람들의 모양을 도깨비로 인식하고 도깨비가 싫어하는 불을 피워 사람들을 더욱 궁지에 몰아넣는다.

(가) 여러분, 오늘은 내가 할아버지한테 들은 이야기를 하나 하지요.[35]

(나) 대단히 더운 날이니 슯흔 이약이보다도 무서운 이약이보다도 우습고 우습고 허리가 압흐게 우수운 이약이를 하나 하지요.[36]

---

34 몽중인, 「양초귀신」, 『어린이』 제3권 제8호, 18쪽.
35 小島政二郎, 앞의 글, 24쪽.
36 몽중인(夢中人), 「양초귀신」, 『어린이』 제3권 제8호, 15쪽.

두 작품에서 모두 이야기의 시작을 알리고 있지만, 「양초귀신」은 '우습고 우습고 허리가 압흐게 우수운 이약이'라고 표현되어 있다. 방정환은 일본의 「로소쿠 우오ろうそく魚」를 보고, 사건을 일으키는 주인공인 연장자를 글방선생으로 '양초 물고기'도 '백어'로 바꾸었다. 양초를 사온 촌장이 마을 사람들에게 물건의 사용법에 대해서 의도적으로 가르쳐 주지 않았고, 마을 사람들은 방법을 알고 싶어서 질문을 했다. 반면에 「양초귀신」에서 마을 사람들은 사용법에 대해 묻지 않았다. 글방 선생 역시 모르는 것을 질문하지 않았다. 그 결과, 마을 사람들은 더 궁지에 몰리게 되었다.

방정환은 마을 사람들과 글방 선생이 모르는 것을 묻지 않는 허위의식을 비판하였고, 상황을 더 극단적으로 몰아서 이 이야기가 주는 해프닝적인 상황을 더 악화시켰다.

4. '귀신'의 의미

방정환이 발표한 「귀신을 먹은 사람」과 「양초 귀신」에는 고정된 시선으로 삶을 바라보는 인간형들이 존재한다. 「귀신을 먹은 사람」에서 마을 사람들은 모두 자신이 살아온 경험 안에서만 행동한다. 새 그물에 걸린 '생선'은 '변고'의 조짐으로 읽힐 뿐이다. 더욱이 신령님을 모시는 노파는 신령님이 노하여 '생선'으로 변신하는 것이라는 잘못된 해석까지 내린다. 이러한 혼란 속에서 중심을 잡아주고 잘못을 가르쳐 줄

인물이 아무도 없다.

당시 '미신 타파'와 '완고 타파'가 사회적 화두가 되어 강연과 연극 등 교화를 위한 운동이 전개되었다. 어린이들의 교과서에서도 '미신'이라는 문제를 다루었다.

> 學問과 知識이 업는 사람은 迷信에 싸지기 쉬운지라. 엇더한 나라에던지 學問이 發達치 못한 時代에는 迷信하는 者이 만허서, 今日에는 三尺童子라도 밋지 아니할 일을 밋엇스나, 學問의 進步를 짤어서, 迷信者가 漸滅하나니라. 孔子도 '知者는 不惑'이라하시니라.[37]

「우인愚人의 미신迷信」에서 미신에 빠지는 사람은 학문과 지식이 없는 사람이라고 규정되었다. 배움을 통해 얻는 지식만이 미신을 타파하는 길임을 강조하고 있다. 조선은 무당에 의지하여 병을 고치거나 개인과 관련된 문제를 해결하는 관습이 있어 무당이 차지하는 역할이 컸다. 하지만, 이러한 것들은 배우지 못한 자들이나 하는 소행으로 치부되었다.

1918년 『보통학교 조선어급한문독본』 권4에 수록된 5과 「우인의 미신」, 6과 「한문(안향)」 내용이 이후의 교과서에서는 두 과의 내용이 합쳐져서 안향으로 귀속되었다. 5과에서는 일반적인 무당들의 사례를 보여주고, 미신에 빠지는 사람을 경계하였다. 6과에서 안향이 상주판관으로 있을 때, 무의를 행하는 것을 금지하여 백성들이 모두 우려하였으나 안향이 의지를 꺾지 않고 기다려서 무당의 황당한 일을 금지하게 하였다는 내용이다. 5과와 6과가 결합하여 1924년 『보통학교 조선어

37 「愚人의 迷信」, 『조선어급한문독본』 권4, 1918, 15쪽.

독본』 권5, 「안향의 금무禁巫」로 만들어 안향의 일례를 적극적으로 활용하고 있다.

미신을 타파하려는 사회적 노력은 강연과 논설의 형태로도 퍼져 나갔다.

> ◇미신은 이성이 허락지 안는 신념과 행사를 이름이니 현대 사상의 정도가 용납지 아니하는 선대신념의 타력이거나 혹은 부정한 무리가 무엇이 이(利)함이 잇고자하야 인민을 기망하는 술책이다 정화수로 두신의 노염을 풀어서 병의 경과를 순케 한다하고 천하대평에 세침을 박이시 안질을 고친다한다 이와 가치 소위 예방으로 질병을 치료한다 함은 전자의 예라 할 것이요 중국의 황건적이니 백련교이니 칭하든 무리가 혹은 국가를 요란케 하고 혹은 민심을 고혹(蠱惑)케 하엿다 이와가치 소위 좌도(左道)가 세산에 사행함은 후자의 예라 할 것이다.[38]

미신은 정화수로 두신痘神의 노염을 풀어서 병을 낫게 하고, 세침을 박아서 안질을 고친다는 것과 같이 허무맹랑하다. 하지만, 특별한 의학적 기술이나 지식이 없는 상황에서 세상에서 벌어지는 특이한 현상들을 설명하는 데에 '귀신'만큼 좋은 소재도 없었다.

방정환의 세 편의 귀신동화에는 사람들이 경험하지 못한 일이 벌어지고 그 사건을 인식하는 과정에서 문제가 나타난다. 「귀신을 먹은 사람」에서 새 그물 주인이 새가 아닌 생선이 그물에 걸려 있는 것을 보고, 변고라고 여긴다. 새 그물 주인과 함께 마을 사람들 모두는 신령님을

38 「미신」, 『동아일보』, 1925.1.13.

모시는 노파를 통해서 귀신의 현신이라는 이야기를 듣고 치성을 드린다. 하지만 결과는 어이없게도 새 그물 속에 잡힌 꿩을 가지고 가고, 그 자리에 생선을 놓은 칠성이라는 아이를 통해서 해결된다. 이 일은 칠성이만이 할 수 있는 일이었다.

「귀신을 먹은 사람」(속편)에서 주인공 성칠이는 우연히 귀신을 잡는 사람으로 명성을 얻게 되어 부잣집에 나타난 귀신을 잡으러 가게 되었다. 하지만 성칠이에게 귀신을 잡는 특별한 능력이 있었던 것이 아니다. 전편에서 일어난 사건은 성칠이가 벌인 일이기 때문에 자신 있게 해결할 수 있었던 것뿐이었다.

속편에서 성칠이가 귀신을 잡을 수 없어서 괴로워하다가 우연히 밥상에 나온 생선을 보고, "으-응 이 놈이 귀신 노릇하든 놈이로군!…"이라고 말했다. 실은 밥상을 가지고 온 하인이 귀신 노릇을 하고 있었는데, 하인은 성칠이가 생선에게 한 이야기를 자신에게 한 이야기로 듣고 성칠이를 두려워하고 있었다. 그러던 중 부잣집에서 성칠이에게 귀신을 잡아 달라는 성화에, 성칠이가 혼자서 '허허 오늘밤에는 성칠이가 꼭 죽엇고나!'라고 말하였다. 하필 그 때, 그 하인이 성칠이의 말을 듣고는 스스로 성칠이 앞에 와서 자백하게 되었다. 하인의 이름이 성칠이었기 때문이다.

「귀신을 먹은 사람」(속편)에서 성칠이는 지난 일을 상기하고 고민하는 과정에서 귀신을 잡게 되었다. 성칠이가 자신이 바꾸어 놓은 생선을 귀신이라고 믿는 마을 사람들의 불안을 해결해 주지 않았다면 풀 수 없었던 문제이다. 결국, 성칠이가 「귀신을 먹은 사람」(속편)에서 우연히 귀신을 잡은 것처럼 보이기도 하지만 실은 성칠이가 가지고 있었던 전편에서 보여준 지혜와 용기의 힘이 「귀신을 먹은 사람」(속편)에까지 영향력을 끼친 것이다. 부잣집 영감은 성칠이의 이런 점을 높이 보고, 자신의 사위로 맞이하였다.

방정환의 「양초귀신」은 학문과 지식의 수양을 강조하는 이야기이다. 새로운 문물인 '양초'를 알지 못하는 글방 선생은 자신의 경험 안에서만 사물을 이해하고 다른 사람에게 사실인 양 강요한다. 글방 선생이 미리 '양초'에 대한 경험이나 지식이 있었다면, 마을 사람들을 혼란에 빠뜨리지 않도록 제대로 된 사용법을 가르쳐 주었을 터이다. 아니, 송서방이 양초를 가지고 왔을 때, 그 사용법에 대해서 솔직하게 물어보았다면 이런 일은 발생하지 않았을 것이다. 하지만 글방 선생은 처음 보는 양초에 대해 자기 멋대로 해석을 해 버렸고, 이 때문에 마을 사람들이 위기에 봉착했다. 글방 선생과 마을 사람들의 문제는 알지 못하는 것을 물어보지 않고 체면을 중시하는 사고방식에 있다.

마을 사람들은 글방 선생의 말을 신뢰하고 모두 양초를 끓여 먹었지만, 서울에서 양초를 사 온 송서방은 먹는 것이 아니라 불을 켜는 데 쓰는 것이라고 알려 주었다. 이 사실을 알게 된 마을 사람들은 배 속에 불이 켜질 것을 염려하여 모두 물속으로 뛰어가 버렸다.

「양초 귀신」에는 「귀신을 먹은 사람」의 성칠이처럼 귀신을 제어하는 인물이 없다. 성칠이는 잘못된 믿음을 가지고 혼란에 빠져있는 마을 사람들을 구제하였고, 부잣집에 닥친 재앙도 해결해 주었다. 성칠이가 지닌 지혜와 용기 덕분이었다. 하지만, 「양초 귀신」에는 자신의 무능을 숨기기 위해 허위의식에 가득 찬 글방 선생과 모르는 것을 남에게 묻지 않는 마을 사람들만 있을 뿐이다. 이들을 구제해 줄 수 있는 인물이 없다. 서울에 다녀올 정도의 경험이 있는 송서방 역시 그 난관을 해결하지 못한다. 설상가상 지나가던 나그네는 물속에 빠진 마을 사람들을 도깨비라고 여기고 담뱃불을 피워 마을 사람들의 혼란을 가중시킬 뿐이다.

방정환은 「양초 귀신」의 부제로 '우습고 우습고 우습고 자미잇는 이약이'라고 하였다. 정말 계속 웃긴 이야기들의 연속이다. 그러나 「귀신을 먹은 사람」이야기에서처럼 성칠이와 같은 용기 있는 인물이 더욱 절실해 지기도 한다. 끝없이 말도 안 되는 이야기로 점철되어 있는 「양초 귀신」을 통해 어린이에게 지식과 경험의 중요성과 모르는 것을 부끄러워하지 말고 질문하는 자세를 간접적으로 보여주고 있다.

방정환은 동화 속에 '귀신'을 내세워 사물에 대한 정확한 인식과 이해, 지식과 경험, 다름을 인정하는 태도 등이 필요하다는 것을 보여주었다. 자신이 알고 있는 고정된 지식과 경험을 고수하는 인물은 귀신이라는 허상을 퇴치할 수 없다는 것을 보여준다. 만약, '귀신'에 담긴 의식들을 어린이에게 강연하고 교육한다면 어떨까. 그것보다는 어린이에게 재미있는 동화로 들려주는 것이 더욱 효과적일 것이다. 방정환은 당대 어린이에게 필요한 의식을 동화를 통해서 이야기하고 있다. 특히, '귀신'에 내포된 잘못된 믿음과 잘못된 지식을 제대로 바로잡아 준다. 이러한 잘못된 믿음이나 지식은 귀신만큼이나 무서운 존재이고 어린이가 스스로 그 허상을 깨는 길은 지식과 경험을 쌓는 일뿐이다.

방정환은 「귀신을 먹은 사람」에서 사건의 현상만을 직시하는 마을 사람들 틈에서 경직된 사고가 아닌 유연한 사고를 지닌 성칠이를 해결

〈표 2〉 '귀신동화'에 나타난 문제점과 해결책

	귀신을 먹은 사람	양초 귀신
문제점	현상만 인식하는 마을 사람들	모르는 것을 묻지 않는 마을 사람들
잘못된 해설자	신령님을 모시는 노파	글방 선생
해결책	잘못된 믿음 타파	잘못된 지식 바로잡기

책으로 등장시켰다. 성칠이는 산과 강을 마음대로 넘나들면서 사고의 경계를 허물고 잘못된 믿음을 깨뜨려 귀신의 허상을 무너뜨린다. 「양초 귀신」에서는 모르는 것을 물어보지 않는 마을 사람들과 글방 선생의 허위의식을 꼬집고 잘못된 지식을 바로잡는다.

방정환은 '귀신동화'에서 경직되지 않고 유연하게 사고하고 경계를 허물 수 있는 인물형을 그려내고 있다. 이러한 의식을 어린이에게 직접적으로 전달하여 '유연한 사고를 가져라, 모르는 것은 물어봐라'라고 강연하는 것보다는 재미있는 동화로 이야기하는 것이 더욱 효과적이다. 방정환이 이야기를 해 달라고 조르는 어린이들에게 이야기를 더 많이 해 주라고 하는 이유는 여기에 있다.

5. 결론

이 글에서 방정환이 지닌 외국동화와 조선동화에 대한 관심을 보여주고, 그 안에서 촉발된 '귀신동화' 3편을 통해서 '귀신'의 의미를 살펴보았다. 방정환이 1922년 7월 자신의 유일한 저서인 번역동화집 『사랑의 선물』을 출간하였다. 그러나 1921년 『천도교회월보』에서 보여준 조선 이야기에 대한 관심과 이를 바탕으로 새로운 동화를 창작해야 한다는 열망이 가득 차 있다는 것을 알 수 있었다. 뒤이어 1923년 1월 1일 『개벽』의 「새로 開拓되는 '童話'에 關하야, 特히 少年 以外의 一般 큰 이에게」라는 글에서 외국 동화의 수입도 중요하지만 무엇보다도 고래동화의 발굴이 시급함을 거듭 강조하였다.

이러한 방정환의 외국동화와 조선동화에 대한 관심과 노력으로 귀신동화 3편이 완성되었다. 1922년 1월 처음 소개된 「귀신을 먹은 사람」이후 1925년 8월 「양초 귀신」을 발표하였다. 「양초 귀신」은 고지마 마사지로小島政二郎의 「로소쿠 우오ろうそく魚」를 적극적으로 수용하여 방정환식의 개작으로 주인공의 변화와 서사 전개의 변이를 꾀하였다.

방정환은 외국동화와 조선동화를 수용하여 어린이에게 전달하고 싶은 메시지를 '귀신'을 통해 형상화하였다. 그 결과, 귀신이라고 믿었던 것의 실체는 귀신이 아닌 잘못된 인식에서 비롯되었다는 것을 알려주었다. 그리고 지식과 경험의 부족으로 이러한 일들이 생겨나는 것을 꼬집기도 했다. 따라서 당대 어린이가 직면한 문제들을 해결하기 위해서는 지혜와 용기가 필요하다는 것을 강조하였다. 직접적으로 주인공을 통해서 말하기도 하였다. 때로는 문제를 해결할 수 없는 극한 혼란의 상태를 사실적으로 보여주고 이러한 상황을 지혜롭게 풀어갈 수 있는 지도자가 필요하다는 것을 우회적으로 제시하였다. 방정환은 허울뿐인 '귀신'을 통해서 어린이에게 고정된 인식을 허물고 자유롭게 사고하는 인간형이 되라는 목소리를 담아냈다.

이 글에서는 방정환의 귀신동화 3편만을 다루었다. 앞으로 방정환이 남긴 이야기들에 대해서 면밀한 검토가 필요하다. 방정환은 외국동화와 조선동화를 자유롭게 수용하고 그 안에서 방정환만의 독특한 개성으로 조선의 문제를 그려내고 그 안에서 해결책을 찾으려고 했다. 앞으로의 연구는 그 노력의 흔적들을 찾아내어 지금의 어린이가 함께 공감할 수 있는 방향으로 나아갈 수 있도록 해 보겠다.

참고문헌

1. 기본 자료

『천도교회월보』, 『어린이』, 『개벽』, 『조선어독본』, 『긴노호시(金の星)』.

2. 논문

박종오, 「한국의 귀신설화 연구」, 전남대 국어국문학과 박사논문, 2008.

염희경, 「소파 방정환 연구」, 인하대 국어국문학과 박사논문, 2007.

______, 「네이션을 상상한 번역 동화-방정환의 『사랑의 선물』에 대하여(1)」, 『동화와 번역』 13, 2007.

______, 「일제 강점기 번역·번안 동화 앤솔러지의 탄생과 번역의 상상력(2)」, 『아동청소년문학연구』 11.

이정현, 「방정환의 번역동화 「호수의 여왕」에 대한 고찰」, 『동화와 번역』 13, 2007.

장정희, 「방정환 문학 연구」, 고려대 박사논문, 2013.

______, 「소파방정환(小波方定煥)번역동화의 창작동화로의 이행 연구」, 『동화와 번역』 21, 2011.

______·박종진, 「근대 아동문학과 「한네레의 승천」 전유양상」, 『근대아동문학의 양상과 동화문학의 미래』(추계학술대회자료집), 동화와번역연구소, 2015.

3. 인터넷 자료

문화콘텐츠닷컴, http://www.culturecontent.com

Wikipedia, https://ja.wikipedia.org

방정환 동화극의 극작술 연구

홍창수

1. 문제 제기

소파 방정환(1899~1931)은 한국의 어린이를 위한 어린이운동의 창시자이자 선구자다. 천도교를 기반으로 활동한 민족운동가다. 이 두 문장은 소파 방정환의 모든 것을 수렴한다. 방정환은 식민지 조선에서 열정적으로 살다 30대 초반 짧은 생애를 마감하였다. 그간의 연구는 방정환이라는 인물, 생애, 사상과 문학 등을 조명하며 다방면에 걸쳐 이루어졌다. 특히 아동문학가로서 많은 활약을 펼쳤기에 아동문학과 관련된 연구가 지배적이었다. 방정환에 대한 연구가 집적되면서 그가 연극과 관련된 활동을 하였다는 사실들이 조금씩 밝혀졌다. 그는 어린이를 위해 희곡을 창작하였고 연출을 하였으며 직접 배우로도 참여하여 연기를 한 적이 있었다. 방정환의 연극적인 활동은 크게는 어린이를 위한 아동문학가로서의 활동에 속하는 것이면서도 별도로 주목할 필요가 있다.

근대 아동극의 단초는 어린이용 교과서 『보통학교학도용 국어독본』(1906)을 비롯하여 『소년한반도』(1906), 『소년』(1908) 등에 발표된 대담이나 대화 형식의 아동대화극이라 할 수 있다.[1] 본격적으로 어린이극이 나타나기 시작한 시기는 1920년대이다. 이 시기에 『어린이』를 중심으로 아동극을 위한 희곡이 발표되고 공연됨으로써 아동극 형성의 기반이 다져질 수 있었다. 이런 기반의 형성은 무엇보다도 『어린이』를 창간했을 뿐만 아니라, 동화극을 창작하고 공연했던 방정환의 역할이 컸다.

기록에 의하면, 방정환이 창작한 희곡은 1918년 〈◯◯령〉, 1921년 8월 〈신생新生의 일日〉, 1923년 3~4월 동화극 〈노래주머니〉, 1923년 11월 〈톡기의재판〉, 1926년 4월 희가극 〈아버지〉다.[2] 이상의 네 편 중 〈◯◯령〉과 〈신생의 일〉은 현전하지 않는다. 〈노래주머니〉와 〈톡기의재판〉은 동화극이고 희가극 〈아버지〉는 만담 형식이다. 이 글에서는 기본적으로 방정환의 연극적인 행보를 살피면서 그 의미를 찾아보고, 동화극 〈노래주머니〉와 〈톡기의재판〉에 주목하여 작품 분석을 수행하려 한다. 희가극 〈아버지〉는 아버지와 아들이 대화를 나누는 짤막한 만담 형식이어서 본격적인 분석을 하기보다는 방정환의 연극적인 행보를 살피는 가운데 그 의미를 언급하는 정도에 그치려 한다.

방정환은 자신이 창간한 『어린이』에 동화극 〈노래주머니〉(1923.3~4)

1 박영기, 「한국 근대 아동극의 형성과 전개」, 『아동문학평론』 33-3(128호), 2008, 67~69쪽 참고.

2 이상의 자료는 장정희, '방정환의 연도별 작품목록', 「방정환 문학연구-'소년소설'과 서사전략을 중심으로」, 고려대 박사논문, 2013.6 참고.

와 〈톡기의재판〉(1923.11)을 발표했다. 방정환은 첫 동화극 〈노래주머니〉의 신문 광고와 작품 제목 위에 '아모나 하기 쉬운 동화극'이라고 밝혔다.[3]

> □ 노래주머니(朝鮮童話劇)
>
> 朝鮮 童話로 有名한 이야기를 아모나 하기 쉽게 演劇劇本으로 꾸며노흔 것입니다 學校, 少年會, 同窓會等에서 하기 쉬운 것입니다.[4]

필자는 〈노래주머니〉의 창작 의도가 '아모나 하기 쉬운 동화극'에 있음을 주목했다. 이 짤막한 두 문장에서 두 번이나 반복되어 나타나는 어구가 '하기 쉽다'는 표현이다. 방정환은 〈노래주머니〉가 "學校, 少年會, 同窓會等"에서 '아모나 하기 쉬운 동화극'이길 바랐다. 〈노래주머니〉 다음에 창작한 동화극 〈톡기의재판〉도 예외가 될 수 없다. 방정환이 당시에 연극 텍스트를 뜻하는 '희곡'이란 표현을 쓰지 않고 '연극대본'이란 표현을 쓴 것도 주목할 필요가 있다. 물론 '연극대본'이란 용어가 방정환이 공연성을 의도하지 않고 '희곡' 대신에 관행적으로 썼다고 해도, '아모나 하기 쉬운 동화극' 공연을 소망했던 방정환의 의도를 이해한다면 〈노래주머니〉, 〈톡기의재판〉은 연극대본임에 틀림없다. 그렇다면 방정환이 의도했던 "學校, 少年會, 同窓會等"에서 '아모나 하기 쉬운 동화극'은 어떤 아동극을 말했던 것일까? 이것은 한마디로 말해 어디서나

---

3 방정환의 동화극 〈노래주머니〉의 제목 위에 "학교소년회 아모나 하기쉬운 동화극"이라고 적혀 있다. 방정환, 「노래주머니」, 『어린이』 1호, 1923.3, 6쪽.

4 『매일신보』, 1923.3.25.

공연 가능한 동화극을 뜻한다. 누구나 어디서든 공연 가능하려면 작가는 어떻게 동화극을 써야 하는가? 다시 말해 극작가는 단지 '머리속으로' 무대를 그리고 인물을 등장시켜 주제나 메시지를 관객에게 전달하고 감동을 주려는 게 아니다. 경제적으로나 물리적으로 공연 조건이 열악한 식민지 현실을 염두에 둔다면, 어떻게 공연이 올라가야 '아모나 하기 쉬운' 동화극이 될까? 적어도 어린이들이 극에 참여하고[5] 어린이 관객에게 유익한 감동을 주려는 의도를 가진 방정환의 극작가로서의 고민은 여기서 시작되고 있다고 본다. 어떻게 해야 학교든 소년회든 동창회든 어디서나 아동극을 쉽게 올릴 수 있을까?

이러한 질문의 관점은 이 두 작품과 관련된 기존 연구의 지향점과 사뭇 다르다. 두 편의 동화극과 관련된 주요 연구로는 염희경, 장정희, 정선희, 손증상의 논고를 들 수 있다. 염희경은 방정환의 동화극이 동화극사에서 개척의 자리에 놓인다고 평가하면서 옛이야기의 창작적인 각색과 소화笑話 등의 전통 계승 측면을 주목하였다.[6] 장정희는 〈노래주머니〉가 세계적인 광포설화의 하나임을 밝혀 기존의 일본 유입설을 부정하였고, 한국과 일본의 「혹부리 영감」을 비교하여 각각 노래와 춤이라는 혹의 성격, 핵심 화소로서의 '혹팔기'와 '술 잔치' 모티프 등 차이

---

5 방정환이 동화극에 어린이들이 배우로서 참여하게 했다는 점은 아래의 광고에서도 나타난다. 『어린이』 제1권 8호(1923.9)에는 '가을노리 소년소녀대회' 개최를 알리는 광고의 2부 순서에 3편의 동화극이 안내되어 있다. "〈黃金國〉(1막) : 소년 13인 출연, 〈앵무의 집〉(1막) : 소녀 6인 출연, 〈노래주머니〉(3막) : 소년 18인 출연." 그리고 동화극에서의 어린이 참여는 연극교사가 아이들과 연극을 만들어나가는 교육연극의 성격을 드러내는 지점이기도 하다. 이것은 다른 논의가 필요한데, 나이겔 토이에 · 프랜시스 프랜디, 김유미 · 이경미 역, 『전래동화를 활용한 드라마 만들기』(연극과 인간, 2006)에서 「왜 드라마를 사용하는가」(21~38쪽)를 참고하면 좋을 듯하다.

6 염희경, 「소파 방정환 연구」, 인하대 박사논문, 2007.8, 179~202쪽 참고.

가 있음을 밝혔다.[7] 정선희는 방정환이 민족의 정체성 및 민족의 유대감 형성과의 밀접성 때문에 전래동화를 높이 평가했고 『어린이』에 전래동화를 게재했다는 사실이 일선동조론日鮮同調論에 대한 대항가치였음을 밝혔다.[8] 손증상은 일본의 동화 희극 〈코부토리〉와의 비교를 통해 〈노래주머니〉가 근대 아동극의 탈식민주의의 가능성을 보여주는 작품으로 파악하였다.[9]

이 연구들은 기본적으로 두 동화극이 방정환의 어린이 운동과 아동문학 활동, 천도교 활동 등 외재적인 접근 속에 거둔 성과여서 소중한 의의를 지닌다. 그러나 아쉽게도 동화와 같은 서사갈래로 다뤄져 분석된 경향이 짙다. 희곡은 기본적으로 공연을 전제로 한 대본이다. 어린이 희곡은 동화나 소년소설 같은 서사 장르와 갈래가 다르다. 희곡은 활자화된 텍스트를 읽는 독자를 넘어 무대에서 펼쳐지는 연극을 감상하는 관객을 전제로 한 것이다. 희곡을 읽는 독자는 독자이면서 희곡이 제시하는 가상의 무대에서 펼쳐지는 드라마를 감상하는 관객이다. 이 글은 바로 이 관점, 동화 읽기와 어린이 희곡 읽기의 차이에서 출발한다. 앞에서 밝혔듯이 방정환 역시 두 동화극이 공연되길 희망했다. 방정환의 두 동화극은 방정환만의 개성 있는 동화극이면서 '아모나 하기 쉬운 동화극'을 겨냥한 연극대본이다. 과연 '아모나 하기 쉬운 동화

7 장정희, 「『조선어독본』의 '혹부리 영감'설화와 근대 아동문학의 영향 관계 고찰」, 『한국아동문학연구』 20, 한국아동문학학회, 2011.5.
장정희, 「「혹부리 영감」 譚의 한·일간의 설화소 비교와 원형분석」, 『한국학논집』 48, 계명대 한국학연구원, 2012.9.

8 정선희, 「『어린이』 소재 전래동화를 통해 본 소파 방정환의 이념적 지향과 성격」, 고려대 석사논문, 2013.12.

9 손증상, 「방정환의 동화극 〈노래주머니〉의 탈식민성 모색」, 『한국극예술연구』 47, 2015.3.

극'을 만들기 위한 방정환의 극작 의도는 어떻게 형상화되었는가? 동화극으로 창조한 극은 어떤 세계인가? 서사를 극으로 전환하면서 발생한 문제점은 없는가? 두 동화극의 공연성을 중심으로 극작술을 분석하는 것이 이 글의 목적이다. 극작술은 간단히 말해 극작의 기술이다. 극작은 규칙에 반항하는 창조적인 기술이지만 연극의 기본적인 (그리고 숙고되고 가치 있는 모든) 제약을 따라야만 하는 정교한 제작 기술이다.[10] 무대화의 가치가 있는 극작을 위해서는 여러 요소들이 고려되어야 한다. 이 글에서는 방정환이 관심을 기울였던, 무대와 음향, 인물의 대사, 극의 세계, 인물의 행동 등에 관해 중점적으로 살필 것이다.

2. 연극 행보와 그 의미

방정환의 연극 관련 행보는 여러 기록에 산발적으로 나타나지만 일목요연하게 정리되고 의미화될 필요가 있다. 방정환과 관련된 기록 중 방정환의 연극 활동을 처음 언급한 글은 류광렬이 방정환을 회고하며 쓴 글 「소파방정환론」[11]이다. 류광렬은 방정환과 함께 1927년에 청년구락부를 조직한 인물이다. 류광열에 의하면, 방정환은 1918년 3월 소의학교(동성학교의 전신) 망년회에서 〈○○령〉이라는 각본을 썼고 직접 연출을 했다 한다.[12] 〈○○령〉은 현전하지 않는데, 그 줄거리는 이렇다

10 루이스 E. 캐트론, 홍창수 역, 『희곡 쓰기의 즐거움』, 작가, 2011, 8쪽.
11 류광렬, 「소파방정환론」, 『새교육』 10월호, 1971.10.1.

한다. 주인공인 가난한 농민은 일본인의 고리채를 썼다. 남편이 약 지으러 간 사이 그 일본인이 와서 병든 여인이 애걸해도 솥을 떼어 간다. 남편이 돌아와 발을 구르며 우는 아내를 달랜다. 이 작품은 1920년대 들어 연극계에서 불기 시작한 근대극 운동의 성격을 지닌다. 1910년대가 일본 신파극의 강력한 영향을 받은 '신파극의 시대'였다면, 1920년대는 3・1운동 이후 식민지 현실에 대한 자각을 앞세우며 신파극을 부정하고 근대 사실주의극을 추구하는 새로운 경향이 나타나는 시대였다. 방정환의 〈○○령〉은 농촌을 배경으로 핍진한 식민지 현실의 고통을 그대로 드러낸 사실주의 계열에 속한다. 더욱이 일본인과 빈농과의 채권-채무 관계의 설정은 식민지 조선의 궁핍하고 암담한 현실의 구조를 선명히 드러내고 일본을 비판의 표적으로 삼고 있어서 문제적일 수밖에 없었을 것이다. 당시 일본이 검열하는 상황에서 이 작품이 갖는 불온한 문제의식은 "칠판에는 '○○령'이라고 써붙이었으니 전 민족이 동원할 때가 왔다는 것을 암시하려 함이었다"[13]는 상황 묘사에서도 짐작할 수 있다. 방정환이 직접 쓰고 연출한 첫 창작극의 모습은 당시 식민지의 궁핍상을 드러낸 경향극 계열에 속하는 것이었으리라 짐작된다. 동시에 반일反日 민족주의적인 성향을 지녔다고 짐작된다.

방정환은 연극만이 아니라 영화에도 취미를 가져 이듬해인 1919년 『녹성綠星』이라는 연극영화 잡지를 발간하였으나 판매성적이 시원치 못하여 폐간했다.[14]

12 방정환의 희곡 〈○○령〉과 잡지 『녹성』과 관련된 활동은 위의 글 참고.
13 위의 글, 126쪽.
14 위의 글, 128쪽.

방정환의 연극 활동은 그의 민족주의 활동의 사상적 배경이 되었던 천도교와 깊은 관련이 있다. 그는 1920년 6월부터 대중 강연 활동을 하였다. 천도교청년회 주최로 「개벽선언」, 「평화후신불안平和後新不安」, 「세계의 평화는 인내천주의」 등 천도교 정신을 전파하는 강연을 하였는데 두 강연은 일본 경찰에 의해 금지 명령이 내려졌다.

1920년 9월 방정환은 일본의 감시망을 피해 갑자기 일본으로 출국했다. 일본 도요대학 청강생으로 유학을 가서 1921년 2월 13일 조선천도교청년회 동경지회를 결성하였다. 일본 유학 시절에 방정환은 왕성하게 집필 활동을 하였다. 1920년 6월에 창간된 『개벽』에 비행사 안창남을 취재한 글 「오구리 비행사」, 소설 「그날 밤」, 사회 풍자기 「은파리」 등을 연속 게재하였고 일본 사회주의자 사카이 도시히코堺利彦의 「쌔어가는 길」을 번역하여 게재하기도 했다. 1921년 2월 16일 민원식 암살 사건의 혐의자로 검거되어 몇십 일간 옥살이를 하기도 했다. 1921년 6월 17일 방정환을 포함한 유학생들은 부산에 도착하면서 전국을 순회하며 강연했다. 방정환은 전라대에 편성되었고 7월 11일 이후 황해대로 편성되어 강연을 해나갔다.[15]

방정환은 1921년 8월 자신이 창작하고 배우로 출연한 〈신생新生의 일日〉 공연에 참여했다. 자신이 속해 있는 천도교청년회 동경지회 순회연극단(대표 박달성 · 이두성)은 8월 14일 천도교당에서, 8월 27일 진남포에서, 8월 29~30일 평양에서 공연하였다. 작품은 〈신생新生의 일日〉, 〈자

15 방정환의 갑작스런 도일(渡日)과 동경 유학 시절에 관한 이상의 내용은 장정희, 「방정환 문학연구 – '소년소설'과 서사전략을 중심으로」, 고려대 박사논문, 2013.6, 30~38쪽 참고.

〈그림 1〉 『조선일보』 1921.8.12. 방정환 출연 연극 기사.

취自炊의 생활生活〉, 〈서양희극西洋喜劇〉 등이다.[16] 그리고 9월 4일 "만흔 갈채를 받은 바 경성에서 한 번 다시 보기를 원하는 사람이 만흐므로" 서울의 경운동 교당에서 공연하였다.[17]

여기에서 〈신생의 일〉이라는 연극에 주목할 필요가 있다. 작품 〈신생의 일〉과 관련된 내용을 정확히 이해하기 위해 1921년 8월 12일에 『조선일보』에 실린 기사의 전문을 인용한다.

> 天道教堂에셔 興行할
>
> 稀世의 宗教劇
>
> 디일 그럼을 축ᄒᆞᄒᆞ기 위ᄒᆞ야
>
> 오는 십사일 밤 일곱 시 반부터
>
> 텬도교청년회 동경(東京)지회로부터 죠선 닉디의 각 디방 순회 강연회

---

16 「稀世의 宗教劇」, 『조선일보』, 1921.8.12; 「천도청년순회연극」, 『동아일보』, 1921.8.28.
17 「천도청년연극회 금일 경운동 교당에서」, 『동아일보』, 1921.9.4.

를 조직ᄒᆞ야 예뎡과 갓치 가는 곳마다 뎐무한 환영을 바닷슴은 루루 보도ᄒᆞᆫ 바와 갓거니와 ○○에는 나○○요 밀뒤는 오는 십사일 텬도교 디일 긔렴ᄭᅥ를 긔히하야 그 그렴을 축하ᄒᆞ는 쓰ᄉᆞ으로 이날 밤 일곱 시 반부터 근ᄃᆡ에 처음되는

종교극 가장 남다른 연극을 ᄒᆡᆼᄒᆞᆯ 터인ᄃᆡ 그 연극의 과목을 듯건ᄃᆡ 첫ᄌᆡ는 슌전ᄒᆞᆫ 죵교극인 신ᄉᆡᆼ의 일『신생(新生)의 일(日)』의 전부 삼막을 ᄒᆡᆼ연ᄒᆞᆯ 터인ᄃᆡ 이 극은 우리 인ᄉᆡᆼ의 나ᄋᆞ 가는 길에 가장 막ᄃᆡ한 암시를 쥬는 유익ᄒᆞᆫ 극일 ᄲᅮᆫ더러 더구나 극즁에는 망혼(亡魂)도 낫하나고 ᄒᆞᆫ을 ᄌᆡ픈 장ᄉᆡᆨ지잇셔 ᄆᆡ우신 긔ᄒᆞ고도 흥미가 무한ᄒᆞ 다ᄒᆞ며 ᄯᅩᄒᆞᆫ 동경 류학ᄉᆡᆼ의

자취ᄉᆡᆼ활ᄒᆞ는 실샹을 일막에 각ᄉᆡᆨᄒᆞ야 샹쟝할 터인ᄃᆡ 이것은 쥬최자 되는 텬도교류학ᄉᆡᆼ들이 자긔네가 일본에셔 쓸쓸히 지ᄂᆡ는 모양을 그ᄃᆡ로 부모형뎨에게 뵈이기 위ᄒᆞ야 ᄒᆞ는 것인즉 ᄎᆞᆷ으로 멀니 외디에 가셔 남자들이 손슈 죠셕을 지여먹는 모양은 더욱이 남다른 늣김을 주는 것이며 ᄯᅩ

셔양희극의 식ᄀᆡᆨ(食客)라는 젼부 일막을 ᄒᆡᆼ연ᄒᆞᆯ 터인ᄃᆡ 이 극은 셔양의 뎨○될 만한 참신ᄒᆞ고도 긔발한 희극인 데다가 ᄯᅩ 한번 외로 쳐음부터 ᄭᅳᆺᄭᆞ지 포복절도ᄒᆞᆯ 희극 ○극으로 일반관ᄀᆡᆨ의 흥미를 도들 터이며 이ᄂᆞᆯ 밤 출연ᄒᆞ는 이는 방뎡환(方文煥 : 方定煥의 오식 — 인용자), 뎡일섭(鄭日燮 : 鄭仁燮의 오식 — 인용자), 박달성(朴達成) 외 이십여 인이오 특히 쥬악은 경성본회 음악부로부터 조력 ᄒᆞ리라더라[18]

천도교의 지일地日인 1921년 8월 14일에 천도교청년회 동경지회가 천도교당에서 세 편의 작품을 공연할 예정이라는 기사다. 여기에서 지일

18 「稀世의 宗教劇」, 『조선일보』, 1921.8.12.

은 천도교의 제2세 교조 해월海月 최시형이 제1세 교조에게 심법을 이어 받았음을 기념하는 날이다. 세 작품은 천도교 지일을 기념하는 본本 공연인 3막짜리 종교극 〈신생의 일〉, 일막극 〈자취의 생활〉, 일막극 서양 희극 〈식객食客〉이었다. 1921년 8월 28일자 『동아일보』의 관련 기사에도 명확하게 "新生의 日, 自炊의 生活, 西洋喜劇 其他年來에 보지 못하얏던 滋味스러운 藝題"라고 밝히고 있다.

현전하지 않은 〈신생의 일〉은 3막의 종교극이다. 이 작품은 극중에 망혼亡魂도 나타나고 하늘 재판장까지 있다고 하니, 생활의 현실 세계와 망혼이 나타나는 '하ᄂᆞᆯ' 세계, 즉 망자를 재판하는 천도교의 이상 세계가 공존하는 작품으로 짐작된다. 망혼이라는 인물, 즉 망자亡子가 등장하고 "하ᄂᆞᆯ 직판장", 즉 하늘에 있는 재판을 하는 장소가 있다는 것으로 보아 기본적으로 이 극이 지상 세계와 천상의 세계로 구성되어 있음을 짐작할 수 있다. 이 작품은 '삼막'으로 구성되어 있는데, 삼막을 모두 '하ᄂᆞᆯ' 즉 하늘의 세계로만 구성되지는 않았을 것으로 보인다. 천도교의 이념과 정신을 전파하는 "슌전ᄒᆞᆫ 죵교극"으로서 주인공이 지상 세계에서 살다가 죽어서 망자가 되어 하늘에 있는 재판장에 가서 심판을 받는 내용이어서 "우리 인ᄉᆡᆼ의 나ᄋᆞ가ᄂᆞᆫ 길에 가장 막ᄃᆡ한 암시를 쥬ᄂᆞᆫ 유익ᄒᆞᆫ 극"으로 평가받을 수 있을 것이다.

〈자취의 생활〉은 순수 창작극이 아니라 각색한 작품이다. 천도교 동경지회에 소속된 유학생들 중 누군가가 글이나 소설 등으로 먼저 써 놓은 것을 공연대본으로 바꾼 것이다. 일본에 유학하여 밥을 지어먹으며 쓸쓸히 자취 생활하는 모습을 부모형제에게 보여주기 위해 만들었다고 한다. 동경 유학생이라는 겉모습과는 달리 고달프고 쓸쓸한 자취생의 애환이 소박하게 사실적으로 그려진 듯하다.

한편 위의 공연 기사와 관련하여 방정환이 배우로서 출연했다는 점도 살필 필요가 있다. 1923년 1월 14~15일 천도교당에서 처음으로 '천도교소년회 동화극대회'가 개최되었다. 14일에 〈한네레의 죽음〉, 15일에 〈식객〉이 공연되었다. 방정환은 공연 전인 1922년 세계명작동화집 『사랑의 선물』(1922, 개벽사)을 내면서 독일의 하우프트만의 〈한네레의 승천〉을 〈한네레의 죽음〉으로 개제하여 소개하였다. 〈한네레의 죽음〉은 '천도교소년회 동화극대회'에서 공연되어 현전하는 문헌상 최초로 공연된 방정환의 작품이다.[19]

〈식객〉은 방정환이 배우로 참여한 작품이었다. 방정환은 작은 키에 살이 찐 외모와 목소리까지 희극적인 배우에 어울렸을 뿐만 아니라, 기량도 갖추었다.[20] 또한 그는 화술이 대단하여 동화구연가, 강연자로서도 청중을 사로잡았을 만큼 뛰어났다.[21] 특히 희극배우로서의 자질은 희극

---

19 장정희 · 박종진, 「근대 조선의 「한네레의 승천」 수용과 방정환」, 『동화와번역』 30, 2015, 219쪽.

20 "方定煥君의 「食客」은 아마 어느 劇場엘 가드라도 그만한 技能을 볼 수가 업슬 듯하얏다. 元來 短軀肥大한 것은 喜劇的이오 長軀瘦瘠한 것은 悲劇的이지만, 方君의 體格과 音聲부터 喜劇舞臺에는 꼭들이마젓다. 沈生員인가 하는 占쟁이의 센다가티를 불러다노코 두들기는 一場은 感服하얏다." 「천도교소년회 동화극을 보고」, 『동명』, 1923.1.

21 강연자, 소설구연가로서의 자질은 다음의 두 글에 잘 나타나 있다. "이믜 보도한 바와 가치 작륙일 오젼 열 시부터 보성젼문학교 대강당 안에서 문예강연히를 열고 소설 팔일삼『八一三』을 방뎡환(方定煥) 씨가 열성을 다 하야 강열하는 소래는 일반 텽중의 소름이 끼치고 침을 삼키고 고요히 듯게 하야 일반 텽중은 황홀히 심취하야 금시에 비밀사건이 폭로될 듯 될 듯 하면서도 비밀은 의연히 비밀대로 나마나감으로 텽중의 마음은 조마조마하야 무한한 홍이 중에 강연은 계속되엿고 당일 방텽은 특히 입장권을 가진 사람에 한하얏슴으로 문 밧게서 섭섭히 도라간 사람이 만앗더라." 「普專親睦講演 작륙일 오젼에 '삼일팔'의 강연」, 『동아일보』, 1920.6.7.

"이 분이 뚱뚱이이기 때문에 '방뚱뚱이'라는 애칭이 있을 정도로 비대하다. 그런데 이 분의 이야기 속에 말라꽝이가 등장한다. 말라꽝이는 뚱뚱보와 극반대의 사람이다.

세계를 다룬 그의 두 편의 동화극에도 영향을 미쳤으리라 짐작된다.

방정환은 1922년 4월 상순에 귀국하여 9월 초순까지 국내에 머물면서 제1회 어린이날 행사, 번역동화집 발간, 고래동화 모집, 동화회 개최 등에 힘을 쓰면서 아동문학 사업을 구체화해 나갔다.[22] 전래 설화와 동화에 깊은 관심을 보였던 그는 1922년 8월 개벽사에서 시작한 '조선 고래동화 현상모집'에 관여하면서[23] 전래동화극 창작의 계기를 마련했다. 1923년 1월에는 〈푸른새〉나 〈한네레의 승천〉 등과 같은 동화극을 일반에게 보이고 싶은 마음을 피력했다.[24] 1923년에 들어서면서 동화극 발표와 공연에 관심을 쏟았다. 3월과 4월에 〈노래주머니〉를, 11월에 〈톡기의재판〉을 『어린이』에 게재했다. 〈노래주머니〉는 8월에 진주제2학회가 개최한 '소년가극대회'에서 공연되었다. 9월 22일에는 서울 경운동 천도교당에서 소년 18명이 출연하여 공연되기도 했다.[25]

1924년경부터는 동화극이나 연극에 관한 글들이 보이지 않는다. 1926년 4월, 방정환은 '깔깔박사'라는 이름으로 희가극 〈아버지〉를 발

그런데 소파가 그 말라꽁이를 묘사하면, 소파의 몸이 꼬챙이처럼 마른 사람으로 보이는 환각을 일으킨다. 이는 오로지 그의 화술이 마술로 변한 것이라고 아니할 수 없다. 그러니까 우리 듣는 사람은 말하는 이의 구상(具象)과는 달리, 거기 상상만을 받아들이기 때문이다. (…중략…) 그 날의 메인이벤트가 나오면 만장의 어린이들이 갈대처럼 연사인 소파의 마음대로 움직이는 것". 조풍연, 「소파 방정환의 추억」, 『신인간』, 1981.7, 27~28쪽.

22 장정희, 「방정환 문학연구—'소년소설'과 서사전략을 중심으로」, 고려대 박사논문, 2013.6, 46쪽.

23 『개벽』 26, 1922.8.

24 방정환, 새로 開拓되는 '童話'에 關하야, 特히 少年 以外의 一般 큰 이에게」, 『개벽』 31, 1923.1, 25쪽.

25 『어린이』 제1권 8호(1923.9)에는 '가을노리 소년소녀대회' 개최를 알리는 광고의 2부 순서에 3편의 동화극이 안내되어 있다. "〈黃金國〉(1막) : 소년 13인 출연, 〈앵무의 집〉(1막) : 소녀 6인 출연, 〈노래주머니〉(3막) : 소년 18인 출연."

표했으나 그 외의 연극 관련 활동은 드러나지 않는다. 〈아버지〉의 발표는 1923년경 방정환이 보여준 연극계의 활동과는 시간상으로나 열정의 강도 면에서 확연한 거리감과 차이가 느껴진다. 방정환은 1923년 1월에 〈한네레의 죽음〉을 번안 · 공연했고, 〈식객〉에 배우로 출연했으며, '아모나 하기 쉬운 동화극' 두 편을 창작하여 공연과 보급에의 의지를 지녔다. 〈아버지〉는 『어린이』 독자에게 웃음거리를 주기 위하여 창작되었는데, 『어린이』에 수록되지 않고 『어린이』의 부록지인 『어린이세상』에 수록된 것만 보아도 그 중요도를 짐작할 수 있다. 〈아버지〉는 아버지가 가까운 곳에 있는 물건도 아들한테 심부름을 시키며 벌어지는, 짤막한 만담이다. 만담도 극의 한 형태이므로 굳이 양식을 말한다면 상황 희극에 속한다. 아버지는 '석냥', '재떨이', 신문, 안경 등을 가져오라고 아들 씨동이에게 심부름을 시키고, 씨동이는 계속 갖다준다. 그러나 아버지는 그냥 물건을 가져오는 게 아니라, 심부름시킨 물건들의 이름을 대면서 가져오는 아들을 못마땅하게 여기고 불효자식이라며 화를 낸다. 아들 역시 "손씃만 움즉이면－금방 집을 걸 것－. 고시란히 안져서－신문가저오너라－, 안경 가저오너라 — / 아들이란 사람은 심브림만 하려고, 태여난 줄 알지요 — 아이그머니 — 무식한 아버지야—"[26]라며 한탄한다. 이 만담은 "감투 쓰고 수염 붓치고 긴 담뱃대 물고 책상 엽헤 안저서 꼼짝 안 하"는 전근대적인 아버지에 대한 세태풍자를 보여준다. 그러나 1923년에 발표된 두 편의 동화극과 비교해보면, 무대지시문도 없고 부자간 갈등의 단초만 제시했을 뿐, 갈등의 전개도 사건의 해결도 없다는 점에서 간단한 소화笑話나 웃음거리에 그쳐 있다.

26 방정환, 『어린이세상』, 『어린이』 제4권 4호의 부록, 6면.

이렇게 보면, 방정환의 희곡 창작과 공연에의 의지는 1923년까지라고 보는 편이 옳을 듯하다. 〈아버지〉를 제외하면, 1923년 동화극 창작 발표 이후의 활동에서는 더 이상 극작이나 연극 공연을 했다는 기록을 찾아보기 어렵다. 방정환은 '아모나 하기 쉬운 동화극'을 만들어 학교, 소년회, 동창회 등의 모임이나 단체에서 공연하기를 원했으나, 1924년부터는 극작과 연극 운동이 여의치 않았던 것으로 보인다. 이와는 반대로 1924년부터 동화에 전념하였고 1925년부터 1930년까지는 동화와 함께 소년소설 창작에도 전념하여 많은 작품과 성과를 올렸다.[27]

그의 희곡 창작과 연극 활동에 대한 관심은 순수 예술을 위한 창작 자체에 있다기보다는 천도교 활동과 어린이 운동의 계몽과 불가분리의 관계를 맺고 있다. 1918년에 학교 망년회에서 직접 창작과 연출을 하여 공연한 〈○○령〉도 그러하거니와 1921년 천도교청년회 동경지회 순회극단에서 올린 종교극 〈신생의 일〉도 그러하다. 이와는 달리 1923년에 기존의 전래설화를 각색한 두 편의 동화극은 어린이들을 위한 연극대본이었지만 계몽성이 두드러지지는 않는다. 두 편의 동화극은 어린이를 위한 연극이었으나 계몽의 메시지를 직접적으로 노출시키지 않고 희극적인 이상 세계를 극화했고, 〈한네레의 죽음〉 역시 관

27 장정희는 앞의 논문에서 '장르별 작품 발표연도'를 정리하면서 다음과 같이 말하였다. "동화는 1921년부터 발표되기 시작하여 1925년을 정점으로 하여 점차 발표 빈도수가 낮아지고 있다. 1923년부터 간헐적으로 발표하기 시작한 소년소설은 1925년부터 발표 빈도가 급상승하여 1930년까지 고른 분포를 보인다. 방정환이 동화 장르의 개척과 작품 발표에 힘을 쓰다가 1925년을 전후해서는 아동의 현실 서사 양식인 소년소설 쪽으로 더욱 역점을 기울이기 시작했음을 보여준다. 서구 동화의 번역으로 동화를 개척하던 방정환이 소년소설로 장르의 중심축을 옮기면서 그의 아동 서사문학이 '창작'으로 꽃피우게 되는 점 또한 흥미롭다." 장정희, 「방정환문학연구-'소년소설'과 서사전략을 중심으로」, 고려대 박사논문, 2013.6, 104쪽.

객이 동시대의 비참한 현실과 대면하게 했다.

당시 연극계의 관점에서 바라보면, 방정환의 연극 활동은 신파극의 시대가 끝나가고 사실주의를 기반으로 근대극 운동이 시작하면서 동시대의 궁핍한 현실에 착목하는 과도기에 놓여 있다고 볼 수 있다. 방정환은 천도교 청년회의 전교 활동을 하면서 자연스레 고유의 종교 이념과 정신을 전파하는 소인극 활동에 참여하였다. 연극을 전문적으로 배우지 않은 아마추어이긴 했으나 작품을 쓰는 극작가로서, 연출을 하는 연출가로서, 희극 배우로서 활동하며 연극이 어린이에게 교훈과 감동을 줄 수 있는 공연예술이 될 수 있음을 깨달았을 것이다. 이러한 그의 생각은 실제 희곡 창작과 연극 공연으로 이어져 일정하게 공연 성과를 거두었다.

그런데 왜 방정환은 어린이극 창작이나 공연을 지속하지 않았을까? 일반적으로 연극을 올리기 위한 가장 중요한 요소는 공연의 객관적 조건들의 성립 여부다. 방정환의 '아모나 하기 쉬운 동화극' 대본은 공연의 어려운 조건들을 감안한 것이었다. 그러나 어린이극은 상업적인 공연물이 아니어서 큰 대회나 행사에서 하루나 이틀 정도의 짧은 기간 동안 공연하는 것은 괜찮았겠지만, 상업극처럼 일정 기간 이상이나 오랫동안 공연을 지속하기는 매우 어려웠을 것이다. 또한 방정환은 학교나 소년회, 동창회 등에서 '아모나 하기 쉬운 동화극'을 공연한다고 해도 연극은 기본적으로 집단예술이고 종합예술이다. 공연 무대(극장이나 강당 등의 시설), 공연 주최(학교, 소년회 등), 무대 장치와 소품 구입 등 공연 진행을 위한 예산, 공연을 지도하는 교사 / 연출의 통솔력과 연출의 자질, 공연 계획과 일정 기간 동안의 꾸준한 연습 기간, 아이들의 꾸준한 참여와

〈그림 2〉『어린이』 수록 〈노래주머니〉

높은 참여도 등 실제 공연을 위해서는 꼼꼼히 따지고 준비해야 할 것들이 많이 있다. 방정환 역시 이러한 어려움들을 잘 알고 있었기에 아무나 하기 쉽게 공연할 수 있는 〈노래주머니〉와 〈톡기의재판〉을 창작했다. 글 「상연할 때에」를 써서 〈노래주머니〉에 딸린 의상, 분장 등에 관해 도움을 주려고 했다. 그러나 당시 식민지 조선의 궁핍한 현실 속에서 얼마나 쉽게 아동극을 공연할 수 있었을까. 제대로 올리기에는 시간, 예산, 노동, 인력, 협력 등의 여러 측면에서 공연 조건을 갖추기가 녹록치 않았을 것이다. 이에 반해 동화나 소년소설 창작은 개인 작업만으로도 충분히 가능하고 문예지 등의 인쇄매체에 발표하여 독자들과 만나는 방식이 더 효율적이라고 생각했을지도 모른다. 주지하듯이 방정환은 1923년 3월 20일에 『어린이』를 창간하여 어린이 문예지 발간에 전념한다. 방정환은 동화극을 통해 어린이운동의 보급과 확대를 꾀하였으나 그 실효성과 현실적인 난관을 알았기에 어린이 연극운동을 지속시켜 나가지 못했고, 1924년부터 동화나 소년소설 등의 창작에 매진하였으리라 짐작된다.

그리고 연극에 대한 검열 정책을 추측해볼 수도 있다. 어린이극 자체에는 일본의 검열 당국이 문제 삼을 만한 사상의 불온성은 없었을지라도, 당시 방정환이 주축이 된 어린이 문화운동 역시 천도교와 산하 조직인 '천도교청년회'의 활동과 깊은 관련을 맺고 있어 일본 총독부의 감시선상을 벗어날 수 없었다. 소년운동의 거점이었던 '천도교소년회'는 바로 '천도교청년회'에서 소년운동을 전개하기 위해 만든 것이었다. 천도교는 1919년 3·1운동으로 손병희와 박인호를 비롯한 천도교 간부들이 대부분 검거·투옥되었을 뿐만 아니라 전국 지방 교구의 간부 및 교인들까지 검거되어 일본 총독부의 요시찰 대상이었다.[28] 방정환은 이미 '천도교청년회'의 전신前身인 '청년교리강연부' 시절부터 전국 순회 강연을 통해 본격적인 신문화운동을 전파하였는데,[29] 전국 순회

28 '천도교소년회'와 '천도교청년회'의 조직과 일본에 의한 천도교 탄압은 이동초의 『천도교민족운동의 새로운 이해』(모시는사람들, 2010)의 169~171쪽과 149~166쪽 참고.

강연 시 강연 중지 명령을 여러 차례나 받은 적이 있었다.[30] 이 때문에 방정환이 일본경찰의 감시망을 피해 급히 일본 동경행을 택할 수밖에 없었을 것이라고 한다.[31] 이만큼 천도교와 관련된 방정환의 활동은 일본의 탄압, 검열과 통제와 맞닿아 있었다고도 할 수 있으며, 공연의 경우 대본의 사전검열과 공연 시 임석경관에 의한 감시에 대해 적잖은 불만과 활동의 제약을 분명히 느꼈을 것이라 짐작된다. 또한 시기적으로 볼 때 3・1운동 이후 1920년대 들어 일본당국의 소인극에 대한 검열이 본격화되었다. 전국적으로 단체들이 많이 생겨났고 많은 단체들은 집회를 열며 소인극 공연을 올렸다. 1925년 선후 시점, 검열당국은 소인극을 연극이 아닌, '위장된 혹은 잠재적인 집회로 간주하여 사전에 봉쇄하는 정책을 취하였다.[32] 위에서 다룬, 1921년에 공연된 천도교의 소인극 공연들 중 본本 공연으로서 종교극 〈신생의 일〉이 공연됐다는 것은 일본의 탄압 이후 종교와 생활에 국한될 수밖에 없었던 단면을 보여준다.

---

29 위의 책, 170쪽.

30 「학생대회 주최의 순회강연단, 김윤경, 신경수, 방정환 등이 전주 광주 등에서 강연을 못하게 됨」, 『조선일보』, 1920.8.15; 「방정환君談 학생강연단 귀환」, 『동아일보』, 1920.8.9; 정인섭, 『색동회 어린이 運動史』, 학원사, 1975, 166쪽 참고.

31 장정희, 「방정환문학연구－'소년소설'과 서사전략을 중심으로」, 고려대 박사논문, 2013.6, 37쪽.

32 이상의 소인극에 대한 검열에 관한 논의는 이승희, 「식민지 시대 연극의 검열과 통속의 정치」, 『대동문화연구』 59, 2007, 446～456쪽 참고.

3. 무대의 경제성과 음향의 활용

방정환은 첫 동화극 〈노래주머니〉를 '학교나 소년회 아모나 하기 쉬운 동화극'이라 이름 붙였다. 학교나 소년회 등 아무데서나 이 동화극을 올릴 수 있으려면, 연극 대본은 적어도 몇 가지가 고려되어야 한다. 하나는 공연 대본의 문제다. 대본의 분량이 길지 않고 내용이 쉬워서 아이들이 대사를 암기하고 연기하기에 어려움이 없어야 한다. 다른 하나는 그 대본을 공연에 올리기 위한 제작의 문제다. 어린이 동화극으로서 손색이 없으면서도 공연 제작에 드는 비용이 적게 들어야 한다. 그러기 위해서는 무대 장치와 소도구, 의상, 분장 등 제작이 쉬워야 하고 제작 단계에서 지출되는 비용을 최소화해서 경제성을 추구해야 한다. 특히 어린이극이 상업성을 띠지 않을수록 더욱 지출을 줄이면서 경제적인 부담이 가지 않는 차원에서 극의 효과와 교육적인 효과를 거두어야 한다. 우선 공연 제작에 들어가는 기본적인 요소인 두 동화극의 무대부터 보기로 하자.

1) 무대 제작과 소도구의 경제성

〈노래주머니〉와 〈톡기의재판〉은 각각 두 개의 세계를 의미화하고 있다. 무대상에 두 개 세계의 재현은 일반적으로 두 개의 물리적인 공간을 제시하기 마련이다. 그런데 공간의 제시 방식은 1923년 3월에 발표된 〈노래주머니〉와 같은 해 11월에 발표된 〈톡기의재판〉이 다소 다르다. 우선 〈노래주머니〉부터 보기로 하자.

> 一場
>
> 어두컴컴한 森林 속에 파—란 빗만 훤—하게 비치는데 푸른옷 입은 독갑이들이 여덟인지 아홉인지 늘어안젓고 한가운데 나무ᄲᅮ리에는 독갑이의 괴수가 걸터안저 잇다. 후루룩 후루룩 새소리가 들리면서 開幕
>
> 독갑이들이 손바닥을 치면서 노래를 부른다[33]

〈노래주머니〉는 1막 3장으로 구성되어 있다. 1장과 3장은 도깨비들이 사는 상상의 세계이고 2장은 소년들이 사는 현실의 세계다. 1장의 무대지시문은 단순하다. 도깨비들의 존재를 제외하면, 어두컴컴한 삼림, 즉 숲 속에 파란빛이 환하게 비친다. 새소리가 후루룩 후루룩 들려오고 무대 한가운데 나무 뿌리, 즉 나무 등걸이 있다. 그런데 정작 "어두컴컴한 森林"은 어떻게 무대화해야 할까? '삼림'이란 표현에 걸맞게 숲의 울창함을 입체적으로 드러내기 위해 무대 위에 나무들을 많이 설치해서 사실적이면서도 입체적으로 표현해야 한다. 그러나 이 방법은 방정환이 원했던 '아모나 하기 쉬운 동화극'의 무대가 아니었을 것이다. 다른 방법은 무대 전체를 나무로 채우기 어려우니 상징적으로 무대에 어울릴 법한 나무 몇 그루를 군데군데 세우는 것이다. 그런데 이 나무 몇 그루를 무대 곳곳에 설치한다고 해서 숲의 이미지 효과가 나타날까. 나무가 설치된 부분 이외의 무대 공간은 극장이든 강당이든지

33 방정환, 「노래주머니」, 『어린이』 1호, 1923.3, 6쪽.

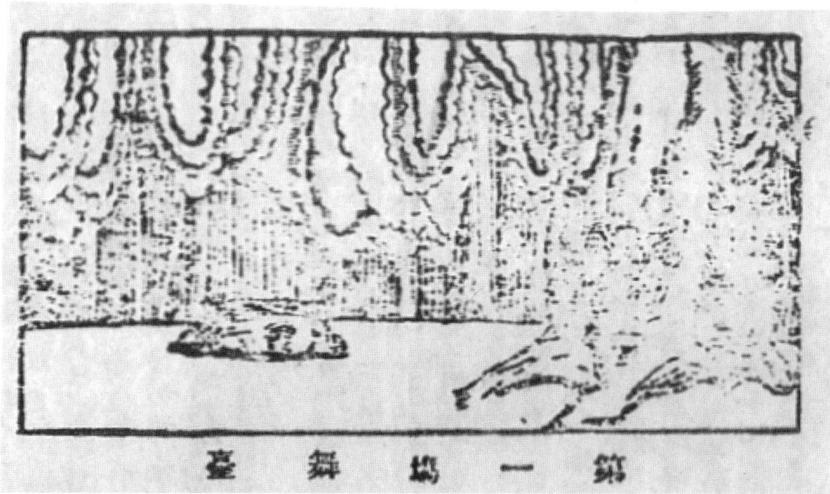

〈그림 3〉 〈노래주머니〉 제1장 무대

간에 건물 실내의 배경이 그대로 노출되어 숲의 신비감은커녕 실제의 느낌마저 사라지고 만다. 작가는 〈노래주머니〉를 게재한 바로 뒷부분에 '상연할 때에'에서 공연 시 필요한 사항들을 조언하였으나 무대를 언급하지 않았다. 작가는 무대의 구체적 형상화에 대한 이해를 돕기 위해 대본 가운데 삽화[34]를 삽입했다(그림 3). 기존 연구자들은 이 삽화를 전혀 주목하지 않았다. 이 삽화는 그냥 〈노래주머니〉의 배경 정도이겠거니 생각했을지 모르나, 작가가 삽화 밑에 "제일장무대"라고 분명히 명시하여 도깨비 숲의 무대 정보를 제공하고 있다.

무대의 뒤 배경은 나무들이 그려진 그림이다. 무대를 실제의 숲처럼 세팅할 수도, 몇 그루 나무를 세팅하여 상징적으로 만들 수 없는 상황에서 손쉽게 할 수 있는 방법이 무대그림 또는 작화作畵의 방식이다. 무대그림은 평면적이어서 입체감이 떨어지지만 실제의 나무로 무대를 세팅한 비용에 비하면 훨씬 저렴하다. 입체감을 조금이나마 부여하기 위

34 위의 글, 7쪽.

해 두 가지 방법을 이용하였다. 하나는 무대 우측에 커다란 나무 형상을 그린 판을 세워 무대 앞과 뒤의 원근감을 살리는 것이고 다른 하나는 무대 중앙 좌측에 실제의 나무 등걸을 놓는 것이다. 방정환이 구상하는 도깨비 숲의 무대 장치는 기본적으로 경제성의 원리가 작동하고 있다. 숲을 그린 배경 그림, 커다란 나무를 그린 그림 판, 실제의 나무 등걸로 도깨비 숲의 무대는 구현된다. 숲의 구현을 배경 그림으로 했다는 간접적인 증거로서는 공연 도입부의 배우 지시문의 내용에 있다. "푸른 옷 입은 독갑이들이 여덟인지 아홉인지 늘어안젓고"[35]라는 표현에서 도깨비들이 '늘어안젓다'는 말은 무대 배경이 평면적인 것에 기인한 것이다. 숲의 무대가 입체적이었다면 도깨비들은 줄지어 앉지 않고 숲의 곳곳에서 다양한 포즈를 취하고 있었을 것이다. 그리고 이러한 숲의 무대 장치에 '파란빛' 조명을 이용하여 도깨비 공간의 신비감을 자아내려 했다. 어두컴컴한 밤의 파란 빛 조명은 "푸른 옷 입은 독갑이들"[36]의 의상과 색감이 일치되어 범상치 않은 공간임을 나타내려 했다.

그렇다면 제2장 현실 세계의 모습은 어떠한가?

第二場

村의 등 뒤 족으마한 냇가의 景致 멀—리 등성이 뒤로 草家집 집붕이 二三 보이고 그 등성이 앞에는 족으만 냇물이 보이고 그 내 우에는 다리도 노여 잇다. (開幕)

村의 少年 四五 人이 右側(내의 웃쪽)에서 미억이 잡아담은 洋鐵桶 하나

35 위의 글, 6쪽.
36 위의 글.

를 들고 조하서 써들며 登場하야 舞臺의 中央에 갓다고('갓다놓고'의 오식 — 인용자) 드러다 보면서 써든다. 四五 人이 모다 발을 것고 손에 나무째기를 들고 一人은 삼택이를 들엇다[37]

제2장은 1장과는 달리 촌의 풍경이다. 원경에는 등성이와 초가집 두어 채가 있고, 근경에는 냇가와 다리가 있다. 이런 배경 역시 시골의 낯익은 풍경이다. 2장의 무대 역시 배경 그림으로 제작했을 것이다. 근경과 원경이 있는 시골 무대를 사실적으로 재현하는 것도 시간이 걸릴뿐더러, 1장의 무대를 빼고 2장의 무대를 세팅하는데도 시간이 걸린다.

무대 위의 소품들은 어떤 것들이 있는가? 방정환이 글 「上演할째에」에서 무엇보다 공을 들이고 있는 부분이 도깨비의 형상화다.

> △ 독갑이는 누른 빗이나 푸른 빗 상하(上下) 내의(內衣)를 입고 그 우에 그냥 허리에 검은 씨를 ◯고 팔독과 다리도 검은 끈이나 헌겁으로 질끈질끈 동여매면 그만이요 괴수는 그 우에 黑色 커다란 족끼를 하나 더 입으면 조습니다.
>
> 독갑이의 얼골은 불검칠을 하고 머리 우에는 마분지로 탈을 맨들어 달고 手巾 가튼 것으로 동여매면 됩니다 그리고 눈가에 먹으로 테를 굵게 그리고 입도 크게 기려야 됩니다. 그 중에 괴수는 구레나룻을 부치면 조습니다.[38]

37 방정환, 「노래주머니」, 『어린이』 2호, 1923.4, 6쪽.
38 방정환, 「上演할째에」, 『어린이』 2호, 1923.4, 8쪽.

상하 내의가 아이들이 입는 옷이어서 별도로 구입할 필요가 없다면, 도깨비 형상화에 필요한 물품들은 무엇인가? 허리에 차는 검은 띠, 팔다리에 묶을 검은 끈이나 헝겊, 괴수가 입는 조끼와 구레나룻, 마분지 탈과 수건, 눈가와 얼굴에 칠할 먹 등의 물감 등이다. 이 소품들은 생활에서 쓰는 물건이나, 적은 비용으로 구입할 수 있는 것들이다. 그런데 한 가지 주목할 점은 방정환이 도깨비를 형상화하면서 과감하게 생략한 소품이 있다는 것이다. 그것은 바로 도깨비 설화에 등장하는 방망이다. 방정환은 1922년 8월 『개벽』지가 주최한 '조선고래동화 발굴' 공모에 관여했는데, 3등 입선작들 중 하나인 「또드락 방맹이」를 읽었고 자신이 창작한 〈노래주머니〉에 영향을 끼쳤을 가능성이 있다.[39] 「또드락 방맹이」는 부를 가져다 주는 신비의 도깨비 방망이를 다룬 이야기다. 〈노래주머니〉에 등장하는 도깨비들의 존재감을 확실히 나타내주기 위해서는 도깨비 방망이가 꼭 필요할 것이다. 도깨비 방망이를 두드리면, 그 자체가 하나의 타악 리듬을 구성하여 노래나 춤의 반주에 적합하고 또한 내용상 신비한 일을 생기게 하기 때문이다. 그런데 작가는 도깨비 방망이를 이용하지 않았다. 작가의 지시사항에 따르면, 도깨비가 여덟이나 아홉이므로 괴수를 포함하여 도깨비 방망이는 9~10개다. 개수도 그렇지만 방망이 제작이 만만치 않다. 다듬이 방망이, 절구 방망이처럼 사실적이지 않고 상상의 세계에 있을 법한 방망이어야 했기 때문이다. 9~10개의 도깨비 방망이 제작은 방정환이 공연의 전제로 삼았던 '아모나 하기 쉬운 동화극'에 맞지 않는다. 그래서 방정환은 장단을 맞추며 노래를 부를 때 배우들의 맨손을 이용한다. 그래

39 손증상, 앞의 글, 70~72쪽 참고.

서 1장의 시작부터 "독갑이들이 손바닥을 치면서 노래를 부른다." 제2장 시골의 현실에서 이용되는 소품은 소년들이 고기 잡는데 필요한 물건들이다. 메기를 담은 양철통洋鐵桶, 나무때기, 삼태기가 전부다. 이것들 역시 생활에서 쉽게 구할 수 있는 것들이다.

〈톡기의재판〉은 〈노래주머니〉 이후 약 7개월 만에 발표되었다. 〈톡기의재판〉은 무대 제작의 경제성 면에서 〈노래주머니〉에 비해 훨씬 저렴하고 안정적이다. 이것은 〈톡기의재판〉의 플롯이 단일한 배경으로 이루어져 있어 하나의 무대 장치만 필요로 하기 때문이다.

> 무대 산속의 외싸른 길. 나무가 하나 서 잇다.
>
> 길 한가운데 커-다란 호랑이(虎)를 너은 괴짝이 노여 잇고 그 괴짝 창살 틈으로 호랑이 쭉으리고 안젓는 것이 드려다 보인다 나무 밋헤는 이 괴짝을 끌고 온 산양꾼 한 사람이 땀을 씻고 잇고 또 한 사람은 구석에 도라서서 무엇을 찾는 모양이다.[40]

무대는 단순하다. 산속의 외딴 길에 있는 나무 한 그루와, 길 중앙에 호랑이가 잡혀 있는 궤짝이 전부다. 〈노래주머니〉의 공간적 배경인 산속의 '삼림森林'과 비교하면 산속의 나무 '하나'는 너무 단순해 보인다. 물론 '산속'이므로 〈노래주머니〉처럼 나무들이 즐비한 배경 그림이 필요할 수도 있다. 그러나 방정환은 〈톡기의재판〉에서 나무 한 그루와 궤짝만을 언급하였다. 방정환이 '산속'을 나타내는 배경 그림에 관해서 어떻게 생각했는지는 두 가지 해석이 가능하다. 방정환이 〈톡기의재판〉의

---

40 방정환, 「톡기의재판」, 『어린이』 제1권 10호, 1923.11, 20쪽.

〈그림 4〉〈토끼의재판〉 삽화. 『어린이』 제1권 10호.

배경이 '산속'이므로 〈노래주머니〉처럼 나무들이 슬비한 배경 그림을 기본 무대장치로 생각했으리라는 것과, 배경 그림을 무시하고 인물들의 대사를 통해서 관객이 무대 배경과 상황을 파악하고 관람하게 했으리라는 것이다. 둘 다 무방하다. 그러나 '산속'을 나타내는 배경 그림이 없다 해도 어린이 관객은 이 극의 배경이 산속임을 알 수 있다. 무대에 나무 한 그루, 호랑이가 포획되어 있는 궤짝, 사냥꾼 두 명이 있는데다 사냥꾼들이 주고받는 대화의 내용만으로도 관객에게 '산속'의 배경과 상황을 충분히 전달할 수 있다. 작품에 그려진 삽화만 보더라도, 〈노래주머니〉와는 달리 〈톡기의재판〉에는 '산속'을 나타내는 배경 그림이 없다.

이 삽화대로라면, 이 무대 세팅 방식은 다소 획기적이고 매우 경제적이며 어린이 관객의 상상력을 자극하는 계기를 제공해준다. 〈노래주머니〉가 두 개의 세계, 즉 도깨비 세계와 인간 세계를 보여주기 위해 두 개의 배경 그림이 필요했다면, 〈톡기의재판〉은 배경 그림을 완전히 무시해버린 것이기에 배경 그림 제작을 위한 비용과 노동, 노동시간을 줄일 수 있기 때문이다. 나무 한 그루, 호랑이, 궤짝, 사냥꾼 두 명으로 산속의 배경 재연은 충분히 가능하고 인물들의 대사만으로도 관객은 충분히 산속 배경을 상상하며 극을 즐길 수 있다.

2) 음향의 효과와 상징적 활용

전래설화를 각색한 두 동화극은 현실과 상상, 현실과 비현실이라는 이원적인 세계를 의미화하고 있다. 〈노래주머니〉에서는 배경 그림 장치를 통해 두 세계를 확연히 구별해주지만, 음향(음악)은 두 작품 모두에 사실적이면서도 상징적으로 활용되어 두 세계의 구분과 상황의 의미를 명료하게 해준다.

〈노래주머니〉의 제1장에서는 막이 시작되면서 "후루룩 후루룩 새소리"(6쪽)가 들려온다. 이 새소리는 삼림森林을 지시하면서 이 숲속에 도깨비들이 살고 있음을 알려준다. 1장의 도깨비 세계에서 세 번 울리는 닭의 울음와 제1장의 말미에 들려오는 "멀고먼 종 소리"(8쪽)는 날이 동트는 새벽이자 인간 현실세계로의 전이를 알리는 신호음이다. 제3장에서의 새 소리와 닭 울음 역시 제1장과 동일한 의미로 이용된다. 방정환은 공간적 배경과 시간적 배경을 효과적이고 상징적으로 전달하기 위해 몇 가지의 음향을 활용한다.

방정환은 〈톡기의재판〉에서 두 가지 음향만으로 극의 상황에 따른 공간과 시간의 의미를 전달한다. 〈톡기의재판〉에서는 "바람 부는 소리와 나무닢 흔들니는 소리"(21쪽)가 모두 동일하게 네 차례 나오는데, 각 음향마다 의미가 달라진다.

①

바람 부는 소리와 나무닢 흔들니는 소리가 들닌다.(21쪽)

②

일 "그런가 그러면 갓다오세 얼른 오세"

하고 두 사람은 아래로 나려간다.

—바람 소리. 나무닙 소리—

호랑이 (새빩안 입을 버리고 하픔을 하면서) "아—험 아 쒸여나가고 십허 못 견듸겟다 배가 하도 곱하서 수벅수벅 한 잠을 자고 나닛가 점 쒸여나가서 마음대로 도라다니고 십흔걸 (머리로 문짝을 쎄밀어 보고) 안 되는걸!" (23쪽)

③

나그네 "이번에는 누구에게 물어보아야 하나 이번이 마즈막인대—"

—바람 부는 소리. 나무닢 흔들니는 소리—

하얀톡기가 지나간다.(26쪽)

④

호랑이 "여보—여보—톡기님—톡기님—한 번만 용서해 주고 살려 주어요"

—바람 부는 소리 나무닢 흔들니는 소리

호랑이 "아험—아이고 배곱하 죽겟다—아이고 배곱하—아 틀렷다 벌서 산양꾼들이 오시는구나"(28쪽)

첫 번째 음향은 극의 시작과 함께 무대 배경인 산속의 분위기를 알리는 효과음이다(인용문 ①). 두 번째 음향은 상황의 변화이긴 하나, 현실계에서 비현실계, 사실의 세계에서 상상의 세계로의 전환을 암시한다(인용문 ②). 사실의 세계에서 사냥꾼들이 호랑이를 사냥하고 시원한 샘물을 마시려고 무대를 떠나면, 바람소리와 나뭇잎 흔들리는 소리와 함께 호랑이가 독백을 하는, 의인화된 비현실의 세계가 열린다. 세 번째 음향은 나그네가 세 번째 판결을 해줄 대상을 찾으려는 찰나에 들리는 바람과 나뭇잎 소리는 관객에게 세 번째 등장하는 인물이 누구일까 궁금증을 갖고 관람하게 한다(인용문 ③). 네 번째 음향은 비현실 세계에서 현실 세계로의 전환을 지시한다. 극의 도입과 동일하게 사냥꾼들이 등장하면서 현실 세계가 열린다(인용문 ④).

4. 언어의 다채로운 운용과 음악의 효과

극작가에게 언어는 드라마를 구축하는 매우 중요한 수단이다. "한 희곡이 공연될 때 다른 표현수단들(주로 음악과 장관)이 추가되지만, 극작가가 자신의 개념을 타인에게 전달하기 위해서는 거의 전적으로 대화와 무대지시문에 의존할 수밖에 없다."[41] 방정환의 동화극에서 두드러진 특징 중의 하나는 언어의 다채로운 운용이다. 전래 설화의 단순한 갈등과 플롯을 차용하고 바꾸어 새로운 동화극으로 만들면서 무엇

41 오스카 G. 브로켓, 김윤철 역, 『연극개론』, 한신문화사, 1989, 50쪽.

보다 언어에 대한 세심한 주의를 기울인다. 설화가 지닌 인물의 유형성 때문에 개성적인 인물을 창조하지는 못했지만, 그 인물들의 대사를 재미있고 상황에 어울리게 새롭게 만들어 작가가 동화극에서 추구하려 했던 희극의 세계를 재미있게 창조하였다.

1) 언어의 반복과 의미

두 동화극에서 공통적으로 나타나는 언어의 특징은 반복에 있다. 두 동화극은 각각 단막극에 해당되는 공연 분량이어서 인물들의 대사가 필요 이상으로 길거나 장황하지는 않다. 그러나 방정환은 구어체의 대사를 쓰면서도 정확한 문장을 구사하려고 하고 동일한 의미를 지닌 낱말이나 어구들을 반복하여 표현한다. 몇 가지 예를 들어보기로 하자.

> 호랑이 (샛빩안 입을 버리고 하픔을 하면서) "아— 험 아 **쒸여나가고 십허** 못 견듸겟다 배가 하도 곱하서 수벅수벅 한 잠을 자고 나닛가 점 쒸여나가서 마음대로 도라다니고 십흔걸 (머리로 문짝을 쎄밀어 보고) 안 되는걸! 여긔서 **쒸여나가기만 햇스면** 좃켓난대………… 쒸여나가서 우선 저 산양꾼 두 놈을 잡어먹어서 긔운을 내여가지고 사슴이던지 톡기색긔던지 닥치는 대로 잡아먹어야지………… 여긔만 쒸여나가면 다— 내 세상인대 (머리로 또 문짝을 밀어보고) 암만 해도 안 되는걸" (강조와 밑줄은 인용자)[42]

인용문은 〈톡기의재판〉에서 궤짝에 갇혀 있는 호랑이의 독백 장면이다. 호랑이는 뛰어나가서 마음대로 돌아다니고 주린 허기를 채우고 싶어 한다. 호랑이의 탈출 욕망은 배고픈 허기, 갇혀 있는 답답함, 사냥꾼들에 대한 분노와 살의 등의 심리를 깔고 있다. 호랑이가 내뱉는 대사 중에서 '쒸여나가다'라는 서술어를 다섯 차례나 반복한다. '쒸여나가고 싶허 못견듸'는 호랑이의 반복되는 대사와 '문짝'을 밀어대는 간절한 모습은 어린이 관객에게 탈출하고 싶은 호랑이의 심리를 확실히 전달한다. 그런데 호랑이의 탈출 욕망의 의미를 축소시키거나 훼손시키지 않으면서 대사를 압축하면 적어도 밑줄 친 예들처럼 '쒸여나가다'와 관련된 어구가 세 번 정도 생략이 가능하다. 세 차례나 반복되는 어구를 생략해도 의미 전달뿐만 아니라 작가가 의도했듯이 의미를 강조하는 것에도 전혀 문제가 없다. 그런데도 작가는 왜 이렇게 중복된 의미의 대사를 반복했을까. 호랑이의 독백중 '쒸여나가다'의 서술어와 관련된 대사들을 의미 단위의 문장들로 나누어 열거하면 다음과 같다.

쒸여나가고 십허 못 견듸겟다 배가 하도 곱하서 — 소망

수벅수벅 한 잠을 자고 나닛가 점 **쒸여나가서** 마음대로 도라다니고 십흔걸 — 소망

여긔서 **쒸여나가기만 햇스면** 좃켓난대 — 가정법에 의한 소망

쒸여나가서 우선 저 산양꾼 두 놈을 잡어먹어서 긔운을 내여가지고 사

42 방정환, 「톡기의재판」, 『어린이』 제1권 10호, 1923.11, 23쪽.

슴이던지 톡기색긔던지 닥치는 대로 잡아먹어야지

—가정법을 통한 미래의 의지

여긔만 **쒸여나가면** 다—내 세상인대 —가정법을 통한 소망

'쒸여나가다'와 관련된 어구가 들어 있는 다섯 대사는 말하는 주체인 호랑이의 주어 '나'를 삽입하면 모두 문장이 성립된다. 위의 두 문장은 탈출하고 싶은 소망을 담고 있어 두 번째 것은 생략해도 되고, 세 번째에서 다섯 번째 문장은 모두 가정법을 통한 미래의 소망과 의지를 담고 있어서 아래의 두 어구를 생략해도 무방하다. 방정환은 위에서 보듯 한 대사 한 대사마다 정확한 문장을 구사하려고 노력한다. 대사들 전체를 놓고 보았을 때 의미가 같거나 유사한, 서술어 · 목적어 등의 낱말이나 어구들은 생략되어도 의미 전달에는 전혀 지장 없다. 오히려 유사한 표현의 반복은 불필요하거나 어색하게 느껴져 대사의 생생한 사실감을 전달하는데 장애를 초래할 수 있는데도 작가는 그렇게 하지 않았다.

호랑이의 독백만이 아니라 인물들이 주고받는 대화에서도 대사의 반복 현상은 나타난다.

호랑이 "여보 내가 죽겟스니 그 고리를 볏기고 이 문짝을 **점 열여주시요**"

나그네 "무어요? 이 문을 **열어달낫게**? 여보 그런 소리 하지 마우 이 문을 **열어주기**가 힘들지는 안치만 **열어주면** 쒸여나와서 나를 잡아먹게"

호랑이 "아니올시다 천만에 그런 짓을 할 리가 잇슴닛가 은혜를 모르

고 그런 낫븐 짓을 하겟슴닛가 이렇케 빌 터이니 **점 열어주십시오** 네―"

하면서 압발을 비비면서 절을 작고 한다

나그네 "허허 그러케까지 하니 설마 거짓말이야 하겟소 짠은 그 좁은 속에 갓처 잇서서 퍽 갑갑하겟소 보기에 딱하니 내가 이 괴ㅅ문을 **열어주리다**"

호랑이 "네 얼른 점 **열어주십시오** 배가 곱하서 눈이 빠질 지경입니다" (강조는 인용자)[43]

인용문은 호랑이가 지나가는 나그네를 불러 세우고 궤짝의 문을 열어달라고 애원하는 장면이다. 둘의 대화에서는 '열어주다'라는 서술어가 여섯 번 반복되어 그 의미가 강조된다. 문을 열어달라는 호랑이의 대사는 앞발을 비비며 절하는 모습과 함께 간절한 애원을 뜻한다. 나그네의 반복되는 대사는 놀람의 의문, 가정, 의지 등으로 의미가 변주된다.

〈노래주머니〉에서는 극의 처음부터 대사의 반복이 나타난다.

괴수 "이중에 누구든지 못 듯든 소리를 하나 해보렴으나, 그닥지 잘하지 못하드래도 괜챤흐니……"

독二 "어―이"

괴수 "어―이 한 게 누구냐, 안단 말이냐?"

독二 "어―이"

괴수 "모른단 말이냐"

43 위의 글, 23~24쪽.

독二 "어—이"

괴수 "무슨 어—이냐 안단 말이냐 모른단 말이냐" (강조는 인용자)[44]

극의 도입에 도깨비들의 '쏘드락싹' 합창이 끝나자 괴수는 새로운 노래를 원하며 지원자를 찾는다. 그때 도깨비2는 "어 — 이"라고 세 차례나 대답한다. "어 — 이"라는 독특한 대답은 긍정도 부정도 아니고 "예"라는 높임말도 아니고 반말도 아니다. 굳이 말하자면 방정환이 만든 도깨비들의 대답법이다. "어 — 이"라는 말의 세 번의 반복은 "옛이야기의 형식적 특징으로 반복에서 오는 말의 재미와 리듬감을 높"[45]이기도 하겠지만, 극의 처음부터 어린이 관객에게 청각적으로 낯설고 새로운 인상을 심어주고 현실과 다른 도깨비 세계를 환기하는 데 기여한다. 극 중에서 "어 — 이"라는 대사가 총 열세 번 나오는데, 그 중에서 도깨비들 전체가 굵고 짧게 "어 — 이"라고 대답하는 게 일곱 번 나온다. "어 — 이"라는 도깨비 대사의 반복은 어린이 관객이 기억하기에 쉽고 흉내 내기에도 재미있게 고안된 언어임에 틀림없다.

이 밖에도 두 동화극에는 언어의 반복 현상이 많이 있다. 작가가 낱말이나 어구의 의미를 강조하기 위하여 반복해서 사용하는 경우들도 있지만, 극의 상황이 반복되어 유사한 의미의 대사들을 반복하는 경우들도 있다. 〈노래주머니〉에서는 박 노인에 이어 김 노인이 등장하는 장면이 반복되어 인간에 대응하는 도깨비들의 대사가 반복되어 나타난다. 〈톡기의재판〉에서는 나그네가 자신이 구해준 호랑이에게 잡혀

---

44 방정환, 「노래주머니」, 『어린이』 1호, 1923.3, 6쪽.

45 염희경, 「소파 방정환 연구」, 인하대 박사논문, 2007.8, 184쪽.

먹힐 위기에 처하자 세 차례나 재판을 반복하는데 이 장면에서도 비슷한 대사들이 나타난다. 일반적으로 희곡의 극작술에서 같거나 유사한 의미의 대사를 중복하는 것을 비경제적인 것으로 파악한다. 대사의 중복은 의미의 중복이고 불필요한 군더더기여서 작품의 흐름을 불필요하게 지연하고 의미의 함축성에 장애가 되는 것으로 본다. 그리고 인물과 상황에 적합하다면, 연극적 대화는 불완전한 문장, 틀린 문법, 비형식적 문체, 속어, 신성치 못한 언사들도 사용한다.[46] 그러나 이러한 극작술의 일반론은 기본적으로 성인을 대상으로 하는 희곡을 전제한 것이지, 어린이를 위한 희곡에는 그대로 적용되기 어려운 측면이 있다. 불완전한 문장이나 틀린 문법은 의미의 전달력을 저해할 수 있고, 비형식적 문체나 속어 등은 더더욱 어린이 희곡에는 부적합하기 때문이다. 방정환은 구어체의 대사를 쓰면서도 정확한 문장을 구사하려고 하였고 의미가 중복되는 대사들이 있어도 가급적 생략하지 않고 반복해서 전달하려고 노력하였다. 왜 그랬을까? 여기서 방정환이 쓴 글 「童話作法－童話짓는이에게」의 일부를 이해할 필요가 있다.

> 그러고 쏘 童話를 쓰거나 이약이하는 사람이 아모리 자상하게 길게 오래 하드래도 그것을 닑거나 듯는 兒童은 그 중에서 자긔가 알 수 잇는 것 쌘만을 추려가집니다 兒童을 만히 接해본 사람은 알 것임니다 길다란 이야기를 들려주고 나종에 다시 한번 물어보십시오 군데군데 쒜어가면서 자긔 아는 것만 골라서 긔역하고 잇습니다[47]

46 루이스 E. 캐트론, 홍창수 역, 『희곡쓰기의 즐거움』, 작가, 2011, 226쪽.
47 小波生, 「童話作法－童話짓는이에게」, 『동아일보』, 1925.1.6.

방정환은 어린이들에게 긴 이야기를 들려주어도 어린이들은 자기가 아는 것만 골라서 기억하고 있다고 설명한다. 방정환이 두 편의 동화극에서 보여준 반복적인 대사는 아동의 동화 독서에 대한 방정환의 이해 방식과 깊은 관련이 있어 보인다. 연극 공연은 동화나 소년소설과 마찬가지로 '서사'라는 커다란 장르 범주에 속해 있어 인물들에 의해 사건이 전개되는 형식을 취하고 있다. 그러나 "소설가의 독자는, 읽다가 혼란이 생기게 되면, 명료하지 않은 구절들을 재독하려고 지면이나 장章조차도 되돌릴 수 있지만 희곡은 관객들이 사실에 관해 의심을 갖지 않도록 즉각적인 명료성을 유지해야만 한다. 소설가는 독자가 일정 시간 동안 책을 내려놓을 것을 기대한다. 그러나 극작가는 희곡의 전체 (시간) 동안에 충만하면서 간섭받지 않는 관객의 관심을 장악해야만 한다."[48] 청자聽者로서의 어린이가 듣는 이야기는 관객으로서의 어린이가 보는 공연과 유사하다. 시간의 흐름 속에 이야기가 전달되고 공연이 진행된다. 한번 지나친 이야기와 공연의 장면은 반복하여 재생될 수 없다. 연극 공연의 일회성과 재생 불가능성의 특징은 집중력이 약한 어린이에겐 불편한 요소다. 방정환은 두 편의 동화극이 공연을 전제로 아무데서나 하기 쉽게 만든 것이라고 했다. 『어린이』에 게재된 동화극은 읽고 이해가 안 되는 부분이 있으면 되돌려 읽을 수 있어 문제가 없다. 그러나 공연으로 무대화되었을 때에는 완전히 이해 못한 채 지나칠 수 있는 부분들이 있다고 본 듯하다. 두 편의 동화극에 나타난 언어의 반복 현상은 어린이의 심리와 정서를 잘 이해하는 방정환이 어린이 관객에게 극의 내용과 흐름을 제대로 이해하고 숙지하게 하려

48 루이스 E. 캐트론, 홍창수 역, 앞의 책, 50쪽.

는 배려 차원에서 이뤄진 것이라고 본다.

2) 언어의 두 층위-사실적인 언어와 유희적인 언어

방정환의 두 동화극에 나타나는 언어의 다른 특징은 사실적인 언어와 희극적이고 유희적인 언어의 절묘한 활용에 있다. 앞에서 예를 들었던 도깨비들의 대답 "어 — 이"는 작가가 도깨비들만의 언어를 고안해낸 창의적인 대사다. 작가는 도깨비들에게 걸맞은 얼굴과 외모를 형상화해보았지만[49] 도깨비들이 무대 위에서 인간과 다른 비범한 신체를 지니고 신이한 능력을 제대로 발휘하게 하기는 애초부터 어려웠을 것이다. 일반 어린이들이 도깨비 역할을 연기했을 것이기 때문이다. 이 극에서 도깨비들이 비범한 능력을 보여주는 장면은 괴수의 지시에 따라 박 노인의 혹을 떼고, 그 혹을 김 노인에게 붙이는 장면뿐이다. 따라서 제1장과 제3장 도깨비 세계에서 도깨비들의 신이한 능력은 그들의 행위보다는 장난기가 심한 도깨비들의 유희적인 언어에서 드러난다.

> 독一 벌덕 일어서면서 "이놈을 코를 잡아 늘이지요" 金은 코를 쥐고 썰썰맨다
>
> 독二 "입에다 혹을 부쳐서 입을 못 버리게 하지요" 金 입을 쏙 쥔다

---

49 방정환, 「上演할째에」, 『어린이』 2호, 1923.4, 8쪽.

독三 "이놈을 벌거벗기고 허리를 늘여서 저 나뭇가지에 친친 감지요"
金은 두 손으로 제 가슴을 쏙 껴안는다

독四 "이놈의 입에서 개고리가 나오게 하지요" 金은 다시 입을 가다린('가린다'의 오식 — 인용자)[50]

인용문은 자신의 혹이 노래주머니라는 김 노인의 거짓말에 도깨비들이 징벌을 권하는 내용들이다. 도깨비들은 코를 잡아 늘이고, 혹을 입에다 붙이고, 허리를 늘여 나무 가지에 칭칭 감고, 입에서 개구리가 튀어나오게 하자고 제안한다. 이것은 도깨비만이 할 수 있는 신이한 행동이면서 김 노인에게 가하려는 재미있는 징벌이다. 도깨비들이 권하는 징벌의 대사는 자체가 순진무구하고 창의적이며 매우 희극적이다. 이 점에서 도깨비들은 어린이들의 분신이다. 어린이 관객은 도깨비들과 이런 순간에 자연스레 동일시된다. 도깨비들의 대사에 반응하는 김의 표정, 모습, 행동은 고통스러워할수록 더욱 웃음을 일으킨다. 탐욕스런 김 노인에게 가하려는 징벌은 희극의 보호받는 세계protected world 안에서 이뤄지는 고통이어서 무해하고 희극적이다.[51] 이에 반해 현실 세계 소년들의 언어는 어떠한가?

50 방정환, 「노래주머니」, 『어린이』 1호, 1923.4, 8쪽.

51 로버트 W. 코리간(Robert W. Corrigan)은 아리스토텔레스가 희극에서 언급한 '우스꽝스러움'과 '고통의 부재(absence of pain)'를 주목하고, 이것을 '희극의 보호받는 세계(protected world of comedy)'라 명명했다. Robert W. Corrigan, "Comedy and The Comic Sprit", *Comedy Meaning and Form*, Harper & Row, 1981, p. 8.

①

少一 "어른의 팔둑만 하다"

少三 "이애 나는 처음에 썸언 것이 숢틀하길네 뱀장어인 줄 알엇서"

少一 "나도 그랫지 네가 익크—하고 소리를 지를 적에 보니까 무에 썸언 것이 훗깃 보이겟지? 그래 뱀장어인 줄 알엇지"

少二 "이러케 큰 놈이 어대서 내려왓슬가"[52]

②

少年一同 '아니애요, 아니애요 우리가 애써 잡은 것인데 왜 쌔서가려고 그러서요 하면서 펄적 쒸어 못 가져가게 막는다 少一은 金의 두 팔을 붓잡고 少二는 桶을 얼른 쌔어다 밋헤 노코 一同이 金의 가슴과 몸을 밀고 잇다'[53]

③

少一 "그짜짓 욕심쟁이 혼이나 한번 낫스면 죠켓다 우리가 독갑이 가트면 한번 되—게 혼을 내주겟다"

少三 "그럼—눈에서 눈물이 나도록 혼을 내주지"

少二 "그런데 엇더케 독갑이를 맛낫슴니까 엇더케 생겻서요 무섭지 안하요?"[54]

52 방정환, 「노래주머니」, 『어린이』 1호, 1923.3, 6쪽.
53 위의 글.
54 위의 글, 7쪽.

〈노래주머니〉의 제2장에서 소년들이 냇가에서 미억이(메기)를 잡고 등장하는 장면이다. 소년들은 큰 미억이를 잡은 기쁨을 감추지 못하며 그 실체와 크기, 미억이가 내려온 출처 등에 관해 묻고 대답한다. 이 장면은 도깨비들의 대화와는 사뭇 다르다. 미억이를 두고 오가는 대화는 사실적인 인과가 지배하는 생활 현실의 세계임을 상기시킨다. 크기가 어른의 팔뚝만 하다거나 뱀장어인 줄 알았다거나 어디서 내려왔을까 하는 소년들의 대사에는 대어를 낚은 것에 대한 기쁨과 궁금증이 담겨 있다(인용문 ①). 그러나 소년들의 생활 세계는 약자에 대한 강자, 어린이에 대한 어른의 거짓말과 부당한 횡포가 지배하고 있어 소년들의 언어에는 불안과 항의, 악인에 대한 징벌 의지(인용문②), 도깨비에 대한 호기심(인용문 ③) 등 다양한 감정과 느낌들이 담겨 있다.

현실 세계와 비현실 세계에 각각 사는 인물들의 언어의 대비 효과는 〈톡기의재판〉에서 두드러지게 잘 나타난다.

> 호랑이 "아험 — 아이고 배곱하 죽겟다 —— 아이고 배곱하 — 눈알이 팽팽 돈다 — 아이그 나 점 살려다우 —— 이거 아모도 지나가는 놈도 업나 아 — 아 틀렷다 벌서 산양꾼들이 오는구나"
> 호랑이는 다시 쭉으리고 산양꾼이 도라온다
> 산양꾼 一 "어 — 그 물 차지도 한데 배ㅅ속까지 시원 — 하이"
> 산양꾼 二 "여보게 싀원한 판이니 우리 여긔서 잠이나 한 잠 자고 가세"
> 산양꾼 一 "그래볼가? 에그 여긔 호랑이 발자죽이 잇네"
> 산양꾼 二 "응? (괴짝 속을 보고) 앗다 속이지 말게 여긔 이렇케 드러 안젓는대"

산양꾼 一 "그럿치만 발자죽은 분명히 호랑이 발자죽이 낫는대 자아 이
것 아닌가"

산양꾼 二 "글세 이상하이 이럿케 괴짝 문은 걸닌 채로 잇난대"

산양꾼 一 "그럼 아마 이 근처에도 호랑이가 잇나보이 우리 잡아볼가"
하고 총을 든다[55]

비현실 세계의 도입부터 떠들기 시작한 호랑이의 설릴라키soliloquy는 극의 결말부에 가서 다시 시작된다. 설릴라키는 모놀로그monologue와 같이 인물의 확장된 대사를 뜻한다.[56] 나그네와 토끼가 떠나고 혼자 남은 호랑이의 설릴라키는 호랑이의 모습을 더욱 비참하고 고통스럽게 만든다. 그러나 그 비참함과 고통은 관객에게 우스꽝스러운 웃음을 전한다. 그런데 더욱 절묘한 것은 사냥꾼의 등장으로 호랑이는 말없이, 다시 말해 허기와 어지러움에 대한 간절한 호소와 자포자기의 체념의 말 한 마디 없이 "다시 쑥으리고" 있다는 점이다. 호랑이의 다언多言과 침묵이 절묘한 대비를 이루며 웃음을 폭발하게 한다. 단지 언어상의 강렬한 대비만이 아니라, 간절한 호소의 행동과 "다시 쑥으리고" 있는 무행동도 절묘한 대비를 이룬다.

톡　기 (귀를 기우리고 한참 생각하다가 능청스럽게) "어 — 엇더케 되
엿서요? 알 수 업난 걸이요 누가 갓치고 누가 그것을 살려주엇

55 방정환, 「톡기의재판」, 『어린이』 제1권 10호, 1923.11, 28쪽.

56 설릴라키는 무대상에 아무도 없을 때 말해지는 것이고, 모놀로그는 혼자서 말을 하나 무대상의 다른 인물이 듣는다. 루이스 E. 캐트론, 홍창수 역, 앞의 책, 260~261쪽 참고.

성? 그리고 누가 누구를 잡어먹으려고…… 응—당신이 이 호랑이를 잡어먹으려고 해요"

나그네 "안—이요 내가 호랑이를 잡아먹으려 그러는 게 아니라 이 호랑이가 이 괴짝에 갓처 잇난대 내가 살려주엇서요"

톡 기 "네—알앗습니다 그러닛가 이 호랑이하고 당신이 이 괴짝 속에 갓쳐 잇섯습니다 그려"

나그네 "호랑이가 갓처잇고 내가 지니가다 보닛가"

톡 기 "으—응 호랑이가 지나다 보닛가"

호랑이 (갑갑한 듯이 화를 내고) "에에 갑갑한 놈이로군! 왼—못난 몸이로구나 이 괴짝에는 내가 잇섯단다 내가 잇섯서"

톡 기 "네—그럿습닛가 호랑이 속에 괴짝이 갓처 잇섯서요——"

호랑이 "무얼 엇재? 괴짝 속에 내가 갓첫서"

톡 기 "하하—괴짝 속에 내가 갓처——어—아니아니 잠간 참으십시오 어—쏘 호랑이가 이 량반의 속에 갓처 잇섯난대 그때에 괴짝이 지나가다 보닛가—— 어어 틀녓다렷다 이것 실례햇습니다 왜 이렇케 알 수가 업슬가—— 실례지만 점 자세 알기 쉽게 설명을 해주시지 안켓습닛가 아조 눈으로 보는 듯키 알기 쉽게 점 아르켜 주섯스면 조켓난데…… 어—쏘 괴짝이 어슬렁 어슬렁 지나가다가 보닛가……"[57]

이 극에서 언어 유희의 극치는 세 번째 재판자인 토끼의 언어에서 나타난다. 토끼는 상황을 제대로 파악했음에도 능청을 떨며 혼란스런 질

57 방정환, 「톡기의재판」, 『어린이』 제1권 10호, 1923.11, 26~27쪽.

문을 계속 던진다. 토끼는 처음에 누가 살려주었고 누가 잡아먹으려 했는지, 누가 궤짝에 갇혀 있었는지 등 행동을 한 주체가 누구였는지를 자꾸 질문하여 혼란을 초래한다. 토끼는 호랑이와 나그네가 궤짝에 갇혀 있었다고 이해했다가 호랑이 속에 궤짝이 갇혀 있었다고 하여 전혀 조리에 맞지 않은 말을 한다. 이 부조리한 말은 점차 발전된다. 호랑이가 나그네의 속에 갇혀 있었는데 궤짝이 지나가다 보았다는 말과 궤짝이 어슬렁어슬렁 지나다가 보았다는 말에 도달하면 언어의 유희는 극단에 이른다. 방정환이 두 동화극에서 구사한 희극적인 언어는 매우 탁월해서 희극적인 인물들의 창조만이 아니라, 매우 재미있고 유쾌한 희극 세계 창조에 기여하는 요소로 작동한다.

3) 음악의 활용과 가사의 의미

음악과 관련해서는 〈노래주머니〉를 살펴볼 필요가 있다. 이 작품에서 도깨비 세계를 창조하기 위해 작가가 고민한 부분들은 여러 가지가 있다. 우선 물리적으로 볼 때, 작가는 도깨비들이 사는 숲의 공간과 도깨비들의 형상의 창조에 신경을 썼을 것이다. 이와 동시에 비현실 세계를 살아가는 도깨비들의 모습을 어떻게 창조할 것인가가 문제였을 것이다. 방정환은 전래설화에서 노래를 함께 부르고 춤을 추는 잔치의 장면을 끌어온다. 도깨비들이 부르는 노래와 춤의 잔치는 아이들이 잡은 물고기를 빼앗길 위기에 처해 있는 현실 세계와 대비되는 특성을 지닌다. 따라서 도깨비 잔치에 가장 필요한 것이 노래이고 춤이다. 춤의 형상은 제시되어 있지 않지만, 노래는 가사가 실려 있어 어떤 의미를 갖는지 참고할만하다.

〈노래주머니〉에서는 모두 여섯 차례 노래가 불린다. 제1장에서는 도깨비들이 부르는 소위 '쏘드락싹' 노래는 두 번이다. 한 번은 극이 시작하면서 '오프닝 송' 합창으로, 다른 한 번은 도깨비3이 독창으로 부른다. 도깨비들에 발각 된 박 노인은 죄를 용서받는 대신에 노래 한 곡을 부른다. 제3장에서 도깨비들이 등장하면서 '쏘드락싹' 합창을 하고, 괴수가 심심하다 하여 다시 한번 합창을 한다. 그리고 극의 말미에 도깨비들은 퇴장하며 '쏘드락싹' 합창을 한다. 총 여섯 차례 중 박 노인이 부르는 곡을 제외하곤 나머지 모두는 도깨비들의 합창이다. 극의 처음과 중간과 끝에 '쏘드락싹' 합창곡이 각각 배치되어 있는 것은 극의 처음과 끝에 도깨비 세계가 배치되어 있는 극의 구조 때문이다.

작가는 〈노래주머니〉에서 도깨비들의 잔치에 의미를 부여하고 있으면서도 그 가사에도 각별히 신경을 쓰고 있다. 도깨비 세계에서 도깨비들이 부르는 가사는 어떤 것이어야 좋을까?

> 山속에 숩속에 쏘드락싹
> 金나라 銀나라 쏘드락싹
> 첫 닭이 울기 前에 쏘드락싹
> 쏘드락 쏘드락 쏘드락싹

도깨비가 부르는 노래 가사는 한 행이 3・3・4조 3음보의 율격을 지닌다. 전달하는 내용은 매우 단순하고 생략되어 있다. 도깨비들이 산속과 숲속에 살고 있는데, 금나라 은나라로 불릴 정도로 금은 등의 보물이 많으며 첫 닭이 울기 전에만 나타난다는 뜻이다. 무엇보다 짤막한 노동요 같은 이 단순한 가사의 행의 말미에 '쏘드락싹'이라는 의성어를 쓰고 있다는 점이 특이하다. 국어사전에 의하면, 의성어 '쏘드락싹'의 동사에 해당되는 '또드락거리다'는 작고 단단한 물건을 가락에 맞추어 가볍게 두드리는 소리를 자꾸 내다는 뜻이다. 따라서 이 노래는 마치 도깨비들이 도깨비 방망이라도 하나씩 들고 장단에 맞춰 흥겹게 물체를 두드리며 불러야 제격일 것이다. 그런데 앞에서 밝혔듯이 도깨비들은 방망이 대신에 "손바닥을 치면서 노래를 부른다."[58]

그리고 도깨비 잔치를 엿보다가 들켜서 잡혀온 박 노인은 다음과 같이 독창을 한다.

박아지가 흘러간다
금박아지 은박아지
은박아지 금박아지
둥둥써서 흘러간다.

금박아지 잡아내서
구슬샘을 길어내고
은박아지 잡아내서

58 방정환, 「노래주머니」, 『어린이』 1호, 1923.3, 6쪽. 도깨비들이 손뼉 친다는 문장은 원전에 명확히 나타나 있으나, 이원수・이주홍・이재철이 편한 『소파 방정환 문학전집』 3(문천사, 1974)에는 나타나 있지 않다.

은하수를 길어옵시다

박서방 노인의 독창의 가사는 4・4조 2음보 율격 4행이 한 연으로 되어 있다. 도깨비 노래처럼 행마다 행의 말미에 의성어가 반복적으로 나타나지는 않지만, 1절에서는 '흘러간다'와 '박아지'가, 2절에서는 '잡아내서'와 '길어'가 중복되어 노래 부르거나 암기하기에 쉽게 되어 있다. 가사의 내용은 금은으로 된 박아지가 물에 흘러가는데 그것들을 잡아서 구슬샘물을 긷고 은하수를 긷자는 것이다. 인간인 박 노인이 죄를 용서 받기 위해 마지못해 부르는 노래이긴 하나, 도깨비들이 사는 '金나라 銀나라'와 연관되어 있다. 금은으로 된 바가지는 도깨비가 사는 금은의 나라에 있는 가치 있는 물건으로서 부富를 연상한다. 구슬샘물은 맑고 순수한 세계를, 은하수는 아름다운 세계를 상징적으로 함축한다. 그것들을 바가지로 길어내자는 것은 그런 세계에 살고 싶은 소망을 담고 있는 것이다. 결국 박 노인의 노래는 인간의 노래로서 이상적인 소망이 담겨 있긴 하나, 도깨비 노래, 즉 '쏘드락싹' 합창의 단순한 의미를 좀 더 적극적이고 역동적으로 부연하고 있어 아동 관객이 소망하는 상상의 세계를 묘사한 것이다. 박 노인이 독창을 하며 덩실덩실 춤을 출 때, "독갑이 일동은 손뼉을 치며 조하한다."[59]

그렇다면 3・3・4조 3음보 4행 율격의 '쏘드락싹' 합창과 4・4조 2음보 4행 율격의 박 노인의 독창은 당시에 유행한 창가의 영향을 받아 많이 불린 동요 형식이다. 일본의 창가집 『소학창가』와 『심상소학창가』를 편집한 『신편창가집』(1914), 1920년 『보통학교창가서』를 통해 많

59 방정환, 「노래주머니」, 『어린이』 1호, 1923.3, 7쪽.

은 창가들이 보급되었고, 그래서 많은 동요들이 4·4조 2음보나 3·3·4조 3음보의 형식으로 구성되었다.[60] 그러나 방정환은 이 두 노래를 작곡하지 않았다. 작품의 말미에 덧붙인 글 「上演할 때에」에서 "노래는 곡조를 맨들어 이 다음 發表하겟습니다. 아즉은 하기 쉬운 곡조에 마춰서 하십시오"라고 하여 기존의 창가의 곡조에 맞춰서 노래했을 가능성이 높다.[61]

5. 희극 세계의 의미와 극 행동의 문제

방정환의 두 동화극은 극의 형식[62]이 희극이다. 노스롭 프라이Northrope Frye에 의하면, 희극은 봄의 미토스다.[63] 그는 계절의 순환적인 패턴에 따라 원형적인 이야기를 넷으로 나누었는데 미토스의 전형적인 예가

60 다른 일례로 「노래주머니」가 실린 1923년 『어린이』지의 3월호에도 동요 「파랑새」가 수록되어 있는데 이 동요도 4·4조의 2음보로 되어 있다. "새야새야 파랑새야 / 녹두남재 안지말아 / 녹두꼿이 떨어지면 / 청포장수 울고간다". 그리고 「파랑새」 작품 밑에 "〈달아달아 밝은달아〉와 가티 불러 보십시오"라고 적혀 있어 4·4조 2음보의 형식을 이용했음을 알 수 있다. 두 인용문 모두 『어린이』, 1923.3, 9쪽.

61 〈노래주머니〉에 실린 가사의 곡조가 창가였으리라는 견해는 2017년 10월 12일에 열린 행사 '방정환 학술포럼 : 방정환 문학과 교육유산의 계승'에서 필자의 발표문에 대해 약정토론자 박금숙의 지적을 반영했음을 밝힌다. 박금숙, 「「방정환 동화극의 극작술 연구」에 대한 토론문」, 『방정환 학술포럼 — 방정환 문학과 교육유산의 계승』(서울시의회), 2017.10.12, 88~89쪽.

62 극의 형식과 희극에 대한 논의는 오스카 G. 브로켓 저, 김윤철 역, 『연극개론』(연극과 인간)의 58~60쪽 참조. 오스카 G. 브로켓은 극의 형식(Form)과 극의 양식(Style)을 명확히 구분하여 사용한다. 극의 양식은 사실주의극, 부조리극 등 시대마다, 또는 소포클레스 스타일, 셰익스피어 스타일 등 작가마다 고유한 특성을 지닌다고 보았다.

63 N. 프라이, 임철규 역, 『비평의 해부』, 한길사, 1985, 228~260쪽 참고.

로만스 희극이다. 프라이의 희극론은 행복한 결말을 통한 새로운 사회의 추구에 있다. 방정환의 두 동화극은 모두 행복한 결말로 끝난다. 둘 다 현실과 비현실, 현실과 환상의 세계로 구성되어 있다[64] 〈노래주머니〉는 도깨비의 환상 — 인간의 현실 — 도깨비의 환상 세계가 전개되고 있고, 〈톡기의재판〉은 사냥꾼의 현실 — 동물들과 인간의 환상 — 사냥꾼의 현실 세계가 전개되고 있다. 서로 대비되는 이중 구조를 취하고 있음에도 희극의 부정적인 대상은 비판받고 풍자되어 유희의 세계로부터 추방되거나 문제적인 인물로 남는다. 그렇다면 각각의 희극의 세계는 어떻게 축조되었고 그 세계의 의미는 부엇일까?

1) 희극 세계의 축조와 의미

〈노래주머니〉는 도깨비 잔치라는 축제의 세계를 드러내고 강조하여 축제의 정신을 추구하는 희극이다. 축제의 정신은 사회적, 도덕적, 종교적인 온갖 속박과 구속에서 벗어나서 마음껏 흥청거리고 싶어 하는 해방과 자유의 에토스다.[65] 이 축제 정신에 웃음의 대상이 되는 '우스꽝스러운' 존재는 축제정신에 참여할 수 없는 자들로서 고정관념 및 고정된 사고방식에 집착하여 탄력성 없는 기계적 인간들이며, 탐욕과 배금사상의 화신이 되고 있는 수전노들, 전통적인 관습과 윤리의 철저

64 대표적으로 염희경, 앞의 글, 196쪽과 손증상, 앞의 글 61쪽 참고.
65 이하 축제의 정신에 관한 글은 임철규, 「희극(喜劇)의 미학(美學)」, 『창작과 비평』, 1976 겨울호, 504~525쪽 참고.

한 신봉자인 근엄한 '퓨리탄Puritan'들이나 삼강오륜을 극히 존중하는 한국식의 양반들과 같은 부류들이 여기에 속한다. 〈노래주머니〉에서 축제정신에 참여할 수 없는 자는 탐욕스런 김 노인이다. 극의 결말에서 김 노인은 도깨비들에 의해 혹을 한 개 더 얻는 징벌을 받고 도깨비들은 천연덕스럽게 '또드락딱' 합창을 하며 잔치를 즐긴다. 김 노인의 최후의 모습은 어떠한지 다시 들여다보자.

> 괴수 "자아, 이제는 돌아가자 역시 우리에게는 또드락 노래가 第一 덕합한가 브다 그 노래나 불르며 돌아가자" 일동은 나란히 서서 또드락 合唱소리가 들리고 그것이 긋난 後 새소리가 후루룩 후루룩 들린다 金은 그제야 고개를 들고 긔운 업시 일어서서 두 손으로 두 혹을 만지고 우는 소리로
>
> 金 "허허—이 노릇을 엇저잔 말이냐 혹을 쎄이려 왓다가 朴서방의 혹까지 마저 부치고 가는고나 아이그 부끄러워 엇저면 조탄 말이냐……" 하고 탄식을 한다
>
> 새벽닥 우는 소리가 나면서 閉幕[66]

김 노인은 두 혹을 갖게 되어 수치심과 탄식에 괴로워한다. 그의 최후의 모습은 자기반성을 함축하고 있다. 이 극은 어린이들을 위한 연극답게 김 노인의 존재를 희극의 세계에서 추방시키지 않는다. 김 노인의 수치심은 풍자적인 인물이 갖는 완고한 편집증[67]을 버림으로써

66 방정환, 「노래주머니」, 『어린이』 1호, 1923.3, 8쪽.
67 N. 프라이, 임철규 역, 『비평의 해부』, 한길사, 1982, 235쪽.

생기는, 자기 자신에 대한 부끄러움의 태도다. 이점에서 폐막 직전의 "새벽닥 우는 소리"는 중요하다. 도깨비들이 떠나고 김 노인만 홀로 남게 되는 세상에 새벽닭이 우는 소리는 그에게 도깨비의 환상 세계가 아닌, 현실의 인간 세계에서 어떻게 살아야 할지 깨닫게 해준다.

이렇듯이 김 노인이 징벌 받는 〈노래주머니〉는 희극 세계다. 희극 세계는 곧 도깨비의 세계다. 도깨비 세계에서 괴수와 도깨비들이 마치 왕과 백성들의 주종관계로 구성되어 있지만 괴수가 부당한 힘을 행사하여 도깨비들을 지배하거나 도깨비들이 괴수에게 굴종하거나 아첨해야 하는 세계가 아니다. 도깨비 세계는 평화롭고 즐겁고 웃음이 넘치고 노래와 춤의 잔치가 지배하는 세계다. 도깨비의 세계는 작가가 소망하는 어린이들의 이상 세계다. 그것을 어떻게 알 수 있을까? 제2장의 현실 세계는 설화와의 구분을 통해서 방정환의 말대로 "현실의 생활을 반성"하고 옛이야기 자체가 동화가 될 수 없음을 분명히 하고 있다.[68]

> 少二 글세올시다 말도 채 듯지 안코 가서 엇저려고 그러는지 모르겟습니다
>
> 少一 그까짓 욕시쟁이 혼이나 한번 낫스면 죠켓다 우리가 독갑이 가트면 한번 되―게 혼을 내주겟다
>
> 少三 그럼―눈에서 눈물이 나도록 혼을 내주지[69]

인용문은 소년들이 산속으로 떠난 김 노인을 향해 던지는 우려와 비

68 손증상, 앞의 글, 61쪽.
69 방정환, 「노래주머니」, 『어린이』 1호, 1923.3, 7쪽.

난의 내용이다. 김 노인은 소년들이 잡은 미억이(메기)를 빼앗으려 거짓말을 하고 횡포를 부렸기 때문이다. 소년들의 현실 세계는 도깨비의 세계와 대비된다. 김 노인의 횡포에 시달려 "우리가 독갑이 가트면 한번 되 — 게 혼을 내주겟다"고 불만을 토로하는, 불합리한 폭력의 세계다. 현실 세계는 나약한 아이들이 끌고 가는 세계가 아니다. 박 노인처럼 착하고 정직한 어른도 있지만, 나쁜 어른도 있기 때문이다. 현실 세계의 아이들은 냉혹하고 살벌하고 약육강식이 지배하는 어른 세계의 타자로서 존재한다. 이에 반해 도깨비 세계는 막연한 주체로서 '인간'이 아니라 '아이들'이 소망하는 이상 세계다. 그러면 좀 더 구체적으로 〈노래주머니〉에 나타나는 도깨비의 세계는 어떤가?

도깨비의 세계는 기본적으로 금과 은의 보물이 많아 부유한 상상의 세계다. 도깨비3의 실수가 용납되고, 혹이 노래주머니라는 엉뚱한 생각이 허용되는 세계다. 노래와 춤의 잔치가 행복하게 즐겁게 지속적으로 벌어지는 낭만적인 축제의 세계다. 부정적인 인물이 비판 받고 징벌을 받는 정의로운 세계다. 힘이 있다고 하여 남의 노래를 공짜로 얻지 않고 그 대가로 보물을 주어 보답하는, 은혜로운 세계다. 황당하긴 하지만, 인간의 혹을 상처 없이 떼어내는 신이한 능력이 펼쳐지는 상상의 세계다. 무엇보다도 김 노인이 혹을 하나 더 붙이게 되어 탐욕스런 인물로서 징벌을 받아도 실제의 고통을 겪지 않고 반성하는 희극의 세계다.[70] 한마디로 도깨비 세계는 아이들이 소망하는 상상의 희극 세계다. 그런데 이 희극 세계의 문제는 실수와 잘못도 묵과되거나 용인되

70 Robert W. Corrigan, "Comedy and The Comic Sprit", *Comedy Meaning and Form*, Harper & Row, 1981, pp.6-8 참조.

는 세계라는 점이다. 도깨비3이 '쏘드락싹' 노래를 반복하여 저지르는, 어처구니없는 실수는 웃음으로 넘겨지고, 혹을 노래주머니라 상상하지만 꾸지람을 듣지 않고 엉뚱한 발상이 허용되는 세계다. 혹을 노래주머니로 간주하는 도깨비3의 발언이 자기반성도 없이 응분의 질책이나 꾸지람 없이 지나갔다는 것은 방정환이 구상하는, 어린이들의 희극 세계의 허점을 보여준다. 어린이에게 잘못을 잘못이라고 지적하고 꾸짖고 책임을 지게 할 줄 아는 세계야말로 어린이가 어른이 되어 미래의 세계를 책임지며 살아갈 수 있는, 즐겁고 유쾌한 희극 세계다. 그러나 이 동화극에서 유의할 점은 도깨비 세계만을 극화한 것이 아니라 현실 세계를 교정과 계몽의 장치로 개입시켰다는 점이다. 현실 세계의 부정적인 어른의 모습은 어른에 비해 상대적으로 나약한 어린이들이 어른들과 함께 사는 현실 세계의 경험을 공유하면서 동시에 징벌 받는 부정적인 어른의 최후의 모습을 봄으로써 스스로를 되돌아보게 한다. 〈노래주머니〉에서 삽입된 현실 세계의 장면은 순수한 도깨비 세계의 정의로써 비판하기 위한 대타적인 세계인 것이다.

〈톡기의재판〉은 어떤 세계일까? 지혜로운 토끼의 기지機智로 곤경에 처한 나그네는 호랑이의 위협을 이겨낼 수 있었고, 호랑이는 다시 궤짝에 들어가서 은혜도 모르는 짐승이 되고 만다. 그런데 여기서 토끼는 단지 기지와 지혜를 갖추고 있는 인물에 불과할까? 나그네는 순진하게도 궤짝에 갇혀 있는 호랑이를 구해줄 생각을 했는가? 나그네와 호랑이의 관계가 단지 구출자와 구출 대상자, 은혜를 베푼 자와 은혜를 입은 자의 관계뿐일까? 앞의 〈그림 4〉에서도 나타나지만, 토끼와 호랑이, 나그네의 인물 크기를 보면, 명확히 대비된다. 호랑이는 나그네와 덩치와 신장이 비슷한 데 반해, 토끼는 매우 작다. 이 등장인물들의 신체는 실제의 크기를 축소해놨다고 할 정도로 실제 크기의 비례와 유사하다. 실제 공연에서는 어린이들이 각 짐승들의 가죽을 뒤집어쓰고 연기를 하기에 토끼, 호랑이, 나그네의 인물들 사이에 뚜렷한 신장이나 덩치의 차이가 없을지도 모른다. 공연을 올리는 연출가의 입장에선, 토끼를 다른 두 등장인물에 비해 가급적 작은 인물로 설정하는 것이 바람직할 것이다. 공연에서는 세 등장인물의 차이가 적다고 해도, 희곡에서 인물들의 비중과 역할상 토끼는 호랑이 · 나그네에 대비되어 왜소하다.

전래설화 「필야사무송호必也使無訟狐」나 「은혜를 모르는 호랑이」는 제목의 의미처럼 은혜를 모르는 호랑이를 신랄한 풍자의 대상으로 삼았다. 〈톡기의재판〉 역시 작은 토끼가 성질 사납고 아주 배은망덕한 호랑이를 풍자하였다. 이점에서 〈톡기의재판〉은 기존 설화와 다를 바가 없다. 그런데 과연 〈톡기의재판〉이 호랑이만을 풍자의 대상으로 삼고 있는가? 아니다. 작은 토끼의 입장에서 보면, 은혜를 모르는 호랑이만이 아니고 호랑이를 구출해준 나그네도 비판하고 있다.

①

一 "호랑이가 다라나지는 못하지만 엇던 작란 조와하는 놈이 와서 괴짝 문을 열어노흐면 엇더커냐"

二 "어이그 자네는 별소리를 다 하네 그려 엇던 밋친 놈이 죽고 십어서 이 문을 열어주겟나 한입에 먹혀 죽으려고……"[71]

---

71 방정환, 「톡기의재판」, 『어린이』 제1권 10호, 1923.11, 22쪽.

②

나그네 "무어요? 이 문을 열어달낫게? 여보 그런 소리 하지 마우 이 문을 열어주기가 힘들지는 안치만 열어주면 쒸여나와서 나를 잡아먹게"

호랑이 "아니올시다 천만에 그런 짓을 할 리가 잇슴닛가 은혜를 모르고 그런 낫븐짓을 하겟슴닛가 이럿케 빌 터이니 점 열어주십시오 네-"

하면서 압발을 비비면서 절을 작고한다

나그네 "허허 그러케까지 하니 설마 거짓말이야 하겟소 싼은 그 좁은 속에 갓처 잇서서 퍽 갑갑하겟소 보기에 싹하니 내가 이 괴ㅅ문을 열어주리다"[72]

인용문 ①은 사냥꾼들이 등장하는 현실 세계의 장면이다. 사냥꾼2는 사냥꾼1에게 잠시 자리를 비워 물 마시고 오자며 권유한다. 사냥꾼1은 처음에 호랑이가 도망치는 것을 우려하여 반대한다. 사냥꾼1은 "엇던 작란 조와하는 놈"이 궤짝문을 열지도 모른다고 하자, 사냥꾼2는 더 거칠게 "엇던 밋친 놈"이라며 강하게 부정한다. 인용문 ②는 비현실의 세계에서 나그네가 호랑이의 위협을 걱정하면서도 호랑이의 간청에 마음이 약해져 궤짝 문을 열어준다. 비현실 세계의 모습은 현실 세계가 비판하는 대상이다. 작가는 비현실 세계의 앞뒤에 사냥꾼들의 현실 세계를 배치하여 액자식 구조를 만든다. 액자식 구조는 현실 세계가 구체적으로 비현실 세계를 비판하기 위해 마련된 구조다. 결국 궤짝 문을

72 위의 글, 23~24쪽.

열어준 나그네는 사냥꾼들의 말처럼 상식 이상의 행동을 한 모양새가 되어 "엇던 작란 조와하는 놈", "엇던 밋친 놈"이 되어버리고 만 셈이다. 이 극은 은혜를 모르는 호랑이가 비판의 표적이 되었지만, 이면에는 나그네도 간접적으로 비판한 셈이 된다. 짐승과 인간이라는 구별을 없애고 생각한다면, 호랑이와 나그네 둘 다 어른들이다. 호랑이의 배은망덕과 탐욕과 어리석음은 이미 알려졌지만, 나그네 역시 어리석은 인물이긴 마찬가지다. 나그네는 측은지심이 있는 사람으로서 궤짝문을 열어주면 호랑이에게 먹힐 것을 알면서도 열어주는 인물에 해당된다. 나그네는 바로 눈앞에 벌어질 위험도 알아차리지 못하면서 섣불리 행동하는 어른 세대를 대표한다 하겠다. 이점에서 제목 〈톡기의재판〉은 은혜를 모르는 호랑이만 재판하여 징벌한 것이 아니다. 측은지심도 있고 착한 인물에 속하는 나그네 역시 나약한 심성과 앞을 내다보지 못하는 어리석음 때문에 우환을 겪는데, 이런 인간 어른도 비판을 받는다. 방정환은 어른의 인간적인 배은망덕과 미래에 대한 판단착오가 사라지는 세계, 아이들이 지혜와 기지로써 어른들의 문제를 풀어내는 세계를 추구하였다. 〈톡기의재판〉에서 어린이가 소망하는 세계는 작은 토끼의 지혜와 기지로 어른 세계의 문제를 해결하는 세계일 것이다.

2) 극 행동의 문제

방정환의 두 동화극은 "등장인물들의 사실적인 대화라든가 개성 있는 성격 창조, 구성의 탄탄함, 분명한 주제 의식 등 그 수준이 상당히 높다."[73] 그러나 전래설화의 문자 텍스트에서 극 텍스트로의 매체전이 관점에서 두 동화극을 분석해보면, 간과하기 쉬운 결함이 발생한다. 우선 〈노래주머니〉에서 제3장 괴수와 도깨비들이 징벌 대상을 박 노인으로 설정한 것은 연극적 행동의 결함이다.

> 괴수 "흐흠! 고약한 놈이로구… 그놈의 혹에서 소리가 나는 줄 알고 혹을 쩨이고 보물만 만히 주어ㅅ더니 소리가 당초에 나와야지 아초에 그ㅅ자짓 인간의 색기가 우리의 노리터에를 오는 것부터 괘씸한 놈이 아닌가 그래 우리가 그ㅅ자짓 놈에게 속는단 말이냐 그놈이 다시 눈에 쓰이기만 하면 단단히 벌을 주어야 될 것이다"[74]

괴수와 도깨비들은 박 노인의 혹이 노래주머니가 아니라며 벌을 주겠다고 벼르는데, 바로 이 장면에서 논리의 통일성이 깨진다. 박 노인의 혹을 노래주머니라고 말한 인물은 박 노인이 아니라, 도깨비3이기 때문이다. 제1장에서 도깨비3은 "이 늙은이의 노래는 이 뺨에 달린 노래주머니에서 나오는 것"이라며 보물을 주고 빼앗자고 제안하였다. 정작 박 노인은 도깨비3의 말을 부인하며 "이것은 노래 주머니가 아니라 혹이올시다 소리는 목구멍으로 나오는 것"이라고 명백히 말하였다. 결과적으로 괴수와 도깨비들은 박 노인의 거짓말에 속은 것이 아니라, 도깨비3의 엉뚱한 생각에 속은 것이다. 그런데도 괴수와 도깨비들은 박 노인을 비난하며 징벌을 다짐한다. 특히 혹이 노래주머니라 말했던 도

73 염희경, 앞의 글, 197쪽.
74 방정환, 「노래주머니」, 『어린이』 1호, 1923.3, 7쪽.

깨비3도 "그놈이 오기만 하거던 벌겨벗겨서 허리를 길게 늘여서 저 나무가지에다가 친친 감어노치요"라고 당당히 말한다. 엄밀히 말해서 이것은 논리의 앞뒤가 안 맞는 행동이다. 아무리 환상의 세계이고 도깨비들이 엉뚱한 짓을 하는 세계라 해도 이 세계 안에서의 논리는 통일되어야 한다. 그래야만 관객은 도깨비들의 연극적인 행동을 신뢰한다. 작가는 이러한 비논리적인 행동을 알고 있기에 극의 결말에서 괴수가 탐욕스런 김 노인을 벌할 때, "어적게 밤에 속은 것은 이놈이 우리를 속인 것이 아니고 우리가 잘못 알고 속은 것이니"[75]라며 자신들의 죄를 시인한다. 괴수가 시인하는 태도 역시 바로 앞에서 보여줬던, 박 노인에 대한 분노와 징벌의지의 행동과는 상반된다.

그러면 왜 〈노래주머니〉의 제3장에서 연극적 행동의 논리와 통일성이 깨진 것일까? 이 결함을 살피기 위해 먼저 한국의 전래 설화 「혹부리영감」의 서사를 파악할 필요가 있다. 한국과 일본의 「혹부리영감」 설화소를 분석한 장정희는 1910년에 발간된 다까하시 도오루高橋亨의 『朝鮮の物語集』을 비롯하여 두 개의 자료를 참조하면서 한국의 혹부리 영감의 화소를 분석하였다. 이중에서 주목할 부분은 혹이 달린 노인의 태도와 행동이다. 노인은 산속에서 나무하다 돌아가지 못하여 '빈집'에 들어갔는데 무서움을 이기기 위해 노래를 불렀고 모여든 도깨비들에게 이 혹 속에 노래가 들어 있다고 그들을 속여서 혹을 팔고 금은보화를 얻었다. 그리고 욕심 많은 이웃 노인도 똑같이 하려다 탄로가 나서 혹을 하나 더 붙이고 왔다. 전통 설화에서의 혹 달린 노인은 거짓말로 금은보화를 얻었다. 방정환의 입장에서 볼 때 거짓말한 노

75 위의 글, 8쪽.

인이 금은보화를 얻었다는 이야기는 비교육적이라고 보았을 것이다. 재물에 욕심을 낸 노인도 나쁘지만 거짓말한 노인도 나쁘기는 마찬가지이기 때문이다. 따라서 방정환은 동화극으로 각색을 하면서 두 노인의 성격을 명확히 흑백으로 구분하였다. 정직한 박 노인과 탐욕 때문에 거짓말을 일삼는 김 노인. 정직한 박 노인은 분명히 말하지 않는가. "소리는 목구멍으로 나오는 것"이라고. 이렇게 명확히 하다 보니, 혹이 노래주머니라고 말할 인물이 필요하게 되었고, 작가는 이 역할을 도깨비3에게 준 것이다. 그래서 방정환은 의도적으로 도깨비들 중에서도 도깨비3을 가장 엉뚱하고 상황을 파악 못 하는 인물로 설정했다. 제1장에서 괴수가 '쏘드락싹' 합창이 지겨워 새로운 노래를 불러보라고 했을 때 도깨비3은 벌떡 일어나서 자신이 한 곡 하겠다며 부르는데, 그 노래가 괴수가 짜증냈던 '쏘드락싹'이다. 도깨비 세계를 웃음바다로 만들었던 도깨비3은 박 노인의 혹이 노래주머니라고 엉뚱하게 말하지만 결과적으로는 노래주머니가 아니었다. 이렇게 연극적 행동의 논리와 통일성에서 볼 때 괴수와 도깨비들이 도깨비3을 꾸짖거나 그에게 벌을 내려야 하는데 작가는 그렇게 하지 않았다. 도깨비3이 저지른 잘못이 어떤 식으로든 극 자체에서 해결되어야 하는 장면, 즉 '의무장면'이 필요한데도 작가는 엉뚱하게 박 노인에게 책임을 전가하려고 했던 것이다. 도깨비3을 꾸짖거나 그에게 벌을 내리게 되면, 탐욕스런 김 노인에게 혹을 하나 더 붙이는 행위의 개연성이 그만큼 떨어질 수밖에 없기 때문이다. 그리고 아마도 도깨비3을 꾸짖거나 그에게 벌을 내리지 않은 이유는 도깨비3이 상황을 잘못 파악했거나 엉뚱한 생각을 했다고 도깨비3을 꾸짖거나 벌을 주는 것은 바람직하지 못하며 도깨비 세계에서는 그런 잘못도 모두 용인된다고 보았을지도 모른다. 이 부분은 방정환이 추구하는 어린이의 이상적인 세계의 모습과 관련이 있으리라 짐작된다. 어쨌든 행동의 통일성이 결여됐음에도 방정환의 입장에서는 두 노인 성격의 명료한 대비가 전래 설화의 두 노인에 비해 매우 긍정적이었을 것이다. 끝까지 정직한 노인은 혹도 떼고 보물도 얻은 데 반해, 탐욕스런 노인은 혹 하나를 더 가져서 벌을 받았기 때문이다.

〈톡기의재판〉의 비현실 세계의 장면에도 결함이 나타난다. 작가는 설화를 극으로 전환할 때 무대에 등장하는 부차적인 인물들의 역할 문제를 섬세하게 고려하지 않았다. 나그네는 주변에 물어볼 사람이 없자 나무와 행길에게 질문한다. 나그네는 "나무님 나무님 당신도 보섯스닛가 아시는 사정이시니"[76]라고 질문하고 나무는 답변한다. 이것은 관객이 예기치 못한, 의외의 상황이다. 관객은 극이 시작되면서 무대에 있었던 나무 한 그루가 의인화된 등장인물일 줄은 전혀 예상 못했기 때문이다. 물론 이러한 나무의 의인화는 〈톡긔의재판〉의 원형인 '여우 재판'이라 불리는 「필야사무송호必也使無訟狐(반드시 여우가 송사를 없게 한다)」에도 소나무로 구체화되어 나온다.[77] 나그네는 나무에 이어 바닥의 '행길'에도 묻는다. 나무만이 아니라 행길도 극의 시작부터 존재했던 등장인물이다. 그렇다면, 그들은 호랑이와 나그네의 대화를 모두 듣고 있었다. 그들은 은혜 모르는 인간을 신랄하게 비판하고 호랑이를

76 방정환, 「톡기의재판」, 『어린이』 제1권 10호, 1923.11, 25쪽.

77 서영미, 「남북한 '옛이야기'의 변개양상 비교－「은혜 모르는 호랑이」를 중심으로」, 『비교문학』 58, 2012.10, 255～261쪽 참고.

지지한다. "어서 얼른 호랑이게 먹혀버려라"라고 저주를 퍼붓는다. 그런데 그들은 그후 제3의 재판자 토끼가 등장하여 호랑이를 궤짝에 넣어 곤경에 빠뜨리는 장면을 보고도 아무런 입장이나 반응을 하지 않는다. 전래설화에서는 서사 전개의 필요시, 잠시 해당 인물만을 등장시켜 서사가 요구하는 답변을 얻으면 그만이다. 그러나 극에서 나무와 행길은 시종일관 등장하기에 그에 걸맞은 인물의 행동이 고려되어야 한다. 나무와 행길에게 인간을 비판하고 호랑이를 지지하는 역할을 설정했음에도 토끼의 꾀에 넘어가는 호랑이의 모습에 아무런 반응을 하지 않았다는 것 자체가 인물 행동의 통일성이 결여된 것이다.

6. 맺음말

방정환의 연극 행보를 정리하고 그 의미를 살피면서, 그가 남긴 두 편의 동화극 〈노래주머니〉와 〈톡기의재판〉을 분석했다. 작품 분석은 그가 언급했듯이 두 동화극이 '아모나 하기 쉬운 동화극'으로서 공연을 겨냥한 연극대본이라는 점에 천착했다. 기존의 연구들이 전래설화와의 비교나 서사 분석에 치중한 것과 달리 공연성의 관점에서 극작술을 분석하였다.

기록에 의한, 방정환의 첫 창작이자 연출 작품은 1918년 3월 소의학교(동성학교의 전신) 망년회에서 공연한 〈○○령〉이다. 이 작품은 일본인의 고리채를 썼다가 패가 망신당하는, 가난한 농민 부부의 비극적인 현실을 다루어 당시 식민지의 궁핍상을 드러낸 경향극 계열에 속하면서 반일反日 성향을 지녔다고 짐작된다. 방정환의 연극 활동은 그의 민족주의 활동의 사상적 배경이 되었던 천도교와 깊은 관련이 있다. 그는 1921년 2월 13일 조선천도교청년회 동경지회를 결성하여 전국 순회강연에 앞장서면서 산하에 조직된 순회연극단을 통해 창작도 하고 배우로서 연기도 하였다. 1921년 8월에 공연된 〈신생新生의 일日〉은 방정환이 직접 창작하고 배우로 출연한 작품으로서 천도교의 이념과 정신을 전파하기 위한 종교극이었다. 이 작품은 주인공이 지상 세계에서 살다가 죽어 망자가 되어 하늘에 있는 재판장에 가서 심판을 받는 내용일 것이라 짐작된다. 방정환은 1923년 1월 15일 〈식객食客〉 공연에 희극배우로서 참여하여 기량을 발휘했고 화술이 대단하여 동화구연가, 강연자로서도 청중을 사로잡았다고 한다. 희극배우이자 강연자로서의 자질은 희극 세계를 다룬 그의 두 편의 동화극에도 영향을 미쳤으리라 짐작된다.

1923년 3월과 4월에 〈노래주머니〉를, 11월에 〈톡기의재판〉을 『어린이』에 게재하는 등 연극 관련 활동을 열심히 했으나, 이듬해부터는 거의 하지 않았다. 그가 연극 활동 중단의 이유를 기록으로 남기고 있지 않지만, 1923년 중반 이후의 활동 상황을 고려하면 몇 가지 추정이 가능하다. 우선 방정환은 '아모나 하기 쉬운 동화극'을 창작하여 보급·확대되길 희망했으나, 공연 조건들이 당시에는 녹록치 않았을 것이라는 점이다. 동화나 소년소설 창작은 개인 작업만으로도 충분히 가능한데 반해, 연극은 집단예술이자 종합예술로서 공연 무대, 진행 인력과 예산, 공연 기획과 지도 가능한 연출가나 교사의 확보나 연출력 문제,

일정한 연습 기간, 아이들의 꾸준한 참여와 높은 참여도 등 실제 공연을 위해서는 꼼꼼히 따지고 준비해야 할 것들이 많이 있다. 방정환은 1923년 3월 『어린이』 창간, 5월 '색동회' 창립 등과 함께 어린이극을 통해서도 어린이 운동을 본격화하려고 하였으나 많은 조건이 갖추어져야 하는 연극에 집중하기는 쉽지 않았을 것이다. 1924년부터 그가 동화나 소년소설 등의 창작에 매진했던 상황은 이를 간접적으로 증명한다. 이 밖에도 방정환의 연극 활동을 심리적으로 위축시킨 요인은 여러 가지로 추정해볼 수 있다. 방정환이 속해 있었던 천도교에 대한 검열과 감시, 방정환의 천도교 관련 강연이 일본 검열당국에 의해 여러 차례 중단되는 경험과 불만, 당시 사전 대본을 검열하고 실제 공연을 감시하는 이중 통제 정책, 1920년대 소인극 활동에 대한 검열과 제제 등이 그러하다.

방정환의 두 동화극의 극작술 분석은 무대와 음향, 언어와 음악, 세계관과 극 행동의 기준에서 이뤄졌다. 우선 방정환은 두 동화극에서 무대장치, 소도구, 의상의 경제성을 추구한다. 〈노래주머니〉에서 각별히 신경을 써야 하는 도깨비 형상도 검은 띠나 끈, 헝겊, 마분지 탈과 수건, 물감 등 값싸거나 생활에서 쓰는 물건이 이용되고 현실 세계 소품 역시 삼태기와 양철통洋鐵桶, 나무막대기에 불과하다. 특이한 점은 도깨비의 필수품인 도깨비 방망이를 소품으로 정하지 않았다는 점이다. 도깨비들의 숫자에 맞는 9~10개의 방망이, 그것도 비사실적인 형태로 제작하는 것은 예산의 경제성과 창의성 측면에서 쉽지 않았으리라고 본다. 〈톡기의재판〉은 단일한 무대 배경만 필요로 하므로 무대 제작과 소도구의 경제성 측면에서 〈노래주머니〉에 비해 훨씬 저렴하고 안정적이다. 이 작품의 삽화를 중시한다면, 나무 한 그루, 호랑이가 포획되어 있는 궤짝, 사냥꾼이 들고 있는 총 등의 소품이 있는 무대에서 사냥꾼들이 주고받는 대화의 내용만으로도 어린이 관객에게 '산속'의 배경과 상황을 충분히 전달할 수 있기에 배경 그림 같은 무대 장치가 없어도 가능하다고 본다. 이런 무대는 다소 획기적이고 매우 경제적이며 어린이 관객의 상상력을 자극하는 계기를 제공한다.

방정환은 몇 개의 음향을 적절히 활용하여 극의 상황과 상황의 전환을 잘 표현하였다. 〈노래주머니〉에서 새소리는 삼림이 우거진 도깨비 세계를 나타내고, 닭의 울음과 종소리는 날이 밝아오는 인간의 현실세계로의 전이를 알리는 신호음 역할을 한다. 〈톡기의재판〉에서는 네 차례 나오는 "바람 부는 소리와 나무닢 흔들니는 소리"만으로 산속의 분위기를 알리는 효과음, 현실계에서 비현실계로의 전환, 새로 등장하는 인물에 대한 기대감을 자극한다.

방정환의 동화극에서 두드러진 특징 중의 하나는 언어의 다채로운 운용이다. 우선 가장 눈에 띄는 언어의 특징은 반복에 있다. 방정환은 구어체의 대사를 쓰면서도 정확한 문장을 구사하려고 하고 동일한 의미를 지닌 낱말이나 어구들을 반복하여 표현한다. 대사의 이러한 반복은 공연의 일회성과 불가역성을 고려하여 어린이 관객에게 극의 흐름에 따라 내용을 제대로 이해하고 숙지하게 하려는 배려 차원에서 이뤄진 것이라고 본다. 〈노래주머니〉에서는 도깨비들의 "어 — 이"라는 독특한 대사 개발과 신이한 능력을 표현하는 유희적인 언어, 소년들의 사실적인 언어의 서로 다른 두 층위가 제시되어 있다. 〈톡기의재판〉에서는 유희적인 언어가 특징적이다. 비현실계에서의 호랑이의 다언多言과 현실계에서의 침묵이 보여주는 절묘한 희극적 대비, 호랑이와 나그네에게 혼란을 일으키는 토끼의 모호하면서도 유희적인 능청스런 언어는 유희적 언어의 극치를 이룬다. 음악의 활용과 효과는 〈노래주머니〉에서 두드러진다. 3・3・4조 3음보 4행 율격의 '쪼드락짝' 합창과 4・4조 2음보 4행 율격의 박 노인의 독창은 당시에 유행한 창가의 영향을 받아 많이 불린 동요 형식이다.

두 동화극의 세계는 한마디로 말해 아이들이 소망하는 상상의 희극 세계다. 〈노래주머니〉에서 도깨비의 신이한 능력이 펼쳐지는 상상의 세계이고 노래와 춤의 잔치가 열리는 낭만적인 세계다. 김 노인 같은 부정적인 인물을 비판하고 징벌하는 정의로운 세계다. 그런데 어린이와 동일시되는 도깨비의 엉뚱한 발상이나 실수가 묵과되거나 용인되는 세계라는 점에서 문제가 남는다. 〈톡기의재판〉의 세계 역시 토끼와 동일시되는 아이들이 소망하는 세계로 볼 수 있다. 이 작품에서는 전래 설화처럼 은혜를 모르는 호랑이만 비판하고 징벌하는 것이 아니라, 호랑이를 구해주는 착한 인물에 속하지만 호랑이 구출 이후 위기를 겪는 나그네를 비판한다는 점에서 그러하다.

마지막으로 두 동화극에는 간과하기 쉬운 결함이 있다. 〈노래주머니〉에서 제3장 괴수와 도깨비들이 징벌 대상을 박 노인으로 설정한 것은 통일성이 결여된 연극적 행동이다. 괴수와 도깨비들은 박 노인의 거짓말에 속은 것이 아니라, 도깨비3의 엉뚱한 생각에 속은 것이기 때문이다. 방정환은 전래설화에서 혹 달린 노인이 거짓말로 금은보화를 얻은 것을 비교육적이라고 보았기 때문에 동화극으로 각색하면서 두 노인을, 즉 정직한 박 노인과 탐욕 때문에 거짓말을 일삼는 김 노인으로 명확하게 구분하여 어린이 관객에게 권선징악의 주제의식을 명확하게 전달하려 했다. 〈톡기의재판〉에서는 의인화된 등장인물 나무와 행길의 인물 구축에 대한 섬세함이 결여되어 있다. 두 인물은 극의 시작부터 존재하는 등장인물로서 은혜를 모르는 인간을 신랄하게 비판하고 호랑이를 지지하는 역할을 하였다. 그런데 그들은 제3의 재판자 토끼가 등장하여 호랑이를 궤짝에 넣어 곤경에 빠뜨리는 장면을 보고도 아무런 입장이나 반응을 하지 않는다.

방정환의 두 편의 동화극 창작은 1920년대 초반 그의 연극 활동이 그러하듯 어린이를 대상으로 어린이의 존재를 발견하고 존중하고 미래를 위해 올바르게 키워나가려는 문화적 계몽운동의 일환이었다. 전래설화를 극으로 각색하면서 사소한 결함이 발견되긴 하나, 무대, 구조, 언어, 희극적인 비전 등 두 편의 동화극의 완성도는 당시 수준으로 볼 때 결코 범상치 않은 것임을 알 수 있다. 방정환은 비현실의 설화적이고 동화적인 세계를 극으로 가져오면서도 현실 세계를 연결하여 어린이 관객이 현실의 문제와 경험을 공유하면서 스스로를 돌아보게 하였다. 동시에 비현실의 공상 세계에서 부정을 제거하고 갈등을 해소하여 이상 세계를 소망해보게 하였다. 이 희극의 구조와 세계상은 당시의 암울한 현실을 극복해나가려는 방정환의 현실 인식과 미래 지향적인 욕망에 기인한 것이기도 하다. 공연성의 관점에서 두 동화극의 극작술을 분석한 이 글이 방정환의 생애와 문학의 전체상을 정립하고, 나아가 식민지 조선의 어린이연극 연구에 일조하기를 기대한다.

참고문헌

1. 기본자료

『어린이』, 『개벽』, 『동아일보』, 『매일신보』, 『조선일보』, 『동명』.

방정환, 「새로 開拓되는 '童話'에 關하야, 特히 少年 以外의 一般 큰 이에게」, 『개벽』 31, 1923.1.

______, 〈노래주머니〉, 『어린이』 1호, 1923.3.

______, 「上演할때에」, 『어린이』 2호, 1923.4.

______, 〈톡기의재판〉, 『어린이』 제1권 10호, 1923.11.

______, 희가극 〈아버지〉, 『어린이세상』, 『어린이』 제4권 제4호의 부록.

小波生, 「童話作法－童話짓는이에게」, 『동아일보』, 1925.1.6.

2. 논문

류광렬, 「소파방정환론」, 『새교육』 10월호, 1971.10.1.

박영기, 「한국 근대 아동극의 형성과 전개」, 『아동문학평론』 33-3(128호), 2008.9.

서영미, 「남북한 '옛이야기'의 변개양상 비교－「은혜 모르는 호랑이」를 중심으로」, 『비교문학』 58, 2012.10.

손증상, 「방정환의 동화극 〈노래주머니〉의 탈식민성 모색」, 『한국극예술연구』 47, 2015.3.

염희경, 「소파 방정환 연구」, 인하대 박사논문, 2007.8.

이승희, 「식민지 시대 연극의 검열과 통속의 정치」, 『대동문화연구』 59, 2007.

장정희, 「『조선어독본』의 '혹부리 영감'설화와 근대 아동문학의 영향 관계 고찰」, 『한국아동문학연구』 20, 한국아동문학학회, 2011.5.

______, 「「혹부리 영감」 譚의 한・일간의 설화소 비교와 원형분석」, 『한국학논집』 48, 계명대 한국학연구원, 2012.9.

______, 「방정환 문학연구－'소년소설'과 서사전략을 중심으로」, 고려대 박사논문, 2013.6.

장정희・박종진, 「근대 조선의 「한네레의 승천」 수용과 방정환」, 『동화와번역』

30, 2015.
정선희, 「『어린이』 소재 전래동화를 통해 본 소파 방정환의 이념적 지향과 성격」, 고려대 석사논문, 2013.12.
조풍연, 「소파 방정환의 추억」, 『신인간』, 1981.7.

3. 단행본

이동초, 『천도교민족운동의 새로운 이해』, 모시는사람들, 2010.
이원수 · 이주홍 · 이재철 편, 『소파 방정환 문학전집』 3, 문천사, 1974.

나이겔 토이에 · 프랜시스 프랜디, 김유미 · 이경미 역, 『전래동화를 활용한 드라마 만들기』, 연극과인간, 2006.
루이스 E. 캐트론, 홍창수 역, 『희곡쓰기의 즐거움』, 작가, 2011.
오스카 G. 브로켓, 김윤철 역, 『연극개론』, 한신문화사, 1989.
N. 프라이, 임철규 역, 『비평의 해부』, 한길사, 1982.

Robert W. Corrigan, *Comedy Meaning and Form*, Harper & Row, 1981.

제2장

"

새와 같이 꽃과 같이
앵두같은 어린 입술로
천진난만하게 부르는 노래

"

손진태의 『어린이』 소재 작품 목록 재고*

미발굴 자료 및 기존 저작 목록의 오류를 중심으로

정선희

1. 들어가며

남창南倉 손진태孫晉泰(1900~?)는 육당 최남선崔南善(1890~1957)과 더불어 근대 설화 연구의 문을 열었던 연구자 중 한 사람이다. 현재 연구자들 사이에서 남창에 대한 평가가 엇갈리는 것이 사실이지만, 『조선민담집朝鮮民譚集』(1930), 『명엽지해蓂葉志諧·속지해續志諧』(1932), 『한국민족설화의 연구－민족설화의 문화사적 연구』(1947) 등 그가 남긴 성과와 연구 방법론이 아직도 유효하다는 점 또한 부정하기 어려운 사실이다.

그간 남창의 설화 연구를 분석하였던 성과들은 '손진태의 구비문학 연구'라는 거시적 틀 내에서 남창이라는 연구자, 그리고 그가 남긴 설화 텍스트 및 저서에만 초점을 맞추었던 경향이 없지 않았다.[1] 물론 남

* 여기서 인용되는 글의 띄어쓰기 및 맞춤법은 원문을 따랐음을 밝혀둠.

창이 설화 텍스트를 포함하여 구비문학 자료들을 채집하고자 부지런히 발품을 팔았다는 점, 아울러 이러한 그의 노력 덕분에 현재 학계에서 연구할 수 있는 자료의 양이 확연히 늘어났다는 점을 상기한다면 이 같은 성과들은 필연의 결과라고 볼 수 있다.

한편 이 같은 남창의 업적과 관련하여 흥미로운 사실이 몇 가지 있다. 첫째, 남창이 기고하였던 최초의 글이 아동잡지 『어린이』에 발표되었던 역사동화였다는 점이며, 둘째, 그 작품이 설화 또는 인물전설을 '동화'로 재화再話한 작품이었다는 사실이다. 이어서 셋째, 남창은 이 작품 외에도 『어린이』에 역사적 인물을 주인공으로 한 일련의 동화 작품을 게재했다는 점이다. 이는 '동화'가 독자적 갈래로 정립되어 가는 과정에서 남창이 일정한 기여를 했다는 것을 보여준다는 점에서 주목할 필요가 있다.[2] 더욱이 남창이 설화 연구자로서 이름을 드날리기 이전에 소파小波 방정환方定煥(1899~1931)을 중심으로 활동했던 어린이문제연구회 색동회의 창립회원이었으며, 1920~1930년대에 어린이 독자들을 대상으로 민족해방운동의 기치를 내걸었던 『어린이』에 창립회원의 자격으

1 황인덕, 「손진태의 구비문학 연구」, 『구비문학연구』 2, 한국구비문학회, 1995, 293~321쪽; 이수자, 「구비문학 연구의 성격과 의의」, 『역사민속학』 11, 한국역사민속학회, 2000, 107~125쪽; 한국역사민속학회, 『남창 손진태의 역사민속학연구』, 민속원, 2003; 최광식 편, 『우리나라 역사와 민속-남창 손진태 선생 유고집』, 지식사업사, 2012; 김기형, 「손진태 설화 연구의 특징과 의의」, 『민족문화연구』 58, 고려대 민족문화연구원, 2013, 649~676쪽; 金広植, 「孫晋泰の東アジア民間説話論の可能性-『朝鮮民族説話の研究』の形成過程をめぐって」, 『説話文学研究』 48, 説話文学会, 2013, pp.118-130; 김광식, 「손진태의 비교설화론」, 『식민지 조선과 근대 설화-일본인의 구비문학 조사와 조선인의 대응』, 민속원, 2015, 184~203쪽; 김소희, 「손진태 유고집 수록 설화의 특징과 의미」, 고려대 석사논문, 2016; 김광식, 「한일 설화 채집·분류·연구사로 본 손진태 『조선민담집』의 의의」, 『동방학지』 176, 연세대 국학연구원, 2016, 1~26쪽.

2 김기형, 앞의 글, 652쪽.

로 글을 발표했다는 것을 고려한다면 그의 활약이 한국 아동문학의 정착 과정에 끼쳤을 영향력과 가능성을 배제하기는 어려울 듯하다.[3]

더불어 남창의 『어린이』 수록 작품과 그의 설화 연구는 별개의 것처럼 보이지만 그가 자신의 논의와 연구방법을 정립해갔던 도정이었으며, 또한 최초의 기고문이 설화나 인물전설을 역사동화로 재화再話한 작품이었다는 점에서 결국 하나의 연속선상에 놓이는 것들이 아닐까 한다. 때문에 『어린이』에 발표된 남창의 작품을 고찰하는 작업은 한국 아동문학의 형성을 탐색하는 또 다른 방법이자 동시에 남창의 설화 연구를 다시금 이해하는 이중의 과제인 셈이다. 그러나 기왕의 연구에서 이 같은 남창의 작품은 그의 이력 가운데 하나로 간략히 소개되었던 것일 뿐, 구체적인 탐구의 대상으로 평가받지는 못 했던 것이다. 이에 이 글에서는 『어린이』에 발표되었던 남창의 작품을 고찰하여 한국 아동문학의 형성 과정, 또한 설화 연구자 남창에 대한 이해의 지평이 전보다 더욱 넓어지기를 도모하고자 한다. 우선 이때의 노정에서 남창이 색동회의 수장이었던 소파와 창립회원으로서 인연을 맺게 된 과정에

---

3 예컨대 『어린이』 3권 6호에는 "新懸賞" 문제로 "『동생을차즈려』의 작가 北極星 알아내기"가 실렸다. 이때 "北極星"의 실명 후보로 다섯 명의 이름이 언급되었는데, 그 가운데 하나가 바로 "孫晉泰"였다. 「新懸賞 北極星알아내기」, 『어린이』 3-6, 개벽사, 1925.6, 47쪽. 참고로 다음호인 『어린이』 3권 7호에 발표된 현상 결과를 소개하면 다음과 같다. "(현상으로 — 인용자) 모여은 것 二千三十七枚中에서 독자증안붓친것과 긔한지나서무효된것三百四十八枚를제하고 朴達成氏라고 쓴것 一百九十五枚 高漢承氏라고 쓴것 百九十枚 고다음에 車相瓚씨라고 쓴것 百五十八枚 **孫晉泰氏라고 쓴것 百五十枚**를쌔이고나서 정말 『北極星은 方定煥씨입니다』라고 바로맛처 쓰신이九百九十六枚中에서 제비쏩아서 左記五十人에 상품을드리기로하엿습니다." 「第二十七回 常選發表」, 『어린이』 3-7, 개벽사, 1925.7(강조는 인용자) 이 같은 점을 고려한다면 남창이 『어린이』에 발표했던 작품이 다른 색동회 회원들의 것에 비해 상대적으로 적은 편이었지만 『어린이』에서 그의 영향력이 결코 작지 않았다는 점을 짐작해 볼 수 있다.

대한 추적, 그리고 그들 사이에 오고 갔을 욕망의 교차를 탐색할 계획이다. 참고로 색동회는 1923년 5월 1일에 정식으로 발족된 어린이문제연구회인데, 사실 연구자들이 '창립'이라는 시점에 주목하여, 이 모임이 만들어지기 이전의 카오스적 상태, 즉 전사前史에 대해서는 소홀했던 것이 사실이다. 때문에 이 글에서는 기존 연구의 공백을 채우는 노력의 일환으로, 색동회의 창립회원 가운데서 남창과 소파의 만남에 집중하여 색동회 발족의 밑그림을 그려보고자 한다.

또한 『어린이』에 수록된 남창의 역사동화 및 동시·동화·수기 목록을 재검토하여 종래에 학계에 보고된 남창의 서작 목록을 재고하고자 한다. 이때 기존 성과에서 누락된 남창의 역사동화 세 편, 수기 한 편을 소개할 것이며, 남창의 동화로 잘못 기재된 작품의 실체와 본래 작가를 검토할 것이다. 끝으로 앞서 검토한 바를 바탕으로 하여 남창의 첫 기고문이자 그가 『어린이』에 처음 발표하였던 작품이 무엇이었는지를 고구하고자 한다.

2. 색동회 창립의 전사前史 – 손진태와 방정환 간의 교섭

기록상에서 남창 손진태, 더불어 『어린이』의 주간이자 색동회의 수장이었던 소파 방정환의 만남이 처음 드러나는 사례는 『조선민담집』에 수록된 설화 「개와 고양이와 구슬犬と猫と珠」이다. 물론 기록상에 나타났다는 이유로 이때를 두 사람의 첫 만남이라고 단정 짓기는 어렵다. 한편

「개와 고양이와 구슬」의 텍스트 끝에는 "一九二二年 八月, 京城, 方定煥君談"이라는 기록이 전해진다. 이때 첫 번째 쉼표로 나누어진 날짜는 남창이 이 설화를 채록했고, 동시에 소파가 그것을 제보하였던 시기를 뜻하며, 그 다음의 지역명은 이 설화가 전승되는 지역을 의미한다.[4] 이어서 "方定煥"은 제보자의 이름을 뜻하며, "談"은 채록자가 제보자에게서 설화를 제보 받았던 방법을 의미하는 것으로 보인다. 먼저 설화 채록 시기를 살피기에 앞서 채록자가 제보자에게서 설화를 제보 받았던 방법에 주목할 필요가 있다. 이어지는 인용문은 『조선민담집』에 실린 자서自序와 범례凡例의 일부분을 그대로 옮긴 것이다.

---

4 필자는 『조선민담집』에 기록된 지역명이 크게 두 가지를 의미한다고 생각한다. 첫째, 남창이 설화를 채록하겠다는 계획 아래 직접 현지조사를 떠나 특정 지역에 거주하는 제보자들에게서 설화를 채록했던 지역이며, 둘째, 남창이 계획 하에 현지조사를 떠났던 것은 아니지만 제보자에게서 채록했던 설화가 전승되는 지역이다. 이때 전자와 후자는 동일한 대상을 지칭하는 듯 보이지만, 실상 둘은 조금 다른 대상을 가리킨다. 자세히 말해 후자는 A지역에서 태어났던 제보자가 고향이 아닌 타향 B에서 거주하는 동안, 남창을 만나 B지역에서 A지역의 설화를 제보하는 상황을 전제로 한다. 다시 말해 후자는 B지역에 거주하고 있는 제보자의 고향이자 동시에 제보자가 채록자에게 이야기했던 설화가 전승되는 A지역을 뜻한다. 특히 이러한 지역명은 식자층이 제보했던 설화 텍스트에서 자주 드러난다. 그러한 이유는 이들 대부분이 고향을 떠나 수도 경성에 머물렀던 인물들이었거나 일본에서 공부했던 유학생들이었기 때문으로 보인다. 일례로 시인 유엽(柳葉, 1902~1975, 본명 柳春燮)이 1923년 10월에 제보했던 설화 「효녀와 비를 내리게 하는 선관(원제 : 孝女と雨を降らす仙官)」 끝에는 "一九二三年十月, 全北全州郡完山町, 柳春燮君談"이라는 기록이 전해진다. 이때 '전북전주완산정'은 유엽이 나고 자란 고향이다. 그런데 유엽이 양주동(梁柱東, 1903~1977), 백기만(白基萬, 1902~1967), 남창 등과 문예지 『금성』을 만들게 되었던 계기를 소개한 글 「四〇年間의 文藝誌－「金星」」(『사상계』 8-1, 사상계사, 1960.1, 255쪽.)에 따르면 그는 1923년 여름 방학이 끝나갈 무렵부터 경성에 머물렀다고 한다. 특히 그 무렵 그는 자신의 숙소 겸 그 해 11월에 창간될 『금성』의 발행소를 친구 김영인(金永仁)의 사랑채 "영등포 六三 번지"에 마련했다고 하는데, 이러한 사실은 『금성』 창간호에 실린 "編輯人 柳春燮"의 주소가 "永登浦 六三"이라는 점을 통해서도 재차 확인할 수 있다. 때문에 그가 남창에게 설화를 제보했던 시기 "一九二三年十月"에 그의 거주지는 경성이었다. 그 결과 "全北全州郡完山町"은 이 설화가 전승되는 지역이자 제보자의 고향을 뜻한다고 볼 수 있다.

自序

나는 먼저 듣고파 하는 이야기를 한편 스스로 말하고 '이러한 이야기는 없을까요' 하는 식으로 제일의 방법으로 삼았다. 이렇게 하면 상대는 내가 원하는 이야기의 정도가 무엇인가 알게 되며 마음이 통해 무슨 이야기라도 하게 된다.

凡例

一. 원고는 각각 청취 후 곧 필사한 것으로 약간의 수정을 제외한 곳을 빼면 나의 창작으로 옮긴 곳은 조금도 없음을 밝혀둔다. (…중략…)

四. 이 책에 수록한 조선의 민간설화는 거의 전부 내 자신이 직접 채집한 것으로 지방의 유지 제씨가 나의 이 일에 호의를 가져 특별히 기고해준 약간의 설화를 포함시킨 것이다.[5]

먼저 자서의 내용과 범례의 첫 번째 항을 살피면 채록자 남창이 제보자와 면대면으로 만나 설화를 구술로 제보 받았다는 점談을 알 수 있다. 또한 범례의 네 번째 항을 고려한다면 이러한 방법 외에도 제보자가 설화를 원고에 적어 채록자 남창에게 기고 혹은 기서했던 방법寄도 있었던 것으로 보인다. 정리하자면 『조선민담집』에 나타나는 설화 채록 방법은 "談"과 "寄" 두 가지라고 볼 수 있으며, 실제로 남창이 이 설화집에서 제보자의 이름 뒤에 표기했던 설화 채록 방법은 "談"과 "寄" 두 가지가 전부다. 여기서 소파의 제보 방법이 "談"으로 표기되었던 것으로 보아, 두 사람이 직접 만나 설화를 제보하였고, 더불어 그것을 채록했다

5 손진태, 최인학 역편, 『조선설화집』, 2009, 6 · 14쪽. 강조는 인용자.

는 점을 확인할 수 있다. 아울러 소파는 1922년 4월 상순에 일본에서 귀국하여 9월 초순까지 국내에 머물고 있었다.[6] 때문에 두 사람은 일본 동경이 아닌 조선에서 만났던 것으로 보인다.

그런데 여기서 한 가지 궁금증이 발생한다. 두 사람이 서로 얼굴을 마주했던 동안, 과연 설화 채록에 관한 이야기만 주고받았을까? 이러한 의문에 대한 답변을 "一九二二年 八月"이라는 날짜를 통해서 짐작해 볼 수 있을 듯하다. 이때 두 사람 사이에 많은 이야기가 오고 갔을 수 있으나, 날짜를 고려한다면 크게 세 가지 이야기가 논의되었을 가능성이 있다. 그 가운데 하나가 설화에 관한 것, 다른 하나는 이듬해 봄, 소파를 중심으로 일본 동경에서 공부하는 유학생들이 모여 만들었던 어린이문제연구회 색동회에 대한 것, 마지막 하나는 『어린이』에 수록될 역사동화에 관한 것으로 추측된다.

우선 두 사람 사이에 설화 제보 및 개벽사에서 주관하였던 고래동화古來童話 현상모집懸賞募集에 관한 이야기가 오고 갔을 것으로 짐작된다. 일단 「개와 고양이와 구슬」의 끝에 "方定煥君談"이라고 기록되어 있기 때문에 소파가 남창에게 설화를 제보하였다는 사실을 알 수 있다. 그러나 필자의 판단에는 남창 또한 소파에게 설화를 제보하였던 것으로 보인다. 그리고 이때 그가 소파에게 소개하였던 설화가 견우와 직녀가 주인공으로 등장하는 '칠월칠석 설화'였던 것으로 짐작된다. 이 글에서 이 같은 주장을 하는 근거는 다음과 같다. 남창은 『신여성』 1권 2호(1923.11)에 논문 「신화상에서 본 고대의 여성관」을 발표했던 적이 있는

6 장정희, 「방정환 문학 연구-'소년소설'의 장르의식과 서사전략을 중심으로」, 고려대 박사논문, 2013, 44~55쪽.

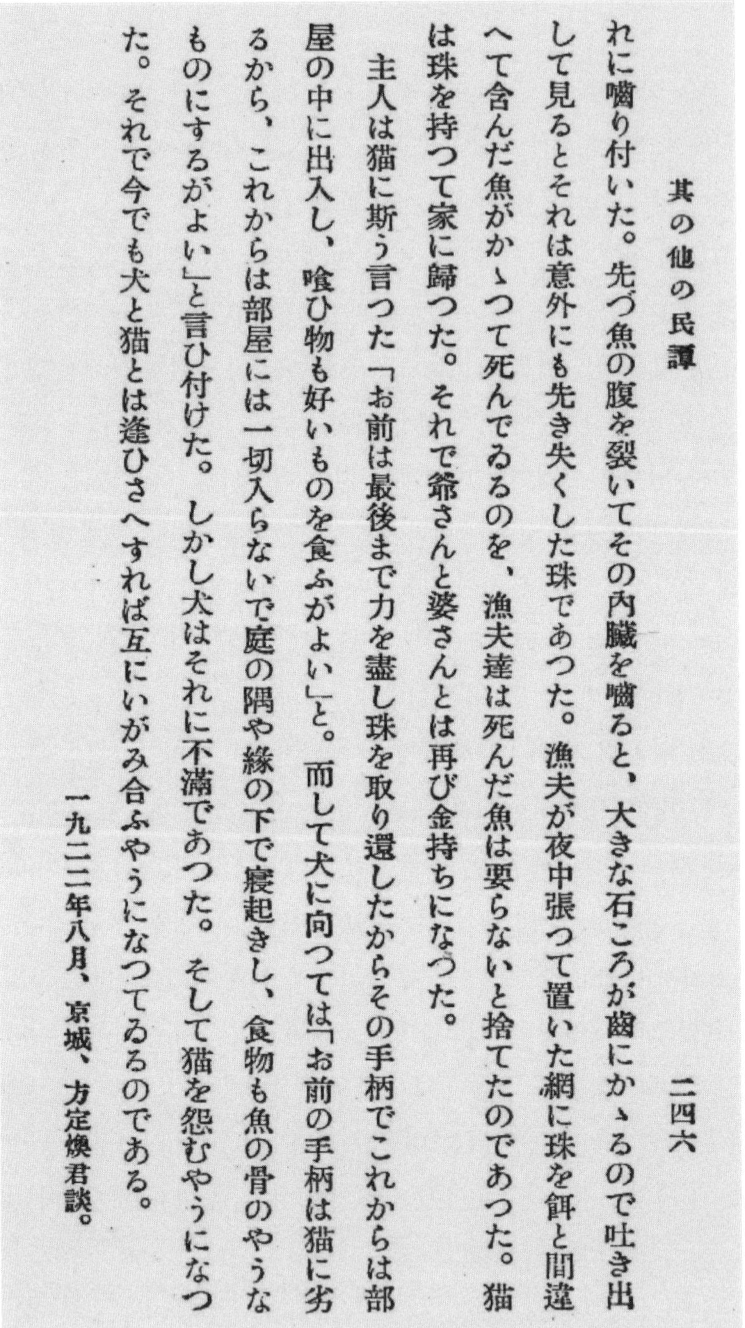

其の他の民譚　二四六

れに噛り付いた。先づ魚の腹を裂いてその內臓を噛ると、大きな石ころが齒にかゝるので吐き出して見るとそれは意外にも先き失くした珠であつた。漁夫が夜中張つて置いた網に珠を餌と間違へて含んだ魚がかゝつて死んでゐるのを、漁夫達は死んだ魚は要らないと捨てたのであつた。猫は珠を持つて家に歸つた。それで爺さんと婆さんとは再び金持ちになつた。

主人は猫に斯う言つた「お前は最後まで力を盡し珠を取り還したからその手柄でこれからは部屋の中に出入し、喰ひ物も好いものを食ふがよい」と。而して犬に向つては「お前の手柄は猫に劣るから、これからは部屋には一切入らないで庭の隅や縁の下で寢起きし、食物も魚の骨のやうなものにするがよい」と言ひ付けた。しかし犬はそれに不滿であつた。そして猫を怨むやうになつた。それで今でも犬と猫とは逢ひさへすれば互にいがみ合ふやうになつてゐるのである。

一九二二年八月、京城、方定煥君談。

〈그림 1〉『조선민담집』 수록 「犬と猫と珠」

데, 그는 이 글의 한 챕터에서 중국의 기직신機織神 설화를 소개하다가 "仔細한이약이는우리 「어린이」第一卷第七號에記載되엿습니다"[7]라고 글을 줄이면서 기직 여신에 관한 설명을 마무리 지었다. 남창의 말을 따른다면 『어린이』 1권 7호(1923.8)에는 그가 평소에 잘 알고 있었던 중국의 기직신 설화에 관한 글이 실렸던 셈이다.

그런데 이 같은 가설을 사실로 증명하려면 『어린이』 1권 7호를 살펴보아야 하는데, 문제는 현재 『어린이』 1권 7호가 발굴되지 않은 자료라는 점이다. 하지만 이처럼 자료의 한계에 부딪힌다고 할지언정 연구자라면 자신이 최선을 다할 수 있는 선에서 기존의 것을 대체할 만한 자료를 찾고, 그것을 분석하여 논의의 공백을 채워야 할 것이다. 따라서 필자가 『어린이』와 함께 개벽사에 간행되었던 『부인』 2권 8호(1923.8)에 실렸던 『어린이』 1권 7호의 광고를 검토해본 결과, 남창이 말했던 글은 "小波"가 기고하였던 "별의뎐설七月七夕이약이"였던 것으로 보인다. 부언하자면 한국·중국·일본에서 공통적으로 전승되지만 중국에서 시작되었다는 것이 정설이라는, 또한 견우와 '직녀織女'의 애절한 만남을 소재로 한 「七月七夕이약이」가 『신여성』 투고문에서 남창이 언급하였던 '중국의 직조신 전설'이었던 것으로 추정된다. 다만 『어린이』 1권 7호가 현재 미발굴 상태인 까닭에 소파가 쓴 글의 실상을 정확히 알기는 어렵다.

하지만 이 글은 『어린이』 1권 7호에 앞서 『신여성』의 전신이었던 『부인』에 먼저 발표되었던 전력이 있는 듯하다. 일단 『부인』 1권 4호(1922.9.10.)에는 "한긔자"라는 필명의 작가가 쓴 「칠석이약이」라는 글

7 孫晉泰, 「神話上에서 본 古代人의 女性觀」, 『신여성』 1-2, 개벽사, 1923.11, 14쪽.

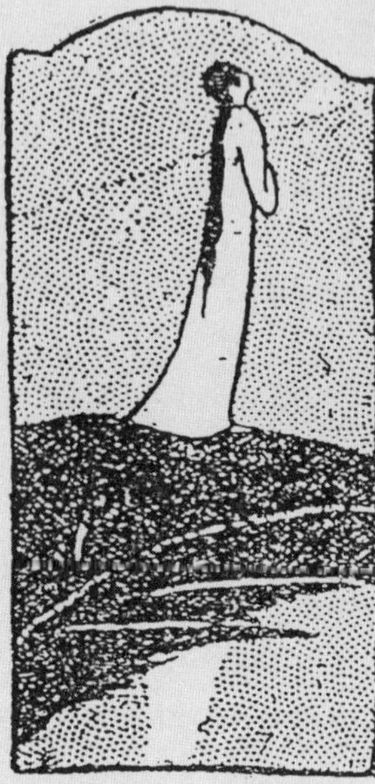

칠석이약이

한 그 자

[27] 칠 석 이 약 이

칠월칠석(七月七夕)

해마다 이만때면 첫가을과함께돌아오는 이날은 어쩐지 이름만들어도 서늘하고 그립은 새삿한처녀의날가티 무언모르게 사모(思慕)되는날입니다

마즈막더위도풀이꺽기고 아츰저녁으로 서늘한가을소리가 불어와서 시원한밤한울이 나날이맑아가는데 은하수(銀河水)변에잇는견우성(牽牛星) 직녀성(織女星)이

이날밤에 서로맛난다는 별과별의전설(傳說)은 어써케새삿하고 아름다운이약이입니까

올해에도 더위는지나고 새로운가을과함께 그립은 칠석날이돌아왓습니다 할머님도 아즈머님도오십시오 저녁도먹은후이니 마당에둘러안저서 칠석(七夕)의이약이나하십시다

옛날넷적한울나라에 옥황(玉皇)님의따님이 열분이계시엇는데 모다훌륭하게 잘생긴분이엇스나

칠 석 이 약 이 (이십칠)

〈그림 2〉『부인』 1권 4호, 1922.9.

이 전해진다. 여기서 "한긔자"는 '기자 한 사람' 정도로 풀이되는 필명인데, 『개벽』 제27호(1922.9)에 실린 『부인』 1권 4호의 광고를 통해 이 작가의 정체를 확인할 수 있다. 광고에는 「칠석이약이」의 작가가 "잔물"이라고 적혀 있다. 이때 "잔물"은 방정환의 호號인 '소파小波', 즉 '작은 물결'이 2음절의 한글로 변형된 필명이다. 다시 말해서 『부인』 1권 4호에 수록된 「칠석이약이」의 저자 "한긔자"의 정체는 소파 방정환이었던 것이다. 따라서 『어린이』 1권 7호에 실린 「七月七夕이약이」의 내용을 『부인』 1권 4호에 수록된 「칠석이약이」라는 우회로를 통해 추측할 수 있다.[8]

「칠석이약이」는 견우와 직녀가 매년 칠월칠석마다 재회하는 사연을 소개하는 글이다. 필자의 판단에 소파가 이 글을 『부인』에 기고할 수 있었던 계기는 "一九二二年 八月" 그가 남창과 만나 서로 설화를 제보하고 제보 받았기 때문으로 추정된다. 특히 "一九二二年 八月", 그리고 『부인』 1권 4호에 「칠석이약이」가 발표되었던 때인 1922년 9월 10일이 시기적으로 가깝다는 점에서도 두 사람이 서로에게 설화를 제보하였을 가능성이 있을 듯하다. 더욱이 남창이 『신여성』 투고문에서 자신이 평소에 잘 알고 있었던 중국 직조신 전설, 즉 견우직녀 전설로 추정되는 설화를 『어린이』 투고문을 통해 살펴보라고 말했던 이유는, 단순히

8 아울러 「칠석이약이」 속 문장 가운데 『어린이』 1권 7호 광고문구와 흡사한 것이 포착된다. 이를 통해서도 소파가 『어린이』 1권 7호에 발표하였던 「七月七夕이약이」의 내용을 「칠석이약이」를 통해 확인할 수 있지 않을까 한다. "七月七夕이 갓가와옴니다. 七夕이약이를 아심닛가. 자미잇고 깨긋한 별나라의 전설을 닑어보십시요." 「朝鮮唯一의少年雜誌 어린이 자미잇고서늘한七號」, 『부인』 2-8, 개벽사, 1923.8; "은하수변에잇는견우성 직녀성이 이날밤에서로맛난다는 별과별의전설은 어써케깨긋하고 아름다운이약이입니까" 한긔자, 「칠석이약이」, 『부인』 1-4, 개벽사, 1922.9, 27쪽.

두 잡지가 동일한 출판사에서 간행되었고, 이 때문에 두 잡지 사이에 상호텍스트성이 높았다는 연유보다는 「七月七夕이약이」에 자신의 목소리가 많이 투영되었던 까닭이 아니었을까 한다.

덧붙여 실증적 자료가 많이 부족한 까닭에 언급이 조심스러울 수밖에 없으나, 남창과 소파의 교류를 통하여 개벽사의 고래동화 현상모집이 함께 이루어진 것이 아니었을까 한다. 현재 학계에서는 개벽사의 고래동화 현상모집을 철저히 소파의 주관 아래서 이루어졌던 것으로 보고 있다. 그러나 남창의 동기와 활약이 어느 정도 영향을 주었을 것이라는 가설을 세워볼 수는 있을 듯하다. 기록상에서 남창과 소파의 만남이 처음 드러나는 사례는 "一九二二年 八月"이다. 그런데 바로 이 시점이 『개벽』 제26호(1922.8)에서 '조선 고래동화 현상모집'이, 또한 『부인』 1권 3호(1922.8)에서 '조선옛날이약이 모집'이 시작되었던 때다. 흥미롭게도 세 사건의 시기가 전부 일치하는 것이다. 특히 소파는 1922년 7월 6일 자신의 번역동화집 『사랑의 선물』을 발행한 후, 설화를 동화로 재화再話한 전래동화를 통해 조선의 동화를 새로 개척할 구상을 품고 있었다.[9] 때문에 남창과 소파의 만남이 단순하지만은 않게 다가오는 것이 사실이다.

다음으로 두 사람이 색동회 창립을 염두에 둔 이야기를 나누었을 가능성이 있다. 이에 대한 실마리를 얻으려면 잠시 우회로를 거쳐 가야 한다. 이어지는 인용문은 소파, 남창과 더불어 색동회의 창립회원으로 활동했던 진장섭秦長燮(1903~?)이 이 모임이 만들어지기까지의 과정을

9 소파, 「새로 開拓되는 '童話'에 關하야, 特히 少年 以外의 一般 큰 이에게」, 『개벽』 31, 개벽사, 1923.1, 18~25쪽.

정리했던 수기의 일부분이다.

> 小波와 나는 가끔 便紙往來가 있을 뿐, 오래 동안 만나지 못했다. 그러던 次에 一九二二年 十月 中旬이었다. 어느 日曜日 午前에 東京 大塚上町에 있는 내 下宿에 小波가 突然히 나타났다. 무척 반가웠다. 둘이는 그 동안 지내던 일을 서로 털어놓고 **祖國의 現實과 將來에 對하여 여러 가지 意見을 吐露했다. 첫날은 「우리가 이대로 두 손 맞붙들고 있을 수는 없지 않으냐」는 것에만 合意했다.** (…중략…) 그러나 **우리들이 생각하던 일에 對해 結論을 얻는 것은 그 이듬해 二月頃이었다고 記憶된다.** 最後의 決定을 짓던 날 밤의 일이 아직도 내 기억엔 生生하다. (…중략…) 却說하고 그 뒤 우리는 同志糾合에 착수하였고, 드디어 **그 해 三月 十六日 小波집에서 第一回의 準備會合을** 가진바는 우리 會報에 記錄된 바이다.[10]

위 인용문에서 주목할 점은 크게 세 가지다. 첫째, 소파가 진장섭을 돌연 만나러 왔던 시기가 "一九二二年 十月 中旬"이었다는 사실이다. 실상 이때는 소파가 남창을 만났던 시기인 "一九二二年 八月"과 약 2개월 정도 차이가 나는 때이다. 때문에 진장섭의 수기가 소파와 남창의 대화 내용을 추적하는 도정에서 거쳐 가야 할 우회로처럼 보이지 않을 수도 있다. 그러나 소파, 남창, 진장섭이 색동회 창립회원이었다는 점에서, 또한 남창과 소파의 대화, 아울러 진장섭과 소파의 대화에 소파라는 공통의 인물이 꾸준히 등장한다는 점에서 두 사례는 일련의 흐름을 지니는 사건이라고 볼 수 있다.

---

10 진장섭, 「소파와 나」, 『색동회 운동사』, 학원사, 1975, 35~36쪽. 강조는 인용자.

둘째, 두 사람이 조우했던 첫날에 "우리가 이대로 두 손 맞붙들고 있을 수는 없지 않으냐"라는 합의에 도달했다는 점이다. 이때 두 사람이 이러한 결론에 이르게 되었던 이유가 문맥상에 구체적으로 드러나지는 않는다. 다만 소파와 진장섭이 합의했던 내용 앞에 "祖國의 現實과 將來에 對하여 여러 가지 意見"이 제시되었다는 언급이 있는 것으로 보아, 그 내용이 시대, 즉 1920년대 일제강점기와 연관된 것이었다는 점을 추측할 수 있다. 더불어 소파와 진장섭의 뜻이 어린이문제연구회 색동회의 창립으로까지 이어졌다는 점에서 이때의 시대 문제가 곧 조선 어린이들의 문제와도 직결된다는 점을 파악할 수 있다.

셋째, 소파와 진장섭이 "同志糾合"에 나섰다는 사실, 그리고 "그 해 三月 十六日"에 "第一回의 準備會合"이 개최되었다는 점이다. 이에 대한 분석에 앞서 문맥에 드러난 정황을 간단히 재정리할 필요가 있다. 그것은 '소파와 진장섭이 1923년 2월경에 자신들과 뜻을 함께 할 동지들을 모으기로 결심했으며, 약 한 달여의 노력 끝에 동지규합에 성공했고, 그 결실로 그해 3월 16일에 제1회 준비회합을 열 수 있었다'는 것이다. 결론부터 이야기하자면 이때의 모임은 훗날 색동회라는 이름으로 불린 어린이문제연구회의 첫 회의였는데, 이때 동지로 모였던 사람들이 누구인지를 확인할 필요가 있다. 왜냐하면 소파와 진장섭이 모집했던 동지들은 훗날 이들과 함께 거사를 준비하고자 했던 소파의 욕망이 강하게 투영된 인물들이기 때문이다.

특히 색동회의 서기 정병기丁炳基가 손수 붓으로 기록했던 제1차 회의록에 따르면, 이때 소파의 하숙집에 모인 사람들은 소파, 강영호姜英鎬, 남창, 고한승高漢承, 정순철鄭順哲, 조준기趙俊基, 진장섭, 정병기 모두 여덟

〈그림 3〉『어린이』 1권 8호에 실린 색동회 창립회원들의 사진. 1923년 5월 1일 정식으로 발회식을 가졌던 날, 창립회원들이 일본 동경에서 찍은 사진이다. 색동회 마크 뒤편에 서 있는 인물이 남창이다.

명이었다. 즉 동지를 규합하느라 고생했던 소파와 진장섭을 제외한 다른 여섯 명이 소파와 진장섭이 한 달여 동안 힘써 모은 회원들이었던 것이다. 이때 와세다早稲田 대학 역사과에 재학 중이었던 남창의 이름은 1923년 3월 30일에 열렸던 2차 모임, 1923년 4월 14일에 가졌던 3차 모임 회의록에서도 꾸준히 기재되었다.[11]

끝으로 두 사람의 만남에서 남창이 소파의 욕망 — 색동회와 같이 시대의 문제를 해결하는 모임을 만들고자 하는 욕망, 또한『어린이』와 같은 아동잡지에 남창의 작품을 싣고자 하는 욕망 — 에 견인되었을 가능

11 1923년 3월 16일 : **方定煥**, 姜英鎬, **孫晋泰**, 高漢承, 鄭順哲, 趙俊基, 秦長燮, 丁炳基 / 1923년 3월 30일 : **孫晋泰**, 尹克榮, **方定煥**, 趙俊基, 高漢承, 丁炳基 / 1923년 4월 14일 : **孫晋泰**, 尹克榮, 鄭順哲, **方定煥**, 高漢承, 丁炳基 / 1923년 4월 29일 : **孫晋泰**, 尹克榮, 鄭順哲, **方定煥**, 高漢承, 秦長燮, 曺在浩, 丁炳基 / 1923년 5월 18일 : 曺在浩, 尹克榮, 鄭順哲, 秦長燮, **孫晋泰**, **方定煥**, 高漢承, 丁炳基 / 1923년 6월 9일 : **方定煥**, 高漢承, **孫晋泰**, 秦長燮, 鄭順哲, 曺在浩, 趙俊基, 丁炳基

성이 있다. 부언하자면 "日本조도뎐早稻田大學에서歷史를연구"[12]하는 평범한 학생이었던 남창이 아동잡지 『어린이』의 작가 — 특히 역사동화 작가 — 로 활약할 수 있도록 동기를 부여했던 인물이 소파가 아니었을까 한다. 또한 남창이 친한 친구들과 함께 문예지 『금성金星』을 간행하였으며, 이 잡지의 편집 후기에서 그가 영문과로 전과하였다는 등의 내용이 전해지는 것으로 보아[13] 남창이 평소에 문학을 탐구하고 창작하는 일에도 욕심이 있었음을 확인할 수 있다. 때문에 소파라는 욕망의 견인차, 또한 남창이 갖고 있었던 문학에 대한 갈증, 그럼에도 불구하고 쉽게 포기할 수 없었던 역사를 향한 관심 등이 혼합된 결과, 훗날 남창은 『어린이』에 그의 독특한 이력이 반영된 작품들을 발표할 수 있었던 것이 아니었을까 한다. 특히 『어린이』가 창간된 지 약 석 달밖에 되지 않았던 1923년 5월부터 이 잡지에 설화나 인물전설을 재화한 '역사동화'라는 독특한 동화 갈래가 등장할 수 있었던 까닭도 이 같은 맥락에서 이해할 수 있을 듯하다.

12 색동會 손진태, 「歷史童話 名將 姜邯贊」, 『어린이』 3-5, 개벽사, 1925.5, 32쪽.

13 "孫晉泰君, 或이불너갈오대福童이라, 쑹々한몸집만보아도多福兒는多福兒인데, 亦是苦痛은잇는모양. 東京下宿에드러박혀서英詩硏究를얌전히하고잇지만, 自然의어머니, 田園의누이를조와하는君으로서, 都會生活이마즐난지. 君의旅舍는東京市牛込區礶卷町三八靜進館. 그런데史學科에서英文科로옴겻다니奇蹟." 「同人消息」, 『금성』 2, 금성사, 1924.1, 112~113쪽.

3. 손진태가 최초로 기고했던 작품은 무엇인가?

남창이 『어린이』에 발표하였던 작품들을 정리하여 제시하면 다음과 같다. 특히 남창의 설화 연구와 연장선상에 놓이는 갈래이자 그의 활약에 힘입어 탄생하였던 갈래인 역사동화에 속하는 작품에는 가독성을 높이기 위해 강조 표시를 해두었다. 또한 기존 저작 목록에서 누락되거나 남창의 것으로 오기되었던 작품, 또는 『어린이』와 더불어 다른 잡지에 중복 기고되었던 작품 밑에 독자들의 이해를 돕고자 간단한 설명을 덧붙여두었다. 참고로 이때의 설명에서 필자의 주관적 견해가 완전히 배제되었다고는 보기 어려우나, 이 글에서는 설명의 객관성과 사실성, 혹은 실증성을 높이기 위해 크게 두 가지 서술 원칙을 고수하였다. 우선 하나는 작품마다 독립된 설명을 취할 것이었으며, 다른 하나는 자칫 단순한 내용 소개처럼 보일 수도 있지만 자료의 특징을 간략히 요약하는 식의 서술을 할 것이었다. 끝으로 서지사항 앞에 별표(★)가 붙은 작품은 필자가 이 글을 준비하면서 새로이 발견한 남창의 글이다.

★孫晋泰, 「歷史童話 우리의첫한아버지(壇君神話에서)」, 『어린이』 1-4, 개벽사, 1923.5.

★孫晋泰, 「歷史童話 고주몽 이약이」, 『어린이』 1-7, 개벽사, 1923.8.

孫晋泰, 「歷史童話 고주몽 이약이」, 『어린이』 1-9, 개벽사, 1923.10.

孫晋泰, 「歷史童話 류리(類利) 이약이」, 『어린이』 1-10, 개벽사, 1923.11.

孫晋泰, 「장사의 이약이 곰생이」, 『어린이』 2-8, 개벽사, 1924.8.

★색동會 孫晉泰, 「소낙비맛는자미」, 『어린이』 2-8, 개벽사, 1924.8.

이 글은 김광식[14]이 정리한 남창의 자료 및 저작 목록에서 누락된 자료로, 남창이 『어린이』 "녀름특별호" 기획 때문에 "어렷슬때의녀름에뎨일자미잇던긔억" 가운데 하나를 독자들에게 소개하는 작품이다. 작품의 분량이 길지 않은 까닭에 작품의 전문을 소개하면 다음과 같다.

어릴때의 나의고향은 압흐로는 바다가넓고 뒤로는산이놉핫습니다 녀름이되면 동내부인들과새악씨가 수십명씩떼를지어 바구미와낫들을가지고 바다ㅅ가로 조개를캐려나감니다. 그리면우리들도 그이들을따라 바다로뛰며우줄거리며 배에 실녀나감니다. 조개캐는모래언덕에 배가대이자부인들과새악시들은 홋적삼과치마만두르고 배에서닷토아 뛰어내려물작난도하고 노래도부르며 조개도캘때에 우리들은 빨가벗고 모래로「까치집」도지으며 모래에배ㅅ대기를대이고 머얼니지내가는고기배도바라다봄니다. 그러나바다ㅅ바람은축축하고모래밧흔뜨겁습니다 그래서마음이 그리깨끔하지는안습니다. 그러할때에 소낙비를몰아오는 차듸찬바람이지낼때가잇습니다 그러면 우리들은 이러나 뛰며소리치며소낙비를 마음ㅅ것마졋습니다. 그때에 시원하든 생각은지금도 이즐수가업습니다.

색동會 손진태, 「歷史童話 名將 姜邯贊」, 『어린이』 3-5, 개벽사, 1925.5.

『색동會』 손진태, 「옵바 인제는돌아오서요-童詩-」, 『어린이』 4-1, 개벽사, 1926.1.

---

14 김광식, 앞의 글, 2015, 186~196쪽.

이 글은 본래 남창이 1924년 5월에 발간되었던 『금성』 3호에 투고하였던 작품이다. 작품의 끝에 "一九二四, 二, 東京서"[15]라고 기재된 것으로 보아, 이 작품이 그 해 2월에 완성되었다는 사실을 확인할 수 있다. 한편 내용의 측면에서 두 작품 사이에는 큰 차이가 없었다. 이와 달리 형식의 측면에서는 단어나 조사, 강조점 및 띄어쓰기의 사용 여부에서 모두 여덟 군데의 차이가 존재하였다.

「색동會」 손진태, 「歷史童話 申崇謙 將軍」, 『어린이』 4-10, 개벽사, 1926.11.

孫晉泰, 「東京잇는 朝鮮아희들」, 『어린이』 5-1, 개벽사, 1927.1.

孫晉泰, 「連作小說 五人동무 弟五回 순희는 다시어듸로?」, 『어린이』 5-7, 개벽사, 1927.10.

이 작품은 남창이 색동회 회원들과 더불어 연재하였던 연작소설 중 다섯 번째 작품이다. 1927년 7월에 발간되었던 『어린이』 5권 6호에 실린 편집후기에는 일본 동경에서 생활했던 남창이 원고를 써서 보내기까지 꽤 오랜 시간이 걸리는 까닭에 다른 작가와 자신의 연재 순서를 바꾸려했다는 사실, 아울러 불가피한 사정으로 그러지 못하자 부인인 연영화 여사가 그의 원고를 대필해주었다는 내용이 전해진다.[16] 한편

---

15 孫晉泰, 「옵바, 인제는그만도라오세요」, 『금성』 3, 금성사, 1924.5, 58쪽.

16 "이번것도 동경게신孫선생님이 쓰실차레인데 동경셔써오자면 늣게된다고 차래를 밧구어 별안간에秦선생님께써달나고 方선생님이청하셧는데 맛침秦선생님이 병중이시지요 그래서도저히못쓰시겟는것을 억지로생각을하시고 쓰기는 선생의부인께서밧아서써주신것이랍니다. 그럿케 까지 고생을드리고 그럿케까지 힘을드려셔 써주시는것인줄을 참말독자는모르지요 나는혼자알지요." 「편즙실이약이」, 『어린이』 5-6, 개벽사, 1927.7, 73쪽.

김광식이 정리한 남창의 자료 및 저작 목록에서 이 작품과 관련된 오류 — "*65. 1927年11月, 「순희는 다시 어디로」, 『어린이』 5-8"[17] — 가 있어, 이를 바로 잡는다. 첫째 "1927年11月"에는 『어린이』가 간행되지 않았다. 덧붙여 통권 54호에 해당하는 "『어린이』 5-8"의 발행일은 1927년 12월 1일이다. 둘째 "『어린이』 5-8"에 수록된 작품은 남창의 작품을 이어서 연재하였던 정인섭鄭寅燮(1905~1983)의 연작소설[18]이었다. 다시 말해 김광식이 남창의 신자료로 소개하였던 65번 자료는 신자료도, 남창의 글도 아니었던 셈이다.

「색동會」 孫晋泰, 「섯달금음날밤-小話-」, 『어린이』 6-1, 개벽사, 1928.1.

孫晋泰, 「내가 자랑하고십흔 자랑중에 자랑! -朝鮮의溫突자랑」, 『어린이』 7-3, 개벽사, 1929.3.

이 투고문은 원래 남창이 1928년 5월에 간행되었던 『별건곤』 3권 2호 — 조선자랑호 — 에 「온돌예찬溫突禮讚」이라는 제목으로 게재하였던 글이다.[19] 두 글을 비교해보면 내용에는 큰 차이가 없으나, 서술 순서에서 차이가 존재한다는 점을 발견할 수 있다. 우선 하나는 『어린이』 투고문의 서두에서 『별건곤』 투고문에는 부재했던 내용이 새로 덧붙여졌다는 점이며, 다른 하나는 『별건곤』 투고문에서 글이 'A-B-C'의 순

17 김광식, 앞의 글, 188쪽.

18 정인섭, 「連作小說 五人동무 第六回 숢인가 — 참인가?」, 『어린이』 5-8, 개벽사, 1927.12, 57~67쪽.

19 손진태, 「溫突禮讚」, 『별건곤』 3-2, 개벽사, 1928.5, 188~189쪽.

〈그림 4〉 색동회 孫晉泰, 「名將 姜邯贊」, 『어린이』 10-10, 개벽사, 1932.10, 22쪽.

〈그림 5〉 색동회 孫晉泰, 「名將 姜邯贊」, 『어린이』 10-10, 개벽사, 1932.10, 23쪽.

서로 전개되었다면, 『어린이』 투고문에서는 'C—B—A'의 차례로 서술되었다는 점이다.

★ 색동회 孫晉泰, 「名將 姜邯贊」, 『어린이』 10-10, 개벽사, 1932.10.

이 작품은 남창이 『어린이』 3권 5호(1925.5)에 투고하였던 작품을 조금 수정하여 『어린이』 10권 10호에 재수록한 것이다. 이 사실은 그간 밝혀지지 않았으나, 『어린이』 기존 영인본에 누락되어 있었던 『어린이』 28책이 새로 영인되면서 새롭게 확인된 것이다.[20] 원작과 재수록작의 차이를 정리하면 다음과 같다. 첫째, 원작과 달리 재수록작에는 그림 두 편이 삽입되었다. 둘째, 띄어쓰기·맞춤법·문장 부호 및 조사의 사용 등에서 차이를 보인다. 또한 원작에는 고유명사에 강조점이 찍혀 있었으나 재수록작에는 강조점이 삭제되었다. 셋째, 원작의 서사

20 『미공개 『어린이』』 1~4, 소명출판, 2015; 김경희 외 5인, 『『어린이』 총목차 1923~1949』, 소명출판, 2015.

가 '강감찬이 곰보가 된 사연--강감찬이 어여쁜 개성 처녀와 결혼하게 된 사연—귀주대첩 이야기' 등 크게 세 가지로 전개되었던 것에 비해, 재수록작은 '강감찬이 곰보가 된 사연—귀주대첩 이야기' 두 가지로 구성되었다. 다시 말해 후자에서는 '강감찬의 결혼담'이 탈락한 것이다.

기존 연구에서 김광식은 새롭게 발굴한 자료를 추가하여 남창의 저작 목록을 집대성한 바 있다. 그의 서지 정리에 따르면 남창이 처음으로 기고하였던 글은 『어린이』 1권 9호(1923.9)에 실린 「고주몽 이약이」라고 한다.[21] 하지만 막상 『어린이』 1권 9호에 게재된 「고주몽 이약이」를 살펴보면 이 작품의 도입부가 남창의 다른 역사동화들과는 조금 다르다는 사실을 파악할 수 있다. 이어지는 인용문은 『어린이』 1권 9호에 실린 「고주몽 이약이」의 도입부, 더하여 『어린이』에 발표되었던 남창의 또 다른 역사동화들의 첫머리를 그대로 옮겨온 것이다.

고주몽 이약이

고주몽은곳외양간으로갓슴니다. 외양간에서는발서여윈말이 소리를치며 코를풀면서 어서어대가자고 하는것갓슴니다. 고주몽은이 쳔리마에올나타고 활을억개에메고 어머니에게하직을고하엿슴니다.[22]

류리 이약이

먼저번에 고주몽의이약이를하지안엇슴닛가? 이번에하고저함은고주몽의아달류리의이약이올시다. 이이약이는고쥬몽의이약이와가티 우리들머

21 김광식, 앞의 글, 186 · 196쪽.

22 손진태, 「歷史童話 고주몽 이약이」, 『어린이』 1-9, 개벽사, 1923.10, 19쪽.

—먼한아바지되는고구려사람들이자미잇게셔로말하든바이올시다.[23]

명장 강감찬

곰보장군강감찬이라면 우리조선사람으로서는 누구든지다아는거시올시다. 곰보장군은 지금붓터九百여년전에 경긔도시흥군(始興郡)에서낫슴니다.[24]

신숭겸 장군

우리조선은 녯날에 세나라(三國)로 난호아잇섯습니다. 고구려(高句麗)란나라와, 신라(新羅)란나라와, 백제(百濟)란나라로. 그럿튼 것을 지금부터一千二百五十年전에 신라가세나라를모다차지하야, 우리조선은 신라라는한나라로되엿습니다.[25]

「류리 이약이」의 도입부에서는 이 작품이 「고주몽 이약이」와 연작관계라는 사실이, 덧붙여 주인공 류리에 대한 간단한 인물 소개가 전해진다. 이와 마찬가지로 「명장 강감찬」 또한 주인공이 어떠한 인물인지에 대한 설명으로 작품이 시작된다. 「신숭겸 장군」의 첫머리는 한국사의 흐름에 관한 설명인 까닭에 먼저 살핀 두 작품의 경우와 조금 결을 달리하는 듯 보이지만 결국 본격적인 이야기를 시작하기에 앞서 독자들의 주의를 환기시키는 내용이라는 점에서 전자와 동궤에 놓이는 것이다.

---

23 손진태, 「歷史童話 류리(類利) 이약이」, 『어린이』 1-10, 개벽사, 1923.11, 34쪽.
24 색동會 손진태, 「歷史童話 名將 姜邯贊」, 『어린이』 3-5, 개벽사, 1925.5, 32쪽.
25 색동會 손진태, 「歷史童話 申崇謙 將軍」, 『어린이』 4-10, 개벽사, 1926.11, 40쪽.

그런데 「고주몽 이약이」의 도입부는 다소 문제적이다. 우선 남창의 다른 역사동화들과 달리 주인공이나 시대적 배경에 대한 설명이 부재한 채로 작품이 시작된다. 아울러 주인공인 고주몽이 등장하자마자 "어머니에게하직을고"한다는 설정도 느닷없고, 생뚱맞다. 때문에 『어린이』 1권 9호에 실렸던 「고주몽 이약이」에만 집중한다면 남창이 독자들을 배려하지 않는 불친절한 방식으로 작품을 써내려갔다는 점이 문제적으로 다가온다. 그러나 그의 다른 역사동화들의 첫머리에서 보이는 일반적인 경향과 「고주몽 이약이」에만 드러나는 특이한 경우를 대조해보면, 『어린이』 1권 9호에 앞서 간행되었던 『어린이』 잡지에 「고주몽 이약이」의 전편이 투고되었다는 가설을 세울 수 있다. 부언하자면 남창이 역사동화를 창작할 때에 「류리 이약이」, 「명장 강감찬」, 「신숭겸 장군」 등과 같이 본격적인 이야기에 앞서 주인공이나 작중 배경을 소개하면서 독자들의 주의를 환기시키는 방법을 선호했다면 「고주몽 이약이」에서도 그러한 창작 방식을 사용하였을 확률이 높다. 그렇다면 1권 9호보다 먼저 간행되었던 『어린이』에 이 작품의 전편이 실렸을 가능성이 농후하다.

하지만 이 같은 가설을 사실로 증명하려면 1권 9호에 앞서 발간되었던 잡지들이 확보되어야 하는데, 문제는 현재 『어린이』 1권 4호부터 1권 7호까지 실물 자료가 발굴되지 않았다는 것이다. 하지만 이 같은 한계에 부딪히더라도 연구자라면 자신이 노력할 수 있는 선에서 기존 자료를 대체할 자료를 찾고, 그것을 조명하여 논의의 징검다리를 놓아야 할 것이다. 때문에 필자가 『어린이』와 함께 개벽사에 간행되었던 『부인』 2권 8호(1923.8)에 실린 『어린이』 1권 7호의 광고를 살펴본 결과, 이 잡지에는 남창의 「歷史童話 고주몽 이약이」[26]가 수록되었다고 한다. 다시 말해 『어린이』 1권 9호에 발표되었던 「고주몽 이약이」의 전편이 1권 7호에 먼저 기고되었던 것이다.

〈그림 6〉『동아일보』 1923.5.13. 『어린이』 1-4 광고

여기서 질문이 발생한다. 그렇다면 『어린이』 1권 7호에 실렸던 「고주몽 이약이」 전편이 남창이 처음으로 투고하였던 글이었을까? 『어린이』가 창간되었던 1923년 한 해를 되짚어보는 글인 「돌풀이」를 참고한다면 그렇지만도 않았던 것 같다. 이 글에서는 "四호(『어린이』 1권 4호 — 인용자)는 (…중략…) 孫晉泰先生이처음歷史童話를내기시작하엿고"[27]라는 기술이 전해지는데, 이를 통해 남창이 『어린이』에 발표하였던 첫 역사동화가 1권 4호에 실렸다는 사실을 확인할 수 있다. 『어린이』 1권 4호는 1923년 5월 7일 인쇄되어, 익일인 8일에 발행되었다. 다만 현재 이 자료 또한 학계에 보고되지 않은 상태인 까닭에 1권 4호의 전체적 정보와 상像을 온전히 확인하기는 어렵다.[28] 그러나 1923년 5월 13일 『동아일보』 1면에 『어린이』 1권 4호

26 "유익한 력사이약이 누구나닑으시기 바람니다." 「朝鮮唯一의少年雜誌 어린이 자미잇고서늘한七號」, 『부인』 2-8, 개벽사, 1923.8.

27 「돌풀이」, 『어린이』 2-3, 개벽사, 1924.3, 27쪽.

28 국립한글박물관에서는 2017년 8월 8일부터 2018년 2월 18일까지 '옛날 옛날 아주 먼 옛날에'라는 이름으로 '한글 전래동화 100년'을 조명하는 기획특별전을 진행했다. 한편 이 기획전에는 현재 학계에 소개되지 않은 『어린이』 1권 4호가 전시되어 있다. 필자가 전시 담당자에게 문의해본 결과, 『어린이』 1권 4호의 소장자가 잡지의 첫 페이지만 공개하기를 원했다고 한다. 이 글에서 기술한 『어린이』 1권 4호의 인쇄일과

의 광고가 실렸기 때문에 이를 토대로 삼아 해당 호의 목차와 구성을 대강은 짐작할 수 있다. 이때 1권 4호에는 남창의 「歷史童話 우리의첫한아버지(壇君神話에서)」가 수록되었으며, 이 제목이 목차의 가장 앞에 자리했다는 점을 통해 그의 글이 잡지에서 꽤 중요한 작품이었다는 사실을 확인할 수 있다. 또한 『어린이』 사社에서 1923년 3월 20일에 창간호를 간행한 이래로 상당히 이른 시기부터 역사동화를 게재하였다는 점을 파악할 수 있다.

따라서 『동아일보』 광고와 「돌풀이」를 참고한다면 남창이 기고한 최초의 글이자 그가 『어린이』에 발표하였던 최초의 역사동화는 1권 9호에 실렸던 「고주몽 이약이」가 아니라 1권 4호에 게재되었던 「우리의첫한아버지(壇君神話에서)」이다.[29] 덧붙여 『어린이』 1권 5호에 이 작품의 속편 혹은 남창의 다른 역사동화가 실렸을 가능성이 없지 않으며, 혹은 남창의 작품이 전혀 실리지 않았을 가능성도 존재한다. 다만 1권 5호의 실물 자료도 현재까지 전해지지 않기 때문에 이 점을 단언하기는 어렵다.[30]

그렇다면 남창 혹은 그와 함께 『어린이』에 수록될 작품을 의논하였던 색동회 회원들이 남창의 첫 기고문이자 역사동화를, 동시에 『어린이』에 처음으로 실릴 역사동화의 소재로 「단군신화」를 선택했던 이유

발행일 또한 기획전에 전시된 자료의 첫 페이지를 통해 확인한 것임을 밝힌다.

29 김아름은 일제강점기(1920년대)에 창작되었던 역사동화를 정리해 고찰한 바 있다. 그의 논문에서도 『어린이』 수록 역사동화의 첫 작품은 1권 9호에 실렸던 「고주몽 이약이」다. 김아름, 「일제강점기(1920년대) '역사동화'의 대두와 위인 재발견」, 서울대 석사논문, 2013, 57쪽.

30 필자가 1923년 봄과 여름에 간행되었던 신문 및 『어린이』와 상호텍스트성이 높은 개벽사 간행 잡지 『개벽』, 『부인』, 그리고 『천도교회월보』 등을 검토하였으나 필자의 부족함 때문인지 『어린이』 1권 5호를 홍보하는 광고를 발견하지는 못하였다.

는 무엇일까? 크게 세 가지 정도의 이유가 있었던 것으로 보인다. 우선 기본적으로 작품의 배경이 되는 고조선이 한민족 최초의 국가인 까닭이다. 즉 단군신화가 조선인에게는 한민족의 기원에 관한 신성한 건국 신화였기 때문이다.

이어서 첫 번째 이유와 연결되는 것으로, 단군신화가 한민족의 위대한 신화라는 남창의 믿음 때문으로 짐작된다. 사실 남창은 1922년 4월 와세다早稻田 대학 부속 제일고등학원(3년제) 예과에 입학하여, 일본 학계의 제도권 내에서 공부하였던 인물이다. 참고로 일본에서 한국학에 대한 본격적 연구가 시작된 것은 에도시대江戶時代(1603~1867)부터였으며, 일찍이 나가 미치요那珂通世가 「조선고사고朝鮮古史考」(『史學雜誌』 5~4, 1894)를, 아울러 시라토리 쿠라키치白鳥庫吉가 「단군고檀君考」(『史學雜誌』 5~12, 1894) 등을 잇달아 발표하면서 단군의 존재와 신화를 가공되고 날조된 이야기로 폄하하고 있었다.[31] 그러나 남창이 이 같은 일본 학계의 강력한 자장 안에 있었음에도 불구하고 「단군신화」를 『어린이』 첫 역사동화의 소재로 삼았다는 사실은 한민족의 기원이라는 역사의 사실성과 선후관계를 따지기에 앞서 그가 조선인으로서 이 신화의 신성성에 대한 믿음을 갖고 있었기 때문이다. 더욱이 그는 자신의 수기 「檀君壇君」에서 이 신화에 대한 자신의 견해를 "나는神話로서의 肯定論者이었"[32]다고 밝힌 바 있는데, 이 또한 단군신화의 신성성에 대한 남창의 믿음을 보여주는 사례로 짐작된다. 다시 말해 남창은 「단군신화」가 지

31 윤승준이 이를 자세히 검토하여 정리한 바 있다. 윤승준, 「육당 최남선의 '단군론' 연구」, 『인문학연구』 37, 조선대 인문학연구원, 2009, 294~301쪽.

32 손진태, 「檀君壇君」, 『문장』 1-3, 문장사, 1939.4, 145쪽.

닌 신이한 서사를 괴력난신怪力亂神이 아닌 성스럽고 신비한 건국신화로 신뢰하고 있었던 셈이다.[33]

또한 앞서 살폈던 이유들과 연장선상에 놓이는 것으로, 남창 또는 『어린이』 집필진이 역사의 장에서 단군을 강제로 삭제시킨 일제에 대한 대항담론으로써 「단군신화」를 택했던 것으로 보인다. 앞서 확인했듯이 일제강점기에는 일인학자들에 의해 단군부정론이 잇달아 발표되었다. 그런데 문제는 이 같은 단군부정론이 조선 어린이들이 학습하는 역사 교과서에도 반영되었다는 사실이다. 특히 『어린이』에 「우리의첫한아버지(壇君神話에서)」가 발표되었던 시기인 1923년 5월에 주목할 필요가 있다. 왜냐하면 이때는 일제가 정식으로 '제2차 조선교육령'을 제정하고, '보통학교시행규칙'을 새로이 공포하였던 때와 맞물리는 시기이기 때문이다. 일제는 '제2차 조선교육령'과 '보통학교시행규칙'의 취지에 맞게 1923년 신학기에 사용할 역사교과서 『보통학교국사普通學校國史』 上・下(1922)를 동시 편찬하였다. 그런데 이 교과서에서는 한반도의 시조를 중국에서 건너온 기자로 설정하여 단군신화를 부정하는 내용이 전해진다.[34] 따라서 남창을 비롯하여 『어린이』 집필진들은 일제에

33 남창의 이 같은 믿음은 이규보(李奎報, 1168~1241)가 『동명왕편(東明王篇)』을 쓰게 된 계기와도 상통하는 것이 아닐까 한다. "동명왕의 이야기는 변화무쌍한 신비한 것으로 사람들의 마음을 현혹하려는 것이 아니라 실로 우리나라가 처음 창건되는 때의 신성한 자취를 나타내려 한 것이다[非以變化神異眩惑衆目 乃實創國之神迹]. (…중략…) 그러므로 내 노래로 이 사적을 기록하는 것이니 우리나라가 본디 성인이 이룩한 나라임을 온 세상에 알리고 싶어서다[是用作詩以記之 欲使夫天下知我國本聖人之都耶]." 이규보, 김상훈・류희정 역, 『동명왕의 노래』, 보리, 2005, 23・43쪽.

34 "옛날 조선반도의 북부는 기자라는 사람이 지나(支那)에서 와서 이곳을 다스렸다고 한다(むかし朝鮮半島の北部は箕子(きし)といへる人、支那(しな)より來りてこれををさめたりといふ)." 朝鮮総督府 編, 「3 日本武尊」, 『普通學校國史 上卷』, 朝鮮総督府, 1922, p.15. 박제홍, 「일제강점기 〈歷史〉 교과서 개정 편찬의 의미」, 『제국의 식민 역사 지리 연구』, 제이앤씨, 2017, 123쪽에서 재인용.

의해 역사의 장에서 증발되어버린 단군의 권위를 복권시키고, 또한 조선 어린이들에게 한민족의 시조에 대한 올바른 역사관을 심어주고자 "우리의첫한아버지"인 "壇君神話"에 주목했던 것으로 보인다. 정리하자면 남창 혹은 그와 함께 『어린이』를 간행하였던 색동회 회원들이 손진태의 첫 기고문이자 역사동화, 또한 『어린이』에 처음으로 실릴 역사동화의 소재로 「단군신화」를 택했다는 사실은 역시 그들다운 선택이 아니었을까 한다.

한편 흥미로운 사실은 광고에 언급되었던 "歷史童話 우리의첫한아버지(壇君神話에서)"라는 작품명을 단초로 삼아 남창이 이 역사동화를 창작하였을 때에 참고하였던 원전 자료를 추정할 수 있다는 점이다. 결론부터 말하자면 남창은 일연一然(1206~1289)이 저술한 『삼국유사三國遺事』를 참조하여 이 작품을 집필했던 것으로 짐작된다. 그러한 이유는 다음과 같다.

첫째 이 작품이 발표되었던 시기인 1923년 5월 당시, 단군이 등장하는 가장 최고最古의 자료는 『삼국유사』였다. 물론 『삼국유사』와 더불어 단군을 소개하는 이른 시기의 자료로 이승휴李承休(1224~1300)의 『제왕운기帝王韻紀』도 존재한다. 하지만 이 책은 황의돈黃義敦(1890~1964)이 소장하고 있었던 초간본을 1939년에 조선고전간행회朝鮮古典刊行會에서 영인하고 간행하면서 세상에 알려진 것이다. 때문에 1923년 5월, 남창은 당시로서는 최고最古의 단군 기록이었던 『삼국유사』를 참조할 수밖에 없었을 것이다.

둘째 작품명에 '단군'의 한자로 '나무 목(木)'을 부수로 한 글자(檀)가 아닌 '흙 토(土)'를 부수로 삼은 글자(壇)가 사용되었는데, 이 점이야말로 남창이

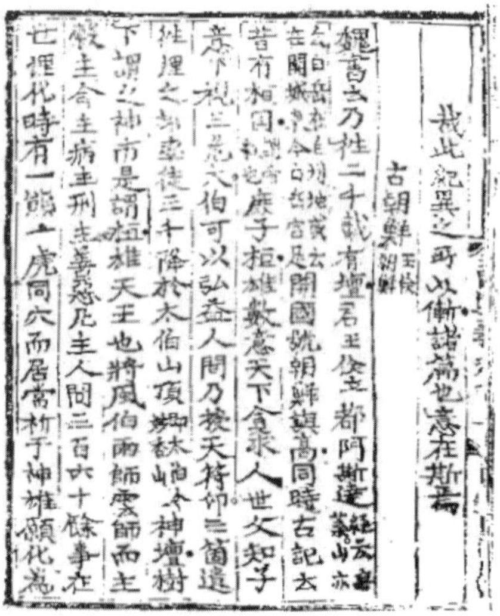
哉此紀異之所以漸諸篇也意在斯焉
古朝鮮 王儉朝鮮
魏書云乃往二千載有壇君王儉立都阿斯達 經云無葉山亦云白岳在白州地或云在開城東今白岳宮是 開國號朝鮮與高同時古記云
昔有桓因 謂帝釋也 庶子桓雄數意天下貪求人世父知子
意下視三危太伯可以弘益人間乃授天符印三箇遣
往理之雄率徒三千降於太伯山頂 即太伯今妙香山 神壇樹
下謂之神市是謂桓雄天王也將風伯雨師雲師而主
穀主命主病主刑主善惡凡主人間三百六十餘事在
世理化時有一熊一虎同穴而居常祈于神雄願化爲

〈그림 7〉『삼국유사』 수록 「고조선」

『삼국유사』를 참조하여 역사동화를 창작하였다는 결정적 근거가 아닐까 한다. 왜냐하면 '단군'의 이름을 한자로 표기할 때, "檀"이 아닌 "壇"을 쓰는 사례가 『삼국유사』에서 포착되기 때문이다.[35] 이 점은 매우 중요한 사실로, 특히 육당 최남선이 「단군론壇君論」(1926.3.3~7.25. 『동아일보』에 77회 연재)에서 일인학자들의 단군부정론 — 일인학자들은 "檀"을 사용하였음 — 을 논파하는 결정적 근거로 제시한 단서였다.[36] 더욱이 앞에서 검토하였던 남창의 수기 「檀君壇君」에 "檀君研究로 有名한 崔南善氏도 遺事를 數百讀하였으련마는 明白히 壇字로백혀있는 것을 곳장 檀字로만 읽었다. 過去數千 學子들이 五百餘年을 두고 壇을 檀으로 誤讀하였던 것

35 "지금으로부터 2000년 전에 단군왕검이 있어서 아사달 — 경(經)에 무섭산(無葉山)이라 하고 백악(白岳)이라고도 이르는데, 백주(白洲) 땅에 있다. 개성(開城) 동쪽에 있다 했으니, 지금의 백악궁(白岳宮)이다 — 에 도읍을 정하고 나라를 열어 조선이라고 불렀으니, 바로 요(堯)임금과 같은 시기다[乃往二千載有**壇**君王儉, 立都阿斯達(經云無葉山, 亦云白岳, 在白州地, 或云在開城東, 今白岳宮是), 開國號**朝鮮**, 與高同時]." 일연, 김원중 역, 『삼국유사』, 민음사, 2008, 19쪽. 강조는 인용자. 이와 달리 『제왕운기』, 『세종실록(世宗實錄)』 「지리지(地理志)」에는 단군이 "檀君"으로 표기되어 있다.

36 "여하간 壇君의 壇이 본디(또 반드시) 檀이 아닌 다음에는, 다시 字義的 閑葛藤을 架疊할 要가 없고 莫妄想底 一喝이 壇君性月을 朗照케 하기에 足할 줄 알거니와, 아직도 구태여 檀字를 固執하여 가지고 云云의 說을 옮겨서, 壇君의 後世的 또 佛典的 突現인 憑據를 삼는 者가 끊이지 아니함에는 놀라다 못하여 자빠질 것이 있다." 최남선, 「壇君論 — 朝鮮을 中心으로 한 東方文化 淵源 硏究」, 『六堂崔南善全集』 2, 현암사, 1973, 101쪽.

이다. 先入見이란 이대도록 무서운것이었다"[37]라고 적혀있는 점을 통해서도 남창은 일찍부터 『삼국유사』에 "檀"이 아니라 "壇"이 적혀 있었다는 사실을 인지하고 있었던 것으로 보인다.

4. 나가며

지금까지 이 글에서는 아동잡지 『어린이』에 발표되었던 남창南倉 손진태孫晉泰(1900～?)의 작품 목록을 고찰하여 한국 아동문학의 형성 과정, 또한 설화 연구자 남창에 대한 이해의 지평이 전보다 더욱 넓어지기를 도모하고자 하였다. 그 내용을 간단히 요약하여 정리하면 다음과 같다. 우선 이때의 노정에서 남창이 색동회의 수장이었던 소파小波 방정환方定煥(1899～1931)과 창립회원으로서 인연을 맺게 된 과정에 대한 추적, 그리고 그들 사이에 오고 갔을 욕망의 교차를 탐색하였다. 이때 두 사람 사이에 많은 이야기가 오고 갔을 수 있으나, 날짜를 고려한다면 크게 세 가지 이야기가 논의되었을 가능성이 있었다. 그 가운데 하나가 설화에 관한 것, 다른 하나는 이듬해 봄, 소파를 중심으로 일본 동경에서 공부하는 유학생들이 모여 만들었던 어린이문제연구회 색동회에 대한 것, 마지막 하나는 『어린이』에 수록될 작품에 관한 것으로 짐작되었다.

또한 『어린이』에 수록된 남창의 역사동화 및 동시・동화・수기 목록을 재검토하여 종래에 학계에 보고된 남창의 저작 목록을 재고하였

37 손진태, 「檀君壇君」, 『문장』 1-3, 문장사, 1939.4, 145쪽.

다. 이때 기존 성과에서 누락된 남창의 역사동화 세 편, 수기 한 편을 소개하였으며, 남창의 동화로 잘못 기재된 작품의 실체와 본래 작가를 검토하였다. 끝으로 앞서 검토한 바를 바탕으로 하여 남창의 첫 기고문이자 그가 『어린이』에 처음 발표하였던 역사동화가 무엇이었는지를 고구하였다.

참고문헌

1. 기본자료

『金星』, 『동아일보』, 『부인』, 『천도교회월보』.

광고 懸賞募集 「朝鮮古來童話募集」, 『개벽』 26, 개벽사, 1922.8.

「第二十七回 常選發表」, 『어린이』 3-7, 개벽사, 1925.7.

김경희 외, 『『어린이』 총목차 1923-1949』, 소명출판, 2015.

김부식, 이강래 역, 『삼국사기』 I , 한길사, 1998.

小波, 「새로 開拓되는 '童話'에 關하야, 特히 少年 以外의 一般 큰 이에게」, 『개벽』 31, 개벽사, 1923.1.

색동會 손진태, 「歷史童話 名將 姜邯贊」, 『어린이』 3-5, 개벽사, 1925.5.

____________, 「옵바 인제는돌아오서요-童詩-」, 『어린이』 4-1, 개벽사, 1926.1.

____________, 「歷史童話 申崇謙 將軍」, 『어린이』 4-10, 개벽사, 1926.11.

____________, 「섯달금음날밤-小話-」, 『어린이』 6-1, 1928.1.

____________, 「名將 姜邯贊」, 『어린이』 10-10, 개벽사, 1932.10.

손진태, 「溫突禮讚」, 『별건곤』 3-2, 개벽사, 1928.5.

______, 『한국민족설화의 연구 - 민족설화의 문화사적 연구』, 을유문화사, 1947.

______, 「歷史童話 고주몽 이약이」, 『어린이』 1-9, 개벽사, 1923.10.

______, 「歷史童話 류리(類利) 이약이」, 『어린이』 1-10, 개벽사, 1923.11.

______, 「神話上에서 본 古代人의 女性觀」, 『신여성』 1-2, 개벽사, 1923.11.

______, 「장사의 이약이 곰생이」, 『어린이』 2-8, 개벽사, 1924.8.

______, 「東京잇는 朝鮮아희들」, 『어린이』 5-1, 개벽사, 1927.1.

______, 「朝鮮의 童謠와 兒童性」, 『신민』 22, 신민사, 1927.2.

______, 「連作小說 五人동무 순희는 다시어듸로?」, 『어린이』 5-7, 1927.10.

______, 「傳說자랑 - 世界에 比가 업는 개암이 傳說」, 『별건곤』 3-2, 개벽사, 1928.5.

______, 「내가 자랑하고십흔 자랑중에 자랑! - 朝鮮의溫突자랑」, 『별건곤』 7-3, 개벽사, 1929.3.

______, 「檀君壇君」, 『문장』 1-3, 문장사, 1939.4.

______, 최인학 역편, 『조선설화집』, 민속원, 2009.

______, 이시준 외편, 『조선민담집』, 제이앤씨, 2013.

신종원, 조경철・윤수희 역, 『일본인들의 단군 연구』, 민속원, 2009.
유 엽, 「四十年間의 文藝誌－「金星」」, 『사상계』 78, 사상계사, 1960.1.
이규보, 김상훈・류희정 역, 『동명왕의 노래』, 보리, 2005.
일 연, 김원중 역, 『삼국유사』, 민음사, 2008.
정인섭, 「連作小說 五人동무 삶인가 — 참인가?」, 『어린이』 5-8, 개벽사, 1927.12.
______, 『색동회 어린이 運動史』, 학원사, 1975.
최남선, 『六堂崔南善全集』 2, 현암사, 1973.
최광식 엮음, 『우리나라 역사와 민속－남창 손진태 선생 유고집』, 지식사업사, 2012.

2. 논문

권혁래, 「손진태 『조선민담집』 연구－설화의 성격과 분류체계를 중심으로」, 『한국문화논총』 63, 한국문학회, 2013.
김광식, 「孫晋泰の東アジア民間說話論の可能性－『朝鮮民族說話の研究』の形成過程をめぐって」, 『說話文學研究』 48, 說話文學會, 2013.
______, 「손진태의 비교설화론」, 『식민지 조선과 근대설화－일본인의 구비문학 조사와 조선인의 대응』, 민속원, 2015.
______, 「한일 설화 채집・분류・연구사로 본 손진태 『조선민담집』의 의의」, 『동방학지』 176, 연세대 국학연구원, 2016.
김기형, 「손진태 설화 연구의 특징과 의의」, 『민족문화연구』 58, 고려대 민족문화연구원, 2013.
김소희, 「손진태 유고집 수록 설화의 특징과 의미」, 고려대 석사논문, 2016.
김아름, 「일제강점기(1920년대) '역사동화'의 대두와 위인 재발견」, 서울대 석사논문, 2013.
박재홍, 「일제강점기 〈歷史〉 교과서 개정 편찬의 의미」, 『제국의 식민 역사 지리 연구』, 제이앤씨, 2017.
윤승준, 「육당 최남선의 '단군론' 연구」, 『인문학연구』 37, 조선대 인문학연구원, 2009.
이수자, 「구비문학 연구의 성격과 의의」, 『역사민속학』 11, 한국역사민속학회, 2000.
장정희, 「방정환 문학 연구－'소년소설'의 장르인식과 서사전략을 중심으로」, 고려대 박사논문, 2013.

전경수, 「학사(學史)는 서지학적 기반으로부터 시작한다」, 『불암통신』 10, 보고사, 2002.
정선희, 「『어린이』 소재 전래동화를 통해 본 소파 방정환의 이념적 지향과 성격」, 고려대 석사논문, 2014.
황인덕, 「손진태의 구비문학 연구」, 『구비문학연구』 2, 한국구비문학회, 1995.
Bendix, Regina, *In Search of Authenticity : The Formation of Folklore Studies*, The University of Wisconsin Press, 2007.

3. 단행본

김광식, 『식민지 조선과 근대 설화－일본인의 구비문학 조사와 조선인의 대응』, 민속원, 2015.
남근우, 『'조선민속학'과 식민주의』, 동국대 출판부, 2008.
서정오, 『옛이야기 들려주기』, 보리, 2011.
원종찬, 『아동문학과 비평정신』, 창비, 2001.
______, 『한국 아동문학의 쟁점』, 창비, 2010.
전경수, 『손진태의 문화인류학－제국과 식민지 사이에서』, 민속원, 2010.
한국역사민속학회, 『남창 손진태의 역사민속학연구』, 민속원, 2003.

이영철 동화의 특징 연구

『어린이』 발표 동화를 중심으로

박금숙

1. 들어가며

이영철李永哲(1909~1978)은 1930년대에서부터 1950년대까지 동화를 활발하게 발표한 동화작가 겸 국어학자이다. 이영철의 아버지 이상춘[1]은 주시경 선생의 제자로 국어학자이면서 교사로 우리나라 한글 연구와 발전에 큰 발자취를 남겼다. 아버지 이상춘의 영향으로 이영철의 우리말 사랑은 특별했다. 또한 일제강점기 식민지배하에서 자라나는 어린이들을 걱정하는 마음 역시 각별했다. 그런 그의 마음이 작품 곳곳에 나타나 있다.

1 한국민족문화대백과사전을 보면 이상춘은 국어학자로 1882년(고종 19년) 경기 개성에서 태어났다. 일명 늘봄, 호는 백야(白夜), 한영서원(韓英書院)에서 신교육을 받고 주시경의 문하에서 수학했다. 송도고등보통학교, 루씨고등여학교(樓氏高等女學校)에서 가르쳤고, 개성고등여학교 교장을 지냈다.

〈그림 1〉 동화작가 이영철(1909~1978)

그는 여러 잡지와 신문에 자신의 이름이나 "또한밤"[2]이라는 호를 사용해 작품을 발표했다. 그가 처음에 발표한 동화는 1923년 3월 18일 『동명』[3]에 발표한 「연 날리기」이다. 그는 방정환이 만든 잡지 『어린이』에도 꾸준하게 동화를 발표했다. 그의 글이 『어린이』지에 처음 소개된 것은 1925년 7월호에 「신학년 소감」이란 글이다. 이 글은 작문선외 가작에 뽑혀 내용은 알 수 없다.[4] 하지만 처음 『어린이』지에 발표한 동화 작품은 1931년 10월에 발표한 「지독한 숫탁」이다. 이것을 기점으로 1949년 12월 『어린이』의 마지막 권에 「소년을 구해 낸 개」를 발표하는 등 활발하게 작품 활동을 했다.

이영철이 『어린이』지에 발표한 작품은 총 24편으로 해방 전 18편, 해방 후 6편이다.[5] 이것으로 보아 이영철은 『어린이』지의 주요 필자였

2 "또한밤"이라는 호는 송도고보 시절 은사였던 문일평이 지어준 것으로 '또 한 번 또 한 번 계속하라'는 뜻을 지녔다. 그는 남강춘(南江春)이라는 자호도 썼는데 이것은 '남쪽 강에서 봄바람이 불어온다'는 뜻이다.

3 동명은 1922년 최남선이 주재한 시사주보(時事週報)로 매주 일요일마다 발간되는 週報로 총 20면으로 구성되어 있다. 이 잡지의 창간 의도는 세계의 유수한 역사 속에서 조선 민족의 일치단결과 자조정신의 깨우침에 두고 있다. 이희정, 「1920년대 잡지 〈동명〉의 매체 담론과 문예물 연구」, 『우리말글』, 우리말글학회, 2016 참조.

4 『어린이』(1925년 7월호) 43쪽에 '개성 이영철'로 표기되어 있어 동일인으로 추정한다.

5 1. **해방 전** : ① 지독한 숫탁(1931.10), ② 짤븐 이야기(1931.11), ③ 붉은 양옥집(1932.8), ④ 薔薇와 달팽이(1932.10), ⑤ 교만한 메밀(1932.11), ⑥ 오리색기(1932.12), ⑦ 작은 나사못(1933.2), ⑧ 개와 늑대(1933.3), ⑨ 개나리꽃과 꾀꼬리(1933.5), ⑩ 옥순 어머니(1933.6), ⑪ 어머니의 사랑(1933.7), ⑫ 울지 안튼 민충이(1933.8), ⑬ 까마귀(1933.11), ⑭ 뽀비와 도깨비(1933.12), ⑮ 자각돌(1934.1), ⑯ 깨진 꽃병과 순이(1934.2), ⑰ 어떤 언니와 아우(1934.4), ⑱ 石南이의 어렷슬 때(1934.5).

2. **해방 후** : ① 고양이(1948.5), ② 토기와 인력거(1948.6), ③ 뽐내던 불거지(1948.10),

다는 것을 알 수 있다.[6] 그럼에도 이영철은 우리나라 아동문학사에서 논문으로 연구된 적이 없다. 그의 문학 활동에 대해서는 필자에 의해 처음으로 한국아동청소년 문학학회 연구발표회에서 다루어진 적이 있을 뿐이다.[7]

박태일은 개성지역 문인들에 관한 연구에서 "색동회 초기 구성원인 고한승 · 마해송 · 진장섭에다 이영철로 이어진 어린이문학의 전통은 근대 어린이문학의 출발과 성장을 대표한다"[8]라고 하였다. 원종찬은 이영철의 일부 작품인 「붉은 양옥집」에서 "계급주의 아동문학의 전성기임에도 따뜻한 온기를 골고루 느끼게 해주는 작가의 소박한 문체가 오히려 참신한 느낌"[9]을 준다고 했고, 「고양이」에서는 "해방과 동시에 외세에 휘둘리며 분단정국으로 어지럽게 뒤엉켜 들어간 우리 민족"과 시대상의 암유暗喩를 읽을 수 있다고 평하였다.[10] 또한 조대인은 이영철의 작품은 "특정 시대를 뛰어 넘어 어느 시대에서나 발견할 수 있는 어린이

---

④ 늑대(1949.1-2), ⑤ 회초리(1949.5), ⑥ 소년을 구해 낸 개(1949.12).

6 『어린이』(1933년 7월호) 19쪽을 보면, 이영철의 작품 「어머니의 사랑」 작품이 끝나는 곳에 출판 광고가 하나 나온다. 그 내용은 다음과 같다. "출판광고－『개나리와 꽃』이영철 동화집. 기뻐하십시오. 우리 『어린이』 잡지에 다달이 동화를 써주시는 이영철 선생님의 동화집이 나옵니다." 이 광고의 내용을 보아서는 이영철의 창작동화집이 출판될 예정이라는 것을 알 수 있다. 그러나 이 작품집은 그 어느 곳에서도 찾아보지 못해 출판 확인이 어렵다. 1934년에 개벽사에서 출판한 마해송의 『해송동화집』을 우리나라 첫 창작집으로 치고 있다. 그런데 이영철의 『개나리와 꽃』은 마해송 동화집보다 1년 더 일찍 나온 것이 된다. 그렇게 볼 때 이영철이 얼마나 중요한 작가인지 가늠할 수 있는 대목이라고 할 수 있다.

7 박금숙, 「동화작가 이영철의 생애 고찰」, 한국아동청소년학회 연구발표회, 2009.

8 박태일, 「광복기 개성 지역문학의 좌표－북한 지역문학사 연구 2」, 『현대문학이론연구』, 현대문학이론학회, 2012, 204쪽.

9 원종찬, 「동화작가 이영철의 삶과 문학」, 『아침햇살』 1997년 여름호. 『아동문학과 비평정신』, 창작과비평사, 2005, 359쪽에 재수록.

10 위의 글, 361쪽.

들의 세계를 재치 있고 발랄하게, 때로는 교훈적으로 들려"주고 있다[11]고 하며 이것을 장점이라고 했다. 반면에 그의 동화 중에는 "일제시대 때 고난당한 우리 겨레의 삶을 느낄 수 있는 작품이 없다"고 하며 "우리가 살고 있는 현실을 모른 척한 문학 작품은 거짓된 것이라고 비판받을 수 있다는 점"에서 이영철의 동화들은 아쉬움을 준다고 했다.[12]

연구자들이 평했던 것처럼 이영철의 많은 작품들은 정말 천진하고 발랄함과 재치가 가득하다. 그러나 "재치 있고 발랄하게, 교훈적"인 면만 있고, 당대의 "현실을 모른척한 거짓된 것이라 비판받을 수 있다"는 평은 이영철의 작품에 대해 성급하게 내린 판단이라고 할 수 있다. 이영철의 작품 하나하나를 자세하게 살펴보면 당시대의 현실을 알레고리와 비유로 잘 표현하였다는 것을 알 수 있기 때문이다.

이 글에서는 이영철이 『어린이』에 발표한 동화만을 가지고 그 특징을 연구하려 한다. 『어린이』지가 그동안 전체적으로 다 발굴하지 못한 상황에서 2015년 하반기에 소명출판에서 그 일부를 발굴해 소개한 바 있다. 첫 번째 『어린이』 영인본에 이영철의 작품이 있었지만, 다 발굴되지 않아 미비한 상태였다. 소명출판에서 새로 펴낸 『어린이』 영인본에는 이영철의 작가 의식이 뚜렷하게 나타난 작품이 아주 많이 들어있는데다 미비했던 것이 보완되어 그 자체만으로도 연구 가치가 충분하다고 느꼈다. 이 글에서는 조대인이 평한 재치 있고 발랄한 것 외에도 이영철의 동화에는 또 어떠한 특징들이 나타나 있는지 작품 내용의 주제를 중심으로 고찰해보려고 한다. 이영철의 작품에 뚜렷하게 나타나는

11 조대인, 「따뜻한 눈길을 잡은 어린이의 마음」, 『쌍둥밤』, 숲속나라, 2000, 187쪽 참조.
12 위의 글, 187쪽.

특징은 첫째, 정의와 자유에의 갈망, 둘째, 자기만족과 남을 위한 삶, 셋째, 교만함과 잘난 체의 경계이다. 이와 같은 특징을 분석함으로써, 일제강점기에 작품 활동을 시작한 작가의 시대적 의식이 어떻게 투영되었는지 알 수 있을 것이라 보기 때문이다. 이러한 작가 의식을 밝힘으로써 당대에 그의 작품들이 어떠한 가치가 있었는지 알게 되고, 지금 여기서 왜 그 작가를 조명해야 되는지의 이유가 분명해질 것이라고 본다.

2. 정의와 자유에의 갈망

이영철은 아버지 이상춘이 우리말을 지키기 위하여 얼마나 큰 고통을 치루며 살았는지를 몸소 체험하며 살았다. 그러기에 그는 어린 시절부터 아버지에게 민족혼을 배우며 자랐고 문학의 꿈을 키웠다. 자신 또한 아버지처럼 어둡고 혼란한 시절에 우리나라의 혼이 담긴 한글을 지키려고 노력하다가 형무소에 끌려가 고문을 받기도 하였다. 그래서 그는 결국 한쪽 다리를 저는 불구자가 되었다.

이영철은 어린 시절에, 1919년에 일어난 기미독립운동을 직접 목격하였다. 그는 "군중들이 입고 있던 두루마기자락은 모두 갈갈이 찢겨져 아랫도리는 다 달아나고 윗도리만 남아 있게 되었고, 총대나 칼자루에 맞고 머리가 터지거나 얼굴이 깨어져 피를 철철 흘리는 사람, 다리를 절뚝거리며 몸도 제대로 가누지 못하는 사람, 그야말로 아비규환阿鼻叫喚, 수라장으로 화하고 만" 모습을 보면서 후에도 "그 끔찍한 일들이

기억에 생생"하여 ""왜놈"이라고 하면 이가 갈린다"라고 하였다.[13]

그의 그런 정신은 "정의와 자유에의 갈망"으로 이어졌다. 이런 작가의 정신은 바로 작품에서 알레고리와 비유로 표현되어 작품 곳곳에 숨어 있다. 대표적인 작품이 「지독한 숫탁」, 「울지 안튼 민충이」, 「뽐내던 불거지」이다. 먼저 「지독한 숫탁」을 살펴보자.

> 새끼 숫탁은 깐 지 여덜 달박게 아니되는 철부지 엇슴으로 사람들 중에 그러케 잔인한 짓을 하는 자가 잇는 줄은 꿈에도 몰랏습니다. 어미 닭의 말을 듯고야 비로소 세상에 시긔 증오 학대가 만흔 것을 알고 어린 닭은 날개를 활작 펴고 두 다리를 길게 뻣고 목을 힘껏 내밀면서 몸을 뒤트는 품이 지금들은 애통한 이야기를 전세게를 향하야 호소나 하려는 듯하엿습니다. 비분으로 용소슴치는 어린 닭에 붉은 마음 조그만 가슴은 타오르는 듯하야 몸서리를 가벼이 치고 어미 닭에게 다시 뭇기를
>
> "응 그래 그리는구려 그럼 우리 주인은 엇지 되우"
>
> "무엇이 엇지 돼 그섄이지 매 맛고 학돌은 뺏기고 햇슬 섄이지 뭐"
>
> "뭐야 그럼 아모도 편을 들어주는 사람이 업단 말요"
>
> "야 철다구니 업는 소리 말아 누가 네 말을 들을나 정 생원은 말이 오십 필이나 되고 멧 백 명 종을 가진 위엄잇는 점잔흔 어른일 섄 아니라 쏘 우리 주인 금산이 상전 양반인데 편 든다는 소리가 격에 맛는 소리냐"
>
> "네 그래요 그럼 나는 나의 주인 편을 듭니다 나는 정의를 위하야 용맹 잇게 해보겟습니다" 하고 기운이 잇다는 듯이 압발로 쌍을 한 번 콱 팝니다.[14]

13 이영철, 『행복을 찾아서』, 글벗집, 1978, 25쪽.

新童話

지독한 숫탁

李永哲

이이야기는 지주가 금과은으로 장식한 훌륭한옷을 닙고 종을 부리든 시대에 이야기입니다。

그쌔종이라고하는것은 가튼사람이엇만 다만 법률상 양반에게 매여잇든 사람들입니다。

종은제맘대로 다른곳에 옴겨갈권리가업고항상양반의집으로 싸라다녓습니다。종은 다만상젼의 이익을위해서 농사짓고일하고 심부름하엿습니다 그래도 그는종인까닭에 쳔대와학대를무수히바닷습니다。비록 손수 피와쌈을흘려농사를짓는다하되 제마음대로처치하지못하고 상젼의마음대로하엿습니다。종의 몸과재산은 곳상젼의것이엇스며 상젼은 아무런든 종을임의로어써케든지하랴면 할수잇섯습니다。

어썬날 어느지방의 청종우라는양반이 말을타고한마을을지내는데 그는 종들의 즘생가튼꼴을보고도 족음도 불상이역이는 마음이업시도로혀 종이란언제든지 누덕이옷을걸치고 드려운집에서 사는것이 당연한줄로 역이는사람입니다。

청종우는 한농가아플지내다가 더러운뜰에떠어엽분 핫돌하나가 노혀잇는것을보고 갑작이말을멈추엇습니다。

「상놈이어데서 저런조흔핫돌을 훔처왓슬까?」하는 생각이들어 시종을 불너「이게뉘집이냐?」고 물엇습니다。

—(21)—

〈그림 2〉『어린이』 9권 9호, 1931.10.

---

14 이영철, 「지독한 숫탁」, 『어린이』, 1931.10, 23쪽.

이것은 「지독한 숫탉」에 나오는 한 부분으로 정종우라는 양반이 불의한 일을 저지르는 것을 보고 새끼 수탉이 바른말을 하는 장면이다. 정종우는 금산이라는 노예를 부리고 있다. 그는 금산이 돈을 모아 사가지고 있는 학돌을 보고 반하여 자신의 것이라고 빼앗는다. 노예도 자신의 것이라는 잘못된 생각을 가지고 있기 때문이다. 이것을 본 사람들은 잘못되었다는 것을 알면서도 정종우의 기세에 눌리어 바른말을 하지 못한다. 그러나 새끼 수탉은 그것이 잘못된 일이라고 생각하여 정종우에게 말을 한다. 수탉은 자기가 옳다고 생각되는 일이 바로 잡아지지 않자 죽음을 무릅쓰고 세계 만방에 대고 "생원님, 학돌을 돌려보내십시요!"라고 외친다. 결국 수탉의 끈질긴 외침에 정종우는 학돌을 노예인 금산이에게 돌려준다.

이 이야기에 나오는 노예 금산의 모습은 당시 우리나라의 모습과 비슷하다. 또한 정종우의 모습은 일본의 모습과 닮아 있다. 즉, 정종우는 일본이고, 금산은 우리나라의 알레고리이다. 금산은 자신이 아끼던 학돌을 주인에게 빼앗기고도 말 한 마디 못하고 오히려 그로 인하여 어려움을 당한다. 사람들은 정종우의 행동이 잘못되었다는 것을 알면서도 아무 말도 하지 못한다. 당시 일본인들은 자신들의 잘못된 점을 이야기하면 누구든 잡아 고문을 하고 죽이려 했다. 작품 속의 정종우 역시 바른 말을 하는 수탉을 잡아 죽이려고 한다.

자신의 목숨을 걸고 바른말을 하는 새끼 수탉의 모습은, 1907년 네델란드 헤이그에서 열린 만국평화회의에 고종이 밀사로 파견한 이준 열사의 모습과도 흡사하다. 이준 열사는 한국의 국권 회복을 이루고자 을사조약과 일제 침략을 폭로하고 호소하다가 할복을 할 정도로 정의

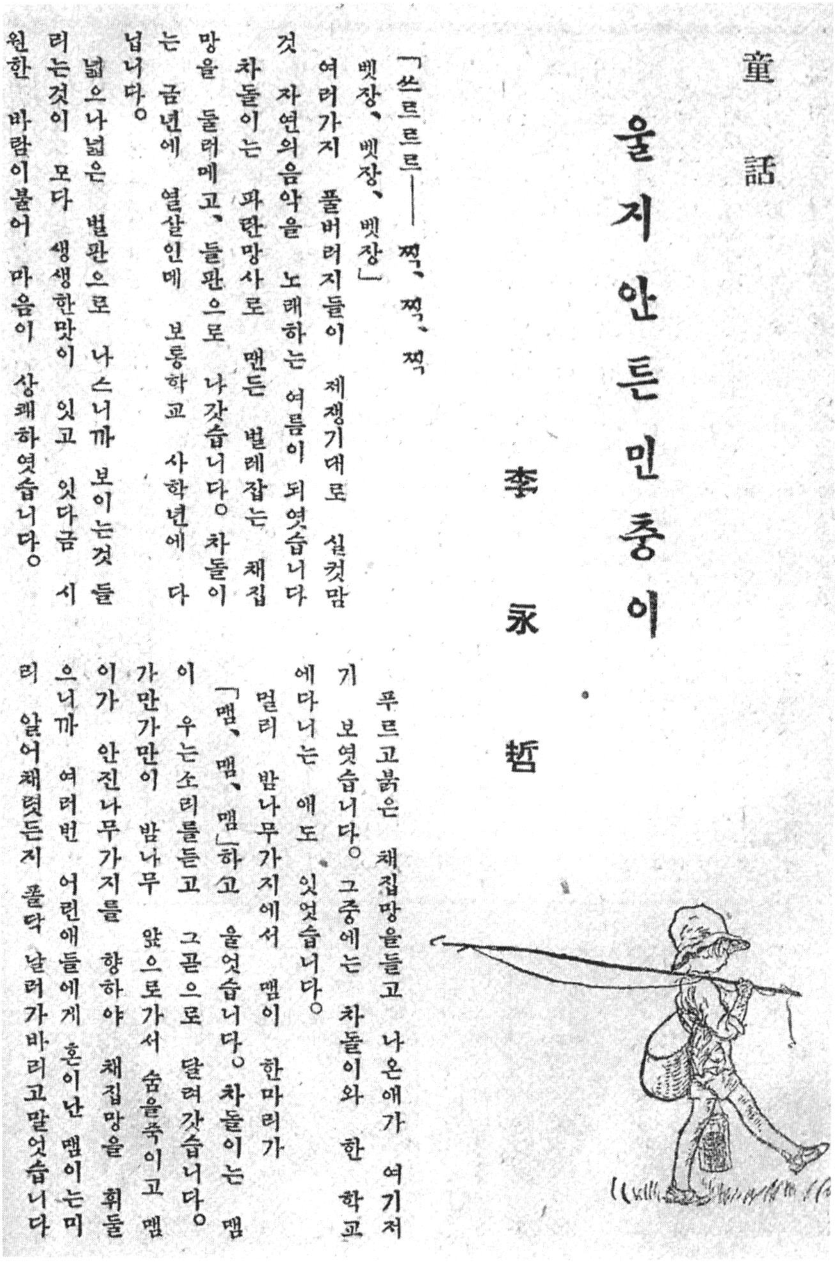

童話

울지안튼 민충이

李永哲

「쓰르르르―― 찍、찍、찍
벳장、벳장、벳장」
여러가지 풀버러지들이 제쟁기대로 실컷맘것 자연의음악을 노래하는 여름이 되엿습니다
차돌이는 파란망사로 맨든 벌레잡는 채집망을 둘러메고、들판으로 나갓습니다。차돌이는 금년에 열살인데 보통학교 사학년에 다닙니다。
넓으나넓은 벌판으로 나스니까 보이는것들리는것이 모다 생생한맛이 잇고 잇다금 시원한 바람이불어 마음이 상쾌하엿습니다。
푸르고붉은 채집망을들고 나온애가 여기저기 보엿습니다。그중에는 차돌이와 한 학교에다니는 애도 잇엇습니다。
멀리 밤나무가지에서 맴이 한마리가 「맴、맴、맴」하고 울엇습니다。차돌이는 맴이 우는소리를듣고 그곧으로 달려갓습니다。
가만가만이 밤나무 앞으로가서 숨을죽이고 맴이가 안진나무가지를 향하야 채집망을 휘둘으니까 여러번 어린애들에게 혼이난 맴이는미리 알어채렷든지 쫄닥 날려가바리고말엇습니다

〈그림 3〉『어린이』 11권 8호, 1933.8.

심과 애국심이 많았던 사람이다.

이러한 상황을 이영철은 「지독한 숫탁」에 담았던 것이다. 즉, 양반 정종우의 모습에 힘으로 억압하는 일본의 모습을 담았고, 학돌을 빼앗긴 금산의 모습에 당시 우리나라의 모습을 그렸다. 새끼 수탉의 모습 또한 억울함과 정의로움을 온 만민에게 고하고 싶어하는 우리나라 백성들의 모습을 알레고리로 담았다고 할 수 있다.

다음은 「울지 안튼 민충이」를 살펴보자.

「울지 안튼 민충이」에서 민충이는 쓰르르 울다가 차돌이에게 잡혀 벌레 담는 창에 갇힌다. 차돌이는 민충이가 우는 것을 듣기 위해 자신이 먹던 것들을 줘 보기도 하고, 민충이가 먹던 맛난 풀들을 들판에 나가 뜯어와 먹여보기도 한다. 그러나 민충이는 소리조차 내지 않는다. 어느 날 차돌이가 다른 풀을 뜯어다 주려고 벌레장을 여는 순간 민충이는 탈출하여 자연으로 돌아간다. 민충이는 그제야 쓰르르 하고 운다. 작가는 이 작품 끝에 그 소리는 마치 "'노엿네 노엿서 붓잡혓다 놓엿네' 하고 조와서 우는 것 같"[15]다고 했다.

이영철은 송도부속보통학교 1학년에 다닐 때, 아버지 이상춘이 일본 헌병에게 잡혀가는 것을 보게 되었다. 이영철의 아버지가 송도고보에서 조선어 시간에 손수 만든 조선어 문법을 가르쳐 주면서 한글과 한국의 역사를 가르쳤다는 이유에서이다. 그의 아버지는 수업시간에 학생들에게 성경을 읽어주기도 하며 출애굽기의 '모세' 이야기를 힘들여 가르쳐 독립정신을 고취해 주기도 하였다. 또한 배움 받던 학생의 노트장에서 이상춘이 지은 시 「선죽교」가 나와서 불온하다는 이유로 오

15 이영철, 「울지 안튼 민충이」, 『어린이』, 1933.8, 35쪽.

랜 조사를 받고 옥고를 치루기도 했다.

그 외에도 이영철은 주위의 많은 사람들이 '독립운동 사건'이나 다른 사건들로 감옥에 갇히는 것을 보아왔다. 이들은 작품 「울지 안튼 민충이」에서 차돌이가 민충이에게 '아무리 좋은 것'과 '맛난 것'을 주어도 울지 않았던 것처럼, 일본이 그 어떤 것으로 회유해도 자유와는 절대 바꾸지 않았던 것이다. 즉, '울지 않던 민충이'는 우리나라 독립투사나 민중들의 알레고리다. 이처럼 이영철은 구속자의 속박에서 벗어나서야 민충이가 울었던 것처럼, 조선은 주체적인 독립이 이루어져야 우리가 하고 싶은 것을 마음껏 하겠다는 당시의 민중들의 굳은 의지를 이 작품에서 보여주었다고 할 수 있다.

그러한 그의 사상은 동화 「뽐내던 불거지」(1948.10)에서도 잘 나타난다. 박태일은 이 동화를 불거지 한 마리가 우쭐거리며 다른 고기를 깔보다 다른 물고기들에게 혼이 나는 교육우화에 놓인다고 했다.[16] 그러나 이 동화는 교육우화를 넘어 일본이 우리나라를 지배하고 있을 당시의 시대상을 알레고리로 보여주고 있다고 할 수 있다.

'뽐내던 불거지'는 송사리, 달치, 중걸대, 꽹치, 쏘가리, 뱀장어, 망둥이 등 여러 물고기와 함께 시내에서 살고 있었다. 그런데 몸이 날씬하고 예쁘장하게 생긴 불거지가 힘이 장성해지면서 우쭐해져서 다른 고기들을 깔보고 젠체하며 건방지게 굴기 시작했다. "몹시 아는 체하여 아니할 참견도 하고, 공연히 생트집도 잡고 하더니, 그 버릇이 차차 자라서 자기 위에는 더 잘난 고기가 없는 듯이 뽐내었"(14~15쪽)고, "작은 고기들을 몹시 깔보아 걸핏하면 대강이로 들여받고 물어뜯고"(15쪽)하

16 박태일, 앞의 글, 214쪽.

였다. "불거지의 약한 고기를 업신여기고 잘난 체 뽐내는 행동은 날로 더해가서, 차차 이 시내 고기들의 원성의 표적이 되고 말았"(15쪽)다. "물고기들은 한 자리에 모여, 이 방자하기 그지없는 불거지를 제재를 가하지 않으면 안 되겠다고 의론이 되어 맨 먼저 쏘가리가 불거지의 이마 정통을 한 대 쏘았"다. 그러자 다른 고기들도 달려들어 불거지를 혼냈다. "마침내 불거지는 모든 것을 자기가 잘못하였으니 살려 달라고 살려 달라고 빌게 되었"(16쪽)다. "여러 고기들도 불거지가 항복도 했고, 또 그만하면 정신도 차려"서 하나 둘 흩어졌다. 불거지는 숲속으로 가서 흐르는 피를 씻고 그때부터 물살이 급한 곳으로 쌩쌩 혼자서 피해 다니며 놀게 되었다.

이 작품은 해방 후인 1948년 10월에 발표한 작품이다. 이 이야기 역시 작품 전체적으로 비유와 알레고리로 정의와 자유에의 갈망이 잘 담겨 있다고 할 수 있다.

힘이 장성해지면서 우쭐해져서 '다른 고기들을 깔보고 젠체하며 건방'지게 '뽐내던 불거지'의 모습은 침략자 '일본'의 모습과 비슷하다. 우리나라는 자체적으로 3·1독립 만세를 불렀고, 세계나라 대표들이 한 자리에 모여 일본의 침략을 제재하자고 회의를 하기도 하였다. 그 결과로 일본은 1945년 8월 6일 히로시마에, 8월 9일 나가사키에 미국이 투하한 원자폭탄을 맞고 항복을 하게 되었다. 그렇게 '뽐내던 불거지'가 '항복'한 것처럼 전 세계를 전쟁의 도가니로 몰고 가던 일본은 마침내 항복하고 물러났던 것이다. 불거지의 항복으로 모든 물고기들이 불거지의 억압으로부터 벗어나 자유로워진 것처럼 그동안 일본의 지배하에 있던 나라들이 자유를 얻게 된 것이다. 그러므로 이 작품 속에는

'뽐내던 불거지'의 모습을 일본으로 알레고리화하였으며, 당대의 우리나라와 세계의 현실을 비유적으로 표현하여 담았다고 할 수 있다.

3. 자기만족과 남을 위한 삶

이영철이 태어난 곳은 지금의 개성인 송도이다. 이영철은 철저한 기독교 집안에서 나서 자랐고, 기독교 권사라는 직책으로 생을 마감하였다. 그래서인지 그의 윤리관은 철저하게 기독교적이었다.

그가 태어난 송도에서의 집안은 꽤나 부유했다. 그러나 이영철의 나이 15살 때(1919) 충청도 입장으로 이사를 가서 고향인 송도보다 어려운 생활을 많이 겪게 되었다. 아버지가 감옥에서 출옥한 뒤 시골에서 정양靜養을 했기 때문이다. 어린 영철은 자연히 남의 것에 대한 부러움을 가지게 되었고, 그것에 대한 반성도 많이 했다. 그는 그러한 여러 가지 경험으로 '자기만족과 남을 위한 삶'을 사는 것이 옳다고 생각하며 살았다. 그러한 작가의식은 곧 작품에도 나타나고 있는데 「붉은 양옥집」, 「장미와 달팽이」, 「작은 나사못」, 「오리색기」 등의 작품에 잘 담겨 있다.

그 중에 「붉은 양옥집」과 「장미와 달팽이」를 살펴보자.

「붉은 양옥집」에서는 영일이를 통해 그 마음이 나타나고 있다.

> 소년과 소녀는 양복을 입고 구두를 신고 잇섯습니다. 영일이는 조선옷을입고 집신을 신고 잇섯슴으로 처음에는 퍽 부끄러워 하엿지만 그런 것

童話

붉은洋屋집

李永哲

금년에 열살이된 영일이는 네살먹든해에 어머니를 여이고 홀아버지품에서 자라낫습니다。영일아버지는 봄이면 밭갈고 두둑짓고 씨뿌리어 가을에 거두어드리는 농부이엇슴으로 낮이면 늘 밭이나 논에나가 일을하시고 저녁때나 되여야 집으로 오섯습니다。

영일이는 십리나되는 촌길을걸어 읍내에잇는 공립보통학교에 다니엇습니다。

영일이는 공부를 퍽 잘하엿습니다。

영일네집은 어떤 산속 외딴집이엇습니다。그럼으로 학교에서 공부를마치고 집에 도라와그날배운것을 복습하고 내일배울것을 예습하고 난뒤에라도 근처에 가치작난하고 놀 동모가 업섯습니다。영일이는 동모가 퍽 그리웟습니다。

영일네집에는 바둑이란개가 잇섯습니다。영일이는 바둑이를 퍽사랑하엿습니다。바둑이도 영일이를 따랏습니다。영일이와 바둑이는 아조천한 동모엿습니다。그럼으로 공부하기실흔때면 영일이는 뜰앞으로 거닐며 바둑이를 다리고 놀앗습니다。

바둑이는 퍽어엽븐개이엇습니다。

어떤 초여름날이엇습니다。영일네집 건넛산에서는 양옥을짓느라고 터를닥는 소리가들려왓습니다。영일이는 집앞뜰에서 멀리 건넛산에짓는 양옥집을 매일바라다보는것으로 일과를삼고 자긔살집이나짓는듯이 깃버하엿습니다。

—(22)—

〈그림 4〉『어린이』 10권 8호, 1932.8.

은 다 이저바리고 자미잇게 놀앗습니다. (…중략…)

소년소녀와 뻰취에 안저 이야기를 주거니 받거니 하고 잇던 영일이가 우연히 건너산을 바라다 보니까 참 경치가 조왓습니다. 청청한 소나무잣나무가 둘려싸힌 삼림 중에 반쯤 보이는 초가집은 그림가치 아름다워 보엿습니다. 그때 마츰 해는 서산을 넘어가고 잇섯슴으로 저녁노을에 더 한층 아름다워 보엿습니다. 그리고 말 못할 행복이 넘처흐르는 듯하엿습니다.

그때 마침 소년이 영일네 집을 손가락으로 가르치며면서

"저게 너이 집이냐?" 하고 물엇습니다.

영일이는 서슴지 안코

"응 그러탄다" 하고 대답하엿습니다.

"참 경치가 조흔데!" 하고 대답하엿습니다.[17]

주인공 영일이네는 산속 외딴집에서 살았다. 학교가 끝나고 집에 돌아오면 동무가 없어 바둑이란 개와 함께 놀았다. 그러던 어느 초여름날 맞은 편 건너 산에 붉은 양옥집이 새로 지어졌다. 영일이는 저렇게 좋은 데 사는 사람들은 어떤 사람들일까 생각하면서 아버지에게 왜 우리는 저런 경치 좋은 곳에다 별장을 짓지 않고 이렇게 가난하게 사냐고 질문했다. 영일이 아버지는 "영일아! 그런 생각을 가저서는 못쓴다. 다른 사람을 부러워해서는 안 된다. 사람이란 언제나 자긔 처지대로 만족하여야 한다. 공연히 남을 부러워해서는 못쓴다. 집이 두 채가 잇다고 한꺼번에 두 집에 살 수는 업다. 집이 두 채가 잇다고 하로 밥을 여섯 끼는 아니 먹을 게 아니냐! 영일아! 우리 사람은 자긔만을 생각해서

17 이영철, 「붉은 양옥집」, 『어린이』, 1932.8, 24～25쪽.

는 못쓴다. 나보다는 나만 못한 사람을 생각하여야 한다. 우리는 혼자서 배불리 먹으랴고 해서는 못쓴다"(23쪽)라고 했다.

어느 날 영일이는 붉은 양옥집에 사는 소년과 소녀를 만나 그 집에 놀러 가게 되었다. "소년과 소녀는 양복을 입고 구두를 신고", 영일이는 "조선옷을 입고 집신을 신고" 있어 "처음에는 퍽 부끄러워 하엿지만" 영일이는 다 잊어버리고 재미있게 놀았다. 그러다가 그곳에서 바라본 자신의 집이 그림같이 아름답다는 것을 알게 되었다. 또 그 집 아이들도 영일이네 집이 경치가 좋다고 하면서 부러워하고 놀러가고 싶어한다는 것을 알게 되었다. 그 일이 있고부터 영일이는 붉은 양옥집을 부러워하지 않게 되었다.

이 작품은 이영철 자신의 경험에서 나온 이야기라고 할 수 있다. 이영철의 집이 입장으로 이사 와서 살게 된 집은 마을의 변두리에 있는 작은 집이었다. 이 집은 「붉은 양옥집」에 나오는 산속의 초라한 영일이네 집처럼 토담으로 빙 둘러싸여 있었다. 그 토담 안에는 2백 평도 더 되는 채소밭까지 있었다. 이영철은 그 집에서 닭을 기르며 자연과 함께 어린 시절을 보냈다. 당시 입장읍에는 학교가 없어 학교에 다니려면 10리도 더 되는 직산稷山으로 통학을 하지 않으면 안 될[18]정도로 영철의 집은 산골에 있었다. 즉, 「붉은 양옥집」에 나오는 영일이네 집 배경은 이영철이 어린 시절 살았던 입장과 진천의 시골집 이미지와 흡사했다. 또한 내용 중에 '조선옷을 입고 짚신을 신은 자신을 부끄러워'한 영일은 이영철의 분신이라고 할 수 있다. 초가집은 우리나라 조선이며 영일이 부러워한 '붉은 양옥집 별장'은 자신의 나라를 가지고도 다른

18 이영철, 『행복을 찾아서』, 글벗집, 1978, 26쪽.

곳에 집을 세우는 일본 또는 서구의 열강 세력의 비유라고 할 수 있다.

원종찬은 이 작품을 "계급의 도식으로 서둘러 문제를 풀어가지 아니하고 자기가 처한 현실을 껴안도록 배려한 작가의 따뜻한 시선이 돋보이는 작품"이라고 평했다.[19] 이처럼 이영철은 작품에서 '자기가 처한 현실을 껴안'음은 물론 자기만족의 삶을 어린이 독자들에게 전달하려 했음을 알 수 있다.

남의 것을 부러워하고 탐내던 어린 영철의 이런 마음은 다른 에피소드에도 담겨 있다. 어느 날 그는 학우들과 등굣길에서 과수원 앞을 지나다가 복숭아 서리를 하기로 마음먹었다. 다른 아이들보다 앞서 달려 들어가던 그는 갑자기 바람소리를 내며 지나가는 커다란 구렁이를 보게 되었다. 이영철은 온몸에 소름이 끼쳤고 그것이 하나님께서 "어찌 남의 복숭아를 훔쳐 먹으러 들어오는 거냐?" 하고 꾸짖는 소리로 들렸다. 그 후로는 다시는 주인 몰래 남의 물건을 훔칠 생각을 품지 않게 되게 되었다[20]고 했다. 이런 기억들이 훗날 그의 동화의 배경이 되어 「붉은 양옥집」 같은 작품이 탄생되었다. 이렇듯 이영철의 작품에는 자신의 경험을 비추어 어린 시절에 남의 것을 탐하거나 부러워해 자존감을 잃는 것에 대한 경계를 교훈으로 담고 있다. 이것은 단지 어린이들뿐만이 아니라 책을 읽어 주는 어른들에게도 작가가 말하고 싶은 핵심 요소이기도 하다.

그는 일제강점기 때 많은 사람들이 일본의 강요에 못 이겨 창씨개명을 하는 것을 보아 왔다. 많은 사람들이 일본인처럼 살고 싶어 빨리 창

19 원종찬, 앞의 글, 359쪽.
20 이영철, 앞의 책, 27쪽 참조.

씨개명을 한 사람도 있고, 아니면 강압에 못 이겨 억지로 한 사람도 있었다. 이영철 자신도 그 압박에서 벗어나지 못해 결국 창씨개명을 하였다. 이영철이 창씨개명한 이름은 '가나다'였다. 그것은 한글에서 따온 것이었다. 당시 이영철에게 배우던 학생의 증언을 들어보자.

> 이영철 선생님을 딴 선생님들보다 더 우러르게 된 것은 간단한 이유 때문이었다. 그때는 누구나 創氏改名(창씨개명)을 했는데 그분의 姓(성)은 '加那多(가나다)'였다. 金(김)씨라면 '가나다(金田(김전))' 같은 성이 될 터인데 加那多(가나다)라는 별난 文字(문자)를 쓴 것이 이상했고 더구나 원래 李(이)씨라고 하니 이상했다. 그리고 얼마 후에 그 의문이 풀렸다. 創氏改名(창씨개명) 을 막무가내로 안 하시다가 마지막에 가서 '加那多(가나다)'라고 했는데 그것은 우리 訓民正音(훈민정음)의 '가나다라마바사……'에서 따왔다는 것이다.[21]

위의 증언을 한 당시의 학생은 나중에 커서 문학평론가 된 김우종이다. 어린 시절 남의 것을 부러워해서 복숭아를 훔치려고까지 했던 이영철은 당시의 깨달음으로 어른이 되어서도 자존감을 잃지 않으려고 애를 썼고, 그 의식이 작품에도 투영되었다는 것을 알 수 있다. 즉, 「붉은 양옥집」 속에서 작가가 하고 싶은 말은 두 가지라고 할 수 있다. 하나는 영일이를 통해서 남의 것에 대한 부러움을 갖지 말고 자존감을 갖게 하려는 마음이다. 또 하나는 영일이의 아버지를 통해서 남의 위한

21 김우종, 「[칼럼 / 논단] 나의 스승 李永哲(이영철)선생」, 『경향신문』, 1982.11.1. 김우종은 문학평론가이다. 현재 『창작산맥』의 발행인으로, 덕성여대 교수를 지낸 바 있다.

삶을 살려는 마음을 가지자는 것이다.

「薔薇와 달팽이」에서도 그와 같은 의식은 잘 드러나 있다.

> "달팽아! 그러케 억보로 말하지 말고 다시 한번 잘 생각해 보아라. 네 몸이 네 해인 줄로 알앗섯니…… 네 몸은 너를 만든 조물옹의 것이다. 조물옹은 너를 위하야 네 몸을 만들어내신 게 아니라 다른 사람들을 위해 만드섯단다. 쉽게 말하면 네 몸을 다른 사람을 위하야 바처야 한다…… 너는 나와도 달나 네가 가고 싶은 곳에 네 마음대로 갈 수가 잇스니 나보다는 훨신 더 행복스러운 편이다. 그러닛가 너는 이 세상을 위하야 더 훌륭한 일을 얼마든지 할 수 잇슬 것이 아니냐……."
>
> "건방진 자식! 뭐 세상을 위해? 야 아니꼽고 메스껍다. 말이면 다 하는 줄아니. 너는 네 입으로 자연의 은총이라고는 털끝만치도 받어본 일도 업거니와 받는 일도 업다. 그러닛가 세상을 위해 일하겟다는 그런 쓸데업는 생각은 꿈도 안 꾼다. 자연의 은총을 실토록 받는 너나 어서 세상을 위해 조은 일을 만이해라. 원 비리먹을놈……." 하고 달팽이는 허허허 웃엇습니다.[22]

달팽이는 자신이 어떤 큰일을 할 것이라며 잘난 체를 했다. 그러나 장미는 행복한 일이란 남을 위하는 것이라고 하였다. 가끔 장미도 남을 위해 사는 것에 대해 허무함도 느끼지만 그래도 남을 위해 사는 것이 행복하다고 생각하며 살았다. 세월이 흘러 달팽이는 죽고, 장미도 시들어 죽지만 장미나무가지 밑에는 달팽이들이 살고 있었다. 장미는 죽어서도 남을 위해 살고 있는 것이다.

---

22 이영철, 「薔薇와 달팽이」, 『어린이』, 1932.10, 52쪽.

당시의 사람들은 밀려오는 일본의 개화사상으로 자신의 것을 초라하게 여기고 남의 것을 탐내고 부러워하는 사람들이 많았다. 그래서 기존의 자기 것을 부끄러워하거나 파괴하고 새로운 것만을 쫓으려 했다. 또한 남을 위한 삶 보다는 자신만이 잘 살 수 있다는 생각에 이웃을 배신하고 나라를 배반하는 사람들이 많이 있었다. 이것은 당시의 잘나가는 사람들의 삶의 모습이기도 하지만 부富나 권력 앞에서는 나라도 팔아먹는 매국노들의 모습이기도 했다. 그들은 이렇게 사는 것이 잘 사는 것이라고 여기고 뻐기며 잘난 체를 하고 살았다. 작가는 자신의 동화를 읽는 어린이들이나 어른들에게 이러한 것을 경계하고 깨우쳐 주려고 했다. 그래서 자기만족과 남을 위한 삶을 살기를 바라는 마음으로 작품 속에 작가의식을 넣었다고 할 수 있다.

이영철은 자신이 쓴 수필 「利己主義者」라는 글에 이런 사람은 "도덕심이나 동정심 같은 건 털끝만큼도 없고 양심, 관용, 용서 같은 낱말은 일체 아랑곳하지 아니하고 자기중심 사상에 도취되어, 국가나 민족도 모르고, 남들이 다 잘 살게 되어야 자기도 잘 살 수 있다는 아주 평범한 이치를 망각하고, 남이야 어떻든 자기와 자기 가족만 잘 살면 그만이라는, 그런 식으로 처세를 해 나가는 백해무익한 군상들"[23] 이라고 빗대어 쓰기도 했다. 이런 작가 의식이 「붉은 양옥집」과 「薔薇와 달팽이」 같은 작품에 녹아 있다.

23 이영철, 「利己主義者」, 『행복을 찾아서』, 글벗집, 1987, 117쪽.

4. 교만함과 잘난 체의 경계

이영철의 작품을 주제별로 나누어 분석해 보았을 때 가장 많이 들어 있는 것이 '교만함과 잘난 체의 경계'라고 할 수 있다. 이영철은 동화작가이고 국어학자였지만 직업은 학생들을 가르치는 교사였다. 자신의 모교인 송도고보를 시작으로 용산고등학교, 정년퇴임을 한 덕수상고까지 평생 일반 교사로 직분을 다하다가 생을 마쳤다. 그가 살면서 가장 경계했던 것이 교만함과 잘난 체였다. 즉 그의 삶은 겸손함 자체였다. 그래서인지 다른 교훈을 주고 있는 이영철의 작품들 속에는 '교만함과 잘난 체의 경계'에 대한 의식이 중복되어 있는 것을 볼 수 있다. 대표적인 작품이 「교만한 모밀」, 「오리색기」, 「장미와 달팽이」, 「까마귀」 등이다.

그 중에서 「교만한 모밀」의 내용을 먼저 살펴보자.

> "애, 모밀아 그러케 더러운 말을 해서는 못쓴다 넘우 네 고집만 세우지 말고 잠간 동안만 고개를 숙이고 잇스렴으나. 나갈치 늙은 놈의 말도 간혹 가다가 쓸 말이 잇단다. 험악한 날 고개를 반짝 처들고 잇스면 벼락을 맞는다는 말은 옛날부터 전해 내려오는 금언이 아니냐. 야 지금 천둥이 우르렁거리고 번개가 번적어린다. 어서 빨리 머리를 숙여라. 응 어서 애야!"
>
> 그러나 모밀은 여전이 귀담아 듯지 안습니다.
>
> "나는 너이들처럼 그리 어리석은 놈이 아니다. 너이들이 여우의 주둥이로 나를 꼬이고 칼이나 방맹이로 나를 위협한다드라도 나는 눈 하나 깜작하지 안켓다. 응 이 망할 자식들아!" 하고 점점 뽐낼 뿐이엿습니다.[24]

「교만한 모밀」은 모밀이 잘난 체를 하다가 스스로 파멸하는 이야기이다. 농장에 버드나무가 있었다. 그 버드나무 오른편에는 보리와 밀을, 왼편에는 모밀을 심었다. 모밀은 늘 잘난 체를 하였다. 어느 폭풍우가 치던 날 버드나무를 비롯해서 대부분의 식물들은 고개를 숙이고 있었으나 모밀은 고개를 빳빳하게 세우고 계속 잘난 체를 하였다. 다른 식물들이 이럴 때는 고개를 숙이고 잠잠하게 있으라고 충고해주었지만 모밀은 어리석은 겁쟁이라고 하며 계속 고개를 쳐들고 있었다. 결국 비가 갠 후, 다른 식물들은 더 싱싱하게 자랄 수 있었지만 모밀은 폭풍우에 휘말려 그 농가에서 사라지고 말았다.

「교만한 모밀」에서도 작가는 단지 모밀이 잘난 체를 하다가 죽었다는 이야기를 전하려는 것이 아니었다. 교만하고 잘난 체하는 인간들의 행동이 얼마나 어리석으며 스스로를 파멸하는지를 모밀을 통해 우회적으로 보여주고 있다. 이러한 작가의 사상은 그의 수필에도 나타나고 있다. 수필은 자신의 고백적인 글이다. 이영철은 "모름지기 사람은 언제 어디서나 겸손해야 한다. 그리고 남을 업신여기거나 깔보아서는 안된다. 속에 든 것도 없으면서 공연히 잘난 체, 아는 체 뽐내는 사람을 보게 된다. 빈 수레는 요란한 소리를 내지마는, 벼이삭은 익을수록 고개를 숙이는 법이다"[25]라고 말하며 교만함과 잘난 체를 경계하였다.

「오리색기」에 나오는 이야기의 주제 또한 교만함과 잘난 체의 경계이다.

---

24 이영철, 「교만한 모밀」, 『어린이』, 1932.11, 58쪽.

25 이영철, 『행복을 찾아서』, 글벗집, 1978, 13쪽.

엇던 초당(草堂) 큰 연못에 오리색기 한 마리가 잇섯습니다. 한 어머니 배속에서 난 형제는 퍽 만엇지만 사내자식은 자긔 하나뿐이엇슴으로 여간까불고 잘난 체하지 안엇습니다.

오리색기는 매일 연못 가운데를 이리저리 헤염을 치어 다니면서 놀앗습니다. 그러나 백로나 황새나 또는 여러 물새들이 푸른 한울로 훨훨 활활 날라오고 날러가는 것을 보고는 퍽 부러워 햇습니다. 그래서 날짐생들을 보는 때면 늘 어미 오리에게 불평을 말햇습니다.

"어머니! 웨 나를 날도록 맨들어주지 못햇소. 큰 날개를 가지고 훨훨 날러다니면서 쉷은 세상을 구경하지 못하고 이러케 좁다란 연못 가운데 둥둥 떠서 밤낮 왓다갓다 하다가 그 귀한 세월을 다 보내고 말게 되니 세상에 살아 잇슬 자미나, 보람이 업고 또 허무하구료."[26]

새끼오리는 세상에서 자기가 제일 잘났다고 생각하며 남을 무시한다. 하지만 그런 교만한 새끼오리도 단 한 가지 못하는 것이 있다. 그래서 더욱 그것을 하고 싶어 한다. 그것은 하늘을 훨훨 나는 것이다. 어느 날 새끼오리는 까마귀를 보고 나는 법을 가르쳐달라고 한다. 까마귀가 5일을 굶으면 된다고 했지만 힘만 빠지고 죽기 일보직전이다. 그것을 본 엄마 오리가 새끼오리를 돌봐주어 다시 살아난다. 새끼오리는 그제야 제 분수를 알고 잘 산다는 이야기다.

「오리색기」에 나오는 새끼오리 역시 하늘을 날고 싶어 한다. 만약 새끼오리가 자기 분수에 맞지 않게 하늘을 날았다면, 그리스로마 신화에 나오는 다이달로스와 파에톤처럼 자기 자신은 물론 남에게도 피해

---

26 이영철, 「오리색기」, 『어린이』, 1932.12, 36쪽.

를 주고 파멸되어 죽었을 것이다.

이렇듯 작가는 교만하고 잘난 체하는 자들의 모습을 오래새끼와 모밀의 모습에 알레고리를 만들어 담아내고 있다. 또한 잘난 체와 교만함은 자기 자신의 파멸은 물론, 남에게도 피해를 주기 때문에 경계해야 된다는 교훈을 자기 책을 읽는 어린 독자들과 어른들에게 우회적으로 전달하려 했던 것이다.

5. 나가며

이 글은 『어린이』지에 발표한 이영철 동화의 특징을 연구하기 위해 쓴 글이다. 이영철의 작품 속 내용의 주제를 살펴 본 결과 뚜렷하게 나타나는 세 가지 특징이 들어 있었다.

첫째는 정의와 자유에의 갈망이었다. 그러한 작품으로 「지독한 숫탁」, 「울지 안튼 민충이」, 「뽐내던 불거지」가 대표적이었다. 이 작품들 속에는 일본의 침략에 대한 작가의 분노와 정의와 자유에 대한 열망이 은유와 알레고리로 숨어 있음을 볼 수 있었다.

둘째는 자기만족과 남을 위한 삶이었다. 대표적인 작품으로는 「붉은 양옥집」, 「장미와 달팽이」, 「작은 나사못」, 「오리색기」가 있다. 그 중에서 「붉은 양옥집」, 「장미와 달팽이」를 살펴본 결과, 작가의 어린 시절 경험이 작품 속에 녹아 있다는 것을 알 수 있었다. 「붉은 양옥집」은 서구화의 문물을 부러워하거나 일본이 내선정책을 펴기 위해 가져온 것에 현혹되는 것을 경계하는 교훈을 담았다. 또한 어려운 시기에 자기만 잘 살기 위해 남을 짓밟거나 나라를 팔아먹는 일에 대한 자들에 대한 경고와, 남을 위해 사는 삶이야말로 아름다운 것이라는 교훈이 숨어 있었다.

셋째는 교만함과 잘난 체의 경계이다. 해당되는 작품으로는 「교만한 메밀」, 「오리색기」, 「장미와 달팽이」, 「까마귀」 등을 들 수 있다. 그 중에서 「교만한 모밀」과 「오리색기」 두 작품을 연구해 본 결과, 작가는 교만하고 잘난 체하는 인간들의 행동이 얼마나 어리석으며 스스로를 파멸에 이르게 하는지를 '교만한 모밀'을 통해 우회적으로 보여주었다. 또한 교만함과 잘난 체는 자기 자신의 파멸은 물론 남에게도 피해를 주기 때문에 경계해야 된다는 교훈을 독자들에게 전달하려 했다는 것을 알 수 있었다.

살펴본 것처럼 이영철의 작품 속에는 당시의 상황들과 묘사들이 알레고리로 숨어 있는 것은 물론, 일제침략에 대한 저항의식이 치열하게 묘사되어 있다는 것을 알 수 있었다. 또한 글에서뿐만 아니라 이영철은 자신의 신념을 몸소 행동으로 보여주며 일제의 만행에 항거했던 작가이다.

이 글은 앞에서 밝혔듯이, 이영철의 많은 동화작품 중 『어린이』에 실린 동화만을 가지고 그 특징을 살펴본 까닭에 많은 한계점이 있다. 하지만 그가 식민지 시대의 어린이들에게 얼마나 많은 현실을 깨닫게 하려고 했는지, 또한 작품 하나하나에 투철하고 치열한 작가정신을 심었는지 『어린이』에 발표한 작품만으로도 충분히 알 수 있었다. 일제강점기 어두운 시절에 빼앗긴 우리말을 지키려고 노력하다 한 평생 다리

불구가 되고, 빛이 없는 나라의 어린아이들에게 어떻게든 동화로 깨우쳐 주려고 했던 아동문학가 이영철의 삶은 거룩하기까지 하다. 이러한 작가 정신은 아동문학가, 연구자는 물론 후세들에게 길이 전해져야 함이 마땅하다.

나라를 빼앗긴 시기에 일본의 정책에 아부하는 글을 쓰던 아동문학인들의 행태가 밝혀지지 않아 그들이 우리나라 아동문학을 대표하는 것처럼 칭송받으면서 연구의 초점이 된 적이 있었다. 다행히 시간이 지남에 따라 차츰 그 진상이 밝혀지고 있다. 반대로 동화작가 이영철처럼 암흑기에 나라와 어린이를 위하는 글을 썼던 작가들을 조명하고 연구하는 일은 아직도 활발하지 못하다. 한국아동문학사에서 그들을 시급히 찾아내고 조명하여 뚜렷한 문학사적 위상을 높일 수 있도록 하는 일이 지금, 여기 우리 연구자들의 과제일 것이다.

참고문헌

1. 기본자료

『어린이』, 1923.3～1949.12.

이영철, 「지독한 숫탁」, 『어린이』, 1931.10.

______, 「짤븐 이야기」, 『어린이』, 1931.11.

______, 「붉은 양옥집」, 『어린이』, 1932.8.

______, 「薔薇와 달팽이」, 『어린이』, 1932.10.

______, 「교만한 모밀」, 『어린이』, 1932.11.

______, 「오리색기」, 『어린이』, 1932.12.

______, 「작은 나사못」, 『어린이』, 1933.2.

______, 「개와 늑대」, 『어린이』, 1933.3.

______, 「개나리꽃과 꾀꼬리」, 『어린이』, 1933.5.

______, 「옥순 어머니」, 『어린이』, 1933.6.

______, 「어머니의 사랑」, 『어린이』, 1933.7.

______, 「울지 안튼 민충이」, 『어린이』, 1933.8.

______, 「까마귀」, 『어린이』, 1933.11.

______, 「뽀비와 도깨비」, 『어린이』, 1933.12.

______, 「자각돌」, 『어린이』, 1934.1.

______, 「깨진 꽃병과 순이」, 『어린이』, 1934.2.

______, 「어떤 언니와 아우」, 『어린이』, 1934.4.

______, 「石南이의 어렷슬 때」, 『어린이』, 1934.5.

______, 「고양이」, 『어린이』, 1948.5.

______, 「토끼와 인력거」, 『어린이』, 1948.6.

______, 「뽐내던 불거지」, 『어린이』, 1948.10.

______, 「늑대」, 『어린이』, 1949, 1-2.

______, 「회초리」, 『어린이』, 1949.5.

______, 「소년을 구해 낸 개」, 『어린이』, 1949.12.

2. 논문

김우종,「나의 스승 李永哲(이영철)선생」,『경향신문』, 1982년 11월 1일字 기사 (칼럼 / 논단)

박금숙,「동화작가 이영철의 생애 고찰」, 한국아동청소년학회 연구발표회, 2009.

박태일,「광복기 개성 지역문학의 좌표—북한 지역문학사 연구 2」,『현대문학이론연구』, 현대문학이론학회, 2012.

신현배,「'다시 보는 겨레 아동 문학'을 내며」,『쌍동밤』, 숲속나라, 2000.

이희정,「1920년대 잡지 〈동명〉의 매체 담론과 문예물 연구」,『우리말글』, 우리말글학회, 2016.

조대인,「따뜻한 눈길을 잡은 어린이의 마음」,『쌍둥밤』, 숲속나라, 2000.

3. 단행본

겨레아동문학연구회,『겨레아동문학선집』 3, 보리, 1999.

송도중고등학교동창회,『송도학원백년사』, 학교법인 송도학원, 2006.

원종찬,『아동문학과 비평정신』, 창작과비평사, 2005.

이영철,『행복을 찾아서』, 글벗집, 1978.

______,『쌍둥밤』, 숲속나라, 2000.

이재철,『한국현대아동문학사』, 일지사, 1974.

______,『세계아동문학사전』, 계몽사, 1989.

______,『아동문학의 이론』, 형설출판사, 1988.

토마스 불핀치, 이윤기 역,『그리스로마신화』, 웅진닷컴, 2001.

『어린이』에 발표된 동요·동시·소년시 연구

서희경

1. 서론

『어린이』 잡지는 1923년 3월 20일 창간호를 시작으로 속간호의 끝인 1949년 12월 1일까지 전체 137호가 나왔다. 제12권 제6호 동요특집호(1934.6.20 발간)의 발견으로 1930년대에도 뜨거웠던 동요 창작의 상황을 알 수 있다.

이 글은 『어린이』에 발표된 '어린이' 주체에게 읽힐 서정적 특징을 가진 장르 연구를 위한 것이다. '어린이'를 위해 쓴 시가 연구의 대상이다. 『어린이』 잡지의 '어린이少年'는 방정환이 일제식민지 치하 근대사회에서 나라의 운명을 책임질 수 있는 주체적인 어린이로 기르고자 하는 대상이며 그 연령은 소년시기까지로 보았다. 『어린이』 잡지에서 표기된 장르와 소년의 연령 및 구성 방식은 천도교 소년회와 긴밀한 관계를 이루고 있다.

천도교 소년회의 회원 자격은 만 7세부터 16세까지의 소년으로 정했다. 남녀는 물론 조선인과 외국인을 불문하고 가입할 수 있었다. 천도교인 여부와도 무관하게 가입할 수 있었다. 천도교 소년회의 조직은 일단 남자와 여자로 나뉘고 이를 다시 연령별로 8~10세(제1부), 11~13(제2부), 14~16세(제3부)로 편성했다. 규범적인 예체능이 아니라 자유롭고 즐거운 기운으로 유희와 운동을 담당하는 유락부遊樂部, 일상생활과 관련된 주제, 역사 이야기 혹은 재미와 교훈이 넘치는 화제를 선정하여 자유롭게 이야기하여 토론 문화를 형성했던 담론부談論部, 생활 속 예절을 배우고 사회생활에 필요한 상식을 알려주거나 명승고적을 구경하며 삶의 현장들을 견학하는 활동도 펼쳤던 학습부, 회원에게 불행한 일이 생겼을 때 성심으로 위문하고 반대로 기쁜 일이 있을 때는 축하하는 활동을 펼쳤던 휴머니즘의 위열부慰悅部 등의 부서로 구성되었다.[1]

현대에도 독자의 연령으로 큰 범주의 아동문학을 유아, 아동, 청소년 문학으로 구분하지만 이는 『어린이』에서 구현된 방식에서 출발점을 찾을 수 있다는 데 의미가 있다.

박지영[2]의 논문에서는 '기쁜 동요'와 '슬픈 동요'의 창작 측면이 당대 아동들이 겪고 있을 고통을 극복할 정서적, 인식적 능력을 키워주고자 하는 데까지는 이르지 못했다고 하였다. 하지만 "고흔 동요를 한 구절

---

1 김정인, 「1920년대 천도교 소년운동의 이론과 실천」, 『한국민족운동사연구』 73, 2012.

2 박지영, 「1920년대 근대 창작동요의 발흥과 장르 정착 과정—『어린이』 수록 동요를 중심으로」, 『상허학보』 18, 2006.

부를 때 마음이 시원하고도 고요해지고 삼즉이 깨끗해지는 것을 투철히 늣"기고 "남의 부르는 것을 엽헤서 듯고만 잇서도 마음이 순화純化되고 정화淨化되는 것을 늣"긴다[3]는 정순철의 말처럼 현실에 대응하는 힘을 직설적으로 토로한 시가 아니더라도 슬픈 감정을 털어놓으면서 혹은 기쁨을 노래하면서 마음이 정화되는 자체에 의미가 있다. 현실의 시름을 잊고 마음의 평온을 얻어 현실에 대응하는 실천을 하는 것은 그 다음의 일이기 때문이다. 1920년대의 시들을 천사주의 동심으로만 해석하거나 천사주의 동심이 사라진 1930년대를 아동문학의 암울한 시기로 해석하는 것은 아쉬움을 남긴다. 가령 1934년 6월 20일 『어린이』는 제12권 제6호를 동요특집호로 발간하였다. 각 지역 사람들이 보낸 독자작품 동요를 입선동요로 뽑아 싣거나 특선동요로 발표하였다는 것은 전국적으로 동요 창작이 활발했음을 시사한다. 1930년대는 그림동요와 동요유희라는 장르가 본격적으로 드러나면서 형식적으로 동요의 발전이 괄목하게 이루어진 시기이다. 또 1930년대는 아동문학의 암울한 시기가 아니다. 노래를 붙일 수 있는 정형률의 동요뿐 아니라 율격에서 보다 자유로운 동시와 소년시도 많이 창작되었다.

진선희[4]는 1923년부터 1934년까지 동시의 내용적 측면을 우리 민족의 삶과 정신에서 '상실'과 '저항'과 '희망'의 세 가지 범주로 나누었다. 특히 독자투고 동시의 특성을 분석하며 1920년대는 자연적 저항으로 억압과 수탈이 저항과 분노와 비판의 목소리를 끌어내었다는 점을 말

---

3 정순철, 「동요를 권고합니다」, 『신여성』 2-6, 대정13(1924).6, 53쪽 참조.

4 진선희, 「『어린이』지 수록 동시 연구 (1)」, 국어국문학, 2013; 진선희, 「『어린이』지 수록 동시 연구 (2)」, 『한국아동문학연구』, 2014; 진선희, 「『어린이』지 수록 동시 연구 (3)」, 『한국아동문학연구』, 2014.

해 주고 있어 1920년대 동시들을 천사주의 동심으로만 한정해 분석하여 한계를 드러낸 연구와 차별화를 이룬다. 또 1930년대의 동시를 선동적 저항으로 해석하며 현실의 참담함을 있는 그대로 형상화하거나 현실을 고발하는 동시로 보았다. 이런 시의 형식은 정형률에서 벗어나 산문적 경향이 두드러진 내재율의 형식적 새로움을 지녔다고 분석했다. 그러나 그림동요나 동요유희 같은 장르에 대한 해석의 과제가 남는다.

이 글에서 다루고 있는 동요, 동시, 소년시 외에 그림동요, 동요유희, 동화시 등은 『어린이』에 수록된 장르명을 그대로 따른다. 이 글에서는 미발굴된 자료로 완전히 해석할 수 없었던 『어린이』의 동시 연구 성과에 발굴 작품을 덧붙이면서 좀 더 보완하려고 한다. 『어린이』는 작품에 장르를 직접 붙이면서 다양한 장르가 공존했던 매체였다. 그러므로 아동을 위한 서정적 장르의 갈래를 파악하기에 좋은 자료이다. 동요, 동시, 소년시라고 뚜렷하게 명시된 장르와 그림동요나 동요 유희 같은 하위 장르까지 면밀히 검토하면 장르의 구분에서 드러나는 '시'에 대한 고유한 특성과 각 장르마다의 개별적인 차이를 밝힐 수 있다. 현대에는 동요와 동시, 유아동시, 어린이시, 동화시, 말놀이시, 청소년시 등 '시'에 대한 하위 범주의 장르가 뚜렷하게 구분되는데 이것이 시작되는 기준을 『어린이』에서 찾을 수 있을 것이다. 따라서 『어린이』에 나타난 동요, 동시, 소년시는 아동문학의 서정 장르 영역인 아동에게 읽힐 '시' 라는 자장 안에서 상호 유기적인 성격을 가지며 각각 독립적이고 고유한 범주가 된다. 하지만 동요는 정형률을 가지고 노래를 붙일 수 있는 시라면 동시나 소년시는 정형률로도 창작될 수 있지만 대개 노래를 붙이지 않으므로 정해진 리듬과 상관없이 형식적으로 내재율로 쓰인 것이 많다고 할 수 있다.

2. 동요, 동시, 소년시의 장르적 구분과 특성

『어린이』에 발표된 아동에게 읽힐 서정적 장르를 모두 써 보면 다음과 같다.

동요	동시	소년시
동요 : 악보가 있는 것과 없는 것	동시	소년시－소년자유시
그림동요	동화시	소녀시
동요유희 / 유희창가	그림동시	–
유년동요	산문시	–
동요편지	–	–
독자작품동요－입선동요 인선동요 특선동요	–	–
소년동요	–	–

동요는 다시 악보가 있는 것과 없는 것으로 나뉜다. 그림동요는 화가의 이름이 동요 작가명과 함께 명시되어 있다. 동요의 중심 내용을 그림으로 옮겨 실린 동요를 말하고 있다. 동요유희는 유치원 등 교육현장에서 한 유희 활동으로 동요의 노랫말을 가지고 표정과 율동을 섞어 자유로운 기운으로 재미있게 놀 수 있는 장르이다. 동요편지는 형식은 동요인데 받는 이가 내용에 드러나며 편지의 내용을 담고 있다.

1) 동요

(1) 악보 없는 것

①

파랑새야 파랑새야
녹두남게 안지말아
녹두꽃이 썰어지면
청포장사 울고간다

— 우촌(雨村) 동요, 〈파랑새〉[5]

②

나는나는 봄이오면
버들가지 꺽거다가
피리내여 입에물고
라레라레 재미스러

나는나는 봄이오면
진달래와 개나리로
금강산을 꾸며노코
솟곱작난 재미스러

5 우촌(雨村), 〈파랑새〉, 『어린이』 창간호, 1923.3.20, 9쪽.

나는나는 봄이오면
오색나븨 춤을 추고
노랑새가 날아와서
쐬꼴쐬꼴 재미스러

— 버들쇠 동요, 〈봄이오면〉[6]

위 동요는 1923년 3월 20일 창간된 『어린이』 제1권 제1호, 창간호에 처음으로 실린 동요이다. 동요 〈파랑새〉는 구전동요口傳童謠 및 전래동요 〈새야새야 파랑새야〉로 녹두장군으로 불리던 동학농민운동의 전봉준의 죽음을 미리 슬퍼하여 지어 퍼뜨린 동요였다. "시골 경상도와 전라도의 어린이들이 부르는 노래로 〈달아달아 밝은 달아〉와 같이 불러 보십시오"라고 작품 끝에 덧붙였다. 전래동요 〈달아달아 밝은 달아〉는 중국 당나라 이태백을 생각하면서 지어졌다. 4·4조의 반복으로 정형률을 가진다. 〈봄이 오면〉은 버들쇠의 창작동요이다. 봄이 오면 버들가지를 꺾어 피리를 불며 재미있게 놀고 진달래와 개나리로 금강산을 꾸며놓고 소꿉장난도 하고 오색나비춤을 출 것이라는 희망을 담은 시이다. 일제 식민지의 암울한 시기였기 때문에 시적 공간인 '봄'은 일제로부터 자유와 독립 해방을 맞는 봄이다. 이 동요 역시 4·4조의 반복으로 정형률을 이루고 있다. 전래동요와 창작동요를 대표하는 동요는 모두 형식면에서 외형률로 정형률이 드러난다.

6 버들쇠, 〈봄이오면〉, 『어린이』 창간호, 1923.3.20, 9쪽.

설날이다 갓난아— 떡국 먹어라
一년 두고 두번업는 떡국이란다
업는 설빔 운—다고 나올줄아늬
새해부턴 우리도
잘 살아야지

눈우에 해가 뜨니 은세게로다
간난아 언덕우로 올너오너라
하얀山 멀니넘어 돈버리가신
아버지 불느면서 세배드리자

— 이원수, 〈설날!〉[7]

이 동요는 7·5조 율격을 지닌다. 새해가 된 설날에 떡국을 먹으며 설빔이 없다고 울지 말고 새해부터 잘 살자고 갓난이를 독려하는 글이다. 갓난이에게는 눈 쌓인 산을 멀리 넘어 돈 벌러 가신 아버지가 있다. 갓난이의 상황은 가난 때문에 가족과 함께 할 수 없고 아버지가 부재하는 상황이다. 그럼에도 눈 위에는 해가 뜨고 멀리 계신 아버지를 부르면서 세배를 하자고 독려하는 동요의 의미는 새날이 왔으니 각박한 현실에 울지만 말고 희망을 가지고 일어나자라는 격려하는 마음으로 읽힌다.

7 이원수 동요 〈설날〉은 이번에 발굴된 1931년 1월 1일 발표된 『어린이』 제9권 제1호 신미신년호에 실렸다.

내가 포목전 (5)
주인이엿드면 (6)
천하 시악시 (5)
다 한감식 (4)
까치저골 (4)
입혀줄걸 (4)
내가 고무풍선 (6)
장수엿드면 (5)
사내총각 (4)
몰아세우고 (5)
풍선하나식 (5)
다 들려줄걸 (5)

—주요한, 〈엿드면〉[8]

주요한 동요 〈엿드면〉은 '나'가 포목전 주인과 고무풍선 장수로 옷감과 고무풍선을 넉넉하게 가졌다면 천하의 색시들에게 까치저고리를 입혀주고 사내총각에게 풍선 하나씩을 들려줄 것이라는 내용을 담은 시이다. 풍족하게 물건을 가지고 있다면 물건을 팔아 이윤을 남기기보다 사람들에게 공짜로 나눠주어 없는 사람들도 하나씩 가지게 하고 싶은 바람을 담은 동요이다. 이 동요에서 나타나는 화자는 옷감도 고무풍선도 가지지 못한 가난한 이이다. 그래서 그것을 파는 장수가 되면

8 주요한의 동요 〈엿드면〉은 1931년 11월 20일에 발행된 『어린이』 제9권 제10호 독자작품특집호에 실린 동요로 이번에 발굴된 동요작품으로 가치를 지닌다.

자기 같은 처지의 사람들에게 하나씩 나누어 줄 거라는 인도적이고 따뜻하면서도 애처로운 마음이 담긴 동요이다. 시의 여백에는 많은 걸 가졌어도 나누지 않는 욕심 많은 사람들의 모습이 보이기도 한다. 위 동요는 4・4조나 7・5조로 운율이 딱 떨어지지 않지만 '엿드면'의 반복을 이룬다. 1연 2행이 5・6조를 이루고 2연 2행까지 6・5조의 반복으로 운율을 일으킨다. "다 한감식 (…중략…) 입혀줄걸"은 4글자씩 반복되며 "몰아세우고 (…중략…) 다 들려줄걸"은 5글자씩 반복되어 외형적 운율이 드러나는 정형시이다.

밤거리도 잠자고
등불도 조는데
나어린 거지동무
아궁지에 모여안자
차례로 누어자기
짱껨보 짱껨보
하면서 손을냄니다

먼동이 트기 전에
모도다 이러나서
가이업는 거지동무
차례로 둘러안저
밥어드러 나아가기
짱껨보 짱껨보

하면서 손을냄니다

—노영근, 〈짱껨보〉[9]

동요 〈짱껨보〉[10]는 나이 어린 거지동무들의 모습을 담아내고 있다. 추운 밤 아궁이 가까이에서 잘 순서를 가위바위보로 정하고 먼동이 트기 전 추운 새벽 역시 밥 얻으러 갈 사람을 가위바위보로 정하는 측은한 어린이들의 모습이 그려진다. 이 동요의 짱껨보는 놀이로써의 즐거움이 아닌 헐벗은 생활에 서러움이 묻어나는 가위바위보 놀이이다.

아기야 웨 알르냐
이 조흔 가을 날에
구경도 만 커니와
먹을 것 만흔 째에

아기야 웨 알르냐

군밤도 노픠외고
누른 감 붉은 사과

9 노영근의 동요 〈짱껨보〉는 1931년 11월 20일에 발행된 『어린이』 제9권 제10호 독자작품특집호에 실린 동요로 이번에 발굴된 동요작품으로 가치를 지닌다.

10 짱껨보는 가위 바위 보를 뜻한다. 주먹을 쥐었다 폈다 하면서 하는 놀이를 '가위 바위 보'라 하는데, 이 이름이 생기기 전에는 '짱, 껨, 뽀'라는 이름으로 널리 알려졌고 이 '짱, 껨, 뽀'는 본래 중국말 '란, 쩡, 펑'에서 나온 것으로 '란펑'이란 발음이 와전되어 '짱껨뽀'가 되었다. 윤석중 선생이 순수한 우리말로 된 '가위 바위 보'란 이름을 지어냈다. (네이버 국어사전 참조. http://krdic.naver.com)

목판에 가득한데
아기야 웨 알르냐
노픈 열 자즌맥에

밤 새어 잠못일고
알른 너 애처롭다

아기야 웨 알르냐
네 무슨 죄 잇스리
어버이 죄 탓으로
알르냐 내 아기야

— 춘원 이광수, 〈알른 아기〉[11]

이광수의 〈알른 아기〉는 동요라고 발표되었는데, 형식 면에 있어 정형률을 보이는 동시와 동일하다. 그래서 동요는 정형률을 보이는 동시童詩에 곡을 붙일 수 있는 장르라는 해석이 가능하다. 하지만 동요와 동시와 다른 점은 동시는 반드시 노래로 불러져야 하는 것을 염두에 두고 창작되지 않는 반면 동요는 반드시 노래로 불러져야 하는 걸 원칙으로 만들어진 가사라는 것에 차이가 있다. 이 동요는 3·4조의 율격이다. 시적화자는 붉은 사과 누른 감과 군밤 같은 곡식이 풍부한 가을에 높은 열이 나며 잠 못 자는 앓는 아기를 바라보며 아기가 앓는 이유를 찾고

11 이광수의 동요 〈알른 아기〉는 1931년 11월 20일에 발행된 『어린이』 제9권 제10호 독자작품특집호에 실린 동요로 이번에 발굴된 작품이다.

있다. 아기가 앓는 이유를 찾아보며 자기 성찰을 드러내고 있다. 특히 마지막 연 "어버이 죄 탓으로 알르냐 내 아기야"라는 문장에서는 친일 행적의 이광수의 회한과 성찰이 드러난 건 아닌지 미루어 짐작하게 된다. 굳이 시적화자와 시인을 동일시하지 않더라도 죄책감을 가지며 앓는 아기를 '자신의 죄'의 탓에 대한 벌의 결과로 여기는 시적 화자의 모습이 보인다. 앓는 자식을 안타깝게 바라보고 아파하는 부성父性이 드러나는데 '앓는 아기'는 식민지 시대에 억압받고 있는 고통의 어린이들로 확장되며 "어버이의 죄" 역시 고통 받고 있는 어린이들의 모든 아버지, 더 나아가 주체적이지 못하고 힘없고 어리석은 나라의 의미로 확장된다. "앓는 아기"에서 드러나듯이 고통은 현재진행형이다. 이 동요는 시대를 고민하고 있는 식민지 지식인의 자화상이 드러난다. 앞에서 살펴본 정형률을 가진 동요는 악보 없는 정형률 동시로 보아도 무방하다. 이 동요들은 각각 현실의 모습을 잘 투영하고 있다. 그러므로 동요가 현실의 모습을 배제하고 시대의 고민 없이 천사주의 동요라고만 해석하는 것은 동요의 내용을 분석하면서 한계를 지니고 있음이 드러난다.

(2) 악보 있는 것

날저므는 하늘에 별이 삼형뎨
반작반작 정답게
지내더니
왼일인지 별하나 보이지안코
남은 별이 둘이서

〈그림 1〉〈형제별〉 악보. 『어린이』, 1923.9.

눈물 흘린다

— 정순철, 〈형제별〉[12]

〈형제별〉[13]은 1923년 9월 15일 『어린이』 제1권 제8호 전선소년지도

12 〈형제별〉은 번안 동요로 알려져 있다. 정순철은 이 동요에 자기가 가장 좋아하는 노래라고 밝히고 있고, 그의 첫 동요집 『갈닙피리』에는 이 동요가 실려 있지 않다. 장정희, 「방정환 문학 유산의 발굴과 계승방법의 고찰」, 『방정환 문학과 교육 유산의 계승』 자료집(서울시의회, 주관 방정환연구소), 2017.10.12.

13 〈형제별〉은 방정환이 번안한 동요로 알려져 있으며, 방정환은 직접 『부인』지에 '成田爲三'의 곡이라고 밝히고 있다. 정순철은 『어린이』에 이 동요를 가장 좋아하는 노래라고 밝히고 있다. 정순철 작곡은 아니다. 정순철은 그의 첫 동요집 『갈닙피리』에도 이 동요는 싣지 않았다. 장정희, 「방정환 문학 유산의 발굴과 계승 방법의 고찰」,

자대회기념호에 발표된다. 형제별은 7·5조 율격이 반복되는 정형률 동시로 삼형제 중 하나의 별을 잃고 남은 두 별이 눈물짓는다는 가족 구성원의 상실에 대한 아픔과 그리움을 노래한 시이다. "왼일인지"에서 드러나듯이 형제별이 사라진 이유를 모르기 때문에 더 안타깝다. 슬픈 정서를 환기하며 가족을 잃어 아픔을 겪는 가족 구성원들의 공감을 얻는다.

가족 공동체의 운명은 사랑의 핏줄로 이어진 하나의 유기체이며 떨어져서 살 수 없다. 형제별은 핏줄로 이어진 가족뿐 아니라 정을 나누고 뜻을 같이하는 공동체의 별이다.

> 눈온겨울 아침에 굴뚝쟁이는
> 검은얼골 검은모자
> 검은옷닙고
> 길게감은 대총메고
> 징을울리며
> 이 골목에서 괭! 괭!
> 저 골목에서 괭! 괭!
>
> — 정인섭 작요, 정순철 작곡 〈굴뚝쟁이〉 1연[14]

〈굴뚝쟁이〉에서 굴뚝쟁이는 굴뚝 청소부이다. 눈 온 겨울이라서 온

『방정환 문학과 교육 유산의 계승』 방정환학술포럼 자료집(서울시의회, 주관 방정환연구소), 2017.10.12.

14 1932년 11월 20일 『어린이』 제10권 제11호에 발표된 동요 〈굴뚝쟁이〉는 이번에 발굴된 동요이기에 그 가치가 있다.

〈그림 2〉 〈굴뚝쟁이〉 악보. 『어린이』, 1932.11.

세상은 하얀데 시커먼 굴뚝을 청소하느라고 얼굴이 검다. 게다가 모자와 옷까지 검은 이유는 굴뚝청소를 하느라 옷이 시커멓게 되었다는 뜻일 것이다. 하얀 세상에 굴뚝청소부인 굴뚝쟁이만 검은 존재로 서 있다. 그는 이 골목에서 쾡―쾡 저 골목에서 쾡―쾡 징을 울리며 다닌다. 아마도 징을 울리는 것은 일거리를 달라고 알리며 청소할 굴뚝을 찾으러 다니는 모양이다. 굴뚝쟁이가 사라진 자리에 여전히 하얀 눈이 쌓인 세상이 있고 시커먼 굴뚝쟁이가 보이지 않지만 쾡―쾡 울리는 거대한 징소리가 그가 지나간 길을 알려주고 있다. 이 시는 새하얀 세상에 혼자 다른 존재로 서 있는 개별 존재에 대해 말하는 시이다. 가난하거나 혹은 성질이 다른 이유로 그는 세상에 섞이지 않지만 그 존재가 세상에 존재한다고 쾡―쾡 징소리로 뚜렷하게 존재를 울리고 있는 스스로 힘을 가진 주체적인 존재이다. 굴뚝쟁이는 주체적이고 독립적인 자아이다. 굴뚝쟁이는 7·5조와 1행과 '검은'의 반복, '이 골목에서 괭괭 저 골목에서 괭괭'의 시구의 반복으로 운율을 일으키고 있다. 악보가 있는 것과 없는 것에 상관없이 동요는 대개 4·4조나 7·5조의 전통적인 민요 형식의 율격을 가진 정형률의 형식을 지닌다. 그 내용은 밝고 기쁜 마음을 노래하거나 슬픔의 정서를 환기하고 자연을 노래하는 것뿐만 아니라 동요의 내용 안에 현실의 상황을 상징의 의미로 드러낸다. 동시가 좀 더 현실의 상황이 구체적으로 묘사된다면 동요는 정형율격을 맞추기 위해 상징적인 알레고리에 시석사아가 처한 상황이 숨어 있다. 동요는 노래로 불러지며 내면에 있는 감정의 찌꺼기들을 더욱 해소한다. 동요를 읽는 독자에게 정서를 환기하고 감정이입을 통해 위로한다.

2) 그림동요

그림동요는 현대의 그림책 장르와 유사하다. 그림책 장르에 나오는 문장들은 서사성을 전달하기보다 서정성을 드러내는 시와 같다. 현대 그림책의 전신을 그림동요[15]의 양식에서 찾을 수 있다. 동요에 그림이 있는 것과 그림동요의 차이는 첫째로 어린이지에서 장르를 그림동요라고 밝히고 있는 것에 둔다. 그림동요라고 처음으로 장르가 붙인 작품으

15 그림을 그린 전봉제는 서양화를 전공했고 『동아일보』에 25편의 그림동요를 연재하고 1931년 후반기부터 『어린이』에 그림동요를 발표한다. 1931년 6월 2일 『동아일보』 인터뷰를 보면 『그림동요집』을 만드는 중이라는 문장이 있다. 정진헌, 「일제 강점기 한국 그림동요 연구—전봉제를 중심으로」, 『한국아동문학연구』 25, 2013.

로는 제9권 제3호 창간8주년기념호(1931.3.20 발행)에 실린 김영수 작요·안석영 삽화의 〈애들아 나오너라—나무꾼 아히노래〉와, 유도순 작요·전봉제 삽화 〈월사금〉을 들 수 있다. 두 번째로 동요에 삽화를 붙인 것과 그림동요의 차이를 밝힌다면 그림동요가 화가의 이름이 명시되었다는 점이다. 화가의 이름이 작품에 명시된다는 것은 글을 쓴 사람뿐 아니라 그림을 그린 이도 중요하다는 것을 설명해준다. 전문성과 작품에 대한 자격을 나타낸다. 글이 보여주지 못한 것을 그림이 부연 설명해주는 것이 기본 삽화의 기능이었다면 삽화는 단지 글의 보조수단으로 종속된 기능이다. 하지만 그림작가가 명시되어 있는 그림동요는 글작가와 그림작가의 역할이 동등한 위치로, 삽화가 단지 글의 보조수단이 아니라 글만큼 작품의 내용과 의미 및 분위기를 전달하는데 중요한 역할을 지니고 있음을 말해준다. 그림이 있기 때문에 동요로 쓰인 작품이 비로소 완성되는 것이라고 할 수 있다.

—(그림동요)—
양양 아가양
尹福鎭 謠
全鳳濟 畵

〈그림 3〉 윤복진 작요(謠), 전봉제 그림(畵), 〈양양 아가양〉, 『동아일보』, 1931.1.27.

그림동요라는 장르가 나올 수 있었던 배경은 당시 그림에 있어 전문작가들의 출현에서 찾을 수 있다.[16] 그림동요는 화가와 동요작가가 일치하거나 화가와 동요작가가 다른 경우도 있다. 그리고 그림동요라는 장르명은 『어린이』뿐만 아니라 『동아일보』에

16 전봉제는 신흥아동예술연구회 창립회원으로 참여하기도 하고 이승만, 이상범, 김규택과 함께 1932년 발간된 『윤석중 동요집』에 그림을 싣는다.

서도 사용되었다.

〈그림 3〉은 「양양 아가양」으로 윤복진이 쓴 동요에 전봉제가 그림을 그린 그림동요이다. 1931년 1월 27일 『동아일보』 4면에 실렸다.

물찬제비 저제비
넘노는 멋에
실버들도 흥겨워
흐느작이고

노랑나뷔 범나뷔
춤추는 멋에
늙어서도 할미쏫
우서 보이고

가는 바람 솔바람
아양진 멋에
나불나불 잔물결
손길 처맛네

— 한정동 작요, 전봉제 그림, 〈봄의 노래〉[17]

〈봄의 노래〉는 7 · 5조의 운율로 정형률을 이룬다. 한가롭고 따사로

17 1931년 5월 20일 제9권 제4호 어린이날 기념호에 발표된 그림동요로 이번에 발굴된 작품이다.

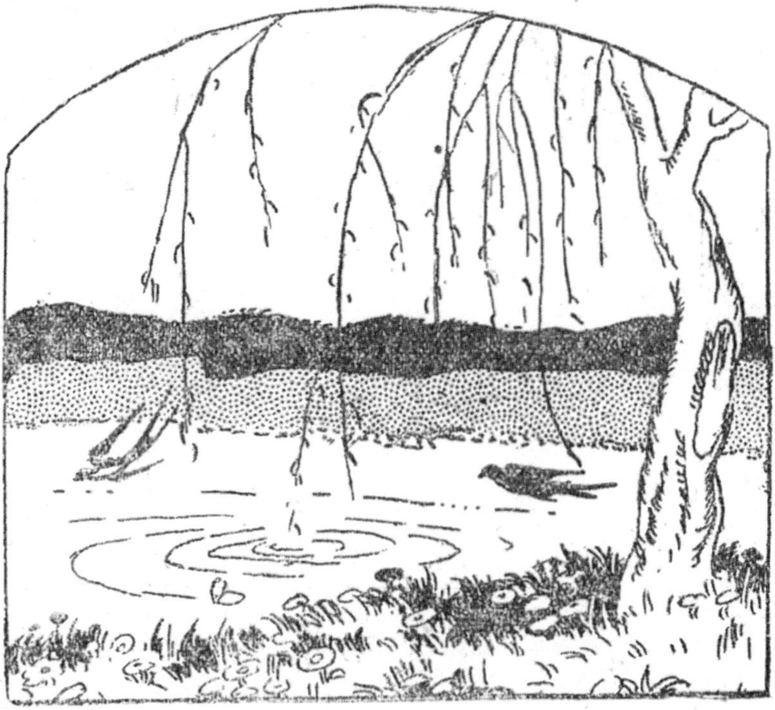

봄의 노래

韓晶東

물찬제비 거제비
넘노는멋에
실버들도 흥겨워
흐느작이고

노랑나뷔 범나뷔
춤추는멋에
늙어서도 할미쏫
우서보이고

가는바람 솔바람
아양진멋에
나불나불 잔물결
손길처맛네

全鳳濟 畫

〈그림 4〉 한정동 작요, 전봉제 그림, 〈봄의 노래〉, 『어린이』 제9권 제4호 어린이날 기념호, 1931.5.20, 10쪽.

童謠

봄비

—(水原訪花水流亭에서)—

朴露兒

봄에오는 이슬비는
꼿비랍니다
나래저즌 참새형제
떨고잇서도
꼿봉오리 방울방울
꼿물먹어요
봄에오는 이슬비는
눈트는비요
냇가에서 졸고섯는
장님버들에
천개만개 파랑눈이
웃는답니다

全鳳濟 畫

〈그림 5〉 박로아 작요, 전봉제 그림, 〈봄비〉, 『어린이』 제9권 제4호 어린이날 기념호, 1931.5.20, 11쪽.

운 봄의 풍경을 묘사하고 있는 동요이다. '물찬제비'와 '노랑나뷔', '범나뷔', '가는 바람 솔바람'은 조용한 봄에 생명력을 일으키는 존재이다. 물찬제비 덕분에 실버들도 흥이 나고 늙은 할미꽃도 노랑나비와 범나뷔가 춤을 추는 바람에 웃게 된다. 가는 바람 솔바람 때문에 잔물결이 일렁인다. 고요하고 정적인 분위기가 물찬제비와 노랑나비 범나비 덕분에 생동감 넘치는 봄의 분위기를 일으킨다.

봄의 정취를 노래하면서 식민지 시절 봄이 아닌 것 같은 삭막한 현실을 생동감 있게 환기시키는 물찬제비와 노랑나비 범나비, 솔바람 같은 존재에 대한 고마움을 노래한다. 운동성을 가진 그 존재들은 생명력이 강한 어린이와 같다. 동요와 함께 실린 그림은 동요의 내용을 집약하여 한 화면에 잘 담아내었다.

봄에 오는 이슬비는
꼿비랍니다.
나래저즌 참새형제
썰고 잇서도
꼿봉오리 방울방울
꼿물 먹어요

봄에 오는 이슬비는
눈트는비요
장님버들에
천개만개 파랑눈이

녀름바다

李元壽

푸른바다 헴치다 먼곳을보면
물결이 밀고밀고 들오는곳에
콩콩콩 배들이 오고가누나
山을지나 섬을도라 오고가누나

모래城에 누엇다 물장구치다
조개파든 누나와 도라올쌔면
저녁볏헤 돗단배 들어오누나
긔날니고 우리배도 들어오누나

金鳳濟 畵

〈그림 6〉 이원수 작요, 전봉제 그림, 〈녀름바다〉, 『어린이』 제9권 제6호 하기방학특집호, 1931.7.20. 20쪽.

웃는답니다.

— 박로아 작요, 전봉제 그림, 〈봄비〉 — 수원방화수류정에서[18]

〈봄비〉는 봄에 오는 이슬비를 희망적인 존재로 바라보고 있다. 그 비는 날개 젖은 참새 형제가 떨고 있다 할지라도 조만간 필 꽃봉오리에 꽃물을 먹이는 특별한 꽃비이다. 또 장님버들의 눈을 트이게 한다. '이슬비를 맞은 장님버들의 파랑눈이 웃는다'에는 버들에 움트고 있는 푸른 눈의 싹이 비를 맞으며 움튼다는 희망적 내용을 담고 있다. 봄에 오는 이슬비를 희망과 긍정적인 자연으로 바라보고 있으면서 세계를 따뜻한 시선으로 바라보았다.

이 봄비 같은 존재는 아직은 피지 않은 꽃에게 꽃물을 먹이고 장님버들에 눈을 달아주는 고마운 생명을 주는 존재이다. 이 시는 1연과 2연의 글자수가 유사하게 이루어져 있는 정형률을 보이고 있다. 이 동요의 그림은 시가 주는 내용과 분위기를 한 화면 안에 담아냈다.

푸른 바다 헴치다 먼 곳을 보면
물결이 밀고밀고 들오는 곳에
콩콩콩 배들이 오고가누나
山을 지나 섬을 도라 오고가누나

모래城에 누엇다 물장구 치다

18 1931년 5월 20일 제9권 제4호 어린이날 기념호에 발표된 그림동요로 이번에 발굴된 작품이다.

조개파는 누나와 도라올째면

저녁볏에 돗단배 들어오누나
긔날니고 우리배도 들어오누나

— 이원수 작요, 전봉제 그림, 〈녀름바다〉[19]

〈녀름바다〉에는 저녁이 되면 밖으로 나갔다가 집으로 돌아오는 역동적인 풍경이 있다. 많은 배들이 오고 가는 분주한 속에 저녁이 되면 일 마치고 집으로 들어오는 우리 돛단배가 있어 안도할 수 있는 마음을 노래한다.

저녁 무렵 귀가하는 누나와 동생, 바닷가 풍경이 펼쳐진다. 그 안에는 온종일 조개를 파느라 힘들었을 누나의 귀갓길이 있다. 나는 누나가 조개를 파는 바닷가에서 모래성에 누었다가 물장구치기도 하면서 해가 저물기를 기다린다. 그리고 오늘도 무사히 일을 마치고 누나와 함께 집으로 돌아가 안도하게 되는 마음을 담았다. '저녁볏에 긔날니며 우리 돛단배가 들어온다.'에서 누나가 파는 조개를 따기 위해 다른 가족이 정말 멀리 나갔던 돛단배일 수도 있고 아니면 조개를 파는 누나의 돛단배 일 수도 있다. 누나와 평온한 귀갓길을 묘사하는 상징적 사물이 된다. 또 먹고 살기 위해 매일 출렁이는 바다로 나아가야하는 누나의 애달픈 하루가 담긴 객관적 상관물이기도 하다. 하루의 일상을 노래하면서도 그 안에는 고된 누나의 삶이 숨어 있다. 다른 배들도 생존

19 1931년 7월 20일 제9권 제6호 하기방학특집호에 실린 그림동요로 이번에 발굴된 작품이다.

을 위해 바다로 나아가는 그 힘든 물결 속에 화자의 배 또한 매일 출항했다가 돌아오기를 반복한다. 시적화자는 어린 아이라서 노동을 하지 않지만 시적화자가 바라보는 누나는 고된 노동의 현장 속에 있다. 마지막 연에서는 고된 일상을 보내고 무사히 가족과 집으로 돌아오며 안도하는 화자의 마음이 느껴진다. 이 노래는 7・5조의 운율의 반복, 3・3・5조 4・4・5조의 반복이 이루어지며 정형률을 이룬다.

3) 동요유희

동요유희는 현재 유아들에게 한글을 배우게 하는 말놀이 동시를 생각나게 한다. 동요유희는 율동을 포함하여 교육현장에서 이루어지는 유희 활동의 교본이다. 말놀이 동시는 뜻보다는 똑같은 발음과 소리나는 낱말들의 조합으로 반복적인 노랫말을 만들어 정형률을 가지며 언어유희의 즐거움을 준다. 의미보다는 리듬이 중요한 시다 보니 자연히 동요로 불러지고 말놀이 동요로 정착된다.

크! 이게 무슨 냄새야
크! 방귀 냄샌가
크! 똥 냄샌가!
크! 독가스 냄새 같지 않니
크! 이게 무슨 냄새야!
정신을 못 차리겠어

크! 이게 무슨 냄새야

크! 방귀 냄샌가!

크! 똥냄샌가

크! 독가스 냄새 같지 않니?

크! 이게 무슨 냄새야

정신을 못 차리겠어

— 최승호 · 방시혁, 〈스컹크〉 전문, 『말놀이 동요집』[20]

말놀이 동시는 시어의 개별적인 의미보다 시어의 발음에서 비롯되는 소리가 중요하다. 스컹크라는 낱말하면 떠오르는 지독한 냄새라는 연상을 가지고 스컹크에 "크"라는 낱말이 첫소리에 반복되며 코를 싸쥐고 냄새를 맡는 사람의 이미지가 그려진다. "크! 이게 무슨 냄새야"의 반복은 리듬을 만들어 노래가 된다. 말놀이 동시에 곡을 붙인 것이 말놀이 동요이며 소리가 형상화된 리듬의 동요이다. 동요를 부르는 것 자체가 놀이의 즐거움이 된다. 재미있는 소리가 반복되는 노랫말을 부르며 한바탕 즐거워하는 것에 말놀이 동요를 부르는 목적이 있다. 더 나아가 미취학 아동, 유년기의 어린이들에게 언어유희를 통해 말놀이를 함으로써 재미있게 언어를 교육하게 하는 효용성도 있다. 『어린이』에 나타난 동요 유희도 유치원 등 학교에서 행해지는 교육적 맥락 속에 있다.

말놀이 동시가 언어유희라면 어린이지에 나타난 동요유희는 동작과 표정 그리고 노래가 함께 조화를 이루는 동작유희이다. 1930년 12월 20

20 최승호 · 방시혁, 〈스컹크〉, 『말놀이 동요집』, 비룡소, 2011.

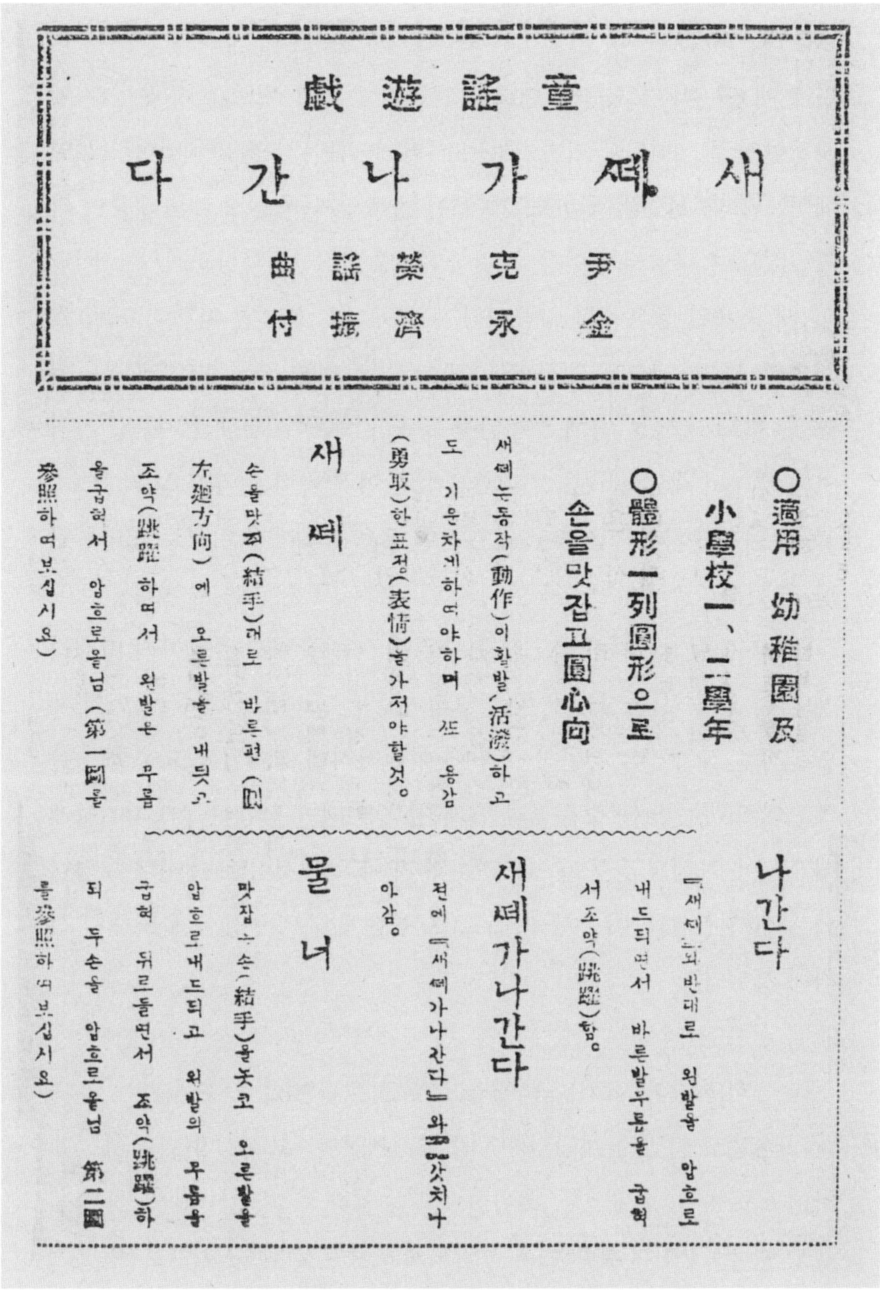

童謠遊戲

새떼가나간다

尹克榮 謠曲
金永濟 振付

○適用 幼稚園及
小學校一、二學年
○體形 一列圓形으로
손을맛잡고圓心向

새떼는동작(動作)이활발(活潑)하고
도 기운차게하여야하며 또 용감
(勇敢)한표정(表情)을가저야할것。

새 떼

손을맛잡(結手)대로 바른편 (圓
大廻方向) 에 오른발을 내듸고
조약(跳躍)하며서 왼발은 무릅
을굽혀서 압흐로올님 (第一圖를
參照하며보십시요)

나간다

「새떼」의반대로 왼발을 압흐로
내드듸면서 바른발무릅을 굽혀
서조약(跳躍)함。

새떼가나간다

전에「새떼가나간다」와 갓치나
아감。

물 너

맛잡은손(結手)을놋코 오른발을
압흐로내드듸고 왼발의 무릅을
굽혀 뒤르들면서 조약(跳躍)하
되 두손을 압흐로올님 第二圖
를參照하며보십시요)

〈그림 7〉 윤극영 요곡(謠曲), 김영제 진부(振付), 〈새떼가 나간다〉.
『어린이』 제8권 제10호 경오송년호, 1930.12.20, 24~27쪽.

일에 제8권 제10호 경오송년호로 발표된 윤극영 작요, 작곡에 당시 악사장이던 김영제가 무용을 맡은 〈새떼가 나간다〉와 1931년 2월 20일에 제9권 제2호 2월 특집호로 발표된 윤복진이 곡을 쓰고 박태준이 작곡하였으며 김영제가 율동을 덧붙인 〈빨앙조히 · 파랑조히〉는 『어린이』에 소개된 동요유희 작품이다. 또 1931년 1월 1일 어린이 9권 1호 신미신년호에 발표된 깃븜사 동인 노래, 박태준 작곡, 김영제 율동의 〈늷흔 밤〉도 어린이지에 소개된 동요유희 작품이다. 창간 10주년 기념호인 제11권 제3호(1933.3.20 발행)에 실린 이헌구 작요, 정순철 곡 〈초ㅅ불〉은 유희창가라는 장르로 실렸지만 동요유희와 같은 장르라고 설명할 수 있다.

〈새떼가 나간다〉는 이 노래를 부르며 짓는 표정과 율동까지 자세하게 적혀 있다. 오늘날 말놀이 동요는 반복된 소리로 리듬을 일으켜 재미를 주는 노랫말로 부른 동요인데 어린이지에 소개된 동요유희는 유치원에서 하는 노래가 동작과 함께 어우러지는 유희활동이었다. 노래에 알맞은 표정과 율동이 어우러져 혼자 부르는 것이 아닌 여럿이 하나의 둥근 원을 그리며 손을 맞잡고 모여 함께 부르는 공동체 노래의 성격이 강했다.

① 적용(適用) 유치원급 소학교(幼稚園及 小學校) 1 · 2학년

체형(體形) 일렬원형(一列圓形)으로 손을 맞잡고 원심향(圓心向)

새떼는 동작이 활발하고도 기운차게 하여야 하며 또 용감한 표정을 가져야 할 것.

새떼

손을 맛쥐(結手)대로 바른편에 오른발을 내딋고 조약(躁躍)하며서 왼발은 무릅을 굽혀서 압흐로 올님

나간다

'새떼'와 반대로 왼발을 압흐로 내드듸면서 바른 발 무릅을 굽혀서 조약함.

새떼가 나간다

전에 '새떼가 나간다'와 갓치 나아감.[21]

② 적용(適用) 유치원급 소학교(幼稚園及 小學校)

체형(體形) 일렬원형(一列圓形)

一. 글방옵바

바른 손으로 압흘 가르킵니다.

벼루집

두 손으로 벼루집을 핀 것갓치 **표정(表情)합니다.** (第1圓을 參照해 보십시요)

날너다주고

먼저 한 동작 그대로 왼발부터 네거름 압흐로 나아갑니다. (四步前進)

고흔조히

왼손을 압흐로 들고 바라봅니다.

두장을

21 윤극영 요곡(謠曲), 김영제 진부(振付), 〈새떼가 나간다〉, 『어린이』 제8권 제10호 경오송년호, 1930.12, 24~27쪽.

童謠遊戲 슯흔밤! 슯흔밤!

——깃븜社同人 謠 · 金永濟 振付——

○適用—中等學校及
小學校 五六學年
○體形—一列圓陣圓
心向

이유희(遊戱)는동작(動作)을 펵느리게하여야 할것이며 표정(表情)은 슯프고도 정답게해야합니다。

一、오동나무

바른발을 압흐로내드듸면서 두손으로 머리우에다 원(圓)을 만들고 주목(注目)해봅니다。

비바람에

왼발을 뒤로듸려드듸고 몸을압흐로굽히면서 두팔을뻿처서 압헤서부터 왼편으로 흘러갑니다。

(寫眞순서대로第一圖를 參照해보십시요)

닙쓰는이밤

그자리에안즈면서 두팔을엽흐로부터 머리우에 올니여 두손쯧흘마조대고바라봅니다(第二圖를 參照해 보십시요)

그리옵든

두손바닥을 가슴에대이면서 머리를 압흐로굽힙니다。

네동모가

전원(全員)이 손을맛잡(結手)고 각각 바른쪽을 바라봅니다。

모혓습니다

『모혓』할때 이러스면서 왼손을압흐로부터 위로

〈그림 8〉 박태준 작곡, 김영제 율동, 〈슯흔밤〉, 『어린이』 제9권 제1호 신미 신년호, 1931.1, 35쪽.

바른 손으로 '고흔조히' 할 때와 갓치 압흐로 들고 바라봅니다. (第2圓을 參照해 보십시요.)

어덧습니다.

두 손을 가슴에 붓치고 왼발부터 네 걸음 뒤로 물너갑니다. (四步後進)

쌁앙조히

왼 손을 아래로 느러트리되 손바닥이 뒤로 가게 합니다.

착착

바른손을 왼손에 갓다 마조 붓칩니다. —(第3圓을 參照해 보십시요) —

…(하략)…

③ 적용(適用) 중등학교급(中等學校及)

小學校 五六學年

體形一 — 一列圓陣圓

心向

이 유희는 동작을 퍽 느리게 하여야 할 것이며 표정은 슯프고도 정답게 해야합니다.

一. 오동나무

바른 발을 압으로 내드듸면서 두 손으로 머리 우에다 원(圓)을 만들고 주목(注目)해 봅니다.

비바람에

왼발을 뒤로 드려드듸고 몸을 압흐로 굽히면서 두팔을 뻗처서 압헤서부터 왼편으로 쓰러갑니다.

— 박태준 작곡, 김영제 율동, 〈슯흔밤〉[22]

〈슯흔밤〉은 비 내리는 밤의 슬픔의 정서를 환기하고 있다. "비를 그리워했던 비동무"는 슬픔을 함께 느끼며 서로 공감하는 동무라고 해석할 수 있다. 그런데 그 비동무도 날이 밝으면 흩어져 떠나간다는 시구에서 동무를 잃어 쓸쓸하고 외로운 정서를 느낄 수 있다.

이 동요유희는 슬픈 표정과 율동이 어우러지며 유치원이 아닌 소학교 5, 6학년을 대상으로 하였다. 즐거움과 기쁨보다는 슬픔의 정서를 드러내는 표정과 슬픔의 표현으로 동작을 느리게 하는 데 특징이 있다. 〈슯흔밤〉은 동작과 표정이 어우러져 율동이 더해진 놀이로서의 동요유희이며 즐거움이 아닌 슬픈 느낌을 주는 노래도 동요유희 속에 포함된다는 것을 나타내는데 의미가 있다.

〈초ㅅ불〉은 장르명이 유희창가라고 적혀있지만 그 내용과 형식이 동요유희와 같다. 〈초ㅅ불〉은 모두 1, 2로 되어있는데 예쁜 아기가 촛불을 켜고 끄는 대등형식 구조의 내용을 담고 있다. 촛불을 켜면 환해지고 촛불을 끄면 캄캄해진다고 분위기도 묘사하고 있다.

> 우리 애기 입분 애기
> 초ㅅ불 켭니다.
>
> 석냥갭이 하나를
> 죽-그어서 초ㅅ불 하나 켯습니다
> 밝아젓세요

---

22 박태준 작곡, 김영제 율동, 〈슯흔밤〉, 『어린이』 제9권 제1호 신미 신년호, 1931.1, 35쪽.

우리 애기 입분 애기
초ㅅ블 켭니다

석냥갑이 두 개재
죽— 그어서

죽— 그어서
초ㅅ불 네게 켯습니다
좀더 환해요.

우리 애기 입분애기
촛ㅅ불 켭니다
석냥갑이 다섯재
죽—그어서
초ㅅ불 다섯 켯습니다
아조 환해요

—이헌구 작요, 정순철 곡, 〈초ㅅ불〉, 첫재노래[23]

우리애기 입분애기
초ㅅ불 끕니다.

빵끗 웃고 입으로

23 이헌구 작요, 정순철 곡, 〈초ㅅ불〉, 어린이 제11권 제3호, 22쪽.

혹— 부닛가

초ㅅ불 하나 꺼젓세요

어두어저요.

—이헌구 작요, 정순철 곡 〈초ㅅ불〉, 둘재노래

〈초ㅅ불〉 설명 — 이헌구

이 노래를 부르며 노래에 맞추어 동작하는 데 대한 설명을 말슴하켓습니다. 시긔는 겨울이나 일은 봄이 조켓고 때는 밤이라야 합니다. 먼저 시작하기 전에 방 안의 불을 ㅆ고 '초' 다섯 개를 붓처 노은 책상을 교단이나 무대우에 알맛게 내노읍니다. 귀엽고 조고만 아기 (특히 아가씨가 더 귀엽슴니다)가 석냥갑을 들고 그 책상 뒤 한가운데 가 섭니다. 그리고 노래는 어린 동무가 오륙명이 함께 불르거나 유치원이면 보모 되는 분이 불러도 조읍니다. 노래를 불르기 시작하면 불 켜는 아기는 석냥갭이를 집어 들고 '석냥갭이 한 개를 죽—그어서' 하는 '죽—그어서' 할 때에 석냥갭이를 그어서 초ㅅ불을 켜고 다음에도 마찬가지로 그러케 해갑니다. 만일 불을 켜다가 잘못해서 써지면 다시 결 때까지 노래를 연겁히 불러줍니다. 아모조록 불 켜는 어린 아가를 마음 편하게 자유롭게 하도록 하십시요

인제 초ㅅ불 다섯을 다 켯스면 사이를 조금 주어서 보는 사람 하는 사람 가운데 잠간 침묵의 시간을 준다음에 ㅆ기를 시작합니다. ㅆ기 시작할 때는 '쌩긋 웃고 입으로 혹—부닛가'에 '쌩긋' 웃도록 하고 '혹—부닛가' 할 때에 정말 훅! 불도록 합니다.

〈초ㅅ불〉의 동작 설명을 보면 동요에 맞추어 동작과 표정이 적혀있

다. 유희창가 혹은 동요유희의 목적은 자유롭고 즐겁게 유희활동을 하는데 있고 또 동요는 동작과 표정에 맞추어 리듬 혹은 박자가 계산되어지고 동작과 표정은 동요의 내용에 맞춰 미리 적혀있다는 것이다. 동요가 나오면 동작을 하는 즉흥적 활동이 아니라 동요 내용에 맞추어 미리 계획되어 짜여진 동작과 표정이라는 점이 동요유희나 유희창가의 특징이다.

『어린이』 유치원과 관련해서는 1930년 '유치원 동화'인 「눈 뜨고 잠자는 붕어」, 「훌륭한 어른」, 「박쥐니야기」와 '동요유희' 1930년 〈새떼가 나간다〉, 1931년 〈빨앙조히 · 파랑조히〉, '유년동요' 〈풀ㅅ대장 외 3편〉 등 유치원 대상의 작품이 창작되어 게재되어 있다.

색동회를 중심으로 한 어린이문예운동은 당시 유치원의 발달에 여러 측면으로 영향을 주었다. 무엇보다 '어린이'에 대한 인식을 높인 것이다. 천도교로부터 시작된 아동 존중 사상은 "어린이를 종래의 윤리적 압박으로부터 해방하여 그들에게 완전한 인격적 대우를 허하게 하라"는 내용과 같이 근대적 아동관을 수립하여 교육열을 고양시킴에 따라 유치원 설립의 활성화에 기여하였다. 또한 『어린이』를 중심으로 창작되거나 발표된 동요, 동화 등은 유치원에서의 조선어 교육 및 '창가 · 유희 · 율동'이 교육내용의 중심인 유치원 교육과정에 핵심적인 교육자료로 쓰인 것이다. (…중략…)

당시 어린이 문예 운동이 유치원에 가장 큰 영향을 끼친 것은 바로 '동요'의 보급이었다. 1930년대 일제가 식민지 수탈과 통제 및 교육정책을 강화함에 따라 조선어를 쓸 수 없었으며 일본의 창가만을 불러야 했다.

이 시기 조선총독부는 유치원에서 부르는 노래에 대해서는 규제를 하지 않았다. 식민지 정책의 마지막 단계까지 유치원의 교수 용어나 교육 내용에는 각별한 통제가 가해지지 않았으므로, 유치원에는 우리말 노래를 부르고 동화를 들려줄 수 있었다.[24] 따라서 기존에 만들어진 많은 동요들이 유치원에서 불러질 수 있었으며 작곡가들 또한 유치원을 대상으로 창작을 활성하여 간다. 윤석중은 식민지 시대에 동요가 맥이 끊이지 않고 이어갈 수 있었던 것은 유치원과 보육학교가 있었기 때문이라고 한다.

1929년부터 해마다 5월에 열린 유치원대원유희회(조선일보사 주최)와 1932년부터 해마다 여름에 조선 보육협회가 가진 율동 유희 강습회(동아일보사 주최)는 1년 동안 배운 동요와 춤과 유희를 부모님 앞에 자랑하는 큰 잔치였고 해마다 열린 세 보육학교의 음악 발표회에는 새 동요가 등장하였다.[25]

정순철과 같은 색동회 회원인 정인섭·이헌구는 1930년대 초에 경성보육학교를 중심으로 녹양회(綠楊會)라는 동요동극 써클을 만들어 동요를 곁들인 동극의 개발에 힘쓴다. 이때 〈색동저고리〉, 〈백설공주〉, 〈에밀레종〉, 〈허수아비〉를 동요극으로 발표한 바 있다. 정인섭은 극본을 쓰고 이헌구는 지도를 하고 정순철은 작곡과 노래지도를 했다.[26]

또한 경성보육학교 녹양회 주최로 1931년 12월 8일 '제1회 동요·동극의 밤'이 개최되어 동요·유희·동화·동요극·율동·동화극 등이 진행되었는데, 『어린이』 수록 동요 중 〈고드름〉(윤극영), 〈옥토끼〉(윤극영),

24 이상금, 『소파 방정환의 생애－사랑의 선물』, 한림출판사, 2005, 409쪽.

25 윤석중, 「한국동요문학소사(韓國童謠文學小史)」, 『예술원문집(藝術院文集)』 29, 대한민국예술원, 1990, 30~31쪽.

26 한용희, 『동요 70년사 한국의 동요』, 세광출판사, 1994, 65쪽.

〈단풍닙〉(독고선), 〈늙은잠자리〉(정순철), 〈눈〉(정순철), 〈봄노래〉(정순철), 〈옛이야기〉(정순철)가 불러졌다.[27]

1933년 5월 26일 개최된 제5회 전경성유치원연합유희회에서는 총 45곡에 맞춰 유희를 하는데 『어린이』 관련 노래가 〈삼형제별〉, 〈봄노래〉, 〈꾀꼬리〉 이렇게 세 곡이나 나타난다.[28]

—「아동잡지 『어린이』와 『赤以鳥』 동요의 비교와
『어린이』 동요의 전개 양상」

동요유희는 유치원에서 율동과 함께 일제의 감시를 피해 유아들에게 놀이로써 조선어를 배우게 하는 중요한 성격을 가진다. 조선어를 배우게 하는 목적을 띠는 것이야말로 동요가 가진 천사주의 동심이라는 동요의 해석에 대한 한계를 극복할 수 있다. 일제가 강압한 조선어 말살을 조선어로 창작된 동요를 부르며 유치원에서 극복할 수 있었다. 최승호 말놀이 동시가 말을 배우는 유아들을 대상으로 창작된 것처럼 동요유희는 노래에 율동을 덧붙여 유치원에서의 모국어 교육이라는 중요한 역할을 하고 있다. 게다가 동요를 극으로 꾸민 동요극은 율동을 붙인 동요유희에서 더 나아가 유희의 성격이 두드러진 연극으로 나아갔다. 현재 동시에 극을 붙여 공연하는 동시극이라는 장르와 유사하다. 이렇게 동요는 단순히 읽기나 노래로 부르는 1차적인 텍스트 외에 다양한 장르로 활용되는데 가치를 지녔다.

이 노래에서 말하는 '새떼'는 단순히 자연적인 새 떼가 아니라 동학

27 정인섭, 『색동회 어린이 운동사』, 학원사, 1975, 122～126쪽.
28 전송배, 「아동잡지 『어린이』와 『赤以鳥』 동요의 비교와 『어린이』 동요의 전개 양상」, 중앙대 박사논문, 2011.

농민운동을 대표하는 노래 〈새야새야 파랑새야〉의 그 새 떼의 의미와 연관이 있다. 새 떼는 바로 공동체의 운명을 함께하는 식민의 현실을 뒤바꿀 자유를 가진 민중이다. 단순히 동요유희가 아닌 참요적 성격을 띤 문제작이며 율동과 함께 여럿이 부를 수 있는 놀이로서의 노래가 되는 데 의미가 크다.

다음으로 두 번째 동요인 〈빨앙조히 · 파랑조히〉에서 죠히는 종이의 옛말이다. 그러므로 빨강종이 파랑종이를 뜻한다. 이 시의 후반부 1절에서는 파랑종이로 파랑새를 접고 빨강종이는 새롱 접어서 착한애기 울애기 잠자는 방에 자장자장 잘 자게 달아준다고 했다. 2절에서는 "파랑종이는 저고리 접고 빨강 종이는 바지 접어서 잠 잘자는 울 애기 귀여운 애기가 아장아장 거닐 때 입혀줄가요"라고 말했다. 이 시에서 빨강과 파랑종이는 아이가 자는 동안 평온하게 하여 꿈을 꾸게 하는 파랑새와 새장 장식으로 변하고, 아이가 잠을 잘 자서 아장아장 걷게 될 때 따뜻한 저고리와 바지로 변한다. 빨강종이와 파랑종이는 글방 오빠의 벼루집을 날러다주고 받게 되었다. 빨강종이와 파랑종이는 접어서 여러 가지를 만드는 놀이가 될 뿐 아니라, 귀여운 아기가 잠을 자며 꿈꾸는 동안 잠을 자는 아기를 위한 선물로 변하기도 한다. 가난한 시절 색종이뿐이지만 색종이를 접으며 소박한 꿈을 키우는 아이의 희망을 노래하였다. 이런 희망이 있기에 각박한 현실을 기쁘게 살아낼 수 있다.

〈슯흔밤〉이 환기하는 정서는 슬픔을 공유하는 동무들이 흩어져 버리고 혼자 남게 되는 외로움과 슬픔이다. 이 동요유희의 대상은 5, 6학년으로 유아들보다 슬픔과 외로움의 정서를 공감할 수 있을 것이다. 심각한 마음이나 슬픈 느낌을 이해할 수 있는 연령으로 정한 것에 의미가 있다. 동요유희를 통해 슬픔의 정서를 환기하며 시대가 주는 비극을 이해하고 있다. 그러므로 동요가 현실참여를 배제했다거나 1920년대 천사주의 동요의 부흥만을 일으키고 1930년대에는 쇠퇴했다는 기존의 연구성과들은 한계를 지닌다. 1930년부터 놀이유희라는 형식에 내용을 담아 일제의 검열을 피하면서 유치원에서 실행되는 모국어 교육으로써 놀이유희의 외연을 입고 때론 심각한 것으로부터가 아닌 즐거움으로부터 희망을 품었다. 또 표정과 동작으로 내면을 표현해내는 예술이 되기도 했다. 동요유희로 힘든 현실을 달래기도 하고 슬픈 정서를 느끼는 노래와 율동 속에 마음을 담기도 하며 현실참여를 일으켜 여럿이 참여하는 공동체 노래로서 동요가 거듭나게 된다.

천도교 소년회의 유락부에서 즐겁게 즐길 수 있는 유희활동을 펼친 것을 떠올려보면 동요유희의 성격을 정리할 수 있다.

4) 유년 동요

풀 풀 풀ㅅ대장
나물먹고 풀ㅅ대장

한데모히는 우리동무
긔운이 난다 풀 풀
네손 내손 모혀쥐고
쐘눅이이 대가리 오두독

쌜 쌜 쌜눅이

과자먹고 쌜눅이설사만하는 쌜눅이

어리바리 쌜 쌜

뒷간까지도 못가서

개다가리다 쎄르록

— 주향두, 〈풀ㅅ대장〉[29]

이 동요는 유년기 아동들에게 읽히려고 쓴 동요이다. '풀풀풀'이라는 낱말의 반복으로 재미를 가져다주며 '풀'을 먹고 '긔운이 풀풀 난다'는 언어유희가 느껴지기도 한다. 배가 뿔눅해지는 '뿔'은 '풀'을 세게 발음한 것이다. 그래서 풀은 뿔이 되고 설사병이 나서 뒷간으로 갔는데 그만 옷에 지리고 마는, 방긋 웃음을 짓게 하는 내용을 담고 있다. 유년동요에서는 아이들이 소리 감각인 청각에 예민한 장점을 잘 살려냈다. 반복된 소리로 언어를 배우며 의성어를 통해 재미있고 익살스러운 내용을 담고 있다. 현대에는 유아동시가 이와 같은 장르로 사용된다.

5) 동요편지

1932년 7월 20일 제10권 제7호에 발표된 윤석중의 〈누님 전상서〉는 동요편지라는 장르로 발표되었다.

---

29 주향두의 〈풀ㅅ대장〉은 장르가 유년동요로 소개되었다. 1931년 12월 20일 제9권 제11호 신미송년특집호에 발표되었다.

누나혼자 읽으라는 누님전상서
딴이들이 먼저보면 나는몰라요
우리누나 없는 새에 서루 짜구서
몰래몰래 뜯어보면 나는 몰라요

누나나는 신을접때 잃어버린뒤
입때까지 새 신발을 못사왔다우
아빠신던 헌신발이 잇긴잇어도
거름이 걸려야죠 너무 커서요

아까는 맨발벋고 나가놀다가
건건이 발이라구 숭잡엿다우
고무신 한켜레를 사주마더니
거짓부렁 쟁인가바 우리누나는.

— 윤석중, 〈누님 전상서〉[30]

〈누님 전상서〉는 신발을 잃어버려 아빠가 신던 헌신발을 신고 친구들에게 놀림을 받는 동생이 누나에게 약속한 고무신 한 켤레를 빨리 사주기를 바라는 마음으로 누나에게 보내는 동요편지이다. 편지형식이 아니지만 이 동요을 봐야할 대상이 누나이기 때문에 동요편지라고 쓰인 것이다.

---

30 윤석중, 〈누님 전상서〉, 『어린이』 제10권 제7호, 1932, 37쪽.

6) 입선동요와 독자작품 동요

『어린이』지가 동시단에 준 성과는 독자작품 동요인 독자투고란을 통해 작가를 배출한 점이다. 지금까지 문단에 족적을 남겼던 시인들이 입선동요를 통해 작가로 배출되었다. 윤석중(〈옷둑이〉, 『어린이』 제3권 제4호, 1925.4), 이원수(〈고향의 봄〉, 『어린이』 제4권 제4호, 1926.4), 서덕출(〈봄편지〉, 『어린이』 제3권 제4호, 1925.4), 윤복진(〈종달새〉, 『어린이』 제3권 제11호, 1925.11), 최순애(〈옵바생각〉, 『어린이』 제3권 제11호, 1925.11), 신고송(〈우체통〉, 『어린이』 제3권 제11호, 1925.11) 등을 들 수 있다. 비공개 어린이에서 드러난 사실로는 강소천이 독자작품 동요를 통해 문단에 데뷔할 수 있었다는 것이다. 강소천은 제11권 제5호(1933.5.20)에 입선동요 〈울 엄마 젓〉과 제11권 제6호(1933.6.20)에 입선동요 〈봄바람〉으로 어린이지에 이름을 알리게 된다. 독자작품 동요는 작가 등용문으로 또 작품에 대한 독자의 감상을 나눌 수 있는 소통의 장르였다. 이처럼 『어린이』지의 문이 대중들에게 활짝 열려 있었다.

『어린이』지에 나타난 동요의 하위장르를 분석해보면서 동요가 악보를 가지며 정형률을 일으키기도 하고 악보 없이 정형률을 드러내 언제든지 노래로 불려질 수 있는 형식의 노래라고 특징을 말할 수 있다. 동요는 현실에 대한 비판의 목소리가 더해지면서 정해진 글자 수에 담을 수 없어 점점 정형률을 벗어난 동시의 외연을 입게 된다. 하지만 초기에는 동요와 동시가 형식적으로 뚜렷한 구분없이 혼재되어 동요 혹은 동시라는 이름으로 발표되었다.

7) 동시

동시는 확실히 악보가 없는 것으로, 보다 정확히 말하면 노래로 만들어지지 않는 서정장르이다. 형식에서 동요와 동시를 구분할 수 있는 뚜렷한 차이는 악보의 유무로 가를 수밖에 없다. 어린이지에 동시라고 장르가 표기된 한정동의 〈가을숨〉은 7・5조의 정형률을 지니며 형식은 동요와 같다. 하지만 동시라고 장르가 표시되어 있다.

山넘고바다건너
멀고먼나라
밤마다가다마는
그린숨나라

산길에 낙엽동무
서리차다고
바슬바슬울어서
숨은깨지고

바다엔 물결동무
바람칩다고
찰삭찰삭울어서
숨은깹니다

— 한정동, 「가을숨」[31]

여기서 볼 때 동요와 동시라는 명칭은 뚜렷하게 형식적 특징으로 구분한 것이 아니라 혼용으로 쓰거나 혹은 악보의 유무나 작가가 노래로 불리길 원하는 것 아니면 그냥 읽히길 바라는 것으로 구분된 것이라고 미루어 짐작할 수 있다. 작가가 장르를 동시라고 붙이길 원해서 동시라고 표시되었을 가능성도 없지 않다. 다만 동시는 점점 시간이 흐르면서 정확한 글자수를 맞추어 내용을 담기엔 동요보다 시적화자가 바라보는 세계에 대해 설명할 것이 많다. 현 시대의 모습을 사실적으로 묘사하면서 그렇게 되었다. 그래서 자연히 내재율로 변하게 되고 자유로운 형식을 가지게 된다.

정지용의 「해바락이 씨」는 '해바락이' 꽃을 피우기 위해 해바라기 씨를 심자는 내용이다. 해바라기는 시에서 꿈과 희망을 상징한다. 그런데 1연과 2연에서처럼 그 희망을 빼앗아 갈 참새 눈을 숨겨 해바락이 씨를 꼭꼭 잘 다져서 심자고 말한다. 누이와 바둑이 괭이의 도움을 받아 희망의 해바라기 씨는 심어진다. 이슬과 햇빛이 해바라기 씨에 내리지만 사흘이 지나도 해바라기는 아직 고개를 숙이고 있다. 마지막 연에서 해바라기를 엿보러 왔다가 소리를 꽥 지르고 간 심술쟁이 같은 청개구리가 등장한다. 청개구리를 놈으로 표현하면서 해바라기에게 불편한 존재로 그렸다. 청개구리는 꿈을 염탐하며 소리를 꽥 지르며 놀라게 하고 방해하는 존재이다. 그런 존재가 있어도 방해하는 세력들 몰래 해바라기를 꽃피우기 위해 꽃씨를 심자고 말하고 있다. 참새와 청개구리처럼 방해하는 세력도 있지만 해바라기 씨를 꼭꼭 다져주는 누이, 바둑이, 괭이 같은 도움의 손길도 있다는 것이 이 시가 노래하는

31 한정동, 「가을꿈」, 『어린이』 제4권 제11호, 1926.12.10, 40쪽.

내용이다. 우리가 사는 세계에는 도움을 주는 사람들, 방해하는 사람들이 함께 있으며 그럼에도 꿈을 이루기 위해서는 씨앗을 먼저 심는 스스로 노력하는 과정이 있어야 한다고 노래하고 있다.

①

해바락이 씨를 심자
담모롱이 참새 눈 숨기고
해바락이 씨를 심자

누의가 손으로 다지고 나면
바둑이가 압발로 다지고
괭이가 꼬리로 다지고

우리가 눈감고 한밤자면
이실이 나려와 가치 자고 가고

우리가 이우세 간 동안에
햇비치 입 마추고 가고
해바락이는 첫 색시인데
사흘이 지나도
북그러워 고개를 아니든다

가만히 엿보러 왓다가

소리를 깩 지르고 간 놈이 사
철 나무 닙헤 숨은
오오 청개고리 그놈이다.

— 정지용, 「해바락이 씨」[32]

②

뒷집에 부길이 우리 못먹는 쌀밥을 먹고
우리 못닙는 비단 옷 닙어도
압진 빈돌이는 나와가치 굶고 헐버섯답니다.
그럼으로 부길이는 우리와 놀지도 안코
나와 부길이는 빈돌이와 만나지도 안습니다.

부길이의 아버지는 놀고먹는 양반이래도
빈돌아버지와 울아버지는 밤낫 일만 한답니다.
우리들이 크게 자라나면 부길이 놈도 저 아버지처럼 될
는지 모르지요?
그럼으로 빈돌이와 나는 맹서하고 있습니다.
—(그런 일이 업도록 살아보잣구나)—라고

부길이의 집에서는 명년부터 부길이를 학교에 보낸답니다.
지금도 유치원으로 가기 실타고 밤낫우는 부길이를—
그러나 빈돌이와 나는 학교를 가겠다고 졸너도 못간답니다.

---

32 정지용 「해바락이 씨」는 1927년 6월 1일 발행된 『어린이』 제5권 제5호에 실린 동시이다.

아버지 어머니는 보내고 싶어도 못보낸답니다.
"너희들도 명년부터 야학교로 단여라하는"
—뒷집 아저씨의 말씀이 우리를 조와 날뛰게 하겠지요

나와 빈돌이는 처음에 부길이를 부러워하였습니다.
나는 지금씀은 아무 부러움도 업시 도리혀 부길이가 미워집니다.
낫자루를 허리춤에 차고 지게진채 산으로 올라가는—
형님들의 뒤를 짜라 우리도 씩씩한 일쑨이 되겟습니다.

— 김예지, 「어린이의 마음(童心)」[33]

동시 「어린이의 마음」에는 계급의식과 계급간의 차이를 통해 내적 갈등이 드러난다. 시적 화자는 '나'와 자신의 처지와 같은 빈돌이의 삶을 양반으로 태어나 호화롭게 사는 부길이의 처지와 비교하고 있다. 부길이는 삶의 처지가 다른 굶주리고 헐벗은 빈돌이와 '나'와 어울려 놀지 않는다. 부길이는 학교를 가기 싫어하지만 정작 '나'와 빈돌이는 배움이 간절하다. 그래도 시적화자는 부길이를 부러워만 하면서 삶의 처지를 비관하거나 포기하지 않는다. 시적화자는 놀고먹는 양반 아래 부림을 당하며 밤낮으로 일만 하는 아버지의 처지가 되지 말도록 잘 살아보자고 의지를 다진다. 처음에는 부길이를 부러워하다가 부길이를 미워하는 마음으로 변하게 된다. 부길이를 미워하는 마음은 부유한 신분으로 태어나 감사함을 모르고 게으르게 살아가는 무능한 양반의 자식과 자신과 신분이 다른 처지의 아이들과는 상대하지 않는 거만한 부

33 『어린이』 1932년 1월 20일 제10권 제1호 신춘소년문예호에 발표된 시이다.

길이의 행동에서 비롯되기에 이유가 있다. 시적화자와 빈돌이는 꽁무니에 낫자루를 차고 열심히 산으로 가서 일하는 형님들의 뒤를 따라 씩씩한 일꾼이 되겠다고 다짐한다. 열심히 일을 하는 것만이 빈곤한 현실에서 벗어날 수 있음을 직시하고 있다. 암담한 현실을 피하지 않고 씩씩한 일꾼이 되겠다는 당찬 다짐이 바로 어린이 마음이다. 이런 주체적인 어린이 마음으로 현실의 어려움을 타파할 수 있다고 이 시는 노래한다. 이 시를 통해 시적화자와 같은 처지의 아이들은 공감을 하고 위로를 받고 씩씩한 일꾼이 되고자 할 것이다. 1930년대의 시대상을 반영하고 있으면서 가난한 현실의 아이들에게 현실을 극복할 수 있는 의지를 심어주는 시이다.

『어린이』에서 가장 먼저 동시라는 장르라는 이름으로 달고 나온 시는 색동회의 손진태가 쓴 동시로 「옵바 인제는 돌아오서요」라는 시이다. 이 시는 1926년 1월 1일 발행된 『어린이』 제4권 제1호 병인신년호에 실렸다.

옵바 당신의 계시는 나라는 엇던 곳임닛가 녯이약이에
잇는 고초 나라가 거긔임닛가―
고초만큼한 ᄭᅩ맹이들이 붉은 옷을 입고 돌아단이는?
만일 그럿타면 저도한 번 거긔로 놀너가고 십습니다마는

안이겟습니다. 어머니 말삼을 들어보닛가
그나라사람들은 모다 검은 옷을 입는다지오?
그러면 거긔가 아마 할머니의 말삼하시든 어덕나라이겟습니다―

몸에는 즘생갓치 싯썸엇케 털난 사람들이 사는
그리고 우리 나라의 해와 달을 도적해가고 저하는
모질고 미운 불개들이 만히 사는 그나라이겟슴니다 그려

옵바 그리고 그나라는 매우 추운 곳이라지오
그러면 그곳 사람들은 모다 즘생의 가죽을 입엇겟지오—
그림책에 잇는 그것들과 갓치— 또 즘생들을 잡어먹겟지오?
옵바 왜 그러케 무서운 나라로 가섯슴닛가?

인제는 거긔 잇지말고 집으로 돌아오세요.
나는 이러케 어머니의 무릅우에 누엇슬 쌔마다
아모 외로음도 걱정도 업슴니다마는
다맛 옵바 생각짜닭에 눈물이 흘너내림니다!

— 손진태, 「옵바 인제는 돌아오서요」[34]

동시 「옵바 인제는 돌아오서요」는 집을 떠나 추운 곳에 있는 오빠가 집으로 돌아오길 바라는 시적화자의 마음이 담겼다. 오빠는 러시아 같은 추운 나라[35]로 떠난 상황이다. 그곳은 추운 곳이기에 짐승의 가죽을 입은 사람들이 있는 곳이면서 짐승 같은 사람들이 있는 나라다. "고초

34 손진태, 「옵바 인제는 돌아오서요」, 『어린이』 제4권 제1호 병인신년호, 1926, 12~13쪽.
35 1925년 시베리아 지역, 1926년 극동지역의 지방행정체제가 구축됨과 동시에 지역별로 석탄, 에너지, 기계, 화학, 금속공업이 개발되었다. 농업분야에 있어서도 집단농장화가 지속적으로 실시되었고 강제노동수용소가 있었다. 강제노동소로 끌려가 강제노동에 시달렸던 조선인들이 많았다.

나라"라는 시어에서 오빠는 고난의 상황에 있다는 걸 알 수 있다. 시적화자의 어조를 통해 오빠가 떠난 나라는 짐승같이 예와 도를 모르는 사람들이 사는 약탈의 나라라는 것이 느껴진다. 시적화자는 오빠에게 왜 그렇게 무서운 나라로 갔냐고 묻고 있지만 멀리 있는 오빠를 걱정하며 오빠가 하루 빨리 집으로 돌아와 만나길 바라는 소망이 담겨있는 시이다. "우리나라의 해와 달을 도적해가고 모질고 미운 불개들이 많이 사는 그나라"라는 시구에서 오빠가 간 나라는 오빠를 억압하는 고통의 나라이다. 이 시는 오빠를 그리워하는 슬픈 마음을 드러내며 그 당시 어른이고 소년 할 것 없이 시베리아로 강제로 끌려간 조선인의 아픈 현실을 드러낸다. 동시가 동요와 다르게 정형률이 아니며 동시의 내용이 동요보다는 구체적으로 형상화되고 사건이 있는 이야기를 담고 있다. 또 시적화자가 바라보는 대상과 시적화자가 다른 시공간에 있는 것도 큰 특징이다. 이 동시에서는 화자가 바라보는 오빠라는 대상이 뚜렷하고 오빠가 현재 시적화자 곁에 없고 멀리 추운 나라로 떠났다는 사건이 존재한다. 동시는 동요보다 서사적인 사건을 가진 이야기가 존재하며 시적화자와 바라보는 대상 사이의 거리가 크고 다양한 시공간이 존재한다. 특히 현실의 모습을 묘사하고 시대적인 갈등을 다룬 동시의 특성으로 작가의 시작 의도가 동요보다는 뚜렷하게 드러난다는 점을 들 수 있다. 이와 같은 동시에서는 현실의 모습을 시적화자가 내면화한 사실로 담아내며 갈등의 상황 속에 있는 시적화자(어린이)의 모습을 투영하고 있다. 이와 같은 커다란 서사를 함축적으로 담고 있는 내용이기에 글자 수를 동일하게 맞출 수 없고 자유로운 형식으로 드러나게 된다.

『어린이』 제10권 제11호(1932.11.20)에 발표된 「변덕쟁이 마나님」은

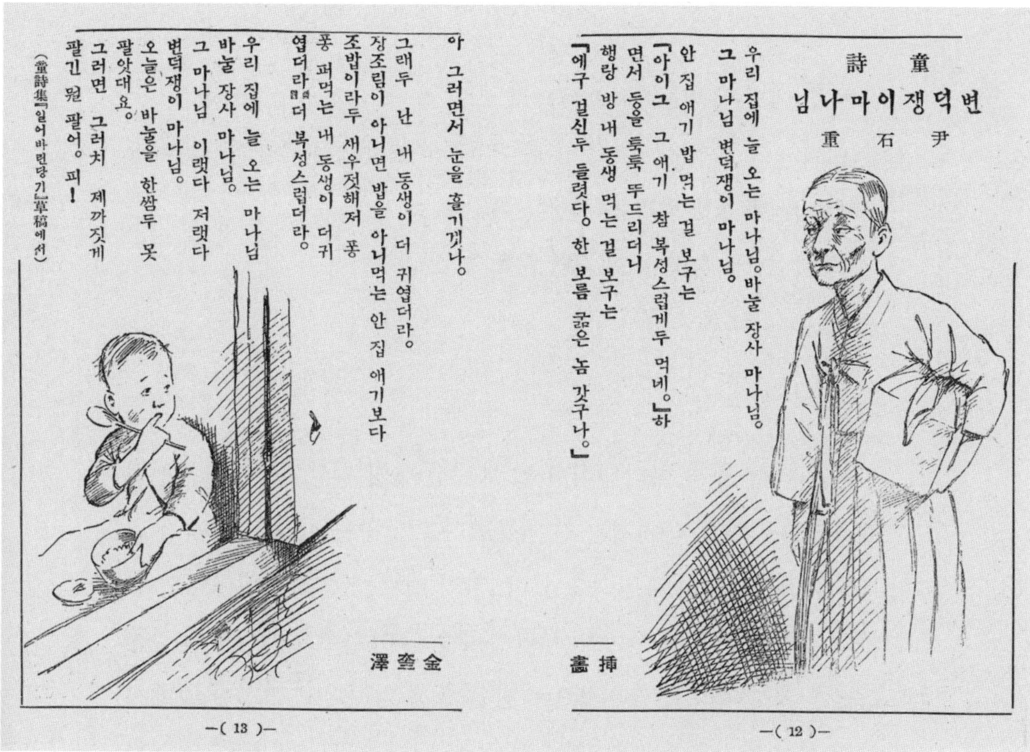
童詩

변덕쟁이마나님

尹石重

우리 집에 늘 오는 마나님。바눌 장사 마나님。
그 마나님 변덕쟁이 마나님。
안집 애기 밥 먹는 걸 보구는
「아이그 그 애기 참 복성스럽게두 먹네。」하
면서 등을 툭툭 뚜드리더니
행랑 방 내 동생 먹는 걸 보구는
「에구 걸신두 들렷다。한 보름 굶은 놈 갓구나。」
아 그러면서 눈을 흘기겟나。
그래두 난 내 동생이 더 귀엽더라。
장조림이 아니면 밥을 아니먹는 안 집 애기보다
조밥이라두 새우젓해저 퐁
퐁 퍼먹는 내 동생이 더귀
엽더라 더 복성스럽더라。
우리 집에 늘 오는 마나님
바눌 장사 마나님。
그 마나님 이랫다 저랫다
변덕쟁이 마나님。
오늘은 바눌을 한쌈두 못
팔앗대요。
그러면 그러치 제까짓게
팔긴 뭘 팔어。피!

(童詩集『일어바린당기』草稿에선)

挿畫 — 金奎澤

—(12)— —(13)—

〈그림 9〉 윤석중 글, 김규택 삽화, 「변덕쟁이 마나님」, 『어린이』 제10권 제11호, 1932, 12~13쪽.

동시라고 장르가 표시되어 있다. 이 작품은 윤석중이 시를 쓰고 김규택이 삽화를 그렸다. 이 작품이 지니는 의의는 작품 말미에 '동시집 『잃어버린 당기』 초고에서'라고 적혀 있는 데에 있다. 현재 선행연구에서 변덕쟁이 마나님은 1933년 발행된 「잃어버린 당기」로 서지가 표시되어 있는데 어린이지에 발표된 것은 1932년으로 더 앞선다.

> 우리 집에 늘 오는 마나님. 바눌 장사 마나님.
>
> 그 마나님 변덕쟁이 마나님

안 집 애기 밥 먹는 걸 보구는
"아이그 그 애기 참 복성스럽게두 먹네" 하면서 등을 툭툭 뚜드리더니
행랑 방 내 동생 먹는 걸 보구는
"에구 결신두 들렷다. 한 보름 굶은 놈 갓구나."
아 그러면서 눈을 흘기겟나.

—「변덕쟁이 마나님」 부분[36]

이 시는 바늘 장사 마나님이 안집 애기한테 밥 먹는 걸 보고 복스럽다고 하면서 자기 동생에게는 걸신 들렸다고 말하는 걸 보고 화자가 그 마나님을 변덕쟁이라고 말하고 있다. 안집 애기는 장조림이 아니면 밥을 아니 먹는다고 하는 걸 보니 부유한 주인집 아기이고 행랑방에 있는 내 동생은 조밥이라도 새우젓으로 밥을 퐁퐁 먹는다고 묘사한 것에서 세 들어 사는 가난한 집 아기라는 걸 알 수 있다. 화자는 가난한 아이와 부자 아이를 차별하는 바늘장사 마나님의 속물근성을 슬며시 비판하고 있다. 바늘 장사 마나님이 주인집에게 바늘을 팔기 위해서 그 아이가 밥 먹는 모습을 보고 아부하는 것이다. 화자는 바늘장사가 바늘을 한쌈도 못 팔았다는 말을 듣고 고소해하고 있다. 마지막 행에 "그러면 그러치 제까짓게 팔긴 뭘 팔어. 피!"라는 시구에서는 가난하다고 차별하는 속물근성의 바늘장사 마나님을 싫어해 야유를 보내는 시적화자의 심리가 직설적으로 잘 표현되었다.

---

36 윤석중, 김규택 삽화, 「변덕쟁이 마나님」, 『어린이』 제10권 제11호, 1932. 12~13쪽.

8) 동화시

『어린이』에 발표된 동화시로는 제8권 제5호 옛동무작품호(1930.5.20)에 발표된 이경노의 「혹뿌리 이야기」가 있다.

1.옛날옛날 호랑이 담배먹든때
엇던곳에 혹쌔리 영감한분이
나무하러 갓다가 날이저무러
오다오 다 빈집에 드러갓지요

2.이영감이 혼자서 심심하여서
목청좃케 노래를 불너봣드니
독갑이란 독갑인 모다모여와
자미잇게 노래를 들엇습니다

3.이노래가 혹에서 나온다고요
독갑이들 영감께 깜박 속아서
은금보화 수업시 가저다주고
영감한테 그혹을 사갓습니다.
(…하략…)

— 이경노, 「혹뿌리 이야기」[37]

---

37 이경노, 「혹뿌리 이야기」, 『어린이』 제8권 제5호 옛동무작품호, 1930.5.20, 38~41쪽.

「혹뿌리 이야기」는 총 7연으로 되어 있고 『어린이』 창간호에 실렸던 동화극을 노래로 고쳐 쓴 것이다. 내용이 동화적 사실이어서 설명적인 시이지만, 이 시를 읽고 창간호를 생각한다면 이 노래가 헛되지 않을 것이라는 바람을 덧붙였다. 동화시는 이처럼 원래 있던 동화 혹은 전래동화를 주요 내용으로 하여 운율이 있는 시로 만든 것이다. 동화시는 산문시로 이야기가 들어있는 시이며 서사적인 흐름의 구조를 가진다. 독자가 장면을 상상할 수 있게 이미지가 뚜렷하다. 현대의 동화시는 원래 있던 동화를 운율을 살려 시로 변형한 것뿐만 아니라 동화 같은 이야기를 가진 산문시를 동화시로 보고 있다.

9) 소년시

1932년 1월 20일 발행된 신춘소년문예호에서 소년시가 많이 발표되었다.

나팔을 불어라 불어라
오! 이땅에 어린 동무들아!
쓰는 해의 샛빨간 열에 목욕하면서
우리들의 힘찬 행진곡을 노피 불으자!
쓰는 해의 타오르는 광채와 함께
一九三二년의 '카렌다' 한 장이 춤추나니
마지하는 또 한 해를 위하야

나팔소리와 함께 압길을 생각할게외다

—김예지, 「쓰는 해」[38]

위의 시 「쓰는 해」는 힘찬 의지가 느껴진다. 소년들에게 뜨는 해를 바라보며 강한 의지를 가지고 앞길을 생각하며 힘차게 나아가자고 북돋아주는 시이다. 소년운동을 일으키는 시이다.

보인다! 보인다!
저긔저 뾰족한 희망봉
한발짝 두발짝
노픈 산을 넘고 기픈 물을 건너면
우리의 일터
우리의 목적지인
희망봉이 다을 것이다.

소섯다! 소섯다!
하늘을 꾀뚜를 듯한 성공탑
희망봉 꼭때이에
우뚝이 소슨 저 성공탑
쎄지어 달니는 우리보다 압선이
쎄지어 쪼차가는 우리들
머지안어 저— 성공탑에 올을 것이다.

38 『어린이』 1932년 1월 제10권 제1호 신춘소년문예호에 발표된 소년시이다.

들닌다! 들닌다!
압선이들의 부는 나팔소리 씌쌋싸
광이 메고 짱 파는 동모야
공장 속에서 긔게 돌니는 동모야
배에서 고기잡는 동모야 어서어서 나가자

다갓치 나팔부는 저이를 싸러 용감히 일하러
압길을 바라보고 발마춰 나아가자

— 윤재창, 「압길을 바라보고」[39]

「압길을 바라보고」는 '압선이들'을 따라 나아가자는 희망을 노래하는 시이다. 괭이 메고 땅 파는 동모와 공장 속에서 기계 돌리는 동모, 배에서 고기 잡는 동무 등 일하는 동무들을 격려하고 용감히 일하고 발맞춰 나아가면 '성공탑'에 오를 것이라는 희망을 준다. 이 시 또한 소년운동의 성격을 가지며 일하는 동무들의 마음을 격려하고 앞날을 향해 씩씩하게 나아갈 것을 독려하는 시이다.

어머니 념려마라요
먼—ㄴ 데와 홀로 있는 나를……

나는 로동자! 공장의 어린 아들
이몸은 튼튼하외다 끗끗하외다

39 『어린이』 1932년 1월 제10권 제1호 신춘소년문예호에 발표된 소년시이다.

어머니 념려마라요
먼―ㄴ 데와 홀로 있는 나를……

오늘도 저 공장에 기적소리가
새벽어둠이 사라지랴할 때
잠ㅅ대하는 내 귀에 뚜려시 새여듭니다
어머니 념려마라요
'벤또'이고 혼자서
공장길 더벅더벅 것는 나를……

나는 로동자! 공장의 어린 아들
나는 아즉 어린 몸이나
남에게 지 지안으리
남에게 지지안으리
어머니 념려마라요
검은 공장 속에서 맑은 땀 흘리는 나를……

— 정홍필, 「로동자 아들은」[40]

소년시 「로동자 아들은」은 가족 곁에서 멀리 혼자 떨어져 공장에서 어린 노동자로 일하고 있는 소년이 어머니에게 염려하지 말 것을 당부하고 있다. 시적화자는 남에게 지지 않을 거라는 굳센 의지를 가지고 검은 공장 속에서 맑은 땀을 흘리고 있다. 노동자의 현실이 느껴지는

40 『어린이』 제10권 제1호 신춘소년문예호로 1932년 1월 20일에 발표된 시이다.

시이다. 그런데 노동자로서의 애환보다는 오히려 씩씩한 의지를 일으켜 내일의 희망을 일으키고 당찬 포부를 지닌 소년의 모습으로 시의 화자가 묘사되고 있다.

동무여!
먼동이 고요히 트입니다
슬어저가는 옛 성터에
첫닭의 소리가 힘잇게
가슴차게 우나니
새해 새날을 알외는
거룩한 소리외다

동무여!
새벽종이 장엄히 울림니다
뎅! 뎅! 뎅!
기쁨의 종!
바램의 종!
평화의 종!
동무여!
먼동이 환하게 트입니다

(…중략…)

동무여! 붉은 햇발이 솟아 올습니다

새 살림을 꾸미려는 동무여!

가치 웃고 가치 우는 동무여!

광채나는 저 붉은 태양을 바라보며

새 날을 기약하고 새 일터로

꾸준하고 씩씩하게 나아갑시다

— 김설강, 「새해 새날」[41]

소년시 「새해 새날」은 시적화자가 동무에게 전하는 희망의 메시지로 기쁨의 종, 바람의 종, 평화의 종이 울린 새해 새날이 밝았음을 알리고 있다. 그리하여 새 날을 기약하고 새 일터로 꾸준하고 씩씩하게 나아가 열심히 일을 하자고 같은 처지의 동무들을 독려하는 시이다.

兄님!

이 아우는 몬지 속에 사는 사람이라요

날마다날마다 몬지 구덩이에서

목을 달고 쌍파는 사람이라요

간열핀 영감님과 도련님 가트면

금방 폐병이 걸려 잡바질 무서운 몬지속에서요

오— 兄님!

좁다란 소년회관 안에서

41 『어린이』1932년 1월 20일 제10권 제1호 신춘소년문예호에 발표된 시이다.

서로 써들며 주먹으로 땅을 치면은

왼방 안에는 자욱히 먼지가 낀다오

그래도 부시럭부시럭 집신삼으며 입을 맞대고 미래를 소곤거린다오

— 윤재창, 「먼지 속 사람의 노래」[42]

먼지 속에 사는 사람은 도련님과 거리가 먼 힘든 노동자이다. 땅을 파는 일을 하기 때문에 항상 먼지 속에 살 수밖에 없다. 하지만 먼지 속 사람은 고생 끝에 행복이 온다는 형님의 말을 새기며 아직은 까마득한 행복의 때가 오기를 기다리고 있다. 화자는 자신의 힘겨운 상황을 형님이 심어준 말로 견뎌내며 희망의 미래를 맞이하고 싶어 한다. 화자의 삶은 혼자만의 고통이 아니라 소년회관에서 같이 주먹으로 땅을 치고 미래에 대해 이야기 나눌 동지들이 있다. '먼지 속 사람'이 가진 알레고리는 이 시대 가난한 현실의 소년 노동자들이며 그들의 의지를 북돋아주는 兄님의 존재가 있다고 이야기한다.

이 밖에도 제10권 제4호 4월호(1932.4.20 발행) 에 발표된 소녀시 「옵바에게」는 제사공장 직공인 시적화자가 힘든 기숙사생활을 오빠에게 편지형식으로 알리는 시이다. 시적화자가 소녀이기 때문에 소녀시라는 장르로 나타냈다.

앞서 다섯 편을 살펴본 바와 같이 소년시들은 소년운동의 성격을 지닌다. 현실은 비록 가난을 탈피하기 위해 고된 노동현장에 있지만 씩씩한 마음을 가지고 열심히 일하면 미래에는 성공하는 삶이 펼쳐진다는 희망을 담은 시이다. 소년시들은 소년들에게 용기를 북돋아주며 희

42 『어린이』 1932년 3월 20일 0제10권 제3호 창간9주년기념호에 발표된 시이다.

망을 품고 희망의 때를 기다리며 앞으로 나아가기를 독려한다. 소년시들은 힘든 현실을 회피하지 않고 씩씩함으로 극복하고자 하는 굳센 마음을 심어준다.

동시와 소년시와의 차이는 소년시는 동시보다 선동적 문체가 강한 소년운동을 일으키는 시이며 시적화자의 대상이 소년이니만큼 가난한 현실을 반영하여 일 하는 소년으로 그려지고 있다. 하지만 동시는 시적화자가 어린이의 연령으로 소년처럼 일을 하지 않고 일을 하는 형이나 누나를 둔 아이로 그들을 바라보는 대상으로 하고 있다. 어린이인 시적화자는 소년을 바라보며 꿈을 품기도 하고 소년의 부재를 그리워하거나 걱정하기도 한다. 그러면서 소년으로 성장해 나간다. 동시가 구체적인 이야기를 가지고 있는 시의 성격을 지닌다면 소년시는 동시보다 관념적이고 추상적인 의미(「압길을 바라보고」에서 '성공탑')를 내포하고 있다. 소년시는 시적자아가 소년으로 현실 참여적인 성격을 더 강하게 지닌 시라는 특성을 가진다.

3. 문학사적 의의

고요한 밤
너의 자는 얼골을
무심코 드려다 볼 때
새근새근 쉬는 네 숨소리에

조심스러이 귀를 기우릴 때
아비의 마음은 해면(海棉)처럼
사랑에 젓는다. 사랑에 붓는다.

사랑하는 나의 아들아.
귀엽고 조스만 조선의 업둥아,
그믐밤의 반딧불처럼
저 하늘의 별들처럼
반득여라.
눈부시게 빛나거라.
가는 곧마다 횃불을 들어라.

날마다 달마다
요 작은 주먹에 물이 올르며
무럭무럭 자라나는 너이들!
오오 우리의 강산은 왼통 꽃밭이 되겟구나
별투성이가 되겟구나! —1932.9.4 재건이 백일날

—심훈, 「어린 것에게」[43]

심훈의 「어린 것에게」는 동시로 발표되었다. 이 시는 백일날 아들에게 바치는 시이지만 이 아기는 심훈의 아기뿐만 아니라 조선의 모든 아기로 그 의미가 확장될 수 있다. 이 시에 '조선의 업둥이'라고 아기가 표

43 심훈, 「어린 것에게」, 『어린이』 제11권 제10호, 1933.10.

현된 것을 주목할 수 있다. 업둥이는 아이가 없어서 아이를 간절히 바라는 집에 선물처럼 얻게 된 자식이다. 조선이 간절히 바라고 새로 얻은 아기는 그믐밤의 반딧불처럼 하늘의 별들처럼 눈부시게 반득이며 빛나기를 염원하고 있다. 가는 곳마다 횃불을 들고 무럭무럭 자라는 업둥이들이 있기에 우리 강산은 꽃밭과 별투성이가 되겠다는 희망을 노래한 시다. 어둔 밤 같은 조선에 횃불을 들고 나타나 조선의 앞날을 밝혀줄 조선의 업둥이들. 심훈은 어린 것이라는 작품에서 조선 어린이에게 바라는 마음을 노래하였다. 이 동시는 『어린이』가 담고 있는 어린이에 대한 이미지를 잘 드러낸다.

『어린이』에 발표된 동요, 동시, 소년시의 장르적 구분과 특성을 살펴보면 첫째로 형식적 측면에서 동요, 그림동요, 유년동요, 동요유희, 동시, 동화시, 소년시 같은 서정장르의 구분이 아주 뚜렷하게 드러난다. 이는 아동문학에서의 시의 갈래를 나눌 수 있는 중요한 자료가 된다. 현대의 시적 갈래와 연결하면서 어떻게 아동을 위한 시문학 장르가 발전되어 왔는지를 연구할 수 있는 계기를 마련한다. 『어린이』지에 드러난 다양한 서정 장르는 그동안 동요와 동시라는 큰 틀로 연구되어 한계를 지닌다. 하위 장르로서 어떻게 고유하고 개별적인 특징을 가지는지 장르 안에서 구체적으로 시를 분석할 수 있을 것이다. 여기에 문학사적 의의가 있으며 현대 아동문학의 시문학 장르의 기원으로 자리매김하는데 『어린이』가 가진 중요한 의미가 있는 것이다.

둘째, 『어린이』에 드러나는 다양한 서정장르를 분석하며 내용적 측면으로 한 편의 시를 통해 식민지 조선을 주체적으로 이끌어나갈 희망의 소년을 기를 수 있는데 소년운동사의 의미가 주는 의의가 있다. 시는 시대를 공감하며 정서를 환기하는 예술성뿐만 아니라 시를 읽으면서 시대의 주인이 되는 주체적인 내일의 새싹을 길러내고 억압된 영혼을 구원해 준다는 것이야말로 시가 가지는 중요한 가치라고 생각된다.

셋째, 동요 유희가 유치원에서 보급되며 조선어를 잊지 않게 하였다. 모국어를 교육하면서 함께 하는 유희로써 공동체 의식을 함양하였다. 동요 유희는 함께 율동을 하고 표정을 지으며 다 같이 기뻐할 수 있는 즐거운 시간을 동시에 가져다 준다. 그래서 단결과 화합의 시간을 준다. 게다가 소학교의 동요유희 활동은 슬픔의 정서까지도 표현하여 슬픔에 연대하게 하였다. 『어린이』는 천도교 소년회가 가진 가치 안에서 어린이를 존엄한 존재로 인격적으로 대우하며 소년의 정신을 함양해 나가는 데 예술적・지식적 측면으로 앞장섰다. 전 세계적으로 유능한 지적수준을 가진 교양인으로 또 식민지 시대에서 벗어나 주체적이며 독립적인 인격으로 바로설 수 있도록 소년의 정신을 고양시켰다는 점에서 『어린이』가 가진 문학사적 의의가 크다.

넷째, 『어린이』는 독자와의 소통을 중요시했다. 독자작품란을 활용하면서 다양한 지역의 작가를 발탁하고 작가로 키워내면서 한국문단의 한 축을 이끌어나갔다. 그러므로 『어린이』의 독자는 읽는 존재뿐만 아니라 어린이 잡지를 평가할 수 있는 냉철한 지식인으로 자라났고 독자에서 이 매체에 문학 작품을 공급하는 작가가 되기도 했다. 어린이지는 폐쇄적이지 않고 열린 소통의 장으로 항상 독자의 의견에 귀 기울였다. 이와 같은 『어린이』의 행적은 학교를 가지 못하는 불우한 환경의 어린이, 가난으로 인해 노동현장으로 내몰린 어린이들에게 학교를 대신하거나 학교 교육을 뛰어넘어 교양을 갖춘 지식인과 예술적 소양을 갖춘 전인으로 성장하게 했다. 게다가 불우한 아이들이 독자란에 사연을 올리면 전국적으로 모금을 하여 도와주는 휴머니즘의 매체였다.

미공개 『어린이』에서는 약 266편의 서정적 장르 작품이 발견되었다. 동요, 동시, 소년시의 서지 정보 목록은 다음과 같다. 여기에는 하위장르인 그림동요, 동요유희, 산문시 등이 모두 포함되었다. 미공개 『어린이』에 발표된 동요, 동시, 소년시에 투영된 어린이 화자의 이미지는 다음과 같다. 자연을 노래하는 어린이, 가난하고 헐벗은 생활 속의 어린이, 시대를 반성하고 고민하는 자아 성찰의 어린이, 상실에 따른 슬픔을 지닌 어린이, 암울한 일제 식민치하의 소년 노동현장의 현실 속에 있는 어린이와 노동을 하는 형제를 바라보는 어린이, 암울한 현실을 극복하려는 의지를 지닌 어린이, 시대 속에서 자기 존재를 확인하는 정체성을 지닌 어린이이다. 식민지 치하의 자연의 의미는 그냥 단지 감상하고 관조하는 대상의 아름다운 자연이 아니다. 자유를 빼앗긴 억압의 자연 상태까지 표현하는 것이다. 그러므로 자연에 대한 예찬하는 성격의 노래라고 할지라도 자연이 내포하는 의미는 크며 때때로 어린이 화자가 느끼는 자연에 대한 고마움이 드러나기도 하였다. 또 미공개 『어린이』에 나타난 시적 자아는 주체적으로 꿋꿋이 현실을 극복하며 나아가자는 내일을 희망적으로 바라보는 소년상의 모습이 많이 투영되었다. 앞에서 말한 어린이상에 덧붙여 희망을 지니고 내일로 나아가는 씩씩하고 꿋꿋한 주체적인 어린이의 모습이 바로 미공개 『어린이』에 발표된 동요, 동시, 소년시가 주는 어린이의 이미지이다.

참고문헌

1. 기본자료

김예지, 「쓰는 해」, 『어린이』 제10권 제1호 신춘소년문예호, 1932.1.20.

______, 「어린이의 마음(童心)」, 『어린이』 제10권 제1호 신춘소년문예호, 1932.1.20.

김설강, 「새해 새날」, 『어린이』 제10권 제1호 신춘소년문예호로, 1932.1.20.

노영근, 〈짱껨보〉, 『어린이』 제9권 제10호 독자작품특집호, 1931.11.20.

박로아, 전봉제, 〈봄비〉, 『어린이』 제9권 제4호 어린이날 기념호, 1931.5.20.

박태준 작곡, 김영제 율동, 〈슯흔밤〉, 『어린이』 제9권 제1호 신미 신년호, 1931.1.

버들쇠, 〈봄이오면〉, 『어린이』 제1권 제1호 창간호, 1923.3.20.

손진태 「옵바 인제는 돌아오서요」, 『어린이』 제4권 제1호 병인신년호, 1926.

심훈, 「어린 것에게」, 『어린이』 제11권 제10호, 1933.10.20.

우촌(雨村), 〈파랑새〉, 『어린이』 제1권 제1호 창간호, 1923.3.20.

윤극영, 〈새떼〉, 『어린이』 제8권 제10호 경오송년호, 1930.12.20.

______ 謠曲, 김영제 振付, 〈새 떼가 나간다〉, 『어린이』 제8권 제10호 경오송년호, 1930.12.20.

윤석중, 〈누님 전상서〉, 『어린이』 제10권 제7호, 1932.

______, 김규택 삽화, 「변덕쟁이 마나님」, 『어린이』 제10권 11호, 1932.

윤재창, 「압길을 바라보고」, 『어린이』 제10권 제1호 신춘소년문예호, 1932.1.20.

______, 「먼지 속 사람의 노래」, 『어린이』 제10권 제3호 창간9주년기념호, 1932.3.20.

이경노, 「혹뿌리 이야기」, 『어린이』 제8권 제5호 옛동무작품호, 1930.5.20.

이광수, 〈알른 아기〉, 『어린이』 제9권 제10호 독자작품특집호, 1931.11.20.

이원수, 〈설날〉, 『어린이』 제9권 제1호 신미신년호, 1931.1.1.

______ · 전봉제, 〈녀름바다〉, 『어린이』 제9권 제6호 하기방학특집호, 1931.7.20.

이헌구 작요, 정순철 곡, 〈초ㅅ불〉, 어린이 제11권 제3호.

정인섭 · 정순철, 〈굴뚝쟁이〉, 『어린이』 제10권 제11호, 1932.11.20

정지용, 「해바락이 씨」, 『어린이』 제5권 제5호 제5호, 1927.6.1.

정홍필, 「로동자 아들은」, 『어린이』 제10권 제1호 신춘소년문예호, 1932.1.20.

주요한, 〈엿드면〉, 『어린이』 제9권 제10호 독자작품특집호, 1931.11.20.

주향두, 〈풀ㅅ대장〉, 『어린이』 제9권 제11호 신미송년특집호, 1931.12.

최승호 · 방시혁, 「스컹크」, 『말놀이 동요집』, 2011.
한정동, 「가을꿈」, 『어린이』 제4권 제11호, 1926.12.10.
______ · 전봉제, 〈봄의 노래〉, 『어린이』 제9권 제4호 어린이날 기념호, 1931.5.20.

2. 논문

김정인, 「1920년대 천도교 소년운동의 이론과 실천」, 『한국민족운동사연구』 73, 2012.
박지영, 「1920년대 근대 창작동요의 발흥과 장르 정착 과정 - 『어린이』 수록 동요를 중심으로」, 『상허학보』 18, 2006.
윤석중, 「한국동요문학소사(韓國童謠文學小史)」, 『예술원문집(藝術院文集)』 29, 대한민국예술원, 1990.
정순철, 「동요를 권고합니다」, 『신여성』 2-6, 대정13(1924).6.
진선희, 「『어린이』지 수록 동시 연구 (1) - 장르 용어 및 작가와 독자를 중심으로」, 『국어국문학』 165, 2013.
______, 「『어린이』지 수록 동시 연구 (2) - 1923년~1934년까지 기성작가 작품의 내용적 특성을 중심으로」, 『한 국아동문학연구』 26, 2014.
______, 「『어린이』지 수록 동시 연구 (3) - 일제강점기 독자 투고 동시를 중심으로」, 『한국아동문학연구』 27, 2014.
정진헌, 「일제 강점기 한국 그림동요 연구 - 전봉제를 중심으로」, 『한국아동문학연구』 25, 2013.
전송배, 「아동잡지 『어린이』와 『赤以鳥』 동요의 비교와 『어린이』 동요의 전개 양상」, 중앙대 박사논문, 2011.

3. 단행본

이상금, 『소파 방정환의 생애 - 사랑의 선물』, 한림출판사, 2005.
정인섭, 『색동회 어린이 운동사』, 학원사, 1975.
한용희, 『동요 70년사 한국의 동요』, 세광출판사, 1994.

4. 인터넷 자료

짱껨보 인터넷 네이버 국어사전 :
http://krdic.naver.com/user.nhn?docid=91c8045b7eaf11346c863761b94528d0

제3장

"

어린이 인격을 존중합시다.

어린이의 뜻을 존중합시다.

어린이날을 기념하는 본 뜻은 여기에 있습니다.

"

1923년 천도교소년회 어린이선언이 갖는 세계아동문화사적 의미

이주영

1. 여는 글

인류사를 인간해방을 위한 끊임없는 흐름이라는 관점으로 본다면, 21세기 이 세계가 힘을 쏟아야 할 가장 중요한 핵심 과제는 무엇이 되어야 할까? 나는 어린이해방이라고 생각한다. 어린이해방은 곧 세대간 평등과 평화와 자유로운 삶을 마련할 수 있는 길이 되기 때문이다. 인간해방의 출발점이면서 그 도달점이 어린이해방이기 때문이다.

근현대사를 주도한 유럽 시각에서 인간해방사를 짚어보면, 16~17세기는 가톨릭교회 타락과 억압에서 해방되기 위한 종교개혁, 곧 종교해방이 과제였다. 18세기는 1776년 미국 독립선언과 1789년 프랑스혁명에서 볼 수 있듯이 전제군주제에서 민주공화국으로 바뀌는 시민해방이 중심 과제였다. 19세기에서 20세기는 시민혁명과 산업혁명으로 성장한 자본가들에 의한 억압과 착취로부터 벗어나기 위한 노동자 계급해방, 침략당한 식민지의 민족해방, 20세기 후반은 남녀평등을 추구하는 여성해방이 주요 과제로 등장하였다.

우리 겨레는 19세기 후반 서구 문명에 갑작스럽게 노출되어 급변하면서 이러한 모든 억압과 착취와 과제들이 동시다발로 나타났다. 곧 조선에서 대한제국으로, 대한제국 종식을 상징하는 고종황제 장례식을 맞은 1919년 3월 1일 대한민국 독립을 선언하면서 민주공화제를 채택하였다. 3·1대혁명[1]으로 폭발한 힘으로 민족해방운동을 가열차게 진행하면서 노동자·농민해방을 위한 계급해방운동과 여성해방운동을 동시에 진행하였다. 또한 이에 더하여 어린이해방운동까지 그 유장한 첫걸음을 내딛었다.

1 3·1만세운동을 혁명이라고 하는 까닭은 이로 건국한 대한민국이 우리 민족이 최초로 국체를 군주제에서 민주공화국제로 바꾼 사건이기 때문이다. 1910년 8월 29일 순종황제가 대한제국 주권을 포기했는데, 백성이 근본이라는 민본사상을 강조하던 군주국에서 군주가 주권을 포기했으므로 그 주권은 국가의 근본인 백성에게 돌아온 것이라고 보았다. 이에 1917년부터 독립운동가들이 민족국가 건국을 준비하다가 고종황제가 돌아가시자 그 장례일에 맞춰서 대한독립선언을 한 것이다. 그리고 뒤이어 한성과 해삼위를 비롯한 국내외에서 임시정부 6개가 조직되었는데, 논의결과 9월에 상해에서 세운 임시정부로 통합하여 단일 정부를 구성하였다. 곧 3·1만세운동을 통하여 군주국에서 민주공화국으로 바꾸었으므로 혁명인 것이다. 실제로 민족 구성원 다수의 의식을 고양시키고 변화시켰으므로 임시정부에서는 대혁명이라고 불렀다. 민주공화국이 완성되지 않았으므로 그 혁명은 아직도 미완성으로 현재진행 중이다. 이런 역사적 맥락에서 볼 때 현재 국경일인 3·1절은 곧 대한민국을 건국한 독립절이다.

2. 3·1대혁명과 어린이해방운동 출발

3·1대혁명은 민족 전체가 공통으로 요구하는 민족해방과 대한민국 독립이었기 때문에 지역, 직업, 종교, 나이를 넘어서 전 민족이 골고루 참여하고 있으므로 어느 일부 계층이나 종교에 의한 운동이 아니라 민족 전체가 함께한 운동이었다. 그래도 미리 계획을 세우고 준비한 것은 어른들이고, 종교로는 천도교가 중심이라고 할 수 있다. 그러나 3·1대혁명을 실제로 이끌어간 세대는 당시 소년으로 불리던 어린이들이었다. 3월 1일 정오 탑골공원에서 독립만세에 앞장 선 세대가 학생들이었는데, 그 학생들 나이는 대부분 15세 전후 10대 소년들이었다. 유관순과 그 동무들도 15세 전후였다.

소년들의 역할이 어느 정도였는가를 간략히 살펴보면, 어느 보통학교 졸업식에서 수석을 한 열두세 살쯤 되는 어린이가 한 연설을 아래와 같이 묘사하였다.

> 그는 몸을 폈다. 그 몸에는 결의가 보였다. 지금 그가 외치려는 소리가 지난 며칠 동안 수많은 사람의 목숨을 앗아 갔다는 것을 그는 똑똑히 알고 있었다. 그는 품속에 손을 넣더니, 태극기를—그것만 가지고만 있어도 죄가 되는 것을—꺼내었다. 그 기를 흔들면서 그는 소리쳤다. '우리나라를 돌려주시오. 대한만세! 만세!' 소년들이 모두 자리를 박차고 일어섰다. 저마다 웃옷 속에서 태극기를 꺼내어 외쳤다. '만세! 만세! 만세!'[2]

2 F. A. 맥켄지, 이광린 역, 『한국의 독립운동(*Korean's Fight for Freedom*)』, 일조각, 1969, 182

이처럼 보통학교 어린이들이 참여한 경우만 보더라도 3월 2일은 인천의 보통학교 어린이들이, 7일에는 시흥의 보통학교 어린이들이, 10일에는 당진의 보통학교 어린이들이, 13일에는 강화의 보통학교 어린이들이, 15일에는 고부의 보통학교 어린이들이, 19일에는 괴산의 보통학교 어린이들이, 23일에는 서울정동보통학교 어린이들이, 26일에는 회령보통학교 어린이들이, 4월 2일에는 밀양의 보통학교 어린이들이, 4일엔 김제군 내 보통학교 어린이들이, 8일에는 원산의 보통학교 어린이들이, 18일에는 부안군 줄포보통학교 어린이들이 만세 시위와 동맹휴학에 나섰다. 3월 1일 이후 4월 30일까지 통계만으로도 피검자 총수 26,713명 가운데 학생이 2,037명이었던 것만 보아도 당시 학생들의 활동이 대단했던 것임을 알 수 있다.[3] 당시 학생 대부분은 18세 미만 소년, 곧 어린이들이었다.

3·1대혁명은 일시에 민족 전 계층에 섬광과 같은 자각을 전파시켰다. 이는 대한독립 선언으로 건국[4]한 국가정체를 군주제나 입헌군주제가 아니라 대한민국이라는 민주공화제를 선택하는 과정과 3·1대혁명 이후 민족해방, 계급해방, 여성해방, 어린이해방이라는 4대 해방과제를 동시에 종횡연합하면서 분출시키는 현상을 보면 알 수 있다.

쪽. 김정의, 『한국소년운동사』, 민족문화사, 1992, 42쪽에서 재인용.

3 조선총독부 학무국, 『소요와 학교』, 1921. 김정의, 『한국소년운동사』, 민족문화사, 1992, 42~43쪽에서 재인용.

4 대한민국 건국은 1919년 3월 1일이다. 대한민국 헌법에 '우리 대한국민은 3·1운동으로 건립된 대한민국임시정부 법통'을 계승한다고 명시되어 있고, 1919년 4월 11일 임시정부 법령 제1호로 제정한 대한민국 임시헌장을 보면 '대한민국 원년 3월 1일'이라고 명시되어 있다. 곧 1919년 3월 1일 전 민족 이름으로 대한민국을 건국하고, 4월 13일 임시정부를 수립하고, 1948년 8월 15일은 정부를 수립한 것이다. 우리헌법읽기국민운동, 『손바닥 헌법책』, 2016, 1쪽과 4쪽 참조.

당시까지만 해도 세계 인류는 시민해방과 계급해방이 주된 관심사였고, 여성해방운동이 싹트고 있을 때였는데, 우리는 어린이해방까지 핵심 과제로 펴 올리고 있었다. 이는 3·1대혁명 때 어린이들이 담당했던 몫이 얼마나 큰 것인가를 보았고. 따라서 조선의 미래를 맡길 주역으로 충분히 인정받을 수 있는 계기가 되었기 때문이라고 할 수 있다.

3. 천도교와 어린이해방운동

3·1대혁명 이후 각 지역과 종교단체에서 소년회를 조직하기 시작하면서 어린이운동이 불붙기 시작한다. 그 가운데서도 천도교가 가장 앞장서면서 그 방향을 '어린이해방'이라는 관점에서 강력하게 시작한 것은 누구도 부인할 수 없을 것이다. 천도교는 3·1대혁명 이후 종단 차원에서 노동해방과 여성해방을 위한 활동을 강화하면서 어린이해방을 위한 활동에도 큰 비중을 두었다. 이는 천도교 바탕인 동학의 '사람이 곧 한울님'이라는 평등사상을 뿌리로 하고 있기 때문이다. 의암성사 손병희는 천도교를 세우면서 동학사상 가운데서 특히 인내천人乃天을 종지宗旨로 삼았다. 곧 사람이 한울이니 남녀노소, 빈부귀천, 인종구별 없이 모든 사람을 한울님으로 섬기자는 것이다. 따라서 어른과 어린이가 서로 평등하고, 서로 존경하고, 서로 한울님으로 모셔야 한다.

천도교에서 어린이해방운동을 주도한 사람은 소춘小春 김기전과 소파小波 방정환이다. 김기전은 1894년 평안북도 구성에서 태어났으며,

부친은 동학의 대접주였다. 어려서 한학을 공부하고, 오산학교를 거쳐 보성전문 법과를 졸업하고 매일신보 기자로 활동하다 1920년 『개벽』을 창간하면서 주필을 맡았고, 천도교 내 오심당吾心黨이라는 비밀결사를 이끌면서 천도교청년당 당두黨頭로 활동하였다. 천도교를 민족해방운동, 어린이해방운동, 노동자농민해방운동에서 앞장서게 이끈 지도자였다.[5] 방정환은 1899년 서울에서 태어나 한학을 배우다 1905년 보성소학교 유치반에 들어간다. 1907년 집안이 망하면서 어렵게 살게 되지만 9세 때 동네 아이들을 모아 놓고 연극을 하기도 하고, 10세 때는 환등기로 무성 영화 변사를 흉내 내면서 환등기를 보여주기도 하고, 1908년 소년입지회를 조직해서 활동하기도 한다. 1917년 천도교 교주인 손병희의 셋째 딸과 결혼한다. 1918년 보성전문학교 법과에 입학하고, 청년구락부 활동을 하면서 연극 연출을 하기도 한다.[6] 방정환은 천도교 유년대 대장을 맡아서 활동하다가 일본 동경으로 가서 공부하면서 색동회를 조직하고, 잡지 『어린이』 편집을 맡는다. 전국을 다니면서 소년회 회원들을 대상으로 강연을 하고, 동화구연을 하면서 널리 이름을 떨친다.

소춘 김기전이 천도교 전체 운동을 조정하면서 이론을 세워나가는 숨은 이론가였다면 소파 방정환은 문학과 동화구연과 연극을 비롯한 어린이문화운동을 직접 하면서 어린이운동을 전국으로 전파시키는 겉으로 드러난 조직가였다고 할 수 있다. 두 사람은 1918년 9월 경 소춘小春(작은 봄)과 소파小波(작은 물결)이라는 호를 함께 지을 정도로 절친했

5 소춘 김기전선생문집편찬위원회, 『소춘 김기전 전집』 1, 국학자료원, 2010.

6 염희경, 『소파 방정환과 근대 아동문학』, 경진출판, 2014, 제1부 2장 참조

다.[7] 소小가 '작을 소'도 되지만 '어리다'는 뜻도 있으므로 이때부터 소년운동(어린이운동)을 함께하자고 의기투합해서 같은 돌림으로 호를 지었다고 볼 수 있다. 김기전이 5살이나 위인 데다가 이미 천도교 내에서 청년운동을 주도하고 있었고, 방정환은 그보다 어린 나이 소년들로 구성된 청년구락부 4천왕[8] 가운데 한 명이었으니까 김기전이 제안했을 가능성이 크다.

천도교 어린이해방운동은 김기전과 방정환이 손을 잡고 안과 밖에서 이론과 행동으로 결합해서 움직였기 때문에 식민지 탄압 속에서도 그렇게 큰 힘을 발휘할 수 있었다.

4. 1923년 어린이해방선언문

실제 어린이날은 1922년 5월 1일 천도교 소년회에서 먼저 개최하였다. 천도교 소년회는 1921년 5월 1일 발족하였고, 그 지도위원은 김기전, 방정환, 이정호였다. 이 단체 주관으로 1922년 5월 1일 조선 최초로 어린이날을 개최한다.[9] 그러나 어린이해방운동을 천도교에서 사회운동으로 확산시키기 위해서 1923년 4월 17일 '소년운동협회'를 조직하고, 5월 1일을 어린이날로 정하기로 하고, 제1회 어린이날 행사를 5월 1일

7 이상금, 『소파 방정환의 생애 사랑의 선물』, 한림출판사, 2005, 189쪽.

8 위의 책, 133쪽. 청년구락부를 이끌어가던 중심인물 4명으로 방정환, 이복원, 이중각, 유광렬을 의미한다.

9 『매일신보』, 1922.5.1.

朝鮮初有의少年日
의미깁흔깃거운이 소년날은
이천만형뎨가다함끠빌으오
五月一日을期하야大宣傳

〈그림 1〉「조선초유의 소년일」, 『매일신보』, 1922.5.1.

紅頰에充滿한歡喜
어린이의날은공전의대셩황
으로뎨일회를각일에맛쳣다
赤黑肩掛는
當局에서不許

〈그림 2〉「어린이의 날은 공전의 대성황」, 『매일신보』, 1923.5.3.

부터 4일까지 열기로 한다. 그 준비위원으로 김기전과 방정환이 들어가 있음에도 이렇게 바꾼 것은 어린이해방운동을 천도교에서 전체 민족 운동으로 확장하기 위해서다. 제1회 어린이날 선포식을 천도교 강당에서 하고, 서울시가를 행진하면서 선전지 약 20만 장을 배포했다고 한다.[10] 그 내용을 보면 다음과 같다.

1. 취지

젊은이나 늙은이는 일의 희망이 없다. 우리는 오직 나머지 힘을 다하여 가련한 우리 후생(後生)되는 어린이에게 희망을 주고 생명의 길을 열어주자.

2. 소년운동의 기초

본 소년운동회는'어린이날'의 첫 기념이 되는 5월 1일인 오늘에 있어 고요히 생각하고, 굳이 결심한 끝에 감히 아래와 같은 세 조건의 표방을 소리쳐 전하며 이에 대한 형제천하(兄弟天下)의 심심(深心)한 주의와 공명과 또는 협동실행이 있기를 바라는 바이다.

一. 어린이를 재래의 윤리적 압박으로부터 해방하여 그들에게 대한 완전한 인격적 예우(禮遇)를 허(許)하게 하라.

一. 어린이를 재래의 경제적 압박으로부터 해방하여 만 14세 이하의 그들에게 대한 무상(無償) 또는 유상(有償)의 노동을 폐하게 하라.

一. 어린이 그들이 고요히 배우고 즐거이 놀기에 족한 각양의 가정 또는 사회적 시설을 행하게 하라.

10 『매일신보』, 1923.5.3.

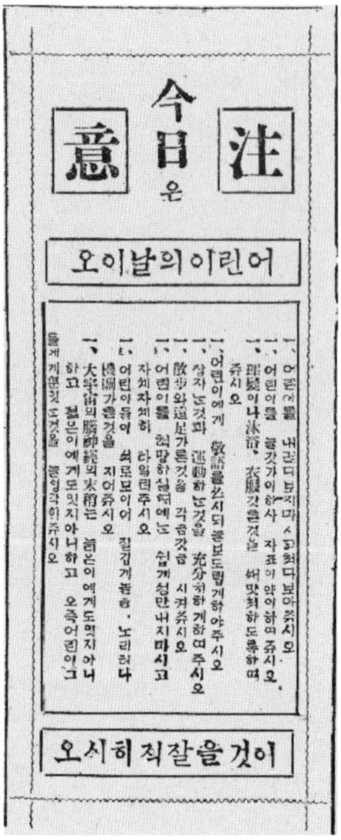
今日은 注意

어린이의날이오

이것을잘직히시오

〈그림 3〉『매일신보』, 1923.5.1.

3. 어른에게 드리는 글

一. 어린이를 내려다 보지 마시고 치어다 보아 주시오.

一. 어린이를 가까이 하시어 자주 이야기 하여 주시오.

一. 이발이나 목욕, 의복 같은 것을 때맞춰 하도록 하여 주시오.

一. 어린이에게 경어(敬語)를 쓰시되 늘 보드럽게 하여 주시오.

一. 잠자는 것과 운동하는 것을 충분히 하여 주시오.

一. 산보와 원족같은 것을 가끔가끔 시켜주시오.

一. 어린이를 책망하실 때에는 쉽게 성만내지 마시고 자세자세히 타일러 주시오.

一. 어린이들이 서로 모여 즐겁게 놀만한 놀이터와 기관(機關) 같은 것을 지어 주시오.

一. 대우주(大宇宙)의 뇌신경(腦神經)의 말초(末梢)는 늙은이에 있지 아니하고 젊은이에게도 있지 아니하고 오직 어린이들에게만 있는 것을 늘 생각하여 주시오.[11]

4. 어린 동무들에게

一. 돋는 해와 지는 해를 반드시 보기로 합시다.

一. 어른에게는 물론이고 당신들끼리도 서로 존대하기로 합시다.

一. 뒷간이나 담벽에 글씨를 쓰거나 그림 같은 것을 그리지 말기로 합시다.

一. 꽃이나 풀을 꺾지 말고 동물을 사랑하기로 합시다.

一. 입을 꼭 다물고 몸을 바르게 가지기로 합시다.

11 『매일신보』, 1923.5.1.

우리들의 희망은 오직 한 가지 어린이를 잘 키우는 데 있을 뿐입니다. 다 같이 내일을 살리기 위하여 이 몇 가지를 실행합시다.

一. 어린이를 어른보다 더 높게 대접하십시오.

어른은 뿌리라면 어린이는 싹입니다. 뿌리가 근본이라고 위에 올라앉아서 싹을 나려누르면 그 나무는 죽어버립니다. 뿌리가 원칙상 그 싹을 위해야 그 나무(그 집 운수)는 뻗쳐나갈 것입니다.

一. 어린이를 결코 윽박지르지 마십시오.

조선의 부모는 대개가 가정 교육은 엄해야 한다는 잘못된 생각으로 그 자녀의 인생을 망쳐 놓습니다. 윽박지를 때마다 뻗어나가는 어린이의 기운은 바짝바짝 줄어듭니다. 그렇게 길러온 사람은 공부를 아무리 많이 해도 크게 자라서 뛰어나는 인물이 못되고 남에게 꿀리고 뒤지는 샌님이 되고 맙니다.

一. 어린이를 항상 즐겁게 해주십시오.

심심하게 기쁨 없이 자라는 것처럼 자라가는 어린 사람에게 해로운 일이 또 없습니다. 항상 즐겁게 기쁘게 해 주어야 그 마음과 몸이 활짝 커가는 것입니다.

一. 어린이는 항상 칭찬해 가며 기르십시오,

칭찬하면 주제가 넘어진다고 생각하는 것은 큰 잘못입니다. 잘한 일에는 반드시 칭찬과 독려를 해 주어야 그 어린이의 용기와 자신하는 힘이 늘어가는 것입니다.

一. 어린이의 몸을 자주 주의해 보십시오.

집안의 어린이가 무엇을 즐기나, 몸과 마음이 어떻게 변해 가나? 이런 것을 항상 주의해 보아 주십시오. 평상시에 그냥 내버려 두었다가 잘못된 뒤에 야단을 하거나 후회하는 것은 부모들의 큰 잘못입니다.

一. 어린이에게 잡지를 자주 읽히십시오.

어린이에게는 되도록 다달이 나는 소년 잡지를 읽히십시오. 그래야 생각이 넓고 커짐은 물론이요, 또한 부드럽고도 고상한 인격을 가지게 됩니다. 돈이나 과자를 사주지 말고 반드시 잡지를 사주도록 하십시오.

희망을 위하여 내일을 위하여 다 각각 어린이를 잘 키웁시다.

— 1923.5.1, 소년운동협회 이름으로 나눠준 전단지 전문[12]

이 전단지 내용을 보면 '어린이해방'을 분명하게 내세우고 있다. 윤리적 억압으로부터 해방, 경제적 억압으로부터 해방, 나아가 고요하고 즐거이 놀면서 공부할 수 있는 가정과 사회 환경과 시설을 만들어야 한다는 것이다. 이는 어른이 어른들한테 베풀어주어야 할 시혜施惠가 아니라 어린이들을 완전한 인격으로 대우해야 한다는 것이다. 곧 어린이들은 그런 권리를 누려야 할 사람이고, 부모와 국가는 어린이들이 누려야 할 그런 권리를 지켜주어야 한다는 선언이다. 이런 까닭으로 이를 마땅히 '어린이해방선언문'이라고 부를 수 있는 것이다. 어른들에게 드리는 글이나 어린 동무들에게 드리는 글 또한 그 내용이 아주 쉬우면서도 가장 기본이 되는 지침이다. 지금도 우리 가정이나 학교나 사회에서 가슴에 새기면서 지키기 위해 노력해야 하는 사항들이다. '어린이를

12 정인섭, 『색동회 어린이 운동사』, 학원사, 1975, 51~56쪽.

어른보다 더 높게 대접'해야 한다는 주장 역시 그동안 어디에서도 찾아보기 어려운 인식이다.

이 선언문을 기초한 사람이 누군지는 나와 있지 않다. 그러나 평소 주장이나 그 문체로 보아 김기전과 방정환이 의논해서 나눠 썼다고 볼 수 있다. '소년 운동의 기초 조건'은 김기전이 쓴 것으로 보이고, 그 아래는 방정환이 썼을 가능성이 크다. 누가 쓴 것이든 둘이 의논하고 각자 의견을 넣어서 만들었고, 천도교 사상과 소년회 활동 방향이 분명하게 담겨있는 선언문이다.

5. 김기전 글에 나타난 어린이해방운동

어린이운동이나 어린이문학에 관심이 있는 사람들은 방정환 글은 많이 보았을 것이다. 그러나 김기전 글은 보지 못한 사람이 많을 것이다. 이에 앞에서 소년 운동의 기초 조건으로 쓴 공약 3장을 김기전이 쓴 것이라고 짐작할 수 있는 근거로 그가 『개벽』 1923년 5월호에 쓴 글을 일부 옮겨 본다.

개벽과 합치되는 조선의 소년운동

소년운동협회의 장거 — 조선 소년의 윤리적 압박 — 보다 심한 경제적 압박-이렇게 해방할 것이다. — 소년문제를 말하는 이에게

듣건대, 경성 안에 있는 많은 소년단체의 관계자 일동은 지난 4월 17일로써 소년운동협회를 조직하여 지방에 있는 많은 소년단체 기타 사회단체와 연락을 취하여서 세계적으로 의의 깊은 5월 1일을 기하여 조선 13도 형제로 하여금 일제히 소년운동의 기치를 들도록 하리라 한다.

이번에 고조되는 그 협회의 소년운동의 진의가 어디에 있을까 하는 것에 대하여는 우리가 아직(이 글을 쓰는 4월 20일까지) 그 자세한 것을 알지 못하고 있으나, 그 운동이 우선 조선의 소년을 표방하여 계획되는 것이므로 금일 조선 소년의 특수한 처지에 거울하여 먼저 '소년해방'이란 그것을 목표로 삼아 나아갈 것이라는 점은 조금도 의심이 없는 사실일지며 또한 그것이 사실이 되지 아니하면 안 될 것이다.

라고 주장하면서, 조선 소년의 윤리적 압박 실태와 윤리적 압박보다 심한 경제적 압박 실태를 짚으면서 이로부터 해방해야 한다고 주장하였다. 그리고 '이렇게 해방할 것이다'라고 쓴 글을 보면, 그 방법을 '첫째로, 언어에 있어 그들을 경대敬待하자. 둘째로 일상생활에서 어린이를 어른과 꼭 동격으로 하자. 셋째로 가정과 학교와 기타 일반적인 사회적 시설을 할 때에는 반드시 어린이의 존재를 염두에 두어서 시설해야 한다'고 하였다고 주장하였다. 그리고 결론으로

우리는 지금 민족으로 정치적 해방을 부르짖고, 인간적으로 계급적 해방을 부르짖는다. 그런데 우리는 생각하되, 우리가 먼저 우리의 발 밑에 있는 남녀 어린이를 해방치 아니하면 기타의 모든 해방운동은 실제로 철저하게 되지 못하게 될 것이다. 군자의도에서 그 끝을 부부(夫婦)에서부

터 이루어진다는 옛말이 있거니와, 해방의 도는 그 끝을 어린이의 해방에서 이루어진다고 생각한다.

혹 소년 문제를 말하는 사람 중에서 **해방 문제를 뒤에 두고** 금일 이 현상 그대로의 상태에서 **소년 보호 문제**를 말하고 **소년 수양 문제**를 말하는 사람이 있을지 모른다.

그러나 그것은 아주 틀린 생각이다. 가령 여기에 어떤 반석(盤石) 밑에 눌린 싹이 있다 하면 그 반석을 그대로 두고 그 풀이 자라나게 한다는 말은 도저히 수긍할 수 없는 말이다. 오늘 조선의 소년은 과연 눌려 있는 풀이다. 누르는 그것을 제거하지 아니하고 다른 문제를 이야기한다면 **그것은 모두 한 때의 고식책(姑息策)이 아니면 눌리어 있는 그 현상을 교묘하게 옹호하고자 하는 술책**에 지나지 아니하는 것이다. 소년 문제가 논의 되는 벽두에 먼저 이것을 주의하지 않으면 안 된다.[13]

4월 17일 소년운동협회를 결성하고, 4월 20일 『개벽』 5월호 원고로 쓴 글이다. 그 내용 가운데 작은 제목부터가 소년운동의 기초 조건인 공약 삼장 순서 그대로다. 그런데 선언문 '어른에게 드리는' 글에는 김기전이 쓴 '이렇게 해방할 것이다' 내용이 다 들어가고도 더 많은 내용이 들어갔고, 문체가 다르다. '어린 동무들에게' 드리는 글부터는 평소 방정환 말투와 문체가 더 두드러진다.

어린이날을 5월 1일로 정한 것도 김기전 영향으로 볼 수 있다. 그 까닭은 김기전은 어린이해방운동을 계급해방과 같은 차원으로 보고 있

13 소춘 김기전선생문집편찬위원회, 『소춘 김기전 전집』 1, 2010, 국학자료원, 470~478쪽.

기 때문이다. 김기전은 「5월 1일은 어떠한 날인가」[14]에서 1886년 5월 1일을 기하여 미국 전토의 노동자는 일시에 고용주들을 향하여 8시간제를 요구하면서 치열하게 싸워서 이겼고, 1890년부터 만국 노동자의 국제적 단결을 도모하고 전 세계의 자본가 계급에 반항하는 뜻을 표시하는 세계의 대시위 운동의 날인데, 일본은 1919년 5월 1일부터 행사를 했다고 하면서 조선에서는 아직까지 이 메이데이에 대한 아무런 소리가 없었다고 하였다. 그런데 금년 5월 1일에 있어 조선에서 좋고 아름다운 일로 '어린이날 제정'에 따라 소년운동이 일어난 것이라고 하였다. 곧 1922년 5월 1일 천도교 소년회에서 어린이날 행사를 한 까닭이나 소년운동협회에서 1923년 5월 1일 세계노동자의 날을 제1회 어린이날로 정한 까닭은 어린이해방이 완성되어야 민족해방, 노동해방, 여성해방을 모두 아우르는 인간해방이 완성된다고 보고 있기 때문이다. 이런 사상적 관점은 방정환보다 김기전이 훨씬 더 단단하다. 따라서 방정환보다는 김기전이 기획하고 방정환이 지지했을 가능성이 크다.

6. 세계 어린이운동사에서 갖는 의미

김기전은 어린이가 억압받는 현실을 그대로 두고 '어린이 보호'와 '어린이 수양(교육)'을 먼저 이야기하자고 하는 건 아주 틀린 생각이라고 하였다. 어린이를 억압하고 착취하는 현실을 그대로 두고 '보호'와

14 소춘 김기전선생문집편찬위원회, 『소춘 김기전 전집』 1, 2010, 국학자료원, 483쪽.

'수양(교육)'을 하자고 하는 건 그 현상을 교묘하게 옹호하는 술책이라고 비판하고 있다. 당시 일제는 물론 조선의 지식인들 가운데서도 '어린이해방운동'을 불온시하면서 '보호와 교육'을 해야 한다고 주장하는 사람들이 있었기 때문이다. 일제는 한편 어린이해방운동을 집요하게 탄압하면서 한편 창경궁을 창경원으로 만들어 어린이날에는 무료개방해서 끌어들이고, 상업화된 유희적 놀이터와 백화점으로 끌어들면서 그 성격을 전도시키기 위한 정책을 펼쳐나갔다. 한편 학교 교육을 통해서 황국식민화교육을 통한 노예교육을 강화하면서 어용단체 '건아단健兒團'[15]을 만들어 '소년회'를 강제로 통폐합 시키려고 하였다. 이에 단호히 불응하자 1937년 9월 3일자로 강제해산을 단행하였고, 지하운동으로 잠적하였다.[16]

1923년 5월 1일 이 땅에서 높게 소리치며 일어선 어린이해방운동은 비록 일제의 집요한 탄압과 해방 뒤에는 남북 분단과 독재정권의 크게 부활하지는 못했지만 세계 인류사에서 최초로 어린이가 완전한 인격체임을 선언하고, 어린이들을 스스로 세계를 발견하고 행동하는 권리주체로 선언하였다는 사실에는 변함이 없다. 당시 유럽 쪽에서도 어린이는 완전한 인격체로 권리의 주체로 인정하기보다는 보호할 대상으로 파악하고 있었기 때문이다. 유럽에서 어린이 권리에 대한 의식은 루소로부터 시작한다. 루소는 사회계약론에서 '어린이는 인간으로, 그리고 자유인으로 태어난다'고 주장하였다. 그러나 권리의 주체로 행동

15 원래 '건아단(健兒團)'은 1926년 수원지역 학생들이 항일비밀결사로 만들어 야학을 운영하던 단체였다. 1928년 조선개척사로 바꾸었다. 1930년대에 변절한 친일분자들이 조선총독부 지원을 받는 친일 어용단체로 조직하였다.

16 김정의, 『한국소년운동사』, 민족문화사, 1992, 227쪽.

할 수 있는 존재로 인정하는 건 아니었다. 어린이들의 권리를 내세우고 이를 인정하려는 운동이 일어난 것은 20세기 들어서면서 스웨덴의 교육학자 엘렌 케이Ellen Key의 『어린이의 세기』라는 책에서 20세기는 어린이들이 정치개혁의 초점이 될 것이라고 하였다. 폴란드의 어린이운동가 야누스 코르착Janusz Korczak이 『어린이의 존중받을 권리』에서 어린이의 권리를 주장하였다. 러시아는 1917년 혁명 뒤 프롤레트 쿨트 모스크바 지부에서 '어린이의 권리선언'을 내놓았다. 그러나 유럽에서 어린이의 권리를 포괄적으로 표명한 선언은 1922년 영국의 애글랜타인 젭Eglantyne Jebb이 기초하고, 1923년 국제어린이구호협회가 채택하여 1924년 9울 26일 국제연맹 총회가 승인한 '어린이를 위한 권리선언'으로 통칭 '제네바 선언'이라고 하는 것이다.[17]

1. 어린이에게는 물질과 정신 양면에서 정상적으로 자라나는 데 필요한 수단을 마련해주어야 한다.

2. 배고픈 어린이는 먹여주고, 몸이 아픈 어린이는 돌보아주고, 뒤처진 어린이는 도와주고, 잘못 비뚤어진 어린이는 바로잡아주고, 부모 없고 집 없는 어린이는 있을 곳과 도움을 주어야 한다.

3. 어린이는 재난을 당했을 때 제일 먼저 구조되어야 한다.

4. 어린이는 생계를 꾸려나갈 수 있어야 하고, 모든 형태의 착취로부터 보호받아야 한다.

5. 어린이는 자기의 모든 재능을 자기와 같은 사람들을 위해 봉사하는

17 나종일 편역 · 해설, 『자유와 평등을 위한 인권선언 문서집』, 한울, 2012, 1033~1036쪽 참조

데 바쳐야 한다는 것을 깨닫도록 길러져야 한다.[18]

유럽 사회에서도 20세기 초는 어린이 권리에 대한 의식이 강조되기 시작하기는 했지만 아직 어린이를 구호와 보호 대상으로 보는 관점이 강했다. 1923년 5월 1일 '제1회 어린이날'에 내놓은 선언문이 위 5개 조항보다 훨씬 앞선 사상이라는 건 누구도 부인할 수 없을 것이다. 1959년 11월 20일 국제연합 총회에서 결의한 「어린이 권리선언」과 1989년 11월 20일 국제연합 총회에서 더욱 폭넓고 상세하게 규정한 「어린이 권리에 관한 협약」으로 발전하고 있으나, '어린이해방'이라는 본질에 대한 인식 수준은 아직 어린이해방선언문 공약 3장을 넘어서지 못하고 있다.

7. 마무리 글

1923년 5월 1일 제1회 어린이날 '어린이해방 선언문'이 나온 뒤 일제는 어린이해방운동을 말살하고, 해방 뒤에도 권위주의 정치체제에서는 '어린이' 나이를 점점 어린 나이로 끌어내리면서 한편 '아동兒童' '청소년'이라는 말을 확장하는 과정을 통해서 '어린이'라는 말을 축소하거나 거세하였다. 그럼에도 어린이해방운동은 성내운,[19] 이오덕[20]을 중심으

18 나종일 편역 · 해설, 『자유와 평등을 위한 인권선언 문서집』, 한울, 2012, 1047쪽.
19 성내운(1926~1989) : 교육학자, 민권운동가, 어린이해방을 위한 시와 글을 쓰면서 참교육운동에 헌신하였다.
20 이오덕(1925~2003) : 교육자, 어린이문학가, 어린이해방을 추구하는 단체를 만들

로 꾸준히 논의되어 왔으며, 비록 부족하지만 어린이문화연대[21]를 비롯한 몇몇 단체에서 꾸준히 이어가고 있다. 그러나 자본과 권력의 야합, 무한경쟁 교육체제, 어린이를 소멸시키는 사회문화적 억압과 왜곡으로 어려움을 겪고 있다. 아래 글이 이러한 사회적 기제를 잘 지적하고 있다.

> 어린이들을 집요하게 보호 대상화하고자 한 건 일제였다. 대형 병원 따위들은 보건 개념 등으로 이에 적극 호응했다. 이는 식민지 지배이데올로기에 순응하는 일이자 영리목적을 동반한 것이었다. 조선총독부는 고궁을 무료로 들어오게 하고, 놀이터 등을 열어 유희로 이끌었다. 우량아 대회는 그 모순된 결정점이었다. 광복 이후 형태는 계승 강화되어 어린이 연령을 아래로 끌어내리면서 흔히 알고 있는 어린이날에 빠르게 접근했다. 어린이가 본격적으로 국가나 권력자가 베푸는 대상으로 전락한 것은 1960년대였다. 어머니날과 더불어 5월은 국가가 주도하는 가정의 달로 전도되었고, 그 핵심 주제는 은혜와 시혜였다. 세계를 발견하고 행동하는 주체로서 어린이는 소멸해버린 것이다. 세상에 출현할 때 거룩하게 불순했던 어린이날은 지독히도 순수하게 거세된 잔치로 살아가도록 하는 운명을 거듭해서 강요받았던 것이다.[22]

고, 시와 글을 쓰면서 참교육운동에 헌신하였다.

21 어린이문화연대 : 대표 이주영. 2010년 조직한 비영리민간단체로서, 방정환과 이오덕 뜻을 기리는 마음을 바탕으로 활동하는 어린이 교육, 문학, 놀이, 연극, 영화를 비롯한 문화예술단체 30여 개가 연대활동을 하고 있다.

22 서해성, 「소년메이데이가 어린이날에게」, 『한겨레』, 2016.5.1.

정부는 1961년 '어린이권리법'이 아니라 '아동복지법'을 만들었고, 어린이날을 5월 1일이 아니라 5월 5일로 확정하였고, '어린이' 대신에 '아동兒童' 을 확장시켰다. 1957년에는 「대한민국 어린이헌장」[23]을 만들었지만 1919년 선언문에 견주면 한참 퇴행한 것이다. 1988년 올림픽을 개최하는 나라에 '굶주린 어린이는 먹여야 한다'는 조항이 있어서는 안 된다[24]면서 「어린이헌장」을 개정하였다.[25] 그나마 2016년 5월 5일 제94회 어린이날을 맞이하여 「아동권리헌장」으로 개정 선포하였다.[26] 정부가 1957년에 제정한 어린이헌장을 1988년에 개정한 지 28년 만이다. 이번에는 유엔아동권리협약의 조항들을 함축적으로 모아 간결하게 정리하였고, 아동들이 학대 등으로부터 보호받을 권리, 놀 권리, 표현의 자유와 참여, 상상과 도전, 창의적 활동 등을 비중 있게 다루었다고 주장하면서 전문과 9개 조항으로 이루어진 아동권리헌장을 발표했는데, 가장 중요한 개정 핵심은 '어린이'를 학살한 것이다. 곧 제목과 내용에서 '어린이'를 빼고 '아

아동권리헌장

1. 아동은 생명을 존중받아야 하며 부모와 가족의 보살핌을 받을 권리가 있다.
2. 아동은 모든 형태의 학대와 방임, 폭력과 착취로부터 보호받을 권리가 있다.
3. 아동은 출신, 성별, 언어, 인종, 종교, 사회·경제적 배경, 학력, 연령, 장애 등의 이유로 차별받지 않을 권리가 있다.
4. 아동은 개인적인 생활이 부당하게 공개되지 않고 보호받을 권리가 있다.
5. 아동은 신체적·정신적·사회적으로 건강하게 성장하고 발달하는 데 필요한 기본적인 영양, 주거, 의료 등을 지원받을 권리가 있다.
6. 아동은 자신이 살아가는 데 필요한 지식과 정보를 알 권리가 있다.
7. 아동은 자유롭게 상상하고 도전하며 창의적으로 활동하고 자신의 능력과 소질에 따라 교육받을 권리가 있다.
8. 아동은 휴식과 여가를 누리며 다양한 놀이와 오락, 문화·예술 활동에 자유롭고 즐겁게 참여할 권리가 있다.
9. 아동은 자신의 생각이나 느낌을 자유롭게 표현할 수 있으며 자신에게 영향을 주는 결정에 대해 의견을 말하고 이를 존중받을 권리가 있다.

〈그림 4〉 보건복지부 아동권리헌장(2016.5.5)

23 1957.5.5, 제35회 어린이날에는 '대한민국 어린이헌장'이 제정 · 공포되었다. 어린이헌장은 한국동화작가협의회에서 성문화해 처음 발표한 뒤 정부와 심의 · 보완한 뒤 보건사회부에서 선포했다. 이주영, 『어린이 문화 운동사』, 보리, 2014, 69쪽 참조.

24 이주영, 『어린이 문화 운동사』, 보리, 2014, 72쪽.

25 1988.5.5, 제66회 어린이날을 맞아 보건복지부에서 11개항으로 늘었다. 『어린이 문화운동사』, 71쪽 참조.

26 2016.5.5, 제94회 어린이날을 맞이하여 '아동의 권리와 어른들의 책임'을 규정한 '아동권리헌장'을 선포하였다.

동'으로 바꾸었다. 1923년에 선포한 '어린이'를 33년 만에 법적 용어로 '아동'으로, 94년 만에 어린이헌장 제목과 내용에서까지도 확실하게 '아동'으로 바꾼 것이다. 김기전 말대로 어린이를 억압하고 착취하는 현실을 은폐하면서 마치 어린이를 위하는 것처럼 교묘한 술책을 부리고 있다.

20세기에 싹을 틔우기 시작한 어린이해방운동은 21세기에 인간해방을 완성하기 위한 핵심 과제가 되어야 한다. 이미 스웨덴을 비롯한 주요 선진국에서는 '체벌금지'와 정치참여를 비롯한 어린이 권리 해방을 정치개혁의 주요 의제로 끌어들이고 있다. 선거권도 16세나 15세까지 낮추고 있다. 부모와 자녀가 함께 행복한 삶을 살려면, 나아가 인류가 지속가능한 삶을 가능하게 하려면, 인류가 평등과 평화와 자유로운 삶을 위한 인간해방을 실제로 이루려면, 모든 종교와 민족과 계급과 세대 간 참된 평등과 평화가 이뤄지려면……. 어린이가 모든 억압과 착취로부터 해방되지 않고는 불가능하다는 것을 깨닫기 때문이다. 곧 21세기는 "어린이를 해방치 아니하면 기타의 모든 해방운동은 실제로 철저하게 되지 못하게 될 것이다. 모든 해방의 완성은 어린이 해방에서 이루어진다"라는 소춘 김기전 사상을 실천해야만 하는 시점에 와 있는 것이다. 1923년 5월 1일 제1회 어린이날 선언문 정신과 그 의미를 오늘 우리 시대에 부활시켜야만 하는 까닭이다.

참고문헌

1. 기본자료

『매일신보』, 1922.5.1.

『매일신보』, 1923.5.3.

서해성, 「소년메이데이가 어린이날에게」, 『한겨레』 2016.5.1.

2. 단행본

김정의, 『한국소년운동사』, 민족문화사, 1992.

나종일 편역 · 해설, 『자유와 평등을 위한 인권선언 문서집』, 한울, 2012.

소춘 김기전선생문집편찬위원회, 『소춘 김기전 전집』 1, 국학자료원, 2010.

염희경, 『소파 방정환과 근대 아동문학』, 경진출판, 2014.

우리헌법읽기국민운동, 『손바닥 헌법책』, 2016.

이상금, 『소파 방정환의 생애. 사랑의 선물』, 한림출판사, 2005.

이주영. 『어린이 문화 운동사』, 보리, 2014.

정인섭, 『색동회 어린이 운동사』, 학원사, 1975.

F. A. 맥켄지, 이광린 역, 『한국의 독립운동(*Korean's Fight for Freedom*)』, 1969.

방정환의 교육철학과 동학사상

무위이화의 생명원리와 '모심'의 영성을 중심으로

김용휘

1. 머리말

지금 대한민국 교육이 문제없다고 생각하는 사람은 거의 없을 것이다. 입시 위주의 교육은 어린 시절부터 양보와 배려, 협동과 연대를 배우게 하기 보다는 경쟁과 대결의 방식에 익숙해지도록 하고 있다. 이 속에서 아이들은 늘 불안과 스트레스를 받으며 자기밖에 모르는 아이로 성장하기를 강요받고 있다. 여기에 정서적 함양과 인격적 성숙, 영혼의 성장을 위한 교육은 들어설 자리가 없는 게 작금의 현실이다. 이런 폐해가 학교 폭력과 왕따, 시험 비관으로 인한 자살과 우울증 등, 각종 교육 문제로 나타나 공교육의 파괴와 교권추락의 '교육불가능'[1]으로

1 이계삼, 「희망의 배신—오늘날 학교 현장의 '교육 불가능'에 대한 사유」, 『변방의 사색』, 꾸리에, 2011, 131쪽.

나타나고 있다.

그런가 하면 공교육의 문제를 극복하고자 하는 대안교육조차 주로 서양의 교육이론과 방법론에 의존해 있다. 우리는 이미 1920년대부터 '어린이를 한울님'으로 존중하는 바탕 위에서 아동을 교육의 주체로 보고 새로운 교육운동을 한 역사를 가지고 있다. 그것은 동학의 정신을 계승한 소파小波 방정환方定煥(1899~1931)의 선구적 노력으로 인한 것이었다. 하지만 우리의 교육 현장에서 방정환은 거의 잊혀진 이름이 되고 있다. 우리 사회에서 방정환은 어린이운동가, 아동문학가로는 알려져 있지만, 아동교육가로는 잘 알려져 있지 않다. 이러한 현실을 반영하고 있는 것이 지금 대한민국에 소파 방정환 이름이 들어간 초등학교가 하나도 없다는 사실이다. 방정환은 아동문학가이며, 출판인, 사회운동가이기도 하지만, 듀이의 교육론이 들어오기 이전에 이미 '아동중심'의 교육론을 설파하며 이 땅의 어린이들이 올바르게 성장하여 민족의 독립은 물론 신사회 건설의 주도적인 일꾼이 되길 바랐던 분명한 교육철학과 방법론을 갖춘 교육가였다.

하지만 이러한 방정환의 교육사상에 대한 연구는 일천한 상황이다. 물론 방정환 연구 자체는 적지 않다. 하지만 대부분이 아동문학 쪽의 연구이고 교육 쪽에서의 연구는 상대적으로 빈약하다. 방정환을 아동교육적 측면에서 주목한 이는 이상금이다. 이상금은 방정환의 어린이운동은 아동존중 사상에 기반한 운동이라고 논하면서 외래사상이 아닌 한국적 논리로 아동의 소중함을 강조하였으며, 학교교육에서 축출당한 민족교육의 역할을 학교외교육을 통해 수호하려고 하였다고 그 교육적 의의를 논하였다.[2] 이를 이어 방정환의 교육사상을 가장 체계적으로 논한 연구자는 안경식이다. 그는 우리의 자생적 아동중심교육의 뿌리를 소파에서 찾는 동시에 소파를 아동교육가로서 자리매김하고 있다. 안경식은 소파의 주된 관심은 '어린이의 올바른 성장'이었으며, 그의 활동의 본질은 문학이나 예술이 아닌 교육이었다고 강조한다. 그를 아동교육가로 볼 때 그의 전체 활동이 잘 설명될 수 있다고 하였다.[3] 안경식은 소파의 교육철학이 동학과 천도교 사상으로부터 연유하고 있음을 분명하게 밝힘과 동시에 그를 단순히 동심천사주의로 보는 입장에 대해서도 분명하게 비판하고 그의 아동교육가로서의 참모습을 체계적으로 조명함으로써 방정환의 교육학적 연구에 그야말로 주춧돌을 놓았다. 이후의 교육 관련 연구는 거의가 그의 논의에 바탕하고 있으며, 20년이 지난 지금도 여전히 그의 논의의 틀을 크게 벗어나지 못하고 있는 실정이다. 다만 소파의 아동관을 동학사상에서 직접 밝히지 못하고 성선설性善說의 입장이라고 규정한 점은 아쉬움으로 남는다.

이어서 나온 임재택 · 조채영의 연구는 안경식의 입장을 계승하면서도 유아교육에 좀 더 초점을 맞춰서 서양의 사상과 이론에 치우쳐 있는 우리의 유아교육의 현실을 성찰하는 한편, 예술교육과 더불어 조선인으로서의 민족적 자긍심 회복을 위한 도덕교육 및 일제 강압에서 조선의 독립을 위한 애국교육에 심혈을 기울였다는 점을 강조하고 있다.[4] 정윤경의 연구는 방정환의 교육사상이 가진 교육학적 의의를 논하면

---

2 이상금, 「초기 어린이운동의 성립과 교육적 의의」, 『한국문화연구원논총』, 1991.
3 안경식, 『소파 방정환의 아동교육운동과 사상』, 학지사, 1999, 17쪽.
4 임재택 · 조채영, 『소파 방정환의 유아교육사상』, 양서원, 2000.

서 그의 교육사상을 '모심'의 교육사상으로 정리하고 방정환의 교육사상은 궁극적인 존재와의 합일을 강조하며 근대 이성과 지식의 도야를 넘어 한울님의 완성과 초월을 추구한다는 점에서 탈근대교육의 가능성을 시사한다고 평가하였다.[5]

한편 2000년대 들어 비교 연구를 통해 방정환 교육론의 의의를 논하는 연구들이 나오기 시작했다. 정혜정은 동학에 대한 폭넓은 이해를 바탕으로 방정환의 교육운동을 수운의 세계관과 생명원리에 기초한 한국적 근대교육의 기점으로 파악하는 한편,[6] 그의 교육사상을 자아의 문제, 심신의 성장과 자연, 종교, 예술교육, 아동의 사회화 교육과 사회창조의 측면에서 존 듀이John Dewey와 대화를 시도함으로써 방정환 교육사상 연구를 한 차원 끌어올렸다.[7] 이현철은 방정환을 페스탈로찌의 아동교육사상과 비교하면서 현 교육의 문제점 해결을 위해 교사의 교육적 사랑의 회복을 강조하며 사랑의 교사의 전형으로 두 사람을 평가하였다.[8] 장광식은 방정환의 교육사상을 루소의 자연주의 교육과 비교하면서 소파의 교육목적과 교육내용, 그리고 교육방법에서 루소의 그것과 상통한 점을 밝히고 있다.[9] 또한 홀리스틱 교육의 관점에서 방정환의 아동교육론을 바라본 연구로는 명지원의 연구가 있다. 이 연구에서는 소파의 아동교육사상은 현대교육의 대안적 패러다임으로 인식되고 있는 홀리스틱 교육의 10가지 교육원리와 기본방향에서 부합하고 있다는

5 정윤경, 「방정환의 교육사상과 교육학적 의의」, 『초등교육연구』 27, 2016.
6 정혜정, 『동학・천도교의 교육사상과 실천』, 혜안, 2001.
7 정혜정, 「소파 방정환의 교육사상」, 『종교교육연구』 18, 2004.
8 이현철, 「방정환과 페스탈로찌의 아동교육사상 비교 연구」, 창원대 석사논문, 2004.
9 장광식, 「자연주의 관점에서 본 소파 방정환의 아동교육운동」, 경북대 석사논문, 2009.

점을 밝히면서 소파의 교육사상은 역사사회학적인 면에서 보편성을 띠며, 아동의 전인성 등 현대 아동교육사상의 기조와 일치하는 선구적인 교육으로서 현대 아동교육에 많은 시사점을 주고 있다고 평가하고 있다.[10]

이러한 연구를 통해 방정환의 교육사상에 대한 개괄적인 그림은 충분히 나왔다고 생각한다. 다만 아쉬운 점은 방정환의 교육사상이 동학과 천도교를 뿌리로 하고 있음은 밝히면서도 동학의 어떤 사상이 방정환의 교육사상으로 이어지는지에 대한 깊이 있는 분석이 부족해 보인다는 점이다. 특히 동학의 인간관에 바탕해서 방정환의 아동관이 분석되어야 하는데 이 부분이 부족하다 보니 아직도 방정환의 아동관을 동심천사주의니 성선설적 요소니 하는 식으로 평가하는 문제가 완전히 해소되지 못하고 있다. 또한 동학의 영성이 어떻게 방정환의 교육사상에 녹아 있는지에 대한 부분이 부족해 보인다.

따라서 본 연구는 동학의 시천주의 인간관과 무위이화의 생명원리, 그리고 '모심'의 영성과 '양천養天'의 실천을 바탕으로 방정환의 교육철학이 형성된 배경과 그 원리에 대해서 검토해 보고자 한다.

10 명지원, 「홀리스틱교육의 관점에서 본 방정환의 아동교육론」, 『홀리스틱교육연구』 13-3, 2009.

2. 동학의 무위이화와 시천주

방정환의 사상에 직접적인 영향을 끼친 이는 말할 것도 없이 소춘小春 김기전金起田(1894~1948)이다. 그는 1920년 『개벽』 편집국장에 취임하고 이후 주필을 역임했으며, 1921년 천도교소년회를 조직하여 방정환의 배후에서 어린이운동을 지도하였다. 방정환이 어린이 운동의 실천가였다면 김기전은 숨은 이론가였다.[11] 그는 1922년 5월 1일을 어린이날로 제정하고, 이듬해 3월 잡지 『어린이』의 창간에 주도적 역할을 했으며, 전국 각지에서 동화구연대회, 소년문제강연회 등을 개최하기도 하였다. 또 『개벽』지에 「개벽운동과 합치되는 조선의 소년운동」이란 글을 실어 어린이를 유교의 윤리적 압박과 유무상의 노동에서 해방시켜야 하며, 함부로 하대하지 않고 존중해야 한다고 주장하는 등 실질적으로 어린이운동의 이론적 기초를 마련하였다.[12]

김기전과 방정환은 천도교 지식인으로서 기본적으로 동학과 천도교의 사상에 입각해서 그의 교육사상을 전개하고 있다. 방정환의 어린이에 대한 관점은 직접적으로 동학의 2세 해월海月 최시형崔時亨(1827~1898)의 "아이도 한울님을 모셨으니 절대로 때리지 말라"[13]는 말씀에 뿌리하고 있다. 여기서 '한울님을 모셨다'라는 표현은 동학의 가장 핵심적인 사상인 '시천주侍天主'를 의미한다. 방정환의 교육사상은 근원적으로 동

11 정혜정, 『동학 · 천도교의 교육사상과 실천』, 혜안, 2001, 453쪽.
12 김기전, 「개벽운동과 합치되는 조선의 소년운동」, 『개벽』, 1923.5.
13 최시형, 『해월신사법설』 「내수도문」.

학이라고 하는 원천에서 길어 올려진 것이다.

동학·천도교는 19세기 중엽 황혼기에 접어든 조선말엽의 대내외적 혼란을 극복하기 위해 '보국안민輔國安民'의 구도 동기에 의해 창도된 현실적 종교사상이다. 원래 '동학'의 용어는 수운水雲 최제우崔濟愚(1824~1864)가 직접 밝히고 있듯이 '동국의 학'이란 뜻이다.[14] 그러므로 '서학'에 대립해서 나온 '동학'이 아니라, 당시 고통 받던 조선 백성을 위한 우리학문이란 뜻이다. 그는 또한 "도인즉 천도이나 학인즉 동학"[15]이라고 하였다. 이는 그가 깨친 도가 고대 동아시아 성현들이 밝힌 천도天道와 다름없지만 그것을 당시 우리 백성의 입장에서 새로 밝힌 것이기에 '동학'이라고 했다는 말이다.

'천도'는 말 그대로 '하늘의 길'을 의미하므로 요즘 말로 풀면 '우주의 운행원리'를 의미한다. 또한 그것에 의해 만물이 생성되므로 만물의 생성원리이기도 하다. 최제우는 우주적 기운이 운행하는 자연한 이치와 만물이 생성되는 생명의 이치를 밝혔다는 자부심에서 자신의 도를 천도天道라 하였으며, 또 '다함이 없는 큰 도無極大道'라고도 하였다. 그리고 천도의 구체적 내용을 말할 때는 '무위이화無爲而化'라고 하였다.[16]

'무위이화'는 천지의 운행과 만물의 생성이 스스로 그러한 자율적 원리에 의해 이루어진다는 것을 의미한다. 최제우는 이 무위이화를 통해 천지운행과 만물의 생성이 외부에 어떤 초월적 존재에 의한 것이 아니라 자체적인 원리와 힘에 의한 것임을 밝혔다. 이로써 신의 존재를 상

---

14 표영삼, 『동학』 1, 통나무, 2004, 312쪽.

15 최제우, 『동경대전』 「포덕문」, "吾亦生於東, 受於東, 道雖天道, 學則東學,"

16 최제우, 『동경대전』 「논학문」, "吾道無爲而化矣, 守其心正其氣, 率其性受其教, 化出於自然之中也,"

정하면서도 신 중심적인 형이상학이 아닌 자율적 창조로서의 우주적 법칙과 인간 중심의 도덕 형이상학을 구축할 수 있었다. 뿐만 아니라 인간이 천지와 더불어 만물을 적극적으로 활용할 수 있는 창조적 주체가 될 수 있다고 보았다.[17] 왜냐하면 무위이화란 자연의 이법이자 생명의 원리이기 때문에 이를 터득한 사람은 일의 근본을 알아서 핵심적 실천을 할 수 있는 사람이 될 수 있기 때문이다. 이러한 무위이화는 자연의 원리이자 만물이 생성되는 생명의 원리이므로 이는 개별 분야, 특히 생명과 관련된 분야 즉 농사와 의학과 보육, 교육에 적용될 수 있다. 방정환은 바로 이러한 무위이화의 생명의 원리에 입각하여 아동의 올바른 성장과 참된 교육의 근본을 세웠던 것이다.

무위이화가 '우주와 신'에 대한 최제우의 답변이라면, 인간과 생명에 대한 답변이 그의 핵심 깨달음으로 알려져 있는 '시천주侍天主'이다. 시천주는 '모든 사람들이 한울님을 모시고 있다'는 자각을 철학적 명제로 표현한 것이다. 최제우는 다시 시천주의 '시侍(모심)를 세 가지 의미, 즉 '내유신령內有神靈', '외유기화外有氣化', '각지불이各知不移'로 풀이한다.[18]

여기서 '내유신령'은 인간의 내면에 한울의 거룩한 영(신성)이 내재해 있다는 의미이며, '외유기화'는 밖으로 기화 작용이 있다는 의미이다. 그러므로 내유신령과 외유기화는 우주적 기운 속에 내가 살고 있고, 내 속에는 우주적 영이 살고 있다는 것이다. '각지불이'는 이렇게 한울이 나의 안팎에서 영과 기운으로 작용하므로 이와 분리되어 나의 생명이 유지될 수 없음에 대한 자각을 의미한다.[19] 또는 다른 존재로 옮길 수

17 김용휘, 『최제우의 철학』, 이화여대 출판부, 2012, 63~66쪽.

18 최제우, 『동경대전』 「논학문」, "侍者, 內有神靈, 外有氣化, 一世之人, 各知不移者也."

없는 자기만의 독특성을 자각한다는 의미로 풀 수도 있겠다.

최제우는 이 시천주를 통해 인간이란 존재를 새롭게 발견하였고, 또한 새롭게 규정하려고 하였다. 인간은 누구나 내면에 무궁한 한울을 모신 거룩한 존재이며, 인간은 우주적 기운 속에 다른 모든 생명과 하나로 연결되어 있는 존재라는 것이다. 동학은 이런 인간과 생명에 대한 존재론적 이해를 바탕으로 먼저 자기 안에 있는 한울을 발견하여 모시고 공경하는 삶을 가장 우선적으로 강조한다. 또한 한울은 자기에게만 모셔져 있는 것이 아니기 때문에 계급귀천과 남녀노소를 막론하고 모든 존재를 한울처럼 모시고 공경하는 삶을 살아야 할 것을 강조한다. 이는 인간의 존엄성에 대한 준엄한 선언이자 만민평등에 대한 한국적 자각이었다. 그러므로 이 시천주가 동학의 인간관이며, 이후 방정환의 인간이해와 아동관의 근간이 되고 있음은 물론이다.

한편, 최제우는 오랜 구도의 수행을 통해 몸과 마음을 깊이 이해하였다. 그 결과 한울 마음을 회복하고 한울의 기운을 받는 방법을 터득함으로써 동학을 열었다. 이를 한마디로 '수심정기守心正氣'라고 한다. 최제우는 "인의예지는 옛 성인의 가르친 바요, 수심정기는 오직 내가 다시 정한 도법"이라고 하였다. 도덕 실천은 '인의예지'라는 추상적 구호를 외친다고 바로 되는 것이 아니기 때문에 먼저 마음의 중심을 잡고 몸의 기운을 바르게 하는 공부가 선행되어야 한다는 것이다. 동학 수행에서의 특징은 마음과 기운을 항상 같이 언급한다는 데 있다. 특히 기운을 강조하는데 특징이 있다. 왜냐하면 마음이란 수시로 변하는 것이라서 몸과 직접 관련된 기운공부가 선행되지 않으면 현실적 실천력

19 김용휘, 앞의 책, 40쪽.

을 확보하지 못하기 때문이다. 그래서 처음에는 기운공부를 통해 몸과 기운을 조화롭고 바르게, 그리고 강건하게 함으로써 건강한 몸을 만들 뿐 아니라 감정과 욕망을 조절할 수 있는 마음의 힘을 갖추게 하는 것이 수심정기의 공부법이다.

요컨대 최제우의 동학은 시천주와 무위이화, 그리고 수심정기가 가장 근본적인 가르침이다. 무위이화가 우주론이라면 시천주는 인간론이고 수심정기는 수양론이라고 할 수 있다. 그래서 동학의 2세교조 최시형은 "십삼자(시천주)로써 만물화생의 근본을 알고 무위이화로써 사람이 만물과 더불어 천리와 천도에 순응함을 안 연후에 수심정기로써 천지가 크게 화하는 원기를 회복하면 능히 도에 가까움인저"[20]라고 하였던 것이다.

최시형은 스승 최제우의 가르침을 계승하여 동학을 평민의 철학으로 그리고 생명철학으로 정립해 나갔다. 그는 '시천주'를 '사람을 한울님같이 섬기라'는 '사인여천事人如天'의 가르침으로 재해석하는 한편, 당시 핍박받던 민중, 특히 여성과 어린이까지도 한울님으로 공경하라고 가르쳤다. 그는 "한울을 공경함은 사람을 공경하는 행위에 의하여 사실로 그 효과가 나타난다"[21]고 하면서 특히 가장 차별받고 억압받는 사람들에 주목하였다. 그 중에서도 며느리와 아이를 한울님으로 극진히 사랑하고, 하인을 내 자식과 같이 여기라고 하였고,[22] 특히 "어린 아이도 한울님을 모셨으니 절대로 때리지 말라"고 하였다.

---

20 최시형, 『해월신사법설』 「기타」.

21 위의 책, 356쪽.

22 최시형, 『해월신사법설』 「내수도문」, 369쪽.

한편, 최시형은 시천주의 모심에 비해 '양천養天'을 강조했다. 최시형은 모든 사람 속에 한울이 계시지만 완전히 발현된 모습으로 계신 것이 아니라 씨앗의 모습으로 있다고 해석했다. 그래서 그 씨앗을 잘 기르는 공부가 필요하다고 보았다. 이러한 양천의 가장 구체적인 모습은 바로 뱃속의 태아를 기르는 것이다. 또한 어린이를 키우는 보육이 가장 직접적인 양천이다. 그래서 윤노빈은 양천을 설명하면서 "가장 천대받던 사람, 어린이를 한울님으로 모시라는 가르침은 태아를 한울님처럼 공경하라는 데서 더욱 철저하게 그 '혁명성'을 암시하고 있다"[23]라고 하였다.

최시형의 사상은 동학의 전개 과정에서 가장 소외받고 억압받는 사람과 생명을 살리는 해방운동으로 나타났다. 그는 일체의 반상과 적서 차별을 금하라고 했으며, 여성을 한 집안의 주인이라고 하였고, 앞으로의 시대의 주역이라고 높임으로써 여성해방에 앞장섰다. 게다가 그는 인간만이 아니라 생명까지도 존중하라고 함으로써 인간 중심에서 벗어나 생태적 해방을 추구했다. 그리고 누구보다도 무시당하고 차별받던 아이들에게 주목하여 "아이가 바로 한울님"이라고 함으로써 어린이 해방의 선구가 되었다. 그러므로 이러한 최시형의 사상이 1920년대 김기전, 방정환의 어린이 운동의 직접적인 바탕이 되었음은 말할 것도 없다.[24]

23 윤노빈, 『신생철학』, 학민사, 2003, 341쪽.

24 김용휘, 「해월 최시형의 자연관과 생명사상」, 『철학논총』 90-4, 2017, 181쪽.

3. 방정환의 아동관과 교육의 목적

1) 인간이해와 아동관

최근의 연구에서도 방정환의 아동관을 여전히 '동심천사주의', '천사주의 아동관'으로 보는 논문들이 있다. 그 근거로 제시하는 것이 다음의 글이다.

> 새와 같이, 꽃과 같이, 앵두같이, 어린 입술로 천진난만하게 부르는 노래, 그것은 그대로 자연의 소리이며, 그대로 하늘의 소리입니다. 비둘기와 같이, 토끼와 같이, 부드러운 머리를 바람에 날리면서 뛰노는 모양, 그대로가 자연의 자태이고, 그대로가 하늘의 그림자입니다. 거기에는 어른들과 같은 욕심도 있지 아니하고 욕심스런 계획도 있지 아니합니다. 죄 없고 허물 없는 평화롭고 자유로운 하늘나라! 그것은 우리의 어린이의 나라입니다.[25]

> 이 세상의 고요하다는 고요한 것은 모두 이 얼굴에서 우러나는 것 같고, 이 세상의 평화라는 평화는 모두 이 얼굴에서 우러나오는 듯 싶게 어린이의 잠자는 얼굴은 고요하고 평화롭다. 고운 나비의 날개 (…중략…) 비단결 같은 꽃잎, 아니 아니 이 세상에 곱고 보드랍다는 아무 것으로도 형용할 수 없이 보드랍고 고운 이 자는 얼굴을 들여다 보라! (…중략…)

25 방정환, 「처음에」, 『어린이』 창간호, 1923.3.

> 우리가 전부터 생각해 오던 하느님의 얼굴을 여기서 발견하게 된다 (…중략…) 자비와 평등과 박애와 환희와 행복과, 이 세상 모든 아름다운 것만 한 없이 많이 가지고 사는 이가 어린이다.[26]

원래 '천사주의'라고 한 평가는 조선소년운동이 갈라지기 시작한 1927년 이래로 사회주의 계열로부터 비판적으로 제기된 평가였다. 무산소년운동 계열에서는 소파의 운동은 어린이의 천진성에 치중하고 현실성을 무시하고 목적의식이 없고 기분적이고 비과학적이라는 비난을 서슴치 않는 풍조가 일었다.[27] 염희경은 이러한 인식은 1920년대 아동문학을 '민족주의'와 '천사적 동심주의'로, 1920년대 중반 이후의 계급주의 아동문학을 '사회주의'와 '동심의 계급성'으로 양분한뒤 적대적 양상을 뚜렷이 하여 자기 위상을 확립하고자 했던 카프의 전략적 구도의 산물로 이해한다.[28] 게다가 방정환 사후 1932~33년에는 천도교와 사회주의간의 격심한 사상논쟁이 벌어졌다.[29] 따라서 방정환에 대한 이러한 평가는 당시 무산소년운동의 시각에서 방정환의 소년운동을 비난한데서 시작된 것이므로 객관적 평가라고 하기는 어렵다. 이오덕이 일찍이 설파했듯이 소파의 작품은 다른 이의 작품과 달리 덮어 놓고 동심을 예찬한 것이 아니라 어린이와 민족의 운명에 밀착된 세계에 살면서 혼이 담긴 작품을 썼다.[30]

---

26 방정환, 「어린이 찬미」, 『신여성』 2-6.

27 이상금, 『소파 방정환의 생애–사랑의 선물』, 한림출판사, 2005, 506~507쪽.

28 염희경, 「1920년대 아동문학연구의 현황과 과제」, 『아동청소년문학연구』 3, 2008, 39쪽.

29 정용서, 「일제하 천도교청년당의 운동노선과 정치사상」, 『개벽에 비친 식민지 조선의 얼굴』, 모시는사람들, 2007.

방정환의 아동관을 성선性善으로 보는 입장 역시도 재고되어야 한다. 이렇게 보면 동학의 인간관의 특징이 잘 반영되기가 어렵다. 특히나 동학은 천天을 선악으로 규정하지 않는 입장이다. 최제우는 천을 '불택선악不擇善惡'[31]이라고 했다. '아이의 마음이 곧 하늘의 마음'이라고 해서 반드시 착하다는 윤리적 규정을 해야 하는 것은 아니다. 그것은 어디까지나 유교적 입장이다. 아이들의 마음이 맑고 밝고 순수한 것과 아이들을 선하다고 규정하는 것은 엄연히 철학적으로 다른 문제이다. 도가道家에서도 하늘을 선이라 규정하지 않는다[天地不仁]. 위의 인용 하나로 아동관을 규정짓는 것도 문제지만, 위에서 말하고자 하는 것은 아이들의 마음이 맑고 순수하다는 것 이상도 이하도 아니다. 그리고 방정환이 진정 말하고자 하는 것은 그러한 아이들의 마음을 존중하라는 것이지, 그 본성을 심리학적으로든 형이상학적으로든 규정짓고자 한 것은 아니었을 것이다.

방정환의 아동관은 소박한 감상적 동심주의나 성선적 입장이 아니라 수운주의에 입각한 종교적 신념에서 나온 아동관으로 보아야 한다.[32] 수운의 인간에 대한 이해는 앞에서 논했듯이 모든 존재가 한울님을 모시고 있다는 시천주에서 출발한다. 방정환의 아동관 역시 이러한 동학의 인간 이해에 바탕해서 이해해야 한다.

어린이는 한울님을 모신 거룩한 존재이며, 곧 한울님이기도 하다. 그래서 최시형은 '어린이가 한울님'이라고 했다. 여기서 '어린이가 한

---

30 이오덕, 『시정신과 유희정신－아동문학의 제문제』(창비신서 17), 창작과비평사, 1977, 10쪽.

31 최제우, 『동경대전』「논학문」.

32 정혜정, 「소파 방정환의 교육사상」, 『종교교육연구』 18, 2004, 35쪽.

울님'이라는 의미는 어떤 경우라도 업신여기거나 무시하거나 억압하지 말고 하나의 온전한 인격체로서 존중하라는 말이다. 어린이가 미숙하고 불완전하여 보호만 받아야 하는 존재가 아니라 이미 저마다의 독특한 개성을 가지고 자신의 한울을 실현할 온전한 씨앗을 가지고 태어났다는 의미이다. 방정환은 "그네는 훌륭한 한 사람으로 태어나오는 것이고 저는 저대로 독특한 한 사람이 되어갈 것입니다"[33]라고 하였다. 아직 완성되지 않았지만 저마다의 한울꽃으로 피어날 발현을 기다리는 무궁한 가능성의 존재라는 말이다.

두 번째로 방정환은 어린이를 어른보다 더 새로운 존재라고 본다. 그는 "어린이는 어른보다 더 새로운 사람입니다. 내 아들놈, 내 딸년 하고 자기의 물건같이 여기지 말고, 자기보다 한결 더 새로운 시대의 새 인물인 것을 알아야 합니다"[34]라고 하였다. 미래를 기준으로 보면 어린이가 더 새로운 사람이며 더 앞선 사람일 수 있다. 그러므로 과거를 표준으로 어린이를 가르치려 하지 말고 기성세대보다 더 앞선 존재로 인정하고 존중할 필요가 있다는 말이다.

한편 방정환은 인간을 몸, 생각, 기운의 세 측면으로 이해하고 있다. 그는 "어린 사람은 기뻐할 때 제일 잘 자라고, 몸이 크고 생각이 크고 기운이 크고 세 가지가 일시에 크는 것이다"라고 하였다. 손병희는 『무체법경』이란 글에서 인간을 몸과 마음과 성품의 삼원적 요소로 이해하였다.[35] 그리고 풀이하면서 마음은 기운이고 성품은 이치라고 하기도

33 방정환, 「소년의 지도에 관하여」, 『천도교회월보』 통권 제150호, 1923.3.
34 「조선소년운동협회 주최 제1회 '어린이날' 선전문」, 『동아일보』, 1923.5.1.
35 손병희, 『무체법경』 「성심신 삼단」.

하였다. 방정환은 이 성 · 심 · 신이라는 다소 어려운 존재론적 개념을 좀더 소박하게 '몸'과 '기운'과 '생각'의 셋으로 풀이한 것이다. 여기서 기운은 정서적 · 의지적 · 심적 측면을 포괄한 개념이자, 생명력이기도 하다. 방정환은 특히 기운이 밝고 씩씩해야 함을 강조한다. 그는 "오늘날 조선의 학생군에게 제일 먼저 있어야 할 것이 오직 원기元氣입니다"[36] 라고 강조했다. 그래서 동화나 동요 등 예술교육을 중시했으며, 결코 아이들을 윽박지르지 말라고 했다. "윽박지를 때마다 뻗어 가는 어린이의 기운은 바짝바짝 줄어"들기 때문이다.[37] 이렇게 기운을 강조하는 것은 앞에서 논한 수심정기의 동학 수련법의 특징이 반영된 것이라고 볼 수 있다. 수운은 몸에 한울의 기운이 넘치는'기화지신氣化之神'을 강조했으며,[38] 직접 칼을 들고 검무를 추며 양기養氣, 정기正氣 공부를 하기도 하였다.

또한 사람은 몸과 기운 외에도 생각이 있어야 비로소 온전한 사람이 되는 것이기에 생각을 기르는 공부가 필요하다고 하였다. 그 방법으로 신문과 잡지를 통한 자가 학습, 역사와 세상을 아는 공부를 중시했던 것이다. 특히 소년회를 통해 더 실제적인 생각과 지식과 훈련까지 할 수 있는 공부를 강조했다.

요컨대 방정환의 아동관은 '어린이가 한울님'이라고 보는 동학 · 천도교의 시천주와 인내천의 인간관을 계승한 것으로 어린이 스스로가 한울을 모신 거룩한 존재이며, 자기 안에 이미 자기만의 독특한 개성과 재능

36 방정환, 「조선 학생의 기질은 무엇인가」, 『학생』 1-3, 1929.5.
37 「조선소년운동협회 주최 제1회 '어린이날' 선전문」, 『동아일보』, 1923.5.1.
38 최제우, 『동경대전』 「논학문」, "西人, 言無次第, 書無皀白, 而頓無爲天主之端, 只祝自爲身之謀, 身無氣化之神, 學無天主之敎."

을 가지고 그 온전한 발현을 기다리고 있는 무궁한 가능성의 존재이자 기성세대보다 더 새로운 사람이다. 또한 아동은 몸과 기운과 생각의 세 차원으로 이루어진 존재이다. 이처럼 그의 인간관을 제대로 이해해야 그가 강조한 교육내용과 방법의 의미를 정확하게 이해할 수 있다.

2) 교육의 목적

안경식은 방정환의 교육목적은 아동의 올바른 성장에 있다고 한다. 아주 간명하고 적절한 해석이라고 본다. 방정환은 "저대로의 독특한 삶, 저희끼리의 새 사회 건설"이라는 표현을 썼다.[39] 방정환에게는 이상적 모델을 정해놓고 이렇게 되어야 한다고 하지 않고, 저마다 가지고 나온 씨앗을 온전히 꽃피워내는 것이 올바른 성장이라고 보았다. 그것은 몸과 생각과 기운이 조화롭게 자라서 저희끼리의 새 사회를 만들 수 있는 사람으로 성장하는 것을 의미한다. 물론 그는 "새 세상의 새 일꾼으로 지상천국의 건설에 종사할 어린 동무를 교육"[40]하고자 하였다. 하지만 그에게는 이상적인 사회 역시 정해져 있지 않다. 동학적 용어로 하면 '지상천국', 3·1독립선언서의 표현으로 하자면 '도의적 신문명'은 정해져 있지 않고, 저희들이 의논해서 미래의 표준에 의해 만들어 갈 무한한 가능성의 세계로써 열려있다. 그는 말한다.

---

39 안경식, 앞의 책, 130쪽.

40 방정환, 「동화(童話)를 쓰기 전(前)에 – 어린이 기르는 부형(父兄)과 교사(教師)에게」, 『천도교회월보』 126, 1921.2.

> 우리는 우리 지식껏 이러한 사회를 꾸미고 이러한 도덕을 만들어 가지고 살지마는 그것은 우리의 사색하는 범위와 우리가 가진 지식 정도 이내의 것이지, 그 범위 밖을 내다볼 수 있다면 거기는 그보다 다른 방침과 도덕으로 더 잘 살 수 있는 것이 있을런지도 모를 것 아닙니까. 그러면 우리는 우리 지식껏 이렇게 꾸미고 이렇게 살고 있지만 새로운 세상에 새로 출생하는 새 사람들은 저희끼리의 사색하는 바가 있고 저희끼리의 새로운 지식으로 어떠한 새 사회를 만들고, 새 살림을 할는지 모르는 것입니다.[41]

한편, 올바른 성장을 위해서도 그렇고, 저희끼리의 새 사회 건설을 위해서도 주권 없는 식민의 삶은 용인될 수 없는 것이다. 그래서 그의 소년운동은 필연적으로 항일의식을 고취시키는 것과 분리될 수 없는 것이었다. 하지만 독립이 최종적 목적이 아니라는 데 여타의 민족주의 독립운동가들과 다른 점이 있다. 그에게 독립은 아동의 올바른 성장과 새 사회 건설을 위해 반드시 거쳐야 하는 과정이긴 했지만 최종 목표는 아니었던 것이다. 그런 점에서 그는 사회주의에 공감하면서도 완전한 사회주의자가 되기는 어려웠을 것이다. 그의 눈은 더 멀리 가 있었던 것이다. 그의 목표는 자본주의 건설도 사회주의 건설도 아닌 그것을 넘어선 지상천국이었으며, 그 지상천국 역시 미래의 아이들이 결정하고 만들어갈 문제로 남겨두었던 것이다.

---

41 방정환, 「소년의 지도에 관하여」, 『천도교회월보』 통권 제150호, 1923.3.

4. 방정환 교육의 원리와 '모심'의 영성

1) 성장의 원리와 교육의 원리

교육이 결국 아동의 올바른 성장에 있다면 아이는 무엇으로 성장하는가를 알아야 할 것이다. 앞에서 살핀 것처럼 올바른 성장은 육체만의 성장이 아니라 기운과 생각이 함께 커 나가는 것을 의미한다. 성장을 추동하는 요소는 몇 가지로 나눠 생각할 수 있다.

앞에서 언급한 것처럼 동학은 만물의 생장을 무위이화라고 하는 자율적 창조의 원리로 설명한다. 예를 들면, 농사에서 작물이 자라는 것은 스스로의 원리와 스스로의 생명력에 의해 자라는 것이다. 물론 천지의 입장에서 보면 모든 작물은 천지자연이 자라게 해주는 것이기도 하다. 여기서 농부의 역할은 중요하긴 하지만 제한적이다. 이처럼 무위이화의 생명의 원리를 교육에 적용해 보면 아이들을 성장시키는 것은 천지의 기운이며, 그것은 또한 스스로 내적이 성장력이 있기에 자라는 것이다. 방정환은 그래서 "그네는 훌륭한 한 사람으로 태어나오는 것이고 저는 저대로 독특한 한 사람이 되어갈 것"이라고 하였다. 또한 "자유롭고 재미로운 중에 저희끼리 기운껏 활활 뛰면서 훨씬훨씬 자라가게 해야 합니다"[42]라고 강조하기도 했다. 이처럼 그는 아이들이 가진 스스로의 성장력과 자발성을 강조했다. 이것이 중요한 성장의 원리이자 교육의 원리가 된다. 정혜정 역시 "천도교 소년교육에서 전반적으

---

42 위의 글.

로 나타나는 공통점은 아동이 지니는 생명의 힘을 중시하고 자신의 한울님됨을 기르는 것에 있다"[43]라고 하였다. 이렇게 볼 때 방정환 교육의 제일원리는 무위이화의 생명원리에 입각한 '스스로 자라는 어린이'라고 할 수 있다.

이로써 볼 때 교육의 주체는 교사나 부모가 아니라 아이 스스로가 교육의 주체가 된다. 아이 스스로가 주체가 되므로 사실 교육이라는 말도 적절하지 않다. 그래서 그는 사실 '교육'이라는 말을 거의 쓰지 않았다. 기성세대의 지식과 경험을 전달하는 방식의 교육을 그는 별로 중시하지 않았던 것이다. 대신 스스로 배우고 서로 깨치는 것을 더 중시했다. 이러한 그의 교육을 '아동중심'의 교육이라고 평가하는 것도 잘못된 평가는 아니지만, 아동 중심이 반드시 아동 스스로가 주체가 된 교육을 의미하지는 않는다고 본다면 그에게 더 핵심적인 것은 아동 스스로가 주체라는 점일 것이다. 이것이 바로 동학의 무위이화의 생명의 원리에 입각한 방정환의 교육론의 핵심이라고 할 수 있다.

두 번째로 방정환의 교육 원리에서 중요한 것은 아이들은 '기쁨'으로 자란다는 것이다. 그는 "어린 사람이 성장에 제일 필요한 것은 '기쁨'이다. 어린 사람은 기뻐할 때 제일 잘 자라는 것이다"라고도 하였다. 또한 어린이는 "기쁨으로 살고 기쁨으로 놀고 기쁨으로 커 간다. 뻗어나가는 힘! 뛰노는 생명의 힘! 그것이 어린이이다"[44]라고 강조하였다. 그는 아이들을 기쁘게 하는 것이 무엇일까를 평생 고민했고, 그를 위해 자연 속에서 마음껏 뛰노는 것을 중시했을 뿐 아니라, 동화를 비롯한 예술

43 정혜정, 앞의 글, 37쪽.
44 방정환, 「어린이 찬미」, 『신여성』 2-6.

교육을 강조했다. 그래서 외국 동화를 번안하는 데 그치지 않고 동화를 직접 쓰고, 그렇게 바쁜 와중에도 동화구연을 하러 지방을 다녔으며, 세계아동예술박람회를 개최했던 것이다. 오늘날 아이들에게 가장 큰 문제는 이러한 기쁨이 빼앗겼다는 점일 것이다. 내일의 행복을 위해 오늘의 기쁨이 유보되거나 빼앗기고 있는 것이 오늘날 교육 현장의 가장 큰 문제점이라고 할 수 있다. 그러다 보니 머리만 크고 기능적인 측면은 더 발달했을지 모르나 기운은 바짝바짝 줄어들어 퍽퍽한 가슴을 가진 아이들이 점점 많아지고 있는 현실이다. 아이들에게 기쁨을 돌려주고 기쁨으로 성장하게 하는 것, 이것은 방정환 교육의 가장 중요한 원칙일 뿐 아니라, 오늘날 기성세대들이 가장 명심해야할 부분이라고 하겠다.

셋째로 방정환은 아이들은 서로 배운다는 점을 중시한다. 그는 "저희끼리의 소식, 저희끼리의 작문, 담화, 또는 동화, 동요, 소년소설 이뿐으로 훌륭합니다. 거기서 웃고 울고 뛰고 노래하고 그렇게만 커 가면 훌륭합니다"[45]라고 하였다. 방정환은 학교교육보다는 소년회 같은 동료들 상호 간의 배움을 중요시 하고 있다. 이는 당시 일제강점기의 특수한 사정 때문이기도 하겠지만, 기본적인 교육철학에서 머리에 주입되는 지식보다는 몸으로 부딪쳐 스스로 깨치는 공부를 중시했기 때문이다.

이러한 교육의 원리에 입각할 때 교사와 부모의 역할은 철저하게 조력자에 그쳐야 한다. 인위적으로 주입하려 해서는 안 된다. "결코 우리는 이것이 옳은 것이니 받으라고 무리로 강제로 주어서는 아니됩니다.

---

45 방정환, 「소년의 지도에 관하여」, 『천도교회월보』 통권 제150호, 1923.3.

저희가 요구하는 것을 주고 저희에게서 싹 돋는 것을 북돋워 줄 뿐이고 보호해 줄 뿐이어야 합니다."[46] 그렇다고 방임을 해서도 안 된다. "어린 사람이 자기 생긴 대로 커 가게 한다 하여 그의 사상이니 감정, 행동에 무관심한 태도를 취해서는 안 된다."[47] 이렇게 인위와 방임의 사이에서 아이들의 필요를 정확하게 알아차리기 위해서는 오히려 더 세심한 주의와 관찰이 필요하며, 최소한의 적절한 개입이 요구된다.

방정환의 교육사상을 학교나 교사가 불필요하다는 것으로 이해되어서는 안 된다. 오히려 이러한 생명의 원리를 온전히 이해하고 개입해야 할 때와 개입하지 않아야 할 때를 정확하게 판단할 수 있는 교사와 그러한 교육환경이 중요하다. 오히려 교사에겐 더 세심하고 전문적인 훈련이 필요하다고 볼 수도 있다. 교사와 부모가 철저하게 산파와 조력자에 그치고 아이들 스스로가 배움의 주체가 되게 하는 것, '기쁨'을 강조하고, 생명의 힘을 중시하는 것 이것이 동학・천도교의 영향을 받은 방정환 교육철학의 특징이라고 할 수 있다.[48]

2) 교육내용과 방법

위와 같이 방정환은 아이 스스로가 교육의 주체가 되어 스스로 성장하고, 서로 배우며, 기쁨을 통해 성장한다는 교육의 세 원리와, 몸, 기

46 위의 글.
47 방정환, 「어린이날에 하고 십흔 말」, 『개벽』 69, 1926.
48 정혜정, 앞의 책, 458쪽.

운, 생각의 세 요소가 고르게 성장할 수 있도록 하는 교육을 위해 여러 교육 내용과 방법론들이 고민되었다. 먼저 몸의 건강한 성장을 위해 제시된 내용은 다음과 같다.

> ―어린이 그들이 고요히 배우고 즐거이 놀기에 족한 각양의 가정 또는 사회적 시설을 행하게 하라.
>
> ―이발이나 목욕, 의복 같은 것을 때맞춰 하도록 하여 주시오.
>
> ―잠자는 것과 운동하는 것을 충분히 하게 하여 주시오.
>
> ―산보와 원족 같은 것을 가끔가끔 시켜 주시오.[49]

몸의 건강과 올바른 성장을 위해 의식주는 물론 고요히 배우고 즐거이 놀기에 족한 각양의 가정 또는 사회적 시설을 마련해야 하는 것이다. 또한 정서를 함양하고 기운을 북돋우기 위해서 자연에서 마음껏 뛰노는 것이 중요하다. 아이들은 대자연과 풀, 나무, 동물에서 배운다. 어떤 측면에서 보면 대자연이 아이들을 성장시킨다고도 할 수 있다. 또한 동화와 동요와 그림을 통해 정신을 자라게 하고 스스로 기쁨이 샘솟게 해야 한다. 그는 특히 동화는 "아동의 정신생활의 중요한 일부一部 면이고 최긴最緊한 식물"[50]이라고 하였다. 또한 고운 노래를 기꺼운 마음으로 소리 높여 부를 때 고운 넋이 아름답게 우쭐우쭐 자란다고도 하였다.[51] 이것이 그가 동화를 비롯한 동요, 그림 등 예술교육을 중시한 이유이다.

---

49 「제1회 '어린이날' 선전문」, 『동아일보』, 1923.5.1.

50 방정환, 「새로 開拓되는 '童話'에 關하야, 特히 少年 以外의 一般 큰 이에게」, 『개벽』 31, 1923.1.

51 방정환, 「어린이 찬미」, 『신여성』 2-6.

그런데 이것만으로는 생각을 키울 수는 없기 때문에 신문과 잡지를 통한 '자가교습법自家敎習法'을 중시했다. 특히 그는 어린이에게 잡지를 자주 읽히라고 강조했다. "그래야 생각이 넓고 커짐은 물론이고, 또한 부드럽고도 고상한 인격을 가지게 됩니다."[52] 그는 또한 견학과 실습을 통해 직접 실생활에 필요한 산지식을 익히고, 역사와 지리, 조선혼의 교육을 통해 우리 것을 알고 세계 일가적 전망 아래서 역사의식을 고취시킬 필요가 있다고 했다. 또한 그날 배운 것에 대해 '소감 쓰기'를 통해 자기 것으로 소화하는 것을 중시했다.

무엇보다도 방정환이 중시한 것은 소년회 활동이었다. 그는 "그들의 자유로운 심신의 활동을 도모하는 외에 더 근본적이요, 더 실제적인 생각과 지식과 또 훈련까지 주는 것이 소년회다"[53]라고 강조하였다. 저희들끼리 토론하고 연극도 만들고 신문도 만들면서 스스로 배우고 터득하는 공부를 중시했던 것이다. 그는 이 소년회 활동을 통해 학교에서 배우는 산술이나 글씨 쓰는 것 외에 더 근본적으로 사람 노릇하는 바탕을 지을 수 있다고 하였다. 이처럼 방정환이 어린이 잡지를 그렇게 중시한 것도, 그리고 소년회 활동을 중시한 것도 방정환은 어린이 스스로가 배움의 주체라고 보았기 때문이다.

한편, 성장에서 또 중요한 것은 성장을 방해하는 요인을 제거하는 것이다.[54] 농사로 비유하면 풀과 해충을 막는 것이다. 이러한 방해 요인이 내적으로는 당시 봉건적 윤리의 억압과 경제적 압박, 무상과 유상

52 방정환, 「제1회 어린이날 선전문」, 『동아일보』, 1923.5.1.
53 방정환, 「아동문제 강연자료」, 『학생』 2-7, 1930.7.
54 안경식, 앞의 책, 132쪽.

의 노동이었으며, 외적으로는 일제의 강압이었다. 때문에 이러한 억압적 요소로부터의 아동을 해방시키는 것이 중요한 조건이었다. 그러므로 방정환의 교육운동은 필연적으로 유교적 억압으로부터의 해방과 일제 강점으로부터의 해방이 그 궤를 같이할 수밖에 없었다.

3) 동심의 회복과 '모심'의 영성

한편 방정환의 교육내용과 방법에서 잘 언급되지 못하고 있는 것이 바로 '영성' 교육이라고 생각된다. 이는 그의 교육운동에서 종교적 색채를 가급적 배제하려 했기 때문일 것이다. 그는 직접적으로 영성이란 표현을 쓰지도 않았다. 그런데 영성이라고 해서 꼭 종교적이거나 신비적이어야 하는 것은 아니다. 명지원은 "영성이라고 하는 것은 나와 다른 존재가 연결되어 있다고 하는 의식과 연계되어 있으며, 영적 존재로서의 인간은 더 나은 삶을 추구하고자 하며 인간 생명의 보다 높은 차원에서의 존재성을 느끼는 것이며, 어떤 사람에게는 인간의 가장 깊은 차원의 진정성이기도 하고, 어떤 사람에게는 고도의 직관의 경지이기도 한데, 요는 인간에게 매우 깊은 차원의 존재 차원이 있다는 것"이라고 하면서 소파의 인내천 아동관에서 이전의 천－지－인의 수직적 영성과 다른 천＝지＝인의 수평적 영성을 볼 수 있으며, 현대의 홀리스틱 교육사상과 상통한다고 논했다.[55]

---

55 명지원, 앞의 글, 194～195쪽.

방정환은 영성이라든지, 종교적 용어를 쓰지 않고 평범한 말로 이런 차원을 언급하고 있다. 그것이 다름 아닌 '동심'이다. 동심은 곧 천심이며, 모든 사람들 안에 있는 본래 마음이기도 하다. 방정환 교육철학에서 가장 중요한 부분이 바로 '동심의 회복'이라고 할 수 있다. 그의 대부분의 교육방법론, 특히 동화와 동요을 중시하는 방법론은 바로 이 동심 회복과 관련이 있다. 그는 "우리는 자주 그 깨끗하고 그 곱고 맑은 고향―아동의 마음에 돌아가기에 힘쓰지 아니하면 아니 된다", 또 "아동의 세계는 전혀 어떻게 형용할 수 없는 아름다운 시의 낙원이며 동시에 어떻게 엿볼 수 없는 숭엄한 비밀의 왕국과 같다"[56]라고 하였다.

그런데 이러한 동심 회복을 강조하는 것은 '동심천사주의' 같은 소박한 감상주의에서 나온 것이 아니다. 이는 앞에서 논한 바와 같이 동학의 시천주 '모심' 사상에서 나온 것이다.[57] 동학의 모심은 내가 전체 우주와 연결되어 있다는 느낌이며, 내 안에서 나의 일상적 마음과는 다른 보다 심층적이고 초월적인 차원이 있다는 발견이다. 내 안에 있는 본래의 순수하고 청정한 마음이 동심이며 이는 곧 천심이기도 하다. 그래서 '어린이가 곧 한울이며' '어린이의 마음이 곧 한울 마음'이다. 그러므로 동심의 회복은 내 안에 모신 한울 마음의 회복과 같다. 이는 실천적 의미에서는 내 몸과 마음을 소중히 대하는 데서 출발해서 주변 사람들, 나아가 만나는 모든 자연은 물론이고 동식물, 작은 물건 하나까지도 소중히 대하는 것으로 구체화된다.

---

56 방정환, 「새로 開拓되는 '童話'에 關하야, 特히 少年 以外의 一般 큰 이에게」, 『개벽』 31, 1923.1.

57 방정환 교육을 '모심'의 교육이라는 점에서 파악하고 있는 연구로는 정윤경, 「방정환의 교육사상과 교육학적 의의」, 『초등교육연구』 27, 2016.

요컨대 '모심'이 다름 아닌 동심의 회복이다. 이는 어떤 특정한 종교적 수행이나 명상 기법을 통해서만 가능한 것이 아니다. 방정환은 이것이 자연과 함께 하는 가운데서 또는 동화와 동요, 그림을 통해 내 안의 어떤 차원을 건드림으로써 본래의 순수하고 숭엄한 비밀의 왕국을 열어낼 수 있다고 보았다. 이런 감정 속에서 우리 모두가 하나의 동무라는 일체감, 연대감, 공감을 느끼게 되기도 한다. 여기서 중요한 것은 나의 내면에 아직은 어리고 여린 한울의 싹을 발견하여 그것을 소중하게 가꿔 내면서 자기만의 독특하고 개성 있는 꽃으로 활짝 피워내는 것이다. 좀 더 소박하게 표현하면 아이가 스스로 자신의 마음을 소중히 대하는 것, 이것이 모심의 영성이며, 방정환의 교육철학의 가장 중요한 기반이라고 볼 수 있다.

5. 맺음말

방정환의 교육철학이 동학, 천도교로부터 연유했다는 것은 모두가 인정하는 바이다. 하지만 아직도 그의 아동관을 단순히 동심천사주의나 성선적 요소로 보는 것은 동학적 인간관과 잘 맞지 않는다. 그렇다고 그가 아이들을 천진난만한 천사와 같은 존재로 보지 않았다든지 아이들을 선하게 보지 않았다는 말이 아니다. 그것이 방정환 아동관의 본질이나 핵심이 아니라는 말이다. 특히나 아동천사주의와 같은 평가에는 1930년대 계급문학가들의 감정적 편견이 묻어 있는 표현이기에 객관적인 평가라고 보기 어렵다.

방정환의 아동관은 '어린이가 한울님'이라고 보는 동학 · 천도교의 시천주와 인내천의 인간관을 계승한 것으로 봐야 한다. 따라서 어린이 스스로가 한울을 모신 거룩한 존재이며, 자기 안에 이미 자기만의 독특한 개성과 재능을 가지고 그 온전한 발현을 기다리고 있는 무궁한 가능성의 존재이자 기성세대보다 더 새로운 존재이다. 또한 아동은 '몸과 기운과 생각'의 세 차원으로 이루어진 존재이다.

두 번째로 아이의 성장에서 가장 중요한 것은 무위이화의 자율적 생명 원리에 따른 아이의 내적 성장력이라는 점이다. '아이는 스스로 자란다'는 것이 동학의 무위이화의 생명원리이자 방정환 교육철학의 제일원리가 된다. 그러므로 아이 스스로가 교육의 주체가 되는 것이다. 따라서 방정환의 교육은 아이 스스로가 자기의 씨앗을 자발적으로 발현할 수 있도록 하는 것이 핵심이다. 때문에 잡지와 신문을 통한 자가교습과 실생활에서 배우는 교육, 그리고 무엇보다도 소년회 활동을 통해 스스로 깨우치는 공부를 중시했던 것이다. 방정환의 교육 원리에서 두 번째로 중요한 것이 아이들은 기쁨으로 자란다는 것이었다. 세 번째는 서로 배운다는 점이다. 따라서 방정환은 아이 스스로가 교육의 주체가 되어 스스로 성장하며, 서로 배우고, 기쁨을 통해 성장한다는 교육의 세 원리와, 몸, 기운, 생각의 세 요소가 고르게 성장할 수 있도록 하는 교육을 위해 여러 교육 내용과 방법론들을 고민해서 내놓았던 것이다. 동화를 비롯한 아동문학과 예술 교육을 강조한 것도 그런 차원에서 이해할 수 있다.

세 번째로 방정환 교육철학에서 가장 중요한 요소가 동심의 회복이라고 할 수 있다. 이는 동심에 대한 낭만적 예찬이 아니라 동학의 시천주, 즉 '모심'의 영성에서 나온 개념이라고 봐야 할 것이다. 이는 내 몸과 마음, 그리고 영혼을 소중하게 가꾸고 모시는 데서 출발하여 주변 사람들, 나아가 자연은 물론 작은 물건 하나라도 소중하게 대하는 마음이다. 이는 두 차원에서 가능한데, 하나는 자연 속의 신비와 아름다움 속에서, 또는 동화와 같은 예술 경험 속에서 가능하고, 다른 하나는 아이 스스로가 자기 마음을 존중하고, 자기 내면에 있는 여린 한울의 씨앗을 소중하게 가꿔냄으로써 가능하다. 이것이 아동의 올바른 성장이며, 자아실현이며, 그 결과가 인내천人乃天이라고 할 수 있나.

지금 대한민국의 교육은 총체적인 위기에 빠져 있다. 교육의 가장 큰 문제는 삶의 자기결정권을 아이들 스스로가 가지고 있지 못하다는 점이다. 게다가 내일의 성공과 출세를 위해 오늘의 행복이 유보되고 저당 잡히고 있다. 방정환은 '아이들은 스스로 자라고, 기쁨으로 자란다'고 했다. 이제 우리 기성세대들은 아이들에게 삶의 자기결정권을 돌려주고 기쁨을 돌려줘야 한다. 그것이 방정환이 꿈꾼 교육이며, 또한 동학이 추구한 새로운 삶의 원리이다. 자기의 몸과 마음을 소중하게 대할 줄 알며, 주변의 동무들, 자연, 그리고 작은 물건조차도 소중하게 여기는 따뜻한 가슴을 가지고 스스로의 재능과 소질이 온전히 싹을 틔움으로써 조화로운 인격형성은 물론 그 재능이 우리사회를 보다 아름답게 하는 데 활용되는 나라, 어릴 때부터 '생명을 모시고 살리는 신생新生의 원리를 체득한 아이들이 펼치는 나라' 그것이 방정환이 꾼 꿈이며, 오늘날 되살려내야 할 소중한 우리의 교육적 자산이다.

끝으로 이 글에서 다루지 못한 것이 방정환 교육사상에 내재된 일본의 영향이다. 그의 동심주의에는 천도교의 인내천 사상과 서구의 동심주의, 특히 일본 다이쇼 자유교육의 흐름이 만나 어른과 세계를 구원할 수 있는 그 궁극적 구원을 위해서 현실을 변혁하고자 했던 사상, 신념 체계였다는 평가도 있다.[58] 이 부분에 대한 보다 심도 깊은 연구는 다음의 과제로 남겨둔다.

58 염희경, 앞의 글, 47쪽.

참고문헌

1. 기본자료

『동경대전』, 『해월신사법설』, 『의암성사법설』, 『어린이』, 『개벽』, 『신여성』, 『천도교회월보』, 『학생』

2. 논문

명지원, 「홀리스틱교육의 관점에서 본 방정환의 아동교육론」, 『홀리스틱교육연구』 13-3, 2009.

염희경, 「1920년대 아동문학연구의 현황과 과제」, 『아동청소년문학연구』 3, 2008.12.

이상금, 「초기 어린이운동의 성립과 교육적 의의」, 『한국문화연구원논총』, 1991.

이준식, 「일제침략기 기독교 지식인의 대외인식과 반기독교운동」, 『역사와 현실』 10, 1993.10.

이현철, 「방정환과 페스탈로찌의 아동교육사상 비교 연구」, 창원대 석사논문, 2004.

장광식, 「자연주의 관점에서 본 소파 방정환의 아동교육운동」, 경북대 석사논문, 2009.

정윤경, 「방정환의 교육사상과 교육학적 의의」, 『초등교육연구』 27, 2016.

정혜정, 「소파 방정환의 교육사상」, 『종교교육연구』 18, 2004.6.

3. 단행본

안경식, 『소파 방정환의 아동교육운동과 사상』, 학지사, 1999.

윤노빈, 『신생철학』, 학민사, 2003

이계삼, 『변방의 사색』, 꾸리에, 2011.

이상금, 『소파 방정환의 생애—사랑의 선물』, 한림출판사, 2005.

이오덕, 『시정신과 유희정신—아동문학의 제문제』(창비신서 17), 창작과비평사, 1977.

이주영, 『어린이 해방』, 우리교육, 2017.

임재택 · 조채영, 『소파 방정환의 유아교육사상』, 양서원, 2000.

정용서, 「일제하 천도교청년당의 운동노선과 정치사상」, 『개벽에 비친 식민지 조선의 얼굴』, 모시는사람들, 2007.
정혜정, 『동학・천도교의 교육사상과 실천』, 혜안, 2001.
표영삼, 『동학』 1, 통나무, 2004.

근대 아동문학 초창기의 '사랑'

방정환의 아동문학에 나타난 사랑

오오타케 키요미(大竹聖美)
한국어 번역 · 박종진

1. 들어가며

한국 근대 아동문학은 방정환方定煥(1899~1931)에 의해 본격적으로 시작되었다. 방정환의 유일한 동화집 『사랑의 선물』(경성(서울) : 개벽사, 1922.7.7)은 한국 아동문학 사상 기념비적인 초창기의 동화집이다. 이 시기에 가장 많이 보급되고 아이들이 실제로 읽었던, 영향력 있는 동화집이다. 전문 한글로 되어 있고 책 첫머리에는 다음과 같이 적혀 있다.

> 학대밧고, 짓밟히고, 차고, 어두운 속에서 우리처럼, 쏘, 자라는, 불상한 어린 령들을 위하야, 그윽히, 동정하고 아끼는, 사랑의 첫 선물로, 나는, 이 책을 짜엇습니다. 신유년말에, 일본 동경 백산 밋에서 소 파[1]

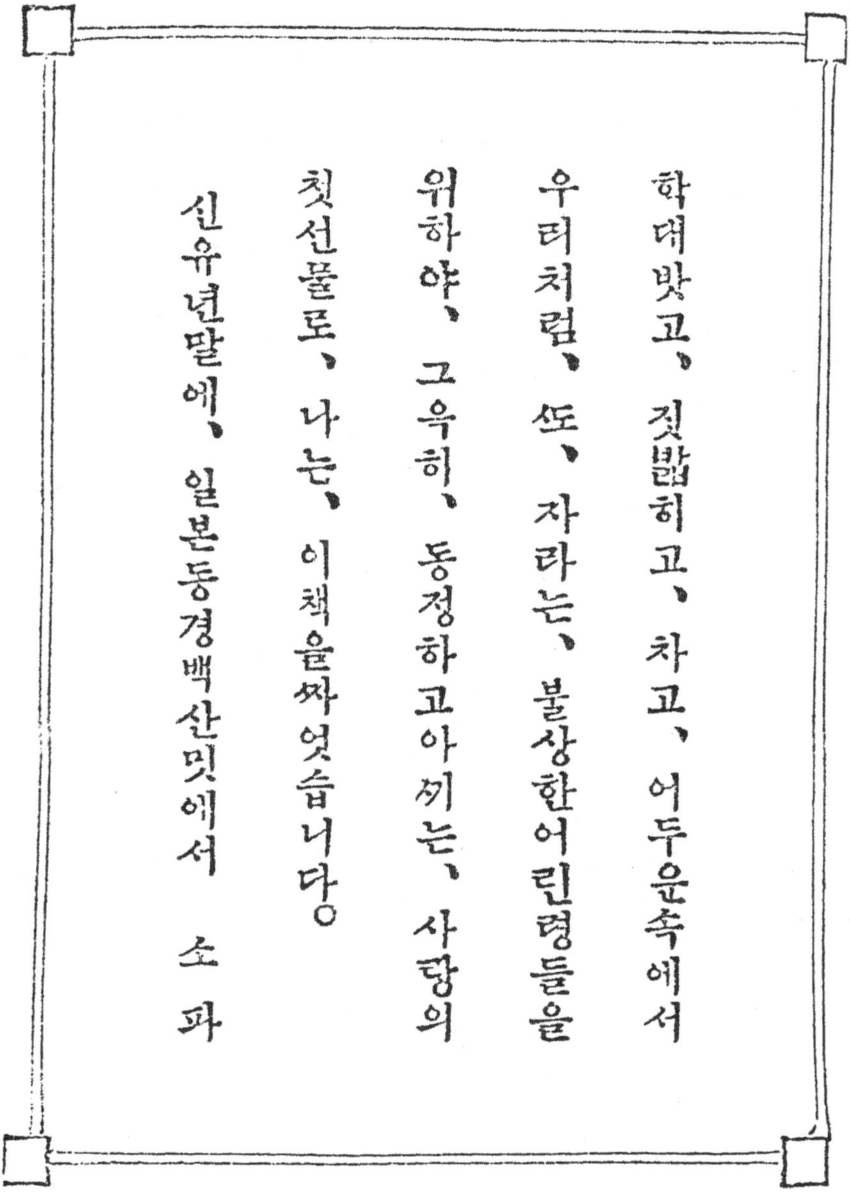
학대밧고, 짓밟히고, 차고, 어두운속에서
우리처럼, 또, 자라는, 불상한어린령들을
위하야, 그윽히, 동정하고아끼는, 사랑의
첫선물로, 나는, 이책을짜엇습니다.
신유년말에, 일본동경백산밋에서 소파

〈그림 1〉 방정환, 『사랑의 선물』 서문

1 방정환, 「머리말」, 『사랑의 선물』(初版), 개벽사, 1922.7.7.

신유년辛酉年은 1921년이며, '백산 밋'이라는 것은 일본 도요東洋대학 부근의 지명이다. 분명 방정환은 1920년 9월에 일본에 와서, 21년 4월 도요대학 문화학과 청강생으로 입학했다.[2] 흥미롭게도 한국 아동문학의 출발점에 위치하는 동화집 『사랑의 선물』은 도쿄에서 쓰인 것이다. 직접 쓴 한글원고를 서울로 가지고 갔을까. 출판물로는 서울의 개벽사開闢社에서 이듬해인 1922년 7월에 간행되었다.

여기에는 방정환의 필명이 한글로 '소파'라고 적혀 있는데, 한자로 쓰면 '小波'가 된다. 같은 시대에 일본 근대 아동문학의 아버지로 활약하고 있던 이와야 사자나미巖谷小波를 떠올리게 하는데, 이에 대해서는 뒤에서 논하기로 한다.

개벽사는, 근대 조선에서 큰 영향력을 지닌 민족종교 단체인 동학을 모체로 하는 천도교가 운영하는 출판사이다. 대표적인 간행물로 종합잡지 『개벽』을 1920년 6월에 창간했다. 『개벽』은 천도교 기관지면서 1920년대 조선 문단에 가장 큰 공헌을 한 잡지였다. 『사랑의 선물』도 이 천도교 출판사에서 나왔다.

『사랑의 선물』이 간행된 1922년 전후는 도쿄에 조선인 유학생이 가장 많았던 시기이다. 1919년 1월에 초대 대한제국 황제였던 고종이 서거하시고 이를 계기로 3・1운동(독립운동, 1919.3.1)이 일어난 일로 인해, 조선 총독부는 조선 통치에 회유책을 취하며 문치통치文治統治를 실시했다. 이를 따라 조선 사회는 자유로운 분위기가 생겨나 문화가 활성화되면서 일본으로 가는 유학생도 급증했다.

---

2 仲村修,「方定煥研究序論－東京時代を中心に」,『青丘學術論集』14, 韓國文化研究振興財団, 1999.

3・1운동에서는, 상징적 행위로 「독립선언문」을 낭독하고 만세 삼창한 것으로 알려져 있는데, 여기에 참가한 33명은 '민족대표 33인'으로 불린다. 이 독립운동을 주도한 것이 천도교 교주 손병희孫秉熙(1861~1922)이고, 방정환은 손병희의 사위였다. 손병희의 삼녀와 17세 때인 1917년 4월에 결혼하고 조선의 전통적인 대가족 제도 속에서 손병희와 한 지붕 아래에서 생활했다.[3] 손병희와 아주 가깝게 지낸 것은 2년 남짓이었지만, 결혼했다고는 하나 감수성이 예민한 10대 후반을 교주의 곁에서 보낸 시간은 방정환의 인간 형성에 큰 영향을 주었을 것이다. 3・1운동 때에도 방정환은 장인이 주도하는 독립운동의 모습을 전하는 『독립신문』을 인쇄해서 이 운동에 관여했다고 한다.[4]

손병희는 독립 선언을 한 그날로 연행되어 수감되었다. 교주를 잃고 장인을 잃은 스무 살의 방정환은 이날 가장으로서의 각오를 정한 것일까. 그리고 천도교의 다음 세대를 짊어질 각오는 어떤 것이었을까. 그로부터 일 년 반 후인 1920년 9월에는 도쿄로 유학을 떠난다. 그리고 다음해 1921년 말에는 『사랑의 선물』을 완성하고, 다시 일 년 후 5월, 옥중에서 병을 얻어 석방되지만 그대로 병사해버린 손병희의 장례식에 참석했다. 이때 『사랑의 선물』의 원고를 가지고 돌아간 것일까. 그 다음 달에 한국 아동문학 역사에 기록될 『사랑의 선물』이 출판된 것이다. 스승을 잃고 천도교 교리를 어떤 방향으로 계승해갈 것인지, 그 결의가 여기에 담겨 있지는 않았을까. 한국 아동문학 개척자의 배경에 천도교라

---

3 大竹聖美, 「方定煥と天道教－孫秉熙の三女との結婚まで～評伝『小波・方定煥の生涯－愛の贈り物』を讀む～」, 『紀要』 19, 東京純心女子大學, 2015.3.

4 大竹聖美, 「1919年前後の方定煥－〈小波(ソパ)〉の由來と3・1獨立運動～評伝『小波・方定煥の生涯－愛の贈り物』を讀む～」, 『紀要』 20, 東京純心大學, 2016.2.

는 민족 종교와 그 교리라는 기둥이 있었다는 점은 매우 중요하다.

원래 민족독립운동인 3·1운동의 배경에는 종교가 있었다. 민족대표 33인의 면면은, 천도교 교주 손병희를 필두로, 천도교 간부 권동진權東鎭(1861~1947), 오세창吳世昌(1864~1953), 최린崔麟(1878~1958) 등이 중심이 되어 독립운동을 구상했고, 33명 중 15명이 천도교인이었다. 기독교에서는 이승훈李昇薰(1864~1930)외 16명이 참가했다. 또한 불교계의 한용운韓龍雲(1879~1944), 백용성白龍城(1864~1940)이 참가하여, 민족 대표 33인은 천도교, 기독교, 불교계 지도자들로 이루어졌다. 조선독립운동의 이념과 특질은 각 종교의 교리와 각 교단의 조직력을 모르고는 이해할 수 없을 것이다. 마찬가지로 같은 시기에 방정환이 일으킨 아동문화운동도 천도교의 이해 없이는 그 본질을 알 수 없다.

2. 방정환의 『사랑의 선물』

방정환이 엮은 『사랑의 선물』의 머리글을 다시 한번 읽고 싶다.

> 학대밧고, 짓밟히고, 차고, 어두운 속에서
> 우리처럼, 쏘, 자라는, 불상한 어린 령들을 위하야,
> 그윽히, 동정하고 아끼는, 사랑의 첫 선물로,
> 나는, 이 책을 짜엇습니다.

조선 아동에 대한 방정환의 인식은 어두운 것이었다. 식민지배를 받는 조선에서 가장 약하고 작은 존재가 어린이들이라는 것이리라. 또한 방정환이 겪었던 어린 시절의 가난과 유교사회의 억압[5]에 대한 실감을 담아 말한 것이리라. 그의 동화집은 가장 약하고 작은 이들에게 주는 '사랑의 선물'이었다.

그러면 '사랑의 선물'의 내용은 어떤 것이었을까. 〈그림 2〉는 동화집 『사랑의 선물』의 목차이다.

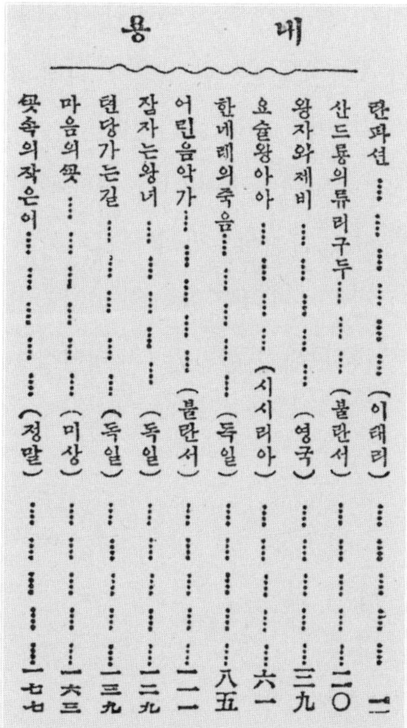
내용

〈그림 2〉 방정환, 『사랑의 선물』의 「내용」(목차)

내용

란파션	(이태리)
산드룡의 류리구두	(불란서)
왕자와 제비	(영국)
요슐왕 아아	(시시리아)
한네레의 죽음	(독일)
어린 음악가	(불란서)
잠자는 왕녀	(독일)
텬당가는 길	(독일)
마음의 꽃	(미상)
꽃속의 작은이	(정말)[6]

5 大竹聖美, 「方定煥研究－誕生から10歳まで・幼少期の生家と時代背景～評伝『小波・方定煥の生涯－愛の贈り物』を讀む～」, 『紀要』 18, 東京純心女子大學, 2014.3.

6 방정환, 앞의 책.

목차에 해당하는 책의 「내용」을 보면 알 수 있듯이 『사랑의 선물』은 이탈리아, 프랑스, 영국, 독일, 덴마크의 동화를 모은 것, 즉 아미티스의 쿠오레(난파선)나 페로, 오스카 와일드, 안데르센 등의 번안을 전문 한글로 쓴, 이른바 세계 명작동화집이었다.

방정환이 도쿄에 유학하고 있던 1920년대는 다이쇼 자유교육과 '동화'라는 글자가 넘치는 아동도서 출판문화의 융성기이다. 후잔보富山房 『모범 가정 문고』 같은 세계 명작동화 전집과 『아카이토리赤い鳥』, 『긴노후네金の船』, 『도와童話』 등 각종 아동문예잡지가 다수 간행되고 있었다. 방정환은 이런 도쿄의 아동출판문화에 감화되고 가치를 발견한 것일까. 위에 적은 세계 명작동화는 일본어 동화집에서 번안한 것이 틀림없다.[7]

방정환의 『사랑의 선물』은 방정환의 유일한 동화집이며 조선에 보급된 초창기의 '세계명작동화집'이다. 한국 어린이문학의 개척자이며, 어린이 문화운동, 어린이 인권운동의 선구자인 방정환이 조선어린이들에게 처음 안겨준 '사랑의 선물'은 일본어에서 번안된 「세계명작동화집」이었던 것이다.

3. '어린이'라는 새로운 단어의 보급

방정환은 동화를 전해줄 대상인 어린이들에게 기존의 '아해', '동몽童蒙'이라는 어휘를 사용하지 않고, 경의를 담아 '어린이'라는 순수 한글표

7 大竹聖美, 『植民地朝鮮と兒童文化』, 社會評論社, 2008.

현을 적극적으로 사용하고 '어린이'(=어린 사람)라는 말을 새로운 시대의 어휘로 보급시킨 것으로 알려져 있다. 종전의 동몽이라는 호칭에는 한자 표기를 보면 알 수 있듯이 '도리를 모르는 무지몽매한'이라는 의미가 담겨있어, 어린이를 독립된 인격으로 여기지 않았음을 알 수 있다. 전통 조선사회의 아동관이다.

이에 대해 방정환이 보급시킨 '어린이'라는 말은, 예전부터 사용되고 있던 노인을 의미하는 '늙은이'나 청년을 의미하는 '젊은이'처럼 한글 표기에 의한 순수 한국어표현으로, 일본어의 '幼い人', '子ども'에 해당하는 단어이다. '늙은이', '젊은이'와 마찬가지로 '어린이'라고 부르는 것으로, 어린이나 어른을 동등하게 대하려는 것이 방정환의 인권의식이라고 알 수 있다.

방정환이 '어린이'라는 말을 처음 사용한 것은, 1920년 8월에 간행된 『개벽』(3호)에 「불켜는이」라는 번역시를 발표했을 때였다. 이 시는 「어린이노래」로 게재되었다.[8]

「어린이노래 불켜는이」는 방정환이 처음으로 '어린이'라는 말을 사용하여 발표한 시로 알려졌고, 내용 또한 방정환의 실제 사회활동 정신과 일치하기 때문에 중요한 작품으로 여겨져 왔다. 그러나 창작이 아닌 번역이라고 명시되어 있으면서도 원작자가 밝혀지지 않았기 때문에, 연구자들 사이에서는 원작 찾기가 오랜 과제였다.

앞에 적었듯이, 방정환은 1920년에 도쿄로 유학하여 도쿄에서 세계명작동화집 『사랑의 선물』을 썼다. 한글로 되어 있지만 당시 도쿄에서 아동문학 잡지나 동화 전집 출판이 전성기였던 시대 배경으로 인해, 역

8 『개벽』 3, 개벽사, 1920.8, 88~89쪽.

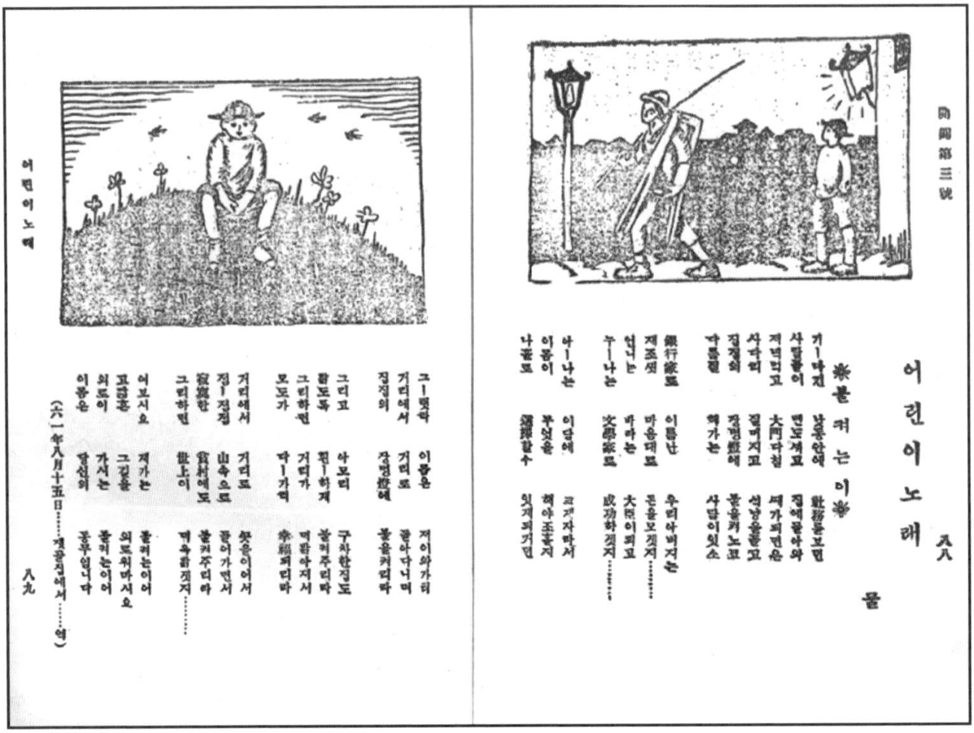
開闢第三號 八八

어린이노래

물

※불켜는이※

기ㅡ다란 날동안에 事務를보면
사람들이 떤노케고 집에들아와
저녁먹고 大門다칠 때가되면은
사다리 길머지고 석냥을들고
집집의 장명燈에 불을켜노코
다름질 해가는 사람이잇소

銀行家도 이름난 우리아버지는
재조잇 마음대로 돈을모겟지……
언니는 바라는 大臣이되고
누ㅡ나는 文學家로 成功하겟지……
아ㅡ나는 이담에 크거든자라서
이몸이 무엇을 해야조흘지
나흘도 選擇할수 잇게되거던

그ㅡ때라 이몸은 저이와가티
거리에서 거리로 끌아다니며
집집의 장명燈에 불을켜리라
그리고 사모리 구차한집도
밝도록 환ㅡ하게 불켜주리라
그리하면 거리가 매밝아져서
모도가 다ㅡ가티 幸福되리라
거리에서 거리로 찻을이어서
집ㅡ집집 山속으로 들어가면서
寂寞한 貧村에도 불켜주리라
그리하면 世上이 매우훌겟지……
어보시요 제가는 불켜는이어
고단한 그길을 외로워마시요
외로이 가시는 불켜는이어
이몸은 당신의 동무입니다
(六一年八月十五日……재공진에서……엿)

어린이노래 八九

〈그림 3〉『개벽』 제3호, 1920.8, 88~89쪽.

사적으로 일본어를 번안한 작품이라는 공통인식이 있었다. 또한 최근 일본어 원전 찾기가 연구자들 사이에서 활발히 진행되면서 일부는 실증적 비교 연구도 이루어졌다.[9] 1920년 8월에 발표된 「불켜는이」의 원전도 일본어 동요가 분명하다는 추측에서, 논자도 10여 년 전부터 몇 명이나 되는 한국인 연구자에게서 문의를 받았다. 생각나는 대로 1920년 전후에 간행된 아동문학 잡지와 동화집을 찾아보기도 했지만 규명할 수 없었던 과제 중 하나였다.

9 金志映, 「方定煥と翻案童話「王子と燕」」, 『比較文學』 54, 日本比較文學會, 2011; 李姃炫 「巖谷小波の「お伽噺」から方定煥の「近代童話」へ ― 方定煥の翻譯童話「妖術王アア」の比較考察」, 『梅花兒童文學』 18, 梅花女子大學兒童文學會, 2010.11.

그런데 마침 이 글을 쓰기 시작하면서 한국 연구자와 연락을 주고받는 과정에서 오랜 과제였던 「불켜는이」의 원전을 찾았다는 새로운 정보를 얻었다. 로버트 루이스 스티븐슨Robert Louis Balfour Stevenson(1850～1894)의 저 유명한 『어린이 시의 정원A Child's Garden of Verses』(1885)에 수록되어 있는 「The Lamplighter」이라는 것이었다.[10]

『어린이 시의 정원』은 일본에서는 일찍이 아카보시 센타赤星仙太 번역의 『어린이 노래정원子供の歌園』(福音社書店, 1912)이 있고, 현재도 요시다 미도리よしだみどり 번역 『어린이 시의 정원子どもの詩の園』(白石書店, 2000), 마사키 루리코間崎ルリ子 번역 『어느 어린이의 시의 정원에서ある子どもの詩の庭で』(瑞雲舍, 2010), 나이토 리에코ないとうりえこ 번역 『어린이 시의 정원』(미디어 팩토리, 2014) 등으로 잘 알려져 있다. 한국에서는 엄혜숙 번역 『타샤의 어린이 정원』(윌북, 2011)이 간행되었으며, 이는 미디어 팩토리의 나이토 리에코 번역으로 나온 것과 같은 타샤 튜더의 그림책이다. 방정환의 「불켜는이」를 소개하면 다음과 같다.

10 한국아동문학연구센터 방정환연구실(서울). 대표 장정희(경희대 연구교수), 박종진(인하대 연구교수).
조은숙, 「번역시 〈어린이 노래 : 불 켜는 이〉(방정환 역, 1920)의 원작 「The Lamplighter」(로버트 루이스 스티븐슨, 1885)를 찾아서 다시 돌아보는 방정환이 꿈꾼 "모도가 다—가티 행복"한 세상」, 『봄에 만나는 방정환』(방정환 봄 문학 포럼 자료집), 2015.3.27.

불켜는이

기ㅡ나긴 낫동안에 社務를보던
사람들이 벤도끼고 집에돌아와
저녁먹고 大門다칠 때가되면은
사다리 질머지고 석냥을들고
집집의 장명燈에 불을켜노코
다름질 해가는 사람이잇소

銀行家로 이름난 우리아버지는
재조껏 마음대로 돈을모겟지………
언니는 바라는 大臣이되고
누ㅡ나는 文學家로 成功하겟지………

아ㅡ나는 이담에 크게자라서
이몸이 무엇을 해야조흘지
나홀로 選擇할수 잇게되거던

그ㅡ럿타 이몸은 저이와가티
거리에서 거리로 돌아다니며
집집의 장명燈에 불을켜리라

그리고 아모리 구차한집도
밝도록 흰ㅡ하게 불켜주리라

그리하면　거리가　더밝아져서
모도가　다ー가티　幸福되리라

거리에서　거리로　삿을이어서
점ー점점　山속으로　들어가면서
寂寞한　貧村에도　불켜주리라
그리하면　世上이　더욱밝겟지………

여보시오　게가는　불켜는이어
고닯흔　그길을　외로워마시요
외로이　가시는　불켜는이어
이몸은　당신의　동무입니다
(六一年八月十五日……잿골집에서………역)

한편, 방정환의 「불켜는이」 원전으로 여겨지는 스티븐슨의 시는 다음과 같다.

THE LAMPLIGHTER
MY tea is nearly ready and the sun has left the sky;
It's time to take the window to see Leerie going by;
For every night at teatime and before you take your seat,
With lantern and with ladder he comes posting up the street.

Now Tom would be a driver and Maria go to sea,
And my papa's a banker and as rich as he can be;
But I, when I am stronger and can choose what I'm to do,
O Leerie, I'll go round at night and light the lamps with you!

For we are very lucky, with a lamp before the door,
And Leerie stops to light it as he lights so many more;
And O! before you hurry by with ladder and with light,
O Leerie, see a little child and nod to him to-night!

참고삼아 현대 일본어로 충실하게 번역된 것으로, 2014년에 望林堂 완역문고에서 나온 모리 다카오毛利孝夫 번역 『어느 어린이의 시의 정원ある子どもの詩の庭園』에 실린 「점등부」를 소개한다.

点灯夫

もうすぐ夕食、太陽も、空から去っていく時間
そろそろ窓辺に陣取って、來るのを待つのさ、点灯夫。
毎晩ご飯のこの時分、いただきますをする前に、
ランタン、はしごを手に持って、火を灯しながらやって來る。

トムは御者になる氣だし、マリアは海で働きたい、
ぼくの父さん銀行家、それはとってもお金持ち。
それでもぼくが元氣になって、やりたいことができるなら、
ああ点灯夫、一緒にね、毎晩ランプを灯したい。

とっても運が良いことに、家の前にもある街灯、
点灯夫が來て立ち止まり、ここにも明かりを灯してく。
はしごと明かりを手に持って、先へと急ぐその前に、
ああ点灯夫、お願いだ、今夜はぼくに、うなずいて。
(毛利孝夫 譯,『ある子どもの詩の庭園』, 望林堂完譯文庫, 2014)

「점등부」 한국어 번역 · 박종진
이제 곧 저녁, 태양도, 하늘에서 떠나가는 시간
슬슬 창가에 자리를 잡고, 오기를 기다리는거야, 점등부
매일 저녁 먹는 이 시간, 잘 먹겠습니다를 외치기 전에,
등불, 사다리를 손에 들고, 불을 켜면서 찾아온다.

톰은 마부가 될 생각이고, 마리아는 바다에서 일하고 싶다.
우리 아버지 은행가, 그는 아주 돈이 많다.
그래도 내가 건강해지고 하고 싶은 일을 할 수 있다면,
아 점등부, 우리 함께, 매일 밤 램프를 켜고 싶다.

아주 운이 좋게도, 집 앞에도 가로등,
점등부가 와서 멈추어 서서, 여기에도 불을 밝히고 간다.
사다리와 등불을 손에 들고, 앞으로 달려 나가기 전에
아 점등부, 제발, 오늘은 나에게, 끄덕여주기를.
(모리 다카오 역, 『어느 어린이 시의 정원』, 望林堂 완역문고, 2014)

모리 다카오의 번역에 리듬이 있는 것처럼 영어 원문도 Verses이니만큼 리듬이 있고 운을 밟고 있다. 그리고 방정환의 한국어에도 리듬이 있다. 방정환의 번역은 세 구 또는 네 구 그리고 다섯 구를 반복하는 정형시이다.

그러나 방정환시에서는 후반부에 원문에서 크게 벗어나 자신의 생각을 토로하고 결의를 표명하는 내용으로 변용한다. 정확히 말하면 시의 후반부는 번역한 것이 아니라 방정환 자신의 말을 추가 기술해버린 것이다. 원전으로 생각되는 작품이 발굴됨으로써 이러한 방정환의 아동문학가 또는 사회 변혁 운동가로서의 성격이 다시 한번 선명하게 부각되었다.

방정환이 추가로 써 넣은 시의 후반부 내용은 다음 부분이다.

그ㅡ럿타　이몸은　저이와가티
거리에서　거리로　돌아다니며
집집의　장명燈에　불을켜리라

그리고　아모리　구차한집도
밝도록　훤ㅡ하게　불켜주리라
그리하면　거리가　더밝아져서
모도가　다ㅡ가티　幸福되리라

거리에서　거리로　솟을이어서
점ㅡ점점　山속으로　들어가면서
寂寞한　貧村에도　불켜주리라
그리하면　世上이　더욱밝겟지………

여보시오　게가는　불켜는이어
고닯흔　그길을　외로워마시요
외로이　가시는　불켜는이어
이몸은　당신의　동무입니다

〈그림 4〉 1928年, RAND McNALLY&COMPANY판 『A Child's Garden of Verses』 표지와 「The Lamplighter」의 삽화.

그런데 「어린이 시의 정원」은 일본에서는 기독교신자인 아카보시 센타가 번역해서 『어린이 노래정원』(福音社書店)으로 1912년에 이미 출판되어 있었다. 때문에 『사랑의 선물』처럼 방정환이 이 일본어시에서 번역한 것이 아닐까하는 추측이 생겨나는 것도 당연할 것이다. 그렇다면 우선 아카보시 센타의 「The Lamplighter」의 일본어 번역을 보기로 한다.

點火夫(ひともし)

一. お茶時濟んで　日が暮れた。
彼(あ)の火ともしの　六さんが、
提灯さげて　帽子もち。
家(うち)へ來るのも　もう直(ぢ)きよ。

二. たとひ、富ちゃん　馬車に乘り、
まり子は濱に　遊ぶとて、
父さんお金を　持てばとて、
私は驅けたい　六さんと。

三. 明るい點燈が　殖え出して、
六さん一人で　間に合わぬ、
其時、火持ちの孃ちゃんが、
附いて廻れる　嬉しさや。

— 赤星仙太 譯, 『子供の歌園』, 福音社書店, 1912[11]

---

11 총루비(総ルビ : 한자 읽는 법) 달림. 여기서는 일부를 제외하고 생략했다.

「점화부」 한국어 번역 · 박종진

一. 차 시간도 지나고 날이 저물었다
저 불 켜는 로쿠씨가
등불 드리우고 모자 들고
집에 오는 것도 이제 금방이다

二. 아무리 토미짱 마차를 타고,
마리코는 해변에 논다고 해도
아버지 돈을 갖고 싶다 해도
나는 달리고 싶다 로쿠씨와

三. 밝은 점등이 점점 늘어가고
로코씨 혼자로는 시간 맞출 수 없는
그때, 불을 든 아가씨가
함께 돌 수 있다 기쁘구나

(아카보시 센타 번역, 『어린이 노래 정원』, 福音社書店, 1912)

7 · 5조의 리듬감 있는 '어린이 노래'이다. 분명히 방정환의 번역도 세 구 또는 네 구, 그리고 다섯 구를 반복하는 정형시로 되어있기 때문에 아카보시의 7 · 5조 리듬의 영향을 받았다, 아카보시의 일본어를 참고로 한 것이다, 라는 설이 생기는 것도 이해할 수 없는 것은 아니다. 그러나 세 구 또는 네 구, 그리고 다섯 구라는 시형詩型은 조선의 전통 정형시의 형태이다. 때문에 '어린이노래'라는 새로운 어휘가 앞에 붙어 있음에도 불구하고, 이 시는 동요로는 알려지지 않았다.

또한 원문을 읽어보면 알 수 있듯이, 영어 원문을 전혀 보지 않고 아카보시의 일본어만을 단서로 방정환의 번역문이 태어났다고 보기는 힘들다. 예를 들면, 원문에서 "my papa's a banker and as rich as he can be(나의 아버지 은행가, 그는 아주 돈이 많다 (모리 역))"라고 되어 있는 부분은, 아카보시의 번역에서는 "아버지(가) 돈을 갖고 싶다 해도"라고 되어 있다. 반면, 방정환의 번역문은 "은행가로 이름 난 우리 아버지는 재조껏 마음대로 돈을 모겟지"이며, 아카보시의 일본어에서는 생략되어있는 '은행가'라는 말이 그대로 나타나 있어 일본어보다 영어 원문에 가까운 형태로 되어있다.

이 시대의 다른 일본어 번역문을 방정환이 본 것은 아닐까 추측할 수도 있지만, 1922년에 간행 된 후쿠하라 린타로福原麟太郎와 구즈하라 시게루葛原滋가 공역해서 『어린이 시子供の詩』(東光閣書院)를 간행했고 여기에 「점등부」가 들어있다. 그러나 방정환의 번역시는 1920년에 발표되었기 때문에 이 번역문과는 관계없을 것이다.

또한 방정환의 번역시에는 "포덕布德 61년(1920) 8월 15일…쟷골집에서…역"이라고 번역한 날짜와 장소가 적혀있다. 방정환의 도쿄 유학은 1920년 9월부터이며, 서울집의 동명(재동)까지 나와 있으므로, 유학 전 서울에서 번역했다고 방정환은 처음부터 밝히고 있는 것이다. 마찬가지로 방정환의 번역작품인 『사랑의 선물』은 "일본 도쿄 백산밋"이라고 적혀있어, 책이 쓰인 장소에 대해 한쪽은 서울, 한쪽은 도쿄로 방정환은 명확히 구별하고 있다. 이를 감안하더라도 방정환의 번역 작품인 「어린이노래 불켜는이」를 번역동화집 『사랑의 선물』과 마찬가지로 간주해서 일본어에서 번역한 것으로 가설할 만한 근거는 찾을 수 없다고 할 수 있다.

또한 한국 방정환 연구자 염희경에 따르면, 1916년판 스티븐슨 『A Child's Garden of Verses』가 현재, 서울 고려대학교 도서관에 소장되어 있다고 한다.[12] 고려대의 전신은 보성 전문학교다. 보성 전문학교가 설립된 것은 1905년으로, 1946년에 현재 고려대가 되기까지 다양한 변천을 겪어 왔다. 1910년에는 훗날 방정환의 장인이 되는 천도교 손병희가 학교 경영권을 얻어서 의욕적으로 학교를 경영한 바 있다. 교육을 통해 민족의 역량을 높여 독립 주권을 탈환하려는 '교육 구국 운동'의 일환이었다. 방정환 자신도 1917년 17세에 손병희의 삼녀와 결혼한 직후 이 학교에 입학했다.[13] 이런 역사를 지닌 고려대학은 현재도 민족주의 색채가 강하고, 1999년에는 방정환 탄생 100주년을 기념해서 그에게 명예 졸업장을 수여한 적도 있다. 이런 인연이 있는 고려대학교 도서관에 1916년판 『A Child's Garden of Verses』가 소장되어 있었다는 것으로, 실제로 방정환이 이 책을 보았을 수도 있다는 가설은 충분히 가능하다.

이런 점들을 생각할 때, 필자로서는 방정환의 「불켜는이」는 아카보시 센타의 일본어만을 보고 중역한 것이 아니라, 스티븐슨의 영문을 실제로 손에 들고 원문을 보고 한 것은 아닐까 추측하고 있다. 그리고 방정환의 경우 영문 혹은 일문을 보고 번안을 시작하지만, 결코 이에 그치지 않고 사상가로서 독창적인 자신의 색채와 담론을 매우 인상적으로 부여하는 것이 큰 특징이다. 「불켜는이」도 후반부는 원문과는 전혀

12 염희경, 「방정환의 번안시 「어린이노래－불 켜는 이」 연구－원작 로버트 루이스 스티븐슨의 「The Lamplighter」, 일본어 번역본 「點火夫」와의 비교 연구를 중심으로－」, 『동아시아문화연구』 61, 2015.

13 大竹聖美, 「方定煥と天道教－孫秉熙の三女との結婚まで～評伝『小波・方定煥の生涯－愛の贈り物』を讀む～」, 『紀要』 19, 東京純心女子大學, 2015.3.

관계없는 내용으로 되어 있다.

아마도 원시에 감동하고 촉발되어 번역 작업을 시작했지만, 점차 그의 집필태도는 번역가에서 사상가의 그것으로 달라지고, 최종적으로는 자신의 사상 자체를 표명하는 창작 작품으로 변용시켜 버리는 것이다. 이것은 방정환의 강한 개성이 그렇게 시킨 것인가, 아니면 이것도 식민지 문화 상황에서 나타난 시대의 한 특징이라고 할 수 있을까. 어쨌든 한국 근대 아동문학은 이렇게 시작되었다

이제, 최초의 논점으로 돌아가자. 방정환은 스티븐슨의 시를 『개벽』에 소개하면서 「어린이의 노래」라는 제목을 붙이고 '어린이'라는 새로운 단어를 사용했다. 당시 거의 사용되지 않았던 '어린이'라는 용어를 방정환이 스티븐슨의 『어린이 시의 정원』에 실린 시와 함께 발표한 점이 중요하다.

즉, 방정환은 이른바 '동심' 넘치는 아동문학의 고전인 스티븐슨의 시세계에 공감하고 끌렸겠지만 그 시의 세계를 조선어로 선보일 때에는 새로운 용어로 개념 짓고자 하는 결심이 있었던 것이 분명하다. 스티븐슨의 시에 그려진 어린 마음의 세계는 지금까지 조선의 어린이가 살았던 세계와는 전혀 다른 새로운 세계로 느껴진 것은 아닐까.

스티븐슨이 표현한 어딘가 향수와 외로움을 느끼게 하면서도 아름답고 행복한 어린 시절, 순수한 어린이의 마음을 추모하는 감성, 방정환은 이러한 아름다운 정신세계에 공감하고 이런 어린 마음의 세계라는 것을 기존에 사용해오던 평범한 조선어로 소개하고 싶지 않았던 것은 아닐까. 새로운 감각의 '어린이'라는, 어린이의 인격을 존중하는 정중하고 아름다운 말과 함께 세상에 내보내고 싶었던 것 아닐까. 스티븐슨의 시

에 있는 것은 어린 시절에 대한 혹은 누구나가 마음 깊은 곳에 간직하고 있는 어린 마음 자체에 대한 향수이자, 자애이며, 사랑이다. 이 사랑이야말로 방정환의 사회적 활동의 핵심부분에 있음이 틀림없다.

그리고 방정환의 「어린이의 노래」에는 원 시에는 없는 부분이 추가되었다는 것도 잊어서는 안 될 것이다. 한 번 더 반복하지만 다음 부분이다.

그리고　　아모리　　구차한집도
밝도록　　훤－하게　　불켜주리라
그리하면　　거리가　　더밝아져서
모도가　　다－가티　　幸福되리라

거리에서　　거리로　　숫을이어서
점－점점　　山속으로　　들어가면서
寂寞한　　貧村에도　　불켜주리라
그리하면　　世上이　　더욱밝겟지………

원문에는 없는 이 시의 후반부에는 식민지 지배하의 조선에서 독립운동을 거치며 더욱 조국을 애도하는 방정환의 고뇌와 함께, 번역의 영역을 크게 넘어서면서도 펜을 멈출 수 없었던 방정환의 사회변혁에 대한 뜨거운 의지 또한 볼 수 있다. "모도가 다－가티 幸福되리라"라는 민족애이다.

4. 아동문학 잡지 『어린이』 창간(1923년 3월)

〈그림 5〉「처음에」(사진의 상단 부분), 『어린이』 창간호(개벽사, 1923.3). 별도의 표지는 없다.

어린이에 대한 경의를 담은 '어린이'라는 새로운 용어를 사용하기 시작한 방정환은 「어린이 노래」로 스티븐슨의 동심 넘치는 시를 번역 소개하고 한국 최초의 세계명작동화집 『사랑의 선물』을 썼다. 그리고 이러한 시와 동화같은 어린이 문화에 대한 관심과 어린이를 존중하는 의식을 결실맺게 하여 조선 최초의 본격적인 아동문학 잡지 『어린이』(개벽사)를 창간했다. 1923년 3월의 일이다.

이 잡지는 한국 아동문학의 역사에서 획기적인 존재로, 다양하고 새로운 동화・동요 작품을 게재하면서 새로운 시대를 개척해 나갔다. 『어린이』 창간호에는 다음과 같은 머리말이 있다.

『어린이』 창간호 「처음에」[14]

새와 가티 쏫과 가티 앵도 가튼 어린 입술로, 텬진란만하게 부르는 노래, 그것은 고대로 자연의 소리이며, 고대로 한울의 소리입니다.

비닭이와 가티 톡기와 가티 부들어운 머리를 바람에 날리면서 뛰노는 모양, 고대로가 자연의 자태이고 고대로가 한울의 그림자입니다. 거긔에는

14 『어린이』 창간호, 개벽사, 1923.3.20.

어른들과 가튼 욕심도 잇지 아니하고 욕심스런 계획도 잇지 아니합니다.

죄 업고 허물 업는 평화롭고 자유로운 한울나라! 그것은 우리의 어린이의 나라입니다.

우리는 어느 째까지던지 이 한울나라를 더럽히지 말아야 할 것이며 이 세상에 사는 사람사람이 모다, 이 깨끗한 나라에서 살게 되도록 우리의 나라를 넓혀가야 할 것입니다.

이 두 가지 일을 위하는 생각에서 넘처나오는 모든 깨끗한 것을 거두어 모아내이는 것이 이 『어린이』입니다.

우리의 쓰거운 정성으로 된 이 『어린이』가 여러분의 짜뜻한 품에 안길 째 거긔에 깨끗한 령(靈)의 싹이 새로 도들 것을 우리는 밋습니다.

머리말에는 잡지 『어린이』가 "평화롭고 자유로운 한울나라!"를 넓혀가기 위해 창간된 것이라고 말한다. '하늘나라'의 하늘에는 천도교에서 사용되는 용어인 '한울'이 사용되고 있으며, '한울님' = 하늘의 신이 현재화하는 이른바 천도교의 이상사회, 지상천국을 넓혀 나가는 일이 잡지 창간의 목적임을 알 수 있다. 방정환이 참여한 3·1운동을 주도한 '민족 대표 33인'은 불교계를 대표하는 한용운, 백용성 둘을 제외하고 천도교도와 기독교인으로 양분되듯이 이 시대의 조선 사회 정신문화에 큰 영향력을 갖고 있던 것이 천도교와 기독교이다.

천도교에서 '한울님'이 하늘의 신을 의미하는 바와 같이, 천주교(카톨릭)에서는 '하느님 = 신'이며, 개신교(프로테스탄트)에서는 '하나님 = 신'이다. 또한 일반적인 의미에서 '천공天空'을 의미하는 조선어는 '하늘'이기 때문에 음성언어적으로는 어느 것이나 비슷하다는 것을 알 수 있다.

그러나 천도교의 한울님과 기독교 하나님의 개념은 크게 다르다. 천도교에서 말하는 '한울' = 하늘은, '한韓(큰)', '울(우리)'이며, 즉 '대아'를 의미하고 우주 그 자체를 말한다. 때문에 천도교의 천국이란 저 세상에 있는 것이 아니라 이 세상에 실현되어야 하는 것이다. 때문에 지상천국을 말하는 것이며, 기독교의 천국 개념과는 구별하지 않으면 안 되는 것이다. 그 차이가 특히 분명하게 드러나는 것이 '구제'의 개념이다. 천도교에서는 지상천국을 기원하고 있으므로 구제는 이 세상에서 이루어지는 것이다. 반면 기독교의 구제는 이 세상이 아니라 천국에서 이루어지는 것이다. 이처럼 여기에서 말하는 '한울나라'는 천도교에서 말하는 지상천국을 가리키는 것이며, 현실 사회에서 실현되어야 하는 것이다.

방정환은 "이 세상에 사는 모든 사람들", 즉 식민지 지배 하에서 억압받는 조선 사람들이 살 수 있도록 "우리들의 나라를 넓혀가지 않으면 안 됩니다"라고 말한다. 이것은 천도교 교리를 전파하는 일이며, 민족의 주권회복을 목적으로 하는 독립운동의 맥락에서도 그 의미를 읽을 수 있다.

방정환은 "새와 가티 쏫과 가티" "텬진란만"하게 노래하는 어린이의 노래를, "자연의 소리"이며 "한울의 소리"라고 한다. 또한 "비닭이와 가티 톡기와 가티" 바람 속에서 노니는 아이들의 모습을 "자연의 자태"이며, "한울의 그림자"라고 했다. 이것은 어린이 예찬이라고 할 수 있다. 이런 어린이 자체에서 가치를 발견하고 그 모습을 예찬하는 담론은 조선 사회에서는 방정환에 의해 처음 제시되었다. 그리고 이 어린이예찬은 어린이의 천진난만함에서 이상을 찾고 있기 때문에 한국에서는 방정환의 '동심 천사주의'로 인식되고 있다.

그러나 이른바 '동심주의'는, 방정환이 도쿄에 유학한 1920년대 일본에서 유행하고 있던 사상이며, 특히 이 시대의 문단 및 동화문학의 중심에 있었던 오가와 미메이小川未明의 영향을 받았음이 분명하다.[15] 여기에서 말하는 한울나라는 평화롭고 자유로울 뿐 아니라 "깨끗"한 것이라고 방정환은 말하는데, 이 깨끗함이라는 가치는 어린이를 순진무구한 존재로 간주하고, 그것을 예술의 이상으로 삼은 오가와 미메이의 동심주의 가치관과 일치하고 있다.

5. 천도교와 방정환

이런 방정환의 사상은 천도교라는 배경을 모르고는 이해할 수 없다. 여기서 다시 한번 천도교에 대해 정리해두고 싶다.

천도교는 '인내천人乃天'을 교리로 하는 한반도 발생 종교 단체로, 1860년에 최제우崔濟愚(1824~1864)가 시작한 동학이 모체이다. 동학은, 당시 유입되고 있던 기독교(카톨릭)가 서학이라고 불리며 진보적인 사람들에게 영향력을 지닌 것에 대항하여, 유교·불교·민간 종교를 융합시킨 종교로 포교되었다. 동학은 조선 지배계급의 사상체계인 유교와 정반대의 성질을 지닌, 천天이며 공空이며 주宙 그 자체인 천을 마음

15 黃善英,「交錯する童心ー方定煥と同時代日本人文學者における「子ども」」,『比較文學硏究』88, 東大比較文學會, 2006.10.

으로 맞이하는 '시천주侍天主'의 교의를 지닌다.[16] 또한, 사람은 모두 '시천주'할 수 있기 때문에 사람에 대해서는 하늘을 대하듯이 해야 한다는 '사인여천事人如天'의 교의도 있다. 이렇듯 사람을 차별하지 않고 존중하는 사상으로 그때까지 조선 사회에서 억압받아 온 하층 농민이나 천민층의 지지를 모아갔다.[17]

이런 동학을 모체로 하는 천도교에서는 교주 손병희가 '인내천(사람이 곧 하늘이다)'을 강조했다. 궁극의 인권존중 사상이며 만민 평등사상으로 알려져 있다. 방정환은 이러한 가르침을 포교하는 천도교 교주 손병희의 딸과 1917년에 결혼, 손병희를 가까이에서 모셨다. 1919년 3・1운동에서 손병희가 투옥될 때까지 생활을 함께 한 방정환은 천도교의 중요한 후계자의 한 사람이었다.[18]

이러한 배경에서 탄생한 한국 최초의 본격 아동문학 잡지가 『어린이』인데, 창간에 앞서 방정환은 다음과 같은 글을 발표했다. 여기에도 '소파'라는 필명이 적혀 있는데, 이에 관해서는 뒤에서 논하기로 하고 여기에서는 도입부를 보고자 한다.

---

16 '侍天主'의 종교적 의미에 대해서는 宮本久雄, 「水雲崔濟愚の神秘体驗－東學農民運動の根源(至氣・侍天主)から現代の共生へ」, 『他者の風來』, 日本キリスト教団出版局, 2012에서 자세히 고찰하고 있다.

17 大竹聖美, 「方定煥と天道教－孫秉熙の三女との結婚まで~評伝『小波・方定煥の生涯－愛の贈り物』を讀む~」, 『紀要』 19, 東京純心女子大學, 2015.3.

18 大竹聖美, 「1919年前後の方定煥－〈小波(ソパ)〉の由來と3・1獨立運動~評伝『小波・方定煥の生涯－愛の贈り物』を讀む~」, 『紀要』 20, 東京純心大學, 2016.2.

「새로 開拓되는 '童話'에 關하야—特히 少年 以外의 一般 큰 이에게」

小波

童話란 무엇인가 — 童話에 對한 一般의 理解 — 童話는 少年만 읽을 것인가 — 古來童話의 發掘 — 地方 青年 特히 教師, 青年會, 文芸部에 바라는 일 — 其他의 雜感

○

昨今 우리에게서 二三의 童話集이 發刊되고 各種의 雜誌도 다투어 童話를 揭載하게 된 새 現象은 크게 깃븐 傾向이다.

只今의 이 形勢로 보면 童話 그것이 無限히 넓은 世界를 가지고 잇는 것인 만큼 새로 엄돗기 始作한 우리의 童話芸術도 그 將來가 大端 有望하게 되엇다. (…중략…)

○

한 民族에 잇서서나 한 國家에 잇서서나 또는 世界人類에 잇서서나 모든 새 思想 새 事業은 恒常 새 人物의 頭腦에서 생기고 또 그 손으로 되는 것이며 그 新人은 반듯이 少年의 世界에서 길리워 나오는 것임은 여긔 다시 쓸 것이 업슬 것이다.

○

童話는 그 少年 ——兒童의 精神生活의 重要한 一部面이고 最緊한 食物이다. 文化的으로 進化한 現代에 잇서서는 우리네의 人間的 教養의 一要素로 芸術이 絕對的으로 必要한 것과 가티 現代의 兒童에게는 그 人間的 生活의 要素로 童話가 要求되는 것이다 (…중략…) (『개벽』 31호, 1923년 1월)[19]

---

19 『개벽』 31, 1923.1.

이 문장은 한국 최초의 아동문학론으로 알려져 있다. 당시 조선 문단에 가장 큰 영향력을 지닌 종합 잡지이며 천도교 기관지인 『개벽』에 발표되었다.

여기에서 방정환은 "人間的 敎養의 一要素로 芸術이 絶對的으로 必要한 것과 가티 現代의 兒童에게는 그 人間的 生活의 要素로 童話가 要求되는 것"이라고 주장했다. 동화는 "兒童의 精神生活의 重要한 一部面이고 最緊한 食物"이라고 되어 있다. 그리고 아동 = 소년은 새로운 사상이나 사업을 만들어내는 새로운 사람이라고 한 점이 중요하다.

즉 방정환은 조선 민족의 미래(새로운 사상, 새로운 사업)를 짊어질 소년을 기르기 위해서, 동화나 동요, 아동 문예 잡지 등의 아동 문화를 새롭게 개척했다는 것을 읽을 수 있다. 방정환이 개척한 한국의 아동문학은 독자적인 민족 주체성의 확립과 사회변혁에 대한 지향성이 있었다고 할 수 있다.

6. 『어린이』 창간호와 「성냥팔이 소녀」

한국 최초의 본격적인 아동문학 잡지 『어린이』 창간호의 내용은 어떤 것이었을까. 머리말을 앞에서 언급했지만, 그 다음 장에 게재된 기념할 만한 작품은 '丁抹(덴마크) 안더-슨 氏作'이라고 쓰여진 '명작동화' 「성냥팔이 소녀」였다. 그리고 필자는 '小波'라고 한자로 적혀 있다. 小波라고 쓰고 '소파'라고 읽는다. 앞에서 소개한 방정환의 첫 동화집 『사랑의 선물』(1922)에는 한글로 '소파'라고 적혀 있고 「새로 開拓되는 '童話'에 關하야」(1923)도 한자로 적힌 방정환의 호이다.

이 '소파'라는 필명을 보면 누구나 일본 아동문학사에 지대한 업적을 남긴 이와야 사자나미巖谷小波(1870~1933)를 떠올린다. 한일 양국 아동문학의 개척자가 같은 '小波'라는 필명이었다는 사실은 매우 인상적이고 흥미롭다.

이와야 사자나미는 방정환보다 약 30살 나이가 많고 아동문학 · 아동문화의 대가로 이미 성공을 거두었으며, 일본뿐 아니라 대만이나 조선에서도 순회 구연동화 대회 등으로 이름이 알려져 있었기 때문에 그 영향을 받은 것이라는 추측도 있다.[20] 한편, 제국주의적인 이와야 사자나미의 활동과, 제국주의에 대한 저항인 민족독립운동과 인권운동에 힘쓴 방정환의 문학활동의 차이에서, 방정환이 한자로 '小波'라고 썼다 해도, 그것은 일본의 이와야 사자나미를 의식한 것이 아니라 그의 신앙 천도교 교리에서 유래하는 것이라고 하는 주장도 있다.[21]

이 시대의 아동문화 상황을 감안할 때, 이와야 사자나미와 무관하다고 할 수는 없지만, 분명 방정환의 문학 활동이 지향하는 바는 이와야 사자나미의 아동문화와는 완전히 달랐으며, 방정환이 이와야 사자나미의 문학을 동경해서 그 필명을 받은 것이 아니라는 것은 필자도 동감하고 있다.

---

20 大竹聖美, 「두 사람의 소파(小波) – 巖谷小波와 方定煥」, 『아동문학평론』 26-1, 서울 국제아동문학관, 2001.3.

21 이상금의 연구에 의함. 이상금의 론은 이하에서 일본어로 읽을 수 있다. 大竹聖美, 「1919年前後の方定煥 – 〈小波(ソパ)〉の由來と3 · 1獨立運動~評伝『小波 · 方定煥の生涯 – 愛の贈り物』を讀む~」, 『紀要』 20, 東京純心大學, 2016.3.

아쉽게도 방정환은 이와야 사자나미보다 29살 어리면서도 이와야 사자나미보다 2년 빠른 1931년에 31세의 젊은 나이로 갑자기 세상을 떠나버렸다. 그 진상에 대한 본인의 언급도 없고, 가까운 사람들이 생전에 물어보았다는 기록도 없다. 그러나 한일 아동문학 관계사를 논하는데 있어 상징적이고 흥미로운 키워드로 오랫동안 일한 아동문학 연구자들 사이에 화제가 되어 왔고, 앞으로도 연구될 관심사인 것은 변함없을 것이다.

그런데 한국 아동문학 초창기를 장식하는 기념비적 아동문학 잡지 창간호에 맨 먼저 게재된 작품은 안데르센의 「성냥팔이 소녀」였다. 이 역시 흥미로운 현상으로 상징적인 의미를 읽어보고 싶은 부분이다.

『어린이』 잡지에 앞서 출판된 방정환의 유일한 동화집이 『사랑의 선물』이며 그것도 세계명작동화집이었던 것처럼 『어린이』 역시 세계명작동화로 시작되었다. 더구나 안데르센의 「성냥팔이 소녀」였다. 덧없이 꺼질 수밖에 없는 성냥불 속에 꿈을 보는 맑은 소녀의 마음에, 식민지 조선 아이들의 심정과 꿈을 겹쳐놓은 것일까.

『사랑의 선물』에 신데렐라(「산드룡의 류리구두」)나 행복한 왕자(「왕자와 제비」)가 소개된 것처럼, 『어린이』 창간호에는 성냥팔이 소녀가 게재되었다. 이 작품들은 고통과 슬픔을 온몸으로 받아들인 끝에 사랑의 결정체가 된, 그런 세계 명작동화의 대표작들이다.

아동문예지 『어린이』에는 기타 일본의 「혹떼기瘤取り」와 유사한 아동극 〈노래주머니〉와 동요 등이 실려 있어, 『어린이』는 언론・논설・지식 같은 교육・계몽을 중시한 것이 아니라, 동화・동요・아동극 등 보다 문예적인 요소를 중시하는 성격을 갖고 있었다. 「새로 開拓되는 '童

話'에 關하야」에서 동화를 예술에 견주어 중요성을 주장했던 방정환의 사상이 『어린이』 잡지에서 구현된 것이다.

7. 방정환의 창작동화 「만년 샤쓰」

한국 아동문학의 창시자라고 하는 방정환이지만, 그가 생전에 출판한 유일한 동화집 『사랑의 선물』(1922)과, 마찬가지로 그가 주간한 최초의 본격 아동문예지 『어린이』(1923~)를 통해 조선 어린이들에게 주어진 것은 외국동화 번안 작품이 먼저였다. 또한 「어린이 노래」(1920)로 처음 '어린이'라는 단어를 사용한 것도 스티븐슨의 『어린이 시의 동산』(1885)의 시를 번역하면서이다. 이와 같이 방정환의 아동문학 번역・번안 작품은 중요한 위치를 차지하고 있다.

그렇지만 그런 가운데서도 방정환의 창작 작품도 많이 있다. 대표작으로는 「만년 샤쓰」(『어린이』 5권 3호, 1927년 3월호 초출)를 들 수 있다.

「만년 샤쓰」는 현재도 초등학교 국어 교과서(4학년)에 게재되어 있다. 한국 학교 교과서는 국정교과서 한 종류밖에 없기 때문에 모든 초등학생이 작품을 읽고 있는 셈이므로 「만년 샤쓰」는 국민적 작품이라고 할 수 있다. 「만년 샤쓰」는 창남이라는 소년이 주인공으로, 소년은 다음과 같이 묘사된다.

모자가 다 해여저도 새 것을 사 쓰지 안코 양복 바지가 해여저서 궁둥이에 조각조각을 붓치고 다니는 것을 보면 집안이 구차한 것도 갓지만 그럿타고 단 한 번이라도 근심하는 빗이 잇거나 남의 것을 부러워하는 눈치도 업섯다.

남이 걱정이 잇서 얼골을 찡그릴 째에는 우수운 말을 잘 지여내고 동무들이 곤란한 일이 잇는 째에는 조흔 의견도 잘 써내는고로 비행가(*창남의 별명)[22]의 일흠은 더욱 놉하젓다.

연설을 잘하고 토론을 잘 하는 고로 갑조(甲組)하고 내기를 할 째에는 언제던지 창남이 혼자 나아가 닉이는 셈이엿다.

그러나 그의 집이 정말 가난한 지 넉넉한 지 아모도 아는 사람이 업섯고 또 그의 집이 어데인지도 아는 사람이 업섯다.

아모도 그 가는 쪽으로 가는 학생이 업섯고 갓금 그 뒤를 쫏차가 보려고도 하엿스나 모다 중간에서 실패하고 말엇다. 왜 그런고 하니 그는 날마다 二十리 밧게서 학교를 다니는 까닭이엿다.

그는 다른 우수운 말은 갓금갓금하여도 자긔 집안일이나 자긔 신상에 관한 이약이는 말하는 법이 업섯다. 그것을 보면 입이 묵어운 편이엿다.[23]

가난한 집 아이지만 밝고 긍정적인 성격에 말솜씨가 뛰어나며 리더십이 있지만, 자기 신상에 관해서는 말하지 않는다. 이것은 바로 방정환의 어린 시절 그 자체이다. 방정환은 부유한 가정에서 태어났지만, 구 체제와 함께 했던 가업은 조선 왕조의 붕괴와 함께 문을 닫을 수밖

22 당시 실제로 안창남(安昌男, 1901~1930)이라는 조선 최초의 비행사가 있었고, 그가 활약하는 모습은 사람들의 동경의 대상으로 조선인의 희망의 별이었다.
23 夢見草(방정환), 「學生小說 萬年샤쓰」, 『어린이』 5권 3호, 1927.3, 39쪽.

에 없었고 극심한 빈곤을 견디는 생활을 경험했다.[24]

겨울도 겨울 몹시도 치운 날이엿다.

혹혹 부는 일은 아츰에 상학종은 치고 공부는 시작되엿는데 한 번도 결석한 일이 업는 창남이가 이날은 오지 안엇다.

"호외(號外)일세 호외야! 비행가가 결석을 하다니."

"엇저녁 그 무서운 바람에 어데로 날러간 게지."

"아마 병이 낫나 브다. 감긔가 든 게지."

"이놈아 능청스럽게 아는 체 말어라."

一학년 을조는 창남이 소문으로 소근소근 야단들이엿다.

첫재 시간이 반이나 넘어 지낫슬 때에 교실 문이 덜컥 열니고 창남이가 얼골이 샛빩애 가지고 드러섯다.

학생과 선생은 반가워하면서 우섯다. 그러고 그들은 창남이의 신고 섯는 구두를 보고 더욱 크게 우섯다.

그의 오른편 구두는 헌겁으로 싸매고 또 색기[繩]로 감어 매고 또 그 우에 손수건으로 싸매고 하야 퉁퉁하기 짝이 업섯다.

"창남아 오늘은 왼일로 느젓느냐?"

"네" 하고 창남이는 그 괴상한 퉁퉁한 구두 신은 발을 번적 들고

"오다가 길에서 구두가 다 떠러저 너털거리는 고로 색긔를 어더서 곳처 신엇더니 또 너털거리고 또 너털거리고 해서 여섯 번이나 제 손으로 곳처 신고 오느라고 느저젓습니다."

---

24 大竹聖美, 「方定煥研究－誕生から10歳まで・幼少期の生家と時代背景～評伝『小波・方定煥の生涯－愛の贈り物』を讀む～」, 『紀 要』 18, 東京純心女子大學, 2014.3.

그러고도 창남이는 태평이엿다. 그 시간이 끗나고 쉬는 동안에 창남이는 그 구두를 버서 들고 다 해여저서 너털거리는 주둥이를 손수건과 대님짝으로 얌전스럽게 싸매여 신엇다. 그러고도 태평이엿다.[25]

너덜너덜한 신발을 직접 꿰매어 신고도 그것을 부끄러워하지 않고 등교하는 부분인데, 실제로 방정환은 손재주가 좋았다고 한다.[26]방정환 자신이 투영되어 있음에 틀림없는 창남 소년은 누더기 신발을 신고 등교 할뿐만 아니라 더 가혹한 현실을 견디고 있었다.

쌋듯한 날도 귀찬어하는 톄조(體操) 시간이 이럿케 살이 터지게 치운 날 잇섯다.

"엇더케 이러케 치운 날 톄조를 한담."

"또 그 무섭고 딱딱한 선생이 웃통을 버스라 하겟지… 아이그 앗질이야."

하고 실혀하는 톄조 시간이 되엿다.

원래 군인 단이든 성질이라 뚝뚝하고 용서성 업는 톄조 선생이 호령을 하다가 그 괴상스런 창남이의 구두를 보앗다.

"한창남! 그 구두를 신고도 활동할 수 잇니? 쎈쎈하게."

"녜. 얼마던지 할 수 잇슴니다. 이것 보십시요" 하고 창남이는 식이지도 안는 뛈도 뛰여 보이고 다름박질도 하여 보이고 답보(아시부미)[27]도 부즈런이 해 보엿다.

---

25 夢見草, 앞의 책, 40~41쪽.

26 大竹聖美, 「方定煥と天道教－孫秉熙の三女との結婚まで～評伝『小波・方定煥の生涯－愛の贈り物』を讀む～」, 『紀要』 19, 東京純心女子大學, 2015.3.

27 답보 : 제자리걸음. 일본어로 아시부미(あしぶみ).

톄조 선생도 어이가 업던지

"음! 상당히 치료해 신엇군!" 하고 말엇다. 그리고 다시 호령을 게속하엿다.

"전렬(前列)만 三보 압흐로—읏!!"

"전후렬 모다 웃옷 버섯!!!"

죽기보다 실혀도 톄조 선생의 명령인지라 왼 반 학생이 一제히 검은 양복저고리를 벗고 샤쓰만 닙은 채로 섯고 선생까지 버섯는데 다만 한 사람 창남이가 벗지를 안코 잇섯다.

"한창남!! 왜 웃옷을 안 벗니?"

창남이의 얼골은 폭 숙으러지면서 빩—애젓다. 그가 이러기는 참말 처음이엿다.

한참 동안 멈춧멈춧하다가 고개를 들고

"선생님 만년(萬年)샤쓰도 좃습닛가?"

"무엇? 만년샤쓰? 만년샤쓰란 무어야?"

"매 매 맨몸 말슴입니다."

성난 톄조 선생은 당장에 후려갈길 듯이 그의 압흐로 쑤벅쑤벅 거러가면서

"버서랏!!" 호령하얏다.

창남이는 양복저고리를 버섯다.

그는 샤쓰도 적삼도 아모것도 안 닙은 벌거숭이 맨몸이엿다. 선생은 깜짝 놀내고 학생들은 깔깔 우섯다.

"한창남!! 왜 샤쓰를 안 닙엇니?"

"업서서 못 닙엇슴니다."

그째 선생의 무섭든 눈에 눈물이 도랏다. 그리고 학생들의 우슴도 갑작이 업서젓다— 가난! 고생! 아아 창남이 집은 그럿케 몹시 구차하엿든

가… 모두 생각하엿다.

"창남아 정말 샤쓰가 업늬?"

눈물을 씻고 다정히 뭇는 소리에

"오늘하고 내일만 업습니다. 모레는 인천(仁川)서 형님이 올나와서 사 줍니다."

"음! 그럼 웃옷을 다시 닙어라!"

톄조 선생은 다시 물너서서 큰 소리로 "한창남은 오늘은 웃옷을 닙고 헤도 용서한다. 그러고 학생 제군에게 특별히 할 말이 잇스니 제군은 다 한창남 군가치 용감한 사람이 되란 말이다. 누구던지 샤쓰가 업스면 추운 것은 둘재요 첫재 붓그러워서 결석이 되드라도 학교에 오지 못할 것이다. 그런데 오늘가치 제일 치운 날 한창남 군은 샤쓰 업시 맨몸— 으—ㅇ 즉 그 만년샤쓰로 학교에 왓단 말이다. 여긔 섯는 제군 中에는 샤쓰를 둘식 포개 닙은 사람도 잇슬 것이요 짜켓트[28]까지 외투까지 닙고 온 사람이 잇지 안은가… 물론 맨몸으로 오는 것이 례의(禮意)는 아니야. 그러나 그 용긔(勇氣) 의긔(意氣)가 좃탄 말이다. 한창남 군의 의긔는 一등이다. 제군도 다 그 의긔를 배호란 말야."[29]

'용기', '기개', 이 말은 식민지 조선의 빈곤이나 현실 사회의 고통에 못지않게, 인권 운동으로, 저항 운동으로, 사랑과 이상을 추구한 방정환의 문학 활동의 핵심이라고 해도 좋을 것이다.

지금까지 보아온 방정환이 번역한 세계명작 아동문학 작품에도 슬

28 짜켓트 : 재킷(jacket).
29 夢見草, 앞의 책, 41~42쪽.

픔과 고통을 품은 사랑의 모습이 그려져 있었다. 예를 들어, 방정환 첫 동화집 『사랑의 선물』의 「행복한 왕자」가 그렇고, 『어린이』 창간호의 「성냥팔이 소녀」가 그렇다. 방정환 문학은 슬픔과 고통을 안고 있는 사랑의 세계에 대한 공감과 존중에서 시작되었다. '어린이'라는 말을 적극적으로 사용한 것은, 이 세상에서 가장 어린 이, 작은 이, 지켜야할 존재인 어린이를 존중하는 태도에서 비롯된다.

그러나 그들 세계 명작동화는 방정환이 창작한 창남 소년에 비교하면 더 정적靜的이 아니었을까? 눈물을 흘릴 뿐 가만히 움직일 수 없는 것이 아니라, 그 마음의 핵심 부분에는 창남과 같은 '용기'나 '기개'가 숨겨져 있었다고도 할 수 있다. 그러나 역시 방정환 자신의 실제 체험이 묘사되었다고도 볼 수 있는 소년 창남은 훨씬 동적이며 용기와 기개가 적극적으로 표현되어 있다고 하겠다. 사회주의적 리얼리즘 아동문학 작품이며 세계명작 같은 동화문학이 아니기 때문이라고도 할 수 있지만, 그 점에서 스티븐슨의 「불 켜는 이」 번역과 마찬가지로 방정환의 작품에는 예술적인 동화문학에 대한 지향보다 사회주의적 지향성이 있다고 할 수 있다.

「만년 샤쓰」에서는 이후 더욱 가혹한 현실이 그려진다. 창남이 사는 마을에 화재가 나고, 이웃 사람들은 길에 나앉아서 굶주림에 시달릴 뿐 아니라 입는 것도 잘 곳도 없는 이재민들이었던 것이다. 창남은 식민지 억압에다가 그 위에 재난지역에 살면서 그래도 학교에 다니는 소년이었다.

"(…전략…) 저는 어머니하고 단 두 식구만 잇는데 집은 반이라도 남엇스닛가 먹고 잘 것은 넉넉해요. 그런데 동리 사람들이 먹지도 못하고 자지도 못하게 되야서 야단이야요. 그래 저의 어머니께서는 '우리들은 먹고 잘 수가 잇스닛가 벌거벗는 것만 면하면 살 수가 잇스니 두 식구가 당장에 닙을 것 한 벌씩만 남기고는 모다 길거리에 썰고 잇는 동리 사람들께 난화 드리라' 하시는 고로 어머니 옷 제 옷을 모다 동리 어른들께 드렷담니다. 그러구 양복바지는 주지 안코 제가 닙고 잇섯는데 저의 집 엽헤서 숫장사 하던 령감님이 병든 노인인 고로 하도 춥다 하닛가 보기에 딱해서 어제저녁에 마저 버서 주고 저는 가을에 입던 해진 겹바지를 써내 닙엇슴니다."

모든 학생들은 죽은 듯이 고요하고 고개들이 말업시 숙으러젓다. 선생님도 고개를 숙엿다.

"그래 너는 네가 닙을 샤쓰까지 버선까지 다 버서 주엇단 말이냐?"

"아니요. 버선과 샤쓰쌘만은 한 벌씩 남겻섯는데 저의 어머니가 닙엇든 옷은 모다 남에게 주어 놋코 안저서 추워서 발발 써시는 고로 제가 '어머니 저의 샤쓰라도 닙으실가요' 하닛가 '네 샤쓰도 모다 남 주엇는데 왼 것이 두 벌씩 남어 잇겟니' 하시는 고로 저는 제가 닙고 잇는 것 한 벌쌘이면서도 '네. 두 벌 남엇스니 하나는 어머니 닙으시지요' 하고 닙고 잇든 것을 어적게 아츰에 버서 드렷슴니다. 그러닛가 '네가 먼 길에 학교 가기 치울 터인데 둘을 포개 닙을 것을 그랫구나' 하시면서 밧아 닙으섯서요. 그러고 하도 발이 실혀하시면서 '이애야 창남아 너 버선도 두 켜레가 잇느냐' 하시기에 신고 잇는 것 한 켜레쌘이것만은 '네. 두 켜레올시다. 하나는 어머니 신으시지요' 하고 그짓말을 하고 신엇든 것을 어제저녁에 버서 드렷슴니다. 저는 그렇케 어머니께 그짓말을 하엿슴니다. 낫븐 일인

줄은 알면서도 그짓말을 하엿습니다. 오늘도 아츰에 나올 째에 '이애야 오늘갓치 치운 날 샤쓰를 하나만 닙어서 츱겟구나. 버선을 잘 신고 가거라' 하시기에 맨몸 맨발이면서도 '네. 샤쓰도 잘 닙고 버선도 잘 신엇스닛가 츱지는 안슴니다' 하고 속이고 나왓서요. 저는 그짓말장이가 되엿슴니다" 하고 창남이는 고개를 숙엿다.

"그러나 네가 그짓말을 하드래도 어머니께서 너의 벌거버슨 가슴과 버선 업시 맨발로 집신 신은 것을 보시고 아실 것 아니냐."

"아아 선생님…."

하는 창남이의 소리는 우는 소리갓치 썰렷다. 그러고 그의 숙으린 얼골에서 눈물방울이 뚝뚝 그의 집신 코에 써러젓다.

"저의 저의 어머니는 제가 여덜 살 되든 해에 눈이 멀으서서 보지를 못하고 사신답니다."

톄조 선생의 얼골에도 굵다란 눈물이 흘럿다. 와글와글하던 그 만흔 학생들이 자는 것갓치 고요하고 훌적훌적 훌적어리며 우는 소리만 여기서 저기서 조용히 들렷다.[30]

'눈물', 역시 방정환의 작품에는 '눈물'이 있다. 그리고 가진 것을 함께 나누는 이웃에 대한 사랑이 있다. 극한까지 내주는 사랑과 눈물. 행복한 왕자와 마찬가지다. 그러나 「만년 샤쓰」에 천사는 나타나지 않는다. 그저, "자는 것가치 고요하고 훌적훌적 훌적어리며 우는 소리만 여기서 저기서 조용히 들"릴 뿐이다. 식민지 조선에 사는 어린이들의 영혼의 구제를 갈구하는 기원의 눈물일까.

---

30 위의 책, 43~44쪽.

또한 주인공 창남은 행복한 왕자와 성냥팔이 소녀처럼 하늘의 부름을 받지 않는다. 자신이 맨몸이 될 때까지 가난한 사람, 병든 이웃에게 나누어주면서도 영하 20도 혹한의 서울의 어려움에 굴하지 않고 학교에 다니고 배운다. 이것이 현실의 조선 사람들의 극기심이자 생명력이며 방정환이 창작 작품으로 그리고 싶었던 리얼리즘이다. 이것은 현대 한국 문학작품에서 볼 수 있는 장렬한 리얼리즘과 통하는 것이 있다.

8. 나가며

한국 근대 아동문학의 기점에 위치하는 방정환은 일반적으로 한국 민족의 국경일인 5월 5일 어린이날을 만든 '한국 어린이의 아버지'이며, 어린이 인권운동의 선구자로 알려져 있다. 아울러 조선 최초의 본격적인 어린이 문예잡지 『어린이』를 창간, 이후에 다수의 동화, 동요 작가가 배출되는 토양을 만들었다는 점에서 어린이 운동(아동문화 운동)의 선구자로 알려져 있다.

한국 아동문학의 출발점을 알기 위해 가장 먼저 살펴보지 않으면 안 되는 방정환이지만, 그가 처음 출판한 단행본이 『사랑의 선물』이었다는 것은 매우 상징적이다. 『사랑의 선물』을 출판한 것은 1922년, 식민지 시대의 문화통치 시기이다. 1919년 독립운동에 참여한 방정환은 1920년에 도쿄에 유학, 도요東洋대학 근처 하숙집에서 이 책을 집필했다. 1920년대라고 하면 일본의 근대 아동문학, 동화·동요 문학의 전성기이다. 도쿄의 서점에는 아름다운 동화집과 아동문학 잡지가 넘쳐나던 시대이다. 방정환은 어떤 점에 감동하고 무엇이 조선에서 필요하다고 생각했던 것일까.

『사랑의 선물』은 세계 명작동화 번안집이다. 그 내용은 페로의 「재투성이(산드룡)」와 오스카 와일드 「행복한 왕자」이다. 또한 방정환이 창간한 조선 최초의 아동문예지 『어린이』 창간호에는 안데르센의 「성냥팔이 소녀」가 게재되었다. 이런 세계 명작동화의 공통점은 무엇일까. 방정환의 활동 초창기의 업적인 『사랑의 선물』과 『어린이』에는, 방정환 자신의 활동의 본질과 함께, 그곳을 기점으로 한국 아동문학의 핵심이 단적으로 나타나 있다고 할 수 있지 않을까. 즉, 어린이들에 대한 경의를 담아 '어린이'라고 부르며 사랑으로 그 인격을 존중했다는 본질이다.

독립된 인격을 인정하고 존중한다는 점에서 그의 어린이 운동(아동문화 운동)은 당시 시대 배경과 밀접하게 관계되어 있고 민족 운동 색채도 짙게 드러난다. 어린이의 독립된 인권을 존중하는 것은 조선의 독립된 민족성과 국권을 존중하는 기본이다. 또한 어린이에 대한 사랑과 아이들에게 주는 문학과 동요를 생각할 때, 가장 큰 사랑이 담겼고 소중히 해야 하는 것은 모국어이다. 이 글에서는 이 시대 조선에서의 모국어(조선어)와 국어(일본어) 문제, 식민지 어린이문화에 있어서 모국어와 국어의 문제는 다루지 않았지만, 방정환이 아동문예지 『어린이』 제목을 한자로 표기할 수 없는 조선 고유어를 선택하고 한글 표기한 점에 방정환의 모국어 의식을 읽을 수 있다. 그는 구연동화 작가로 알려져 있는데, 식민지 통치에 의한 엄격한 언어 통제하에서도, 구연동화는 반드시 조선어로 실시하며 열변을 토했던 것으로 알려져 있다.

한편, 방정환은 현재도 '한국의 안데르센'이라고 불리듯이, 그의 문학은 '감상적 동심천사주의'라거나 '눈물주의' 같은 말로 비판받기도 한다. 식민지였던 당시 시대 배경을 생각하면 분명 현실 생활은 눈물에 젖은 슬픔으로 가득 차 있었을 것이고, 실제로 그의 전기에는 구 체제의 붕괴와 혼란, 빈곤, 국가를 잃은 상실감 등 가혹한 현실 속에서 살아남은 일만이 적혀있다. 자칫 '동심 천사주의'라는 말에서 왠지 미적지근하고 안온한 이상주의적인 문학 같은 것을 상상하기 쉽겠지만, 그의 문학은 결코 그런 것이 아니고 물론 그 같은 환경에서 태어난 작품도 아니다.

한편, 방정환이 식민지 조선에서 빈곤과 온갖 슬픔, 고통을 겪으면서도, 예를 들면 동심의 시집으로 세계적인 고전인 스티븐슨의 『어린이 시의 정원』에서 「THE LAMPLIGHTER」를 골라 조선에서 처음으로 「어린이 노래」로 번안 소개했다는 점도 놓쳐서는 안 될 것이다. 방정환은 현실 세계가 고난으로 가득 차 있었기 때문에 오히려 이러한 동심 세계에 동경을 품게 되고 그 아름다운 세계에서 이상을 찾아나갔던 것이리라.

그러나 그 이상 세계라는 것은 서양 작가들처럼 현실 도피한 천국에서 찾고 있지 않다는 것을 지적해 두고 싶다. 방정환은 사랑의 나라의 이상을 천사나 천국에서 찾는 것이 아니라, 바로 이 현실의 지상에서 실현시키려 했다. 방정환은 이 세상을 이상 세계로 개벽하고 지상 천국의 실현을 기원하는 천도교도이며, 교주 손병희의 사위였다. 그의 아동문화 운동은 천도교의 교리에 근거한 사회 변혁 운동이었다고도 할 수 있는 것이다.

이런 방정환의 사회변혁에 대한 지향성은 창작동화 「만년 샤쓰」의 리얼리즘에서 읽을 수 있다. 여기에 그려진 빈곤 소년은 바로 소년 방정환의 모습이며, 극기심은 그의 현실이었을 것이다. 가난한 자들에 대한 사랑은 안데르센, 스티븐슨, 오스카 와일드 등 서양 작가의 기독교 정신과 같지만, 방정환은 천도교인이다. 천도교는 서학으로 불리는 기독교에 대항하는 조선 고유의 종교인 동학이 모태이다. 그 교리의 본질에 사랑이 있다는 것은 공통되어 있어도 동학 = 천도교는 신의 나라에서의 영혼의 구제가 아니라 바로 이 사회, 이 지상에서의 천국 건설을 지향하는 교단이다. 즉 현실적 사회변혁이 중요하다.

이 글에서 고찰했듯이, 방정환 활동의 핵심 부분에는 '사랑'이 넘쳤다. 어린이, 가난한 이들에 대한 기독교적인 사랑의 시선과 이웃 사랑, 나눔의 정신 그 자체이다. 그래서 안데르센, 스티븐슨, 오스카 와일드에 공감했다. 그러나 이처럼 조선에서 서학이라고 불린 기독교의 사랑과 공통되는 부분도 있고, 서학에 대해서 동학 = 천도교라는 교단의 조선 고유의 정신문화와 역학이 관계되어 있는 점도 놓쳐서는 안 될 것이다.

방정한의, '사랑'에 뿌리내린 민족주의와 사회 변혁 운동가로서의 측면을 깊이 고찰해 나감으로써 한국 아동문학의 특성을 보다 정확하게 이해할 수 있을 것이다.

참고문헌

1. 기본자료

방정환, 『사랑의 선물』 개벽사, 1922.7.7(初版).

______, 양상용 그림, 『만년샤쓰』, 보물창고, 2011.

______, 신형건 편, 『만년샤쓰』, 네버엔딩스토리, 2011.

______, 장성유 편 『방정환동화선집』, 서울 : 지식을 만드는 지식, 2013. 6 .

로버트 루이스 스티븐슨 · 타샤 튜더, 엄혜숙 역, 『타샤의 어린이 정원』, 월북, 2011.

2. 논문

박지영, 「방정환의 '천사동심주의'의 본질－잡지 『어린이』를 중심으로」, 『대동문화연구』 51, 성균관대 동아시아학술원 대동문화연구원, 2005.

염희경, 「소파 방정환 연구」, 인하대 박사학위논문, 2007.

______, 「숨은 방정환 찾기－방정환의 필명 논란을 중심으로」, 『아동청소년문학연구』 14, 한국아동청소년문학학회, 2014.6.

______, 「방정환의 번안시 「어린이노래－불 켜는 이」 연구－원작 로버트 루이스 스티븐슨의 「The Lamplighter」, 일본어 번역본 「點火夫」와의 비교 연구를 중심으로－」, 『동아시아문화연구』 61, 2015.

조은숙, 「번역시 〈어린이 노래 : 불켜는이〉(방정환 역, 1920)의 원작 〈The Lamplighter〉(로버트 루이스 스티븐슨, 1885)를 찾아서 다시 돌아보는 방정환이 꿈꾼 "모도가 다—가티 행복"한 세상」, 『봄에 만나는 방정환』(방정환연구소), 2015.3.27.

大竹聖美, 「두 사람의 소파(小波)－巖谷小波와 방정환－」, 서울국제아동문학관 『아동문학평론』 26-1호, 2001.3.

仲村修, 「方定煥研究序論－東京時代を中心に」, 『青丘學術論集』 14, 韓國文化研究振興財団, 1999年.

黃善英, 「交錯する童心－방정환と同時代日本人文學者における「子ども」」, 東大比較文學會, 『比較文學研究』 88, 2006年 10月.

李姃炫, 「방정환の兒童文學における翻譯童話をめぐって－『オリニ』誌と『サランエソンムル(愛の贈り物)』を中心に」, 大阪大學大學院言語文化研究科修士論文, 2004年.
＿＿＿, 「方定煥の翻譯童話研究－『サランエソンムル(사랑의 선물)』を中心に」 大阪大學大學院 言語文化研究科博士論文, 2008年.
＿＿＿, 「巖谷小波の「お伽噺」から方定煥の「近代童話」へ－方定煥の翻譯童話「妖術王アア」の比較考察」, 梅花女子大學大學院 兒童文學會, 『梅花兒童文學』 18, 2010～2011年.
金志映, 「方定煥と翻案童話「王子と燕」」, 日本比較文學會, 『比較文學』 54, 2011年
大竹聖美, 「方定煥研究－誕生から10歳まで・幼少期の生家と時代背景～評伝『小波・方定煥の生涯－愛の贈り物』を讀む～」, 『紀要』 18, 東京純心女子大學, 2014.
＿＿＿＿, 「方定煥と天道教－孫秉熙の三女との結婚まで～評伝『小波・方定煥の生涯－愛の贈り物』を讀む～」, 『紀要』 19, 東京純心女子大學, 2015.
＿＿＿＿, 「1919年前後の方定煥－〈小波(ソパ)〉の由來と３・１獨立運動～評伝『小波・方定煥の生涯－愛の贈り物』を讀む～」, 『紀要』 20, 東京純心大學, 2016.

3. 단행본

이재철, 『세계아동문학대사전』, 계몽사, 1989.
이상금, 『소파 방정환의 생애－사랑의 선물』, 한림출판사, 2005.
염희경, 『소파 방정환과 근대 아동문학』, 경진출판, 2014.

赤星仙太, 『子供の歌園』, 福音社書店, 1912年.
福原麟太郎・葛原滋, 『子供の詩』, 東光閣書店, 1922年.
よしだみどり 譯, 『子どもの詩の園』, 白石書店, 2000年.
間崎ルリ子 譯, 『ある子どもの詩の庭で』, 瑞雲舍, 2010年.
ないとうりえこ 譯, 『子どもの詩の園』, メディアファクトリー, 2014年.
毛利孝夫譯, 『ある子どもの詩の庭園』, 望林堂完譯文庫, 2014年.
大竹聖美, 『植民地朝鮮と兒童文化』, 社會評論社, 2008年.

제4장

“

학대받고, 짓밟히고,

차고, 어두운 속에서, 우리처럼, 또, 자라는 불상한

어린 령들을 위하여

”

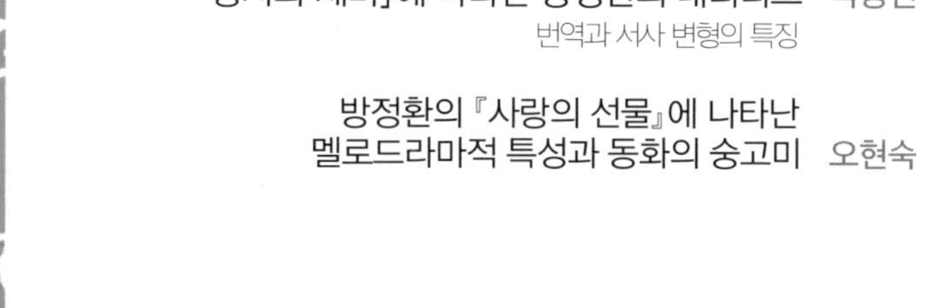

방정환의 『사랑의 선물』에 실린 그림 동화

「잠자는 왕녀」에 나타난 동화 모티프 연구

이성훈

1. 서론

〈그림 1〉 그림 동화 「잠자는 왕녀」

방정환(1899~1931)은 1922년 그의 나이 23세 때 세계명작동화집 『사랑의 선물』을 출판했다.[1] 이 동화 모음집에는 「란파션」, 「산드룡의 류리구두」, 「왕자와제비」, 「요슐왕아아」, 「한네레의죽음」, 「어린음악가」, 「잠자는 왕녀」, 「텬당가는길」, 「마음의꼿」, 「꼿속의작은이」 등 10편의 이야기가 담겨있다. 이 중에 이태리 이야기가 1편, 불란서 이야기가 2편, 영국 이야기가

1 방정환, 『사랑의 선물』, 개벽사, 1922; 이 글에서는 1928년 11판(版)을 참조했고, 인용문을 그 당시 기술된 한글로 적음.

1편, 시시리아 이야기가 1편, 독일 이야기가 3편, 미상 이야기가 1편, 정말(덴마크) 이야기가 1편이다. 방정환은 10편의 세계명작들을 우리말로 번역하여 1권의 책으로 완성한 것이다.

방정환은 그림 동화 「가시장미공주」(1857)[2]를 번역하여 『사랑의 선물』에 여섯 번째로 「잠자는 왕녀」라는 제목으로 실었다. 방정환은 그림 동화 「가시장미공주」를 번역하여 자신의 명작동화집에 실었지만, 제목은 페로 동화 「숲속에 잠자는 아름다운 공주」(1696)[3]에서 가져왔다. 이후 그림 동화 「가시장미공주」는 한국에서 「숲속에 잠자는 아름다운 공주」로 번역되어 전파되는 현상이 나타났다. 「잠자는 왕녀」는 방정환이 한국에 소개한 이후 가장 인기 있는 명작동화 중 한 편이 되었다.

이정현은 「방정환의 그림동화 번역본에 관한 연구－「잠자는 왕녀」와 「텬당가는길」을 중심으로」[4]라는 논문에서 방정환의 『사랑의 선물』에 실린 두 편의 그림 동화를 나카지마 코토中島孤島가 1916년 일본어로 번역한 그림 동화의 스토리와 삽화를 옮겨서 번역한 점을 들어 나카지마 번역을 방정환 번역의 저본으로 주장했다.

김미정과 임재택은 공동으로 「소파 방정환에 의해 재창조된 번안 동화의 작품세계－『사랑의 선물』을 중심으로」[5]라는 논문에서 방정환이

---

2 Brüder Grimm, *Kinder－und Hausmärchen*, Wissenschaftliche Buchgesellschaft Darmstadt, 1978, S.281～284; 그림 형제(형 야콥 그림(1785～1863)과 동생 빌헬름 그림(1786～1859))은 1812년(제1부)과 1815년(제2부)에 그들이 수집한 동화들을 『아동과 가정 동화』라는 제목으로 처음 출판했고, 이후 1819년, 1837년, 1840년, 1843년, 1850년에 수정 개정판을 거쳐 마침내 1857년 최종판에 50번째 이야기로 「가시장미공주」를 실었음.

3 이성훈, 『동화의 이해』, 건국대 출판부, 2003, 20쪽.

4 이정현, 「방정환의 그림동화 번역본에 관한 연구－「잠자는 왕녀」와 「텬당가는길」을 중심으로－」, 『어린이문학연구』 9-1, 2008, 225～249쪽.

세계명작동화의 번안을 통해 외국 동화가 문학 텍스트로서의 문학적 · 심리적 가치를 아동에게 그대로 전달하는 동시에 유교 전통을 극복하고 우리나라 현실에 맞게 아동 존중 사상을 표현한 문화 변용의 주체라는 점을 강조했다.

최윤정은 「방정환의 『사랑의 선물』 광고 전략에 나타난 근대 동화童話 기획 연구－「어린이」 수록 광고를 중심으로」[6]라는 논문에서 방정환의 『사랑의 선물』이 근대 베스트셀러가 되었던 요인 중에서 책의 광고 전략에 주목하여 '동화童話'라는 장르를 소개하고 보급하고자 했던 작가의 근대 동화 기획에 대해 맥과이어의 커뮤니케이션 이론을 적용하여 분석했다.

이러한 연구자들과는 다르게 이 글에서는 방정환의 『사랑의 선물』에 실린 10편의 작품 중에서 그림 동화 「가시장미공주」를 「잠자는 왕녀」로 번역한 작품을 선택하여 동화이론의 한 분야인 3가지 동화 모티프, 곧 "성적 · 색정적인 모티프"로서 '아이를 낳기 위한 소망', "초월적 · 마법적인 모티프"로서 '요정과의 만남과 대화' 그리고 "단순한 공동의 모티프"로서 '구애求愛와 결혼'을 중심으로 분석하고자 한다.[7] 그 이유는 방정환의 「잠자는 왕녀」를 동화 이론에 맞춘 텍스트 분석이 거의 시도되지 않았기 때문이다.

---

5 김미정 · 임재택, 「소파 방정환에 의해 재창조된 번안 동화의 작품세계－『사랑의 선물』을 중심으로－」, 『어린이문학연구』 11-2, 2010, 47～66쪽.

6 최윤정, 「방정환의 『사랑의 선물』 광고 전략에 나타난 근대 동화(童話) 기획 연구－「어린이」 수록 광고를 중심으로」, 『한국아동문학연구』 25, 2013, 239～270쪽.

7 Max Lüthi, *Das europäische Volksmärchen*, Francke Verlag Bern, 1947, S.63～65.

2. 아이를 낳기 위한 소망

그림 형제가 19세기 초에 나폴레옹의 지배하에 있던 독일 사람들에게 민족 이념을 일깨우기 위해 동화 모음집 『아동과 가정 동화』를 출판했다면, 방정환은 20세기 초에 일제의 지배하에 있던 한국 어린이들에게 동정과 사랑을 주기 위해 세계명작동화집 『사랑의 선물』을 출판했다.

> 학대밧고, 짓밟히고, 차고, 어두운 속에서 우리처럼, 또 자라는, 불상한 어린령들을 위하야, 그윽히, 동정하고아씨는, 사랑의 첫선물로, 나는, 이 책을 짜엇습니다.[8]

위의 서문처럼 방정환은 나라 잃고 학대받고 짓밟히고 춥고 어두운 시대에 자라나는 어린아이들을 불쌍히 여기고 동정하여 세계명작동화 10편을 사랑의 선물로 준 것이다. 그가 "우리나라 최초의 번안 동화집"[9] 이라는 『사랑의 선물』을 동시대 어린아이들에게 선물함으로써 암울한 시대에 새로운 삶의 의욕과 희망, 꿈과 비전을 제시하고 시도했다는 점이 큰 의미가 있다고 하겠다.

또한, 수집의 천재인 그림 형제가 전해들은 이야기들을 그대로 수집하여 1812년에 우선 86편의 동화를 『아동과 가정 동화』 제1부에 수록했고, 1815년에 70편의 동화를 제2부에 수록하여 출판한 후, 아이들의

---

8 방정환, 「서문」, 『사랑의 선물』(11판), 개벽사, 1928.
9 이재철, 「남북아동문학연구」, 박이정, 2007, 87쪽.

눈높이에 맞춰 수정・보완하여 1857년 최종판에서 200편의 동화와 10편의 성담을 출판했다면, 방정환은 1922년에 10편의 유럽 명작들을 아이들의 눈높이와 풍토에 맞춰 번역하여 출판하였다. 따라서 방정환은 고전적 아동문학인 그림 동화를 일본어 저본 "『모한카테이분코模範家庭文庫』 시리즈 제3권 『그리므오또기바나시グリム御伽噺』(1916)의 일곱 번째 작품 「잠자는 왕녀」를 골라 번역"[10]하였고, 한국 실정과 아이들의 형편에 알맞게 개작하였으며, 이를 통해 한국 아동문학의 출발점이 되었다.

〈그림 2〉 그림 형제

이미 서론 부분에서 언급했듯이 뤼티는 동화 모티프들을 크게 3가지 부류로 구분했는데, 먼저 언급할 수 있는 동화 모티프는 '성적・색정적인 모티프'로서 "중매, 결혼, 부부관계, 아이를 낳기 위한 소망"[11] 등이다. 그림 동화에서 이러한 성적・색정적 모티프들은 다른 유럽의 동화들에 비해 약화되었다. 그 원인은 『아동과 가정 동화』가 처음으로 출판되었을 때, 성인보다는 읽을거리가 없던 아동들이 많이 읽었기 때문이다. 그래서 빌헬름 그림은 후기 출판에서 아동들을 위해 동화의 성적・색정적 내용을 수정하였고, 아동을 위해 부적당한 표현을 삭제하였으며, 아동을 위한 도덕적인 이야기들로 가공하였다.[12]

10 이정현, 앞의 글, 227쪽.

11 Max Lüthi, a.a.O.

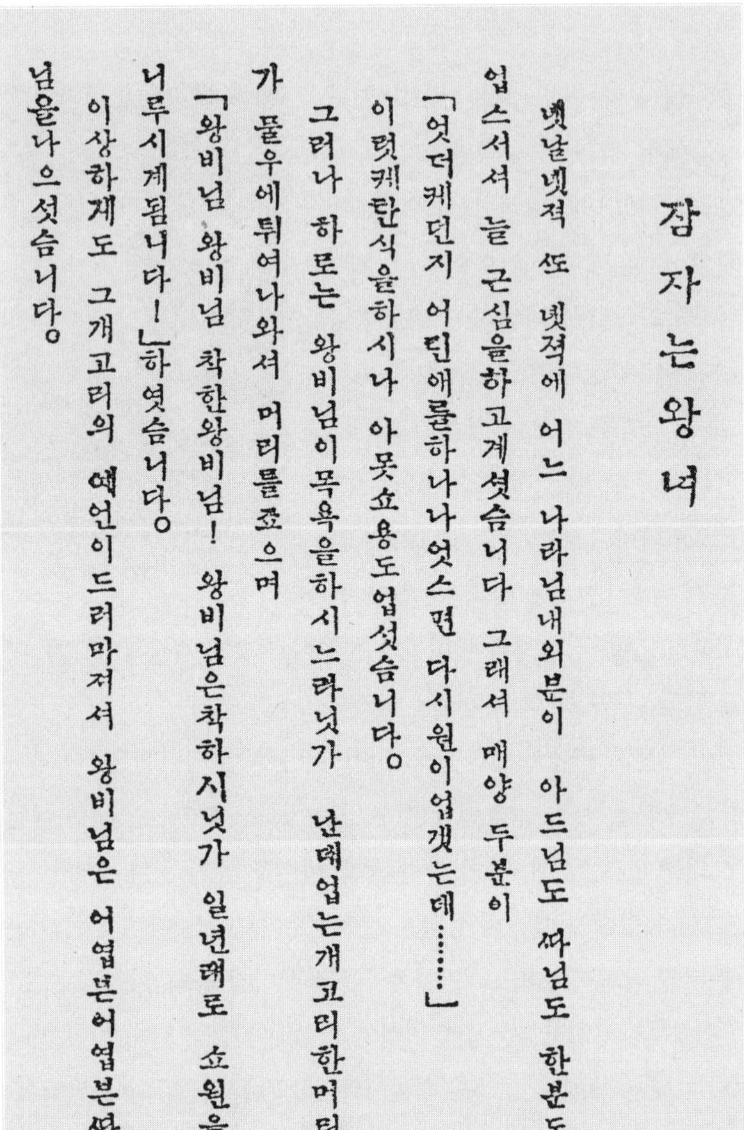

잠자는왕녀

녯날녯적 ᄯᅩ 녯적에 어느 나라님내외분이 아드님도 ᄯᅡ님도 한분도 업스서서 늘 근심을하고계셧습니다 그래서 매양 두분이

「엇더케던지 어린애를하나나엇스면 다시원이업갯는데……」

이럿케탄식을하시나 아못쇼용도업섯습니다。

그러나 하로는 왕비님이목욕을하시느라닛가 난데업는개고리한머리가 풀우에뛰여나와서 머리를죠으며

「왕비님 왕비님 착한왕비님! 왕비님은착하시닛가 일년대로 쇼원을니루시게됨니다!」하엿습니다。

이상하게도 그개고리의 예언이드러마저서 왕비님은 어엽븐어엽븐ᄯᅡ님을나으섯습니다。

〈그림 3〉『사랑의 선물』 수록 「잠자는 왕녀」

12 이성훈, 앞의 책, 96쪽.

방정환도 「잠자는 왕녀」의 동화 서문을 다음과 같이 시작한다.

넷날넷적 쏘 넷적에 어느 나라님내외분이 아드님도 짜님도 한분도 업스서셔 늘 근심을하고계셧슴니다ㅊㅊ 그래셔 매양 두분이 "엇더케던지 어린애를하나나엇스면 다시원이업갯는데……" 이엇케탄식을하시나 아못쇼용도업셧슴니다.[13]

옛날에 한 왕과 왕비가 있었는데, 그들은 매일 '아, 우리가 한 아이를 갖는다면, 얼마나 좋을까!'라고 말했지만, 여전히 어떤 아이도 얻지 못했습니다.[14]

프로프가 "동화는 일반적으로 일정한 출발 상황으로 시작된다"[15]라고 주장하듯이, 「잠자는 왕녀」의 동화서두문도 동화 모티프의 하나인 '아이를 낳기 위한 소망'으로 시작된다. 이러한 출발 상황은 어떤 기능을 묘사하는 것은 아니지만, 동화의 형태적 구성요소로서 매우 중요하다. 여기서 가족 구성원들이 열거되거나, 미래의 주인공에 대한 소개 및 주인공의 처지가 묘사되는 것이다.[16] 따라서 「잠자는 왕녀」의 서두문에서도 가족 구성원인 '나라님내외분'이 소개되며, 그들이 처한 아이가 없음에 대한 탄식과 아이를 낳기 위한 소원이 서술되고 있다.

---

13 방정환, 앞의 책, 129쪽.

14 Brüder Grimm, a.a.O., S.281; 이후 「잠자는 왕녀」의 인용문에 해당하는 내용의 독일어 원문을 번역하여 본문에 제시함.

15 Vladimir Propp, *Morphologie des Märchens*, Suhrkamp München, 1975, S.31.

16 이성훈, 앞의 책, 52쪽.

'아이를 낳기 위한 소망'의 동화 모티프는 얼마 지나지 않아 실현되는데, 그 실현의 주체가 '나라님내외분'의 성적 결합에 의한 한 아이의 탄생이 아니라 '개고리'의 예언에 의해 실현된다.

> 그러나 하로는 왕비님이 목욕을 하시느라닛가 난대업는 개고리 한 머리가 물 우에 튀여나와서 머리를 죠으며 "왕비님 왕비님 착한 왕비님! 왕비님은 착하시닛가 일 년 래로 쇼원을 니루시계 됩니다!" 하엿습니다. 이상하게도 그 개고리의 예언이 드러마져셔 왕비님은 어엽븐 싸님을 나으섯습니다.[17]

> 한번은 왕비가 목욕탕에 앉아 있었을 때, 개구리 한 마리가 물에서 땅으로 기어 나와 왕비에게 '당신의 소원이 이루어질 거예요. 일 년이 지나기 전에 당신은 한 명의 딸을 낳게 될 거예요'라고 말하는 일이 일어났습니다. 개구리가 말했던 예언이 이루어졌고, 왕비는 계집아이를 낳았습니다.[18]

그림 형제는 마르부르크 대학시절에 법학자 사빙니(1779~1861) 교수의 소개로 동시대 낭만주의 작가 브렌타노(1778~1842)와 아르님(1781~1831)을 알게 되었고, 이들의 재촉에 의해 전래동화들을 수집하였으며, 1810년에 첫 동화 모음집을 브렌타노에게 보냈다. 하지만 그 첫 번째 동화 원고는 브렌타노의 계획에 이용되지 못했고, 잊힌 채 나중에 엘사스 지방의 욀렌베르크 수도원에서 발견되는데, 이것이 그림 동화의 『욀렌베르크의 사본』이다.[19] 이 『욀렌베르크의 사본』에서는 「가시장

17 방정환, 앞의 책, 129쪽.
18 Brüder Grimm, a.a.O..

미공주」 동화를 다음과 같이 시작한다.

> 왕과 왕비는 아직 어떤 아이도 얻지 못했습니다. 어느 날 왕비가 목욕탕에서 목욕하고 있을 때 한 마리 가재가 물에서 기어 나와서 "당신은 곧 한 딸을 얻게 될 것이오"라고 말했습니다. 그 일은 그대로 이루어졌습니다.[20]

위의 인용문에서 '한 딸을 낳게 될 것'이라고 예언한 동물은 '개고리'가 아니라 '가재'이다. 이 '가재'를 뢸레케는 그림 형제가 페로 동화 「숲 속에 잠자는 아름다운 공주」에서 차용한 게 아니라 1698년 도느와 부인의 『숲속에 암사슴』에 나오는 동물에서 도입한 것이라고 주장한다.[21] 도느와 부인은 1697년에서 1789년 사이에 프랑스를 대표하는 요정동화 작가들 레리티에, 빌뇌브, 보몽 등과 더불어 살롱에서 활동했으며, 우아하고 고상한 담화예술을 동화에 접목한 프랑스 요정동화를 독일 동화에 전한 여류작가이다. 따라서 그림 형제의 「가시장미공주」 동화는 17세기 후반의 프랑스 요정동화의 영향을 받아 19세기 초 시대적 · 사회적 취향에 따라 독일적 분위기로 가공된 작품이라고 할 수 있다.

빌헬름 그림이 『욀렌베르크의 사본』에 등장하는 '가재'를 『아동과

---

19 이성훈, 앞의 책, 18쪽. 브렌타노와 아르님은 민속 작가로서 전해 내려오는 독일 민요들을 문헌으로 정리하는 계획을 추진하고 있었고, 민속학에 관심이 많았던 그림 형제가 그들의 계획에 참여하여 전래동화를 수집하여 브렌타노에게 보냈지만, 그들은 그림 형제의 동화 모음집을 배제한 채 독일 민요만을 수집하여 『소년의 마술피리』(1806 : 1권, 1808 : 2～3권)로 출판함.

20 위의 책, 24쪽.

21 Heinz Rölleke, *Die Stellung des Dornröschenmärchens zum Mythos und zur Heldensage*, in : Antiker Mythos in unseren Märchen, Hrsg. von W. Siegmund, im Erich Röthverlag Kassel, 1984, S.131.

가정 동화』에서 '개구리'로 변화시킨 이유를 뢸레케는 '개구리'가 갓난 아이를 데려온다는 "황새"와 결합되어 있고, "출생 예언자"로서 '개구리'가 '가재'보다 훨씬 유용하기 때문이라고 주장한다.[22] 하지만 가재든 개구리든 두꺼비든 물고기든 간에 물과 결합된 동물들은 인간의 출생과 관계가 있다. 사람은 태어나기 전에 먼저 영혼이 물속에 머물고, 죽은 후에도 다시 물속으로 되돌아간다고 믿는다. 그렇게 인간은 10개월 동안 어머니의 뱃속 양수에서 자라난다.

따라서 「잠자는 왕녀」의 서문에서 '개고리'는 출생을 예언하는 상징적 동물로서 등장하며, 왕비에게 '어엽븐 짜님을' 낳을 거라는 예언을 말한 후에는 더 이상 나타나지 않는다. '잠자는 왕녀'의 탄생을 예언한 '개고리'는 사람과 말을 하는 초자연적인 능력을 소유한 동화의 전형적인 조력자이다. 이러한 '개고리'의 예언은 왕비의 잉태와 관계되는 하나의 '금기'로서 작용하여 훗날 '열셋재 요술 로파'[23]의 저주에 의한 죽음의 명령과 결합한다.

그러므로 「잠자는 왕녀」에 나타나는 성적·색정적인 동화 모티프로서 '아이를 낳기 위한 소망'은 조력자 '개고리'에 의해 왕비에게 실현되며, 정해진 동화 줄거리의 전개를 위해 '어엽븐 짜님'이 동화 주인공으로서 마침내 등장한다.

---

22 Heinz Rölleke, ebd..

23 방정환, 앞의 책, 131쪽.

3. 요정과의 만남과 대화

뤼티는 초월적이고 마법적인 모티프들로서 "다시 돌아온 죽은 자들과 저승의 동물들, 용龍과 온갖 종류의 우화寓話의 동물들, 요정과 요괴, 거인과 난쟁이 등과의 만남과 대화, 저주받은 자의 구원, 멀리 떨어진 조력자의 소환" 등을 언급한다.[24]

「잠자는 왕녀」 동화에서 초월적·마법적 동화 모티프로서 '요정과의 만남과 대화'는 열세 명의 '요슐할멈'과 '갓난 왕녀 아기'와의 만남으로 시작된다.

> 그쩍 이 나라에는 요슐할멈이 열두 사람이엿스닛가 열두 사람을 모다 불럿스나 실상은 그 외에 요슐할멈이 또 하나 사람 모르는 곳에 잇섯습니다 쳥대를 밧아온 열두 요슐할멈은 열두 황금그릇에 훌륭한 잔채 료리를 먹엇습니다 그리고 잔채가 씃난 후에 열두 요슐할멈은 이 갓난 왕녀 아기에게 각긔 죠흔 선물을 하나씩 드리기로 하야 쳣재 요슐할멈은 "나는 이아기를 세상에 데일 어엽븐 색시가 되도록 하겟다" 하엿습니다. (…중략…) 그리고 맨씃헤 열두ㅅ재 할멈이 말을 하려난대 어대션지 오늘 이 자리애 참례안이하엿던 열셋재 요슐 로파가 튀여나와셔 "이 애가 커셔 열다섯 살 되는 해에 실 쏍는 쑤리에 찔녀 죽으리라!" 하고는 그냥 휙 — 가바렷습니다.[25]

---

24 Max Lüthi, a.a.O..

25 방정환, 앞의 책, 130～131쪽.

그의 나라에는 열세 명의 요정들이 있었습니다. 하지만 왕은 단지 요정들을 위한 열두 개의 황금 접시들을 가지고 있었기 때문에, 그들 중에 한 요정은 집에 있어야만 했습니다. 축하 파티는 화려하게 거행되었고, 파티가 끝났을 때, 요정들은 공주에게 그들의 경이로운 선물들을 주었습니다. 한 요정은 용기를, (…중략…) 갑자기 열세 번째 요정이 들어왔습니다. 그녀는 초대받지 못한 것에 대해 복수하려고 했으며, 아무에게도 인사하거나 단지 쳐다보지도 않고, 큰 소리로 "공주는 열다섯 살 때 물렛가락에 찔려 죽고야 말 것이다"라고 외쳤습니다.[26]

일반적으로 동화에서 '요술할멈'은 초현실적 존재로서 인간의 희로애락을 주관하는 마법적 인물이다. 「잠자는 왕녀」 동화에서는 열세 명의 '요술할멈'들이 등장한다. 그중에서 '열셋재 요술 로파'는 '청대를' 받지 못해 집에 머물게 되는데, 그 저의底意는 바로 양력과 음력 사이에 문제를 비유로 묘사한 것이다. 즉, 음력의 열세 개 달이 양력의 열두 개 달로 바뀐 과정을 '요술할멈'의 비유를 통해 암시한 것이다. 따라서 '열셋재 요술 로파'는 잊힌 열세 번째 달의 인격화이며, 음력에서 양력으로 넘어가는 과도기를 비유적으로 묘사한 것이다. 더욱이 '열두 황금 그릇'은 비더마이어적 특징으로서 그 당시 시민들의 혼수가 무조건적으로 열두 개의 식기로 이루어진 풍습을 그림 형제가 작품에 도입한 것이다.

무엇보다도 방정환은 '갓난 왕녀 아기'에게 '청대를 밧아 온 열두 요술할멈'의 탄생 축하 선물을 그림 형제의 원본보다 더 다양하게 제시한다.

26 Brüder Grimm, a.a.O..

방정환	그림 형제
첫재 요술할멈은 "나는 이 아기를 세상에 데일 어엽븐 색시가 되도록 하겟다" 하엿슴니다. 둘재 요술할멈은 "나는 데일 지혜가 만흔 색시가 되도록 하겟다" 하엿슴니다. 셋재 할멈은 "나는 이 아기가 세상에 데일 복 만흔 색시가 되도록 하겟다" 하엿슴니다. 넷재는 "나는 세상애셔 무도를 데일 잘 하는 색시가 되도록 하겟다" 하엿슴니다. 다섯재는 "나는 쇠소리 갓흔 목쇼리를 드려셔 세상애 데일 노래를 잘 하는 색시가 되도록 하겟다" 하엿슴니다. 이럿케 차레차레 열한재 요술할멈까지 모도 죠흔 것을 드리엿슴니다.	한 요정은 용기를, 다른 요정은 아름다움을, 세 번째 요정은 부(富)를, 그리고 그렇게 세상에서 원할 수 있는 모든 것을 주었습니다. 열한 번째 요정이 축복의 주문을 막 끝마쳤을 때,

위의 표처럼 방정환은 그림 동화에서 명기되지 않은 '지혜', '복', '무도', '목소리' 등을 언급함으로써 단순한 번역의 영역을 뛰어넘는 "개작한 번안 활동"[27]을 한 것이다. 방정환은 "외래문화에 대한 주체적 수용"[28]에 따른 개작을 통해 동시대 어린이들에게 '어여쁨'과 '지혜'와 '복'을 첫 번째 두 번째 세 번째 덕목으로 서술하며, 더불어 춤과 노래를 잘하는 탤런트적 예능藝能을 강조했다.

화려하고 즐거운 축제 속에서 갑자기 나타난 '열셋재 요술 로파'의 등장은 극적인 발단을 의미하며, 독자로 하여금 감정의 격앙을 불러일으킨다. 더욱이 '열셋재 요술 로파'가 "이 애가 커셔 열다섯 살 되는 해에 실 쏍는 쑤리에 찔녀 죽으리라!"[29]라는 죽음의 저주를 내뱉는 순간에 독자들은 마음을 졸이면서 누가 도와주지 않을까 하는 기대 심리에 젖게 된다. 그때 축하의 메시지가 남아있던 '열두人재 요술할멈'이 들어와서 죽음의 저주를 백 년의 깊은 잠으로 바꿔놓는다. 즉, '열셋재 요술 로파'에 의한 죽음의 저주를 백 년 동안의 마법의 잠으로 경감시켜 놓은 것이다. 만약 '왕녀애기'에 대한 '열셋재 요술 로파'의 저주가 그냥 죽음으로

27 김미정 · 임재택, 앞의 글, 48쪽.
28 위의 글, 57쪽.
29 방정환, 앞의 책, 131쪽.

끝난다면, 이 작품은 동화에 대한 어떤 의미도 찾을 수 없는 무가치한 작품이며, 그 당시 "2만 부 이상 팔렸던 베스트셀러"[30]가 되지 못했을 뿐만 아니라 유토피아적 희망을 전할 수 없는 동화라 할 것이다. 그래서 「잠자는 왕녀」의 동화 줄거리는 '열두人재 요슐할멈'을 통해 '백 년 동안 잠'이라는 동화적 · 초현실적 모티프로 이야기를 이끈다.

> 그럿케 점점 올라가셔 맨—위 쏩으라진 마즈막 층계를 도라 올나가닛가 죠그만 방이 잇고 그 문잘이는 녹이 쌀갓케 실어 잇섯슴니다 왕녀는 그 문을 여닛가 그 방 쇽에셔 웬 로파가 실을 쎕고 잇섯슴니다 (…중략…) "그런데 그럿케 실이 쇽하게 감기는 것은 무엇임닛가" 하면셔 쑤리를 들고 실을 쎕으려 하닛가 그 쑤리를 만치자마쟈 그 불길한 예언이 마져셔 왕녀는 그 엽헤 잇던 침대 우에 쓰러져 그냥 잠이 들어바렷슴니다.[31]

> 공주는 좁은 나선형 층계를 올라갔고, 한 작은 문에 도달했습니다. 자물쇠에 하나의 녹슨 열쇠가 꽂혀 있었고, 공주가 돌리자 문이 열렸으며, 거기 작은 방안에 한 늙은 노파가 물렛가락을 가지고 앉아 있었고, 민첩하게 아마를 짜고 있었습니다. (…중략…) '그렇게 재미있게 이리저리 왔다 갔다 하는 그 물건은 무엇인가요?' 라고 공주는 말했고, 그 물렛가락을 잡았으며 또한 짜려고 했습니다. 그러나 공주가 물렛가락에 손을 대자마자, 주문이 실현되었고, 공주는 물렛가락에 손가락이 찔렸습니다. 공주가 찔림을 느꼈던 순간에, 거기 놓여 있던 침대 위로 쓰러졌고, 깊은 잠에 빠졌습니다.[32]

---

30 최윤정, 앞의 글, 240쪽.

31 방정환, 앞의 책, 133~134쪽.

위의 인용문에서는 초월적이고 마법적인 모티프로서의 왕녀와 '열셋재 요슐 로파'의 만남과 대화가 나타난다. 또한 그 대화를 직접화법으로 서술함으로써 독자에게 줄거리에 몰입하게 하는 효과가 있다. 왕녀가 열다섯 살의 생일날 혼자 성에 남아 있었을 때, "동화의 주인공은 본질적으로 방랑자이다"[33]라는 뤼티의 말처럼, 여기저기를 방랑하고, 마침내 '쏩으라진 마즈막 층계'를 올라가서 성의 높은 탑에 있는 '죠그만 방'으로 들어간다. 그곳에 '실을 쎕는 로파'가 있다. 그녀는 왕녀가 갓난아기였을 때 저주의 말을 내뱉고 도망치듯 사라진 '열셋재 요슐 로파'이고, 15년 만에 다시 '실을 쎕는 로파'로 변장하여 왕녀 앞에 등장한 것이다.

무엇보다도 저주를 실현시키는 동화의 소도구는 '실꾸리'이며, 이러한 '실꾸리'는 동화의 독특한 현세의 주어진 물건에 속한다. 동화에서 이러한 주어진 물건은 모험적인 줄거리 상황에 알맞게 단지 한 번 사용되며, 주인공의 일상생활에서 늘 가까이 볼 수 있는 것이 아니라, 오히려 격리되어 머문다.

더욱이 '나라님'은 그의 딸이 '실꾸리'에 찔리지 않게 하기 위해 모든 '실꾸리'들을 불태우라고 "전국에 령을"[34] 내린다. 하지만 오히려 왕녀는 격리되어 있는 동화의 소도구에 호기심을 갖게 되고, 열다섯 살 때 생전 처음 보는 신기한 '실꾸리'에 찔리게 된다. 그래서 왕녀는 백 년 동안의 잠에 빠진다. 즉 '실꾸리'에 찔려 백 년 동안의 깊은 잠에 빠질 것이라는 저주가 실현된 것이다.

---

32 Brüder Grimm, a.a.O., S.282.

33 Max Lüthi, a.a.O., S.29.

34 방정환, 앞의 책, 132쪽.

왕녀가 깊은 잠에 빠지자, 대궐 안에 있는 "나라님도 왕비도"[35] 모든 사람과 짐승들, 심지어 무생물들까지도 마법의 잠에 빠지고, 대궐을 빙 둘러싼 "가시덩굴"[36]이 자라나서 그 대궐 전체를 덮는다. 뤼티가 "동화는 소규모로 하나의 우주이다"[37]라고 주장했듯이, 인간과 동물과 식물 그리고 사물의 삼라만상이 어우러진 동화의 세계가 여기에서 묘사되며, '가시덩굴'에 의해 격리된 동화의 나라가 대궐 밖의 세계와 구별되어 서술된다. 즉 왕녀가 살고 있던 대궐은 그녀에게 낙원이자 동시에 교도소이며, 그 대궐을 감싸고 있는 '가시덩굴'은 죽음과 부활의 양면성을 표현한 것이다.

4. 구애와 결혼

뤼티는 동화의 '단순한 공동의 모티프'로서 "구애, 결혼, 가난, 고아가 됨, 홀아비(또는 과부)가 됨, 자식 없음, 아이를 내버림, 형제의 불화, 형제자매의 의리, 친구의 의리, 하인의 의리"[38] 등을 주장한다. 이러한 세속적 모티프들이 인간과 인간 사이, 인간과 동물 사이에서의 관계를 보여주며, 정확한 줄거리의 진행을 성취하기 위한 요소로서 동화에서 승화되어 나타난다. 그럼 동화에서 이러한 세속적인 모티프들 가운데

35 위의 책, 134쪽.
36 위의 책.
37 Max Lüthi, a.a.O., S.9.
38 Max Lüthi, ebd..

서 '구애와 결혼'은 다른 유럽의 동화들에 비해 약화되어 표현되었다. 아동들을 위해 빌헬름 그림이 '구애와 결혼'의 세속적 모티프를 수정하였고, 아동의 눈높이에 맞춰 부적당한 표현을 삭제하였으며, 아동을 위한 도덕적인 이야기들로 가공했기 때문이다.

예를 들면, 「개구리 왕자」 동화에서는 나중에 결혼하게 되고, 그래서 이미 사춘기에 도달했거나 지났어야만 했을 왕의 막내 공주가 귀엽고, 공을 가지고 노는 아이로 가공되었다. 「신데렐라」 동화에서는 진짜 주인공을 확인하는 신발 증명시험에서 이미 '구애와 결혼'의 모티프가 숨겨져 있음에도 불구하고, 어떤 에로틱한 느낌을 감지할 수 없다. 비록 동화 속에 '구애와 결혼'의 에로틱한 장면들이 남아 있을지라도, 그러한 장면들에서 더 이상 에로틱한 감정들을 느끼지 못하며, 오히려 원래의 '구애와 결혼'의 모티프가 승화되어 교훈적으로 표현되고 있다.[39]

「잠자는 왕녀」에서도 '구애와 결혼'의 모티프는 '열셋재 요슐 로파'의 마법의 저주로부터 왕자에 의해 구원되는 장면에서 승화되어 묘사된다. 곧 백 년이란 세월의 흐름은 직접적으로 느낄 수 없지만, 시간 경과에 대한 의미가 희석된 가운데 '어엽분 왕쟈님'이 나타나 실현되는 것이다.

> 맛침 오늘이 백 년 되는 날이엿습니다. 귀하고 어엽븐 왕녀의 잠이 깨일날 날이엿습니다. 그렇케 가시가 만코 험하든 덩쿨이 이 어엽분 왕쟈님의 손이 다으닛가 금시에 향긔롭고 아름다운 꼿덩쿨이이 되엿습니다. 그리고 왕자님더러 어셔 드러오시라는 것갓치 그 압해 드러가는 문이 방긋이 열녓습니다. (…중략…) 왕자는 감안감안히 그 엽흐로 가셔 허리를 굽

39 이성훈, 앞의 책, 96쪽.

히고 그 곱게 잠든 텬사 갓흔 얼골을 고요—히 드려다 보다가 그 쏫갓치 붉고 어엽븐 입셜에 입을 맛추엇습니다. 그러닛가 왕녀가 눈을 쎳습니다! 백 년 동안 자든 잠이 쌔엿습니다. 그리고 서늘하고 정다운 눈을 번젹 쓰고 왕자를 보고는 방긋 우섯습니다.[40]

이제 바로 백 년이 흘러갔고, 가시장미공주가 다시 깨어나야만 하는 그 날이 왔습니다. 왕자가 가시나무울타리에 가까이 왔을 때, 거기엔 오직 커다랗고 아름다운 꽃들만이 있었습니다. 꽃들은 저절로 분리되었고, 왕자를 상처하나 입히지 않고 통과시켰으며, (…중략…) 왕자는 눈을 다른 데로 돌릴 수가 없었으며, 몸을 구부려 공주에게 키스했습니다. 왕자의 키스가 공주에게 닿았을 때, 가시장미공주는 눈을 뜨고 깨어났으며, 왕자를 아주 다정하게 바라보았습니다.[41]

백 년이란 저주의 시간 후에 도달하는 구원의 순간이 전래동화의 일반적인 도식인 '억압－구원－행복'과 일치한다. 또한 동화의 유토피아적 특징인 행복한 결말이 드디어 '어엽분 왕쟈'와 '어엽분 왕녀'의 사랑에 의해 성취된다. 마치 만물이 소생하는 봄에 꽁꽁 얼어붙은 겨울의 기나긴 겨울잠에서 깨어나는 자연의 섭리처럼, 경직된 '가시가 만코 험하든 덩쿨'들이 '향긔롭고 아름다운 쏫덩쿨'들로 변화되며, '어엽분 왕쟈'의 사랑의 첫 키스에 의해 '어엽분 왕녀'는 죽음의 잠에서 부활하게 된다. 영원히 되풀이되는 자연의 현상과 더불어 시간과 공간을 초월한

40 방정환, 앞의 책, 136～138쪽.
41 Brüder Grimm, a.a.O., S.283～284.

죽음의 잠과 부활의 구원이라는 양면성이 '왕자'와 '왕녀'의 사랑 속에서 하나로 통일되는 것이다. 곧 사랑의 표시인 키스에 의한 구원이 마침내 '왕녀'와 '왕자'의 성대한 결혼식으로 유토피아적 결실을 맺는다.

> 이럿케 백 년의 잠은 깨이고 세상에셔 데일 어엽브고 착한 왕녀와 데일 어엽브고 쾌활한 왕자님과 성ᄃᆡ하게 혼인을 하엿슴니다[42]

> 그러고 나서 가시장미공주와 왕자의 결혼식이 화려하게 거행되었고,[43]

이제 세상에서 가장 '어엽브고 착한 왕녀와 어엽브고 쾌활한 왕자'는 '성ᄃᆡ한 혼인'을 통해 그들의 남은 생애를 만족하게 보낸다. "결혼은 단지 모험적인 줄거리 선상의 끝나는 점이다"[44]라는 뤼티의 말처럼, '왕녀'와 '왕자'의 결혼도 단지 이 이야기의 끝맺음을 위한 행복한 결말 이외에 아무것도 아니다. 즉, 혼인과 함께 이 동화는 끝난다. 그렇게 '구애와 결혼'의 모티프는 적나라한 에로틱한 장면 없이 단순한 키스를 통한 구애와 결혼으로 끝나는 것이다.

하지만 방정환은 원작의 단순한 결혼식 결말을 '나라님'이 죽고 난 후 '왕자와 왕녀가 뒤를 이어' 다스린다는 즉위의 결말로 한층 진보된 종결문을 덧붙인다. 다시 말해, 방정환은 프로프의 등장인물들의 31가지 기능 중에 마지막 서른한 번째 기능인 "주인공은 결혼하고 즉위한

42 방정환, 앞의 책, 138쪽.
43 Brüder Grimm, a.a.O., S.284.
44 Max Lüthi : a. a.O., S.18.

다"[45]는 기능으로 「잠자는 왕녀」의 동화 줄거리를 마무리했다. 따라서 그림 동화 「가시장미공주」의 종결문을 방정환이 그의 「잠자는 왕녀」의 종결문에서 더욱 자세하고 성대하게 마무리함으로써 결혼과 즉위의 행복한 결말, 곧 유토피아를 동시대 아동들에게 보여주려는 의도의 표현이라고 할 수 있다.

5. 결론

200편의 전래동화와 10편의 성담을 수록한 그림 동화는 전래동화의 표본이다. 방정환은 그림 동화 「가시장미 공주」를 번역하여 그의 명작 동화집 『사랑의 선물』에 여섯 번째 「잠자는 왕녀」로 실었다. 비록 방정환이 그림 동화를 나카지마 코토의 1916년 일본어 저본을 바탕으로 번역했을지라도, 한국 실정과 아동들의 형편에 알맞게 개작하였다는 점이 한국 아동문학의 출발을 가능하게 했다고 할 수 있다.

이 글에서는 방정환의 『사랑의 선물』에 실린 10편의 작품 중에서 그림 동화 「가시장미 공주」를 「잠자는 왕녀」로 번역한 작품을 선택하여 뤼티가 주장한 3가지 동화 모티프, 곧 "성적 · 색정적인 모티프"로서 '아이를 낳기 위한 소망', "초월적 · 마법적인 모티프"로서 '요정과의 만남과 대화' 그리고 "단순한 공동의 모티프"로서 '구애와 결혼'을 중심으로 살펴보았다.

---

45 Vladimir Propp, ebd.

그 결과 첫째, 「잠자는 왕녀」 동화에서 '아이를 낳기 위한 소망'의 모티프는 '나라님 내외분'의 성적 결합에 의한 아이의 탄생으로 실현되는 게 아니라 조력자 '개고리'의 예언으로 실현된다. 즉, 임신 능력의 기부자로서 '개고리'에 의해 아이를 간절히 소망했던 '나라님 내외분'에게 실현되며, 자연과 인간의 조화 가운데 정해진 동화 줄거리의 전개를 위해 동화 주인공 '어엽븐 싸님'의 등장을 가능케 한다. 따라서 성적·색정적 모티프인 '아이를 낳기 위한 소망'은 어린 독자들의 눈높이에 맞춰 가공되어 성적이고 색정적인 요소를 배제한 채 어린이 이야기로 승화되어 표현된 것이다.

둘째, 「잠자는 왕녀」 동화에서 초월적·마법적 모티프로서 '요정과의 만남과 대화'는 열세 명의 '요슐할멈'과 '갓난 왕녀 아기'와의 만남으로 성취된다. 동화에서는 이승 존재와 저승 존재의 만남이 전혀 어색하지 않다. 그래서 '청대를 밧아 온 열두 요슐할멈'은 '갓난 왕녀 아기'에게 탄생 축하 선물을 마음껏 축복하지만, 초대받지 못한 '열셋재 요슐 로파'는 '열다섯 살 되는 해에 실 쌥는 쑤리'에 찔리는 왕녀의 죽음의 저주를 내뱉는다. 이 죽음의 저주를 '열두ㅅ재 요슐할멈'이 백 년 동안의 '마법의 잠'으로 경감시킴으로써 '백 년 동안 잠'이라는 동화적·초현실적 모티프로 이야기를 이끈다. 따라서 초월적이고 마법적인 동화 모티프 '요정과의 만남과 대화'가 「잠자는 왕녀」 동화에서 신비롭게 묘사됨으로써 아동들에게 꿈과 희망을 갖게 하는 것이다.

끝으로, 「잠자는 왕녀」 동화에서 '구애와 결혼'의 세속적인 동화 모티프가 '어엽브고 착한 왕녀와 어엽브고 쾌활한 왕자'의 '성딕한 혼인'을 통해 성취된다. '어엽분 왕쟈'의 사랑의 첫 키스에 의해 '어엽분 왕녀'

는 죽음의 잠에서 부활하며, 죽음의 잠과 부활의 구원에 대한 양면성이 '왕자'와 '왕녀'의 사랑 속에서 하나로 통일되는 대극합일의 기쁨을 맛보는 것이다. 이러한 '왕자'와 '왕녀'의 결혼은 전래동화의 일반적인 도식 '억압-구원-행복'에 일치하며, 동화의 본질적인 특징인 행복한 결말, 곧 유토피아의 성취로 대미를 장식하는 것이다.

참고문헌

1. 기본자료

방정환, 『사랑의 선물』(11판), 개벽사, 1928.

Brüder Grimm, *Kinder—und Hausmärchen*, Wissenschaftliche Buchgesellschaft Darmstadt, 1978.

2. 논문

김미정・임재택, 「소파 방정환에 의해 재창조된 번안 동화의 작품 세계 —『사랑의 선물』을 중심으로—」, 『어린이문학연구』 11-2, 2010.

이정현, 「방정환의 그림동화 번역본에 관한 연구—「잠자는 왕녀」와 「텬당가는 길」을 중심으로—」, 『어린이문학연구』 9-1, 2008.

최윤정, 「방정환의 『사랑의 선물』 광고 전략에 나타난 근대 동화(童話) 기획 연구 —『어린이』 수록 광고를 중심으로」, 『한국아동문학연구』 25, 2013.

3. 단행본

이성훈, 『동화의 이해』, 건국대 출판부, 2003.

______, 『그림 형제』, 건국대 출판부, 2011.

______, 『동화론』, 건국대 출판부, 2014.

이재철, 『남북아동문학연구』, 박이정, 2007.

Lüthi, Max, *Das europäische Volksmärchen*, Francke Verlag Bern, 1947.

Propp, Vladimir, *Morphologie des Märchens,* Hrsg. von Karl Eimermacher, Suhrkamp München, 1975.

Rölleke, Heinz. *Die Stellung des Dornröschenmärchens zum Mythos und zur Heldensage, in : Antiker Mythos in unseren Märchen,* Hrsg. von W. Siegmund, im Erich Röth-Verlag Kassel, 1984.

「왕자와 제비」에 나타난 방정환의 내러티브

번역과 서사 변형의 특징

박종진

1. 서론-선행연구 검토 및 문제 소재

「왕자와 제비」는 방정환이 일본 유학 직후 번역해서 『천도교월보』에 발표하고, 세계명작동화를 모은 『사랑의 선물』에 재수록한 작품이다. 『사랑의 선물』은 잡지 『어린이』와 함께 초창기 아동문학 형성에 영향을 준 중요한 작업이라는 점에서 면밀한 분석 고찰이 필수적이다. 여기에서는 「왕자와 제비」를 중심으로 영어원본,[1] 일본어 중역본, 방정환 번역본의 문장을 비교하면서, 전체 서사전개의 변형양상과 방정환 번역의 특징을 고찰하고자 한다.

방정환은 영국 오스카 와일드의 동화 「The happy prince」를 「왕자와 제비」로 번역해서 『천도교월보』(126호, 1921.2, 개벽사)를 통해 소개했다.

1 Oscar Wilde, *The happy prince and other tales*, Boston : Roberts, 1888.

그리고 이듬해에는 외국동화집 『사랑의 선물』[2]의 세 번째 작품으로 실었다. 『사랑의 선물』은 한국 근대 아동문학에 외국작품을 소개한 중요한 동화집이다. 방정환이 유학했던 1920년대의 일본에는 메이지 초기부터 활발하게 번역된 많은 외국작품들이 있었고, 『아카이토리赤い鳥』(1918)[3]를 비롯 『긴노후네金の船』(1919),[4] 『도와童話』(1920) 등 때마침 발간되기 시작한 아동문예잡지에도 외국동화가 실렸다. 19세기말, 일본에 쏟아져 들어오기 시작한 서구 사상과 문화는 일본의 문명개화를 가져왔고, 급격한 자본주의 사회로의 변모를 촉진시켰다. 특히 오랜 쇄국기간을 만회하기 위해 급격하게 외래문화를 받아들이는 과정에서 번역이 수행한 역할은 막대하다고 할 수 있다. 번역은 서양문명에 대해서 일본의 힘을 기르기 위한 '국가의 존망을 건 사업'[5]이라고 할 정도였다. 이 과정에서 '중요한 역할을 담당한 이들이 외국서적을 접하며 서구문화를 흡수한 문화인들'[6]이었다. 1920년대를 전후한 일본 아동문예잡지에 외국작품이 다수 번역, 게재된 것은 무엇보다 일본 아동문학에 아직 창작동화가 많지 않았던 때였기 때문이다. 이와 함께 번역담당자를 비롯해서

---

2 방정환, 『사랑의 선물』, 개벽사, 1922.7. 현재 초판본이 확인되지 않는 관계로 제11판(1928, 11)을 기준으로 작성했다.

3 『赤い鳥』(1918.7～1936.8, 전196권). 스즈키 미에키치(鈴木三重吉) 주재, 일본 근대 아동문학 및 아동문학 창세기에 가장 중요한 역할을 담당한 동화・동요를 중심으로 한 아동잡지. 당대 최고의 문학인・예술인의 힘을 모아 예술성 높은 동화동요를 발표했다. 일본 아동잡지의 전성기를 이끌었다.

4 『金の船』(1919.11～1929.7, 전116권). 『赤い鳥』의 창간에 자극받아 당시 문학청년이었던 사이토(齋藤佐次郎)와 요코야마(横山壽篤)가 만든 어린이잡지. 22년 6월 이후 『긴노호시(金の星)』, (金の星社)로 고침. 순수 예술을 강조했던 『赤い鳥』와 달리, 어린이가 쉽게 읽고 즐길 수 있도록 고려, 1920년대를 대표하는 잡지의 하나로 자리 잡았다.

5 龜井俊介, 「日本の近代と飜譯」, 『近代日本の飜譯文化』, 中央公論社, 1994, p.9.

6 原昌, 「第3章 〈異文化〉移入としての翻譯」, 鳥越信 編, 『はじめて學ぶ日本の兒童文學史』, ミネルヴァ書房, 2001, p.54.

독자들이 창작보다 외국아동문학에 강렬한 인상을 받고 그 매력에 이끌렸다[7]는 점도 크게 작용했다.

방정환은 일본에서 접하게 된 새로운 외국작품의 세계를 열심히 조선에 소개했다. 첫 번째 시도가 「왕자와 제비」였고, 이후 다른 9편의 작품들을 함께 엮어 『사랑의 선물』로 선보이게 된 것이다. 근대시기의 번역은 조선에 근대문명과 서구문화를 전하는 중요한 매체였다. 특히 아동문학에서는 '동화 세상을 넓히고 재료를 풍부하게' 했을 뿐 아니라, 아동문학의 다양한 장르를 확보할 수 있는 방법의 하나였다.

> 아즉 우리에게 童話集 몃 卷이나 또 童話가 雜誌에 揭載된대야 大概 外國童話의 譯뿐이고 우리 童話로의 創作이 보이지 안는 것은 좀 섭섭한 일이나, 그러타고 落心할 것은 업는 것이다. 다른 文學과 가티 童話도 한때의 輸入期는 必然으로 잇슬 것이고 또 처음으로 괭이(鍬)를 잡은 우리는 아즉 創作에 汲汲하는이 보다도 一面으로는 우리의 古來童話를 캐여내고 一面으로는 外國童話를 輸入하야 童話의 世上을 넓혀가고 材料를 豊富하게 하기에 努力하는 것이 順序일 것 갓기도 하다[8]

그러나 조선은 근대 식민지적 시대상황과 위치로 인해 직접적으로 서구 아동문학을 접하기보다, 일본에 번역된 것을 다시 조선어로 번역하는 '중역'의 형태를 취하는 경우가 많았다.

---

7 子どもの本・翻譯の歩み研究會編, 『図説子どもの本・翻譯の歩み事典』, 柏書房, 2002, p.78.

8 방정환, 「새로 開拓되는 '童話'에 關하야—特히 少年以外의 一般 큰 이에게」, 『개벽』 31호, 개벽사, 1923.1, 23쪽.

〈그림 4〉『어린이』 2권 4호(1924.4)에 실린 『사랑의 선물』(1922.7) 표지.

『사랑의 선물』은 '사람마다의 가슴에 숨겨잇는 愛와 情과 熱에 물주기 爲 하야'[9] 출판된 세계명작동화집으로, 발매초기부터 화제를 모았다. 1922년 7월 7일 초판을 발행하고 1928년에 제11판을 낼 정도로 인기를 끌며, 2만 부 정도가 판매되었다.[10] 수록작은 모두 10편으로, 작가명은 표기되지 않고 작품명에 국명을 붙였다. 목차에 따르면 수록작품은, 「란파션(이태리)」, 「산드룡의 류리구두(불란서)」, 「왕자와 제비(영국)」, 「요슐왕 아아(시시리아)」, 「한네레의 죽음(독일)」, 「어린 음악가(불란서)」, 「잠자는 왕녀(독일)」, 「텬당가는 길(독일)」, 「마음의 꼿(미상)」, 「꼿속의 작은이(정말)」이다. 소년소설, 민담, 창작동화 등을 골고루 담고 있어서 당시 '동화의 다양한 모습을 선보이려는 의도'[11]가 선명하게 드러나 있다. "譯者 方定煥氏가 여러 차례 壇上에서 口演하야 男女老少의 滿場聽衆을 一時에 울니운, 눈물의 리약이만 모아 역출"[12]했기 때문에 소리 내어 읽었을 때 문장 운율이 살아나면서 풍부한 감정자극을 통해 재미를 더해 준다. 이런 점에서 보아도 방정환은 아이들에게 들려주기 위한 동화구연을 염두에 두었음을 알 수 있다. 『사랑의 선물』은 잡지 『어린이』와 함께 초창기 아동문학 형성에 영향을 준 중요한 작업이라는 점에서, 서구동화의 수용양상을 면밀하게 검토할 필요가 있다.

박현수[13]는, 이른바 '신데렐라 유형'의 작품을 중심으로 근대 번역 동

---

9 「사랑의 선물 광고 선전문」, 『개벽』 24, 1922.6.

10 장정희, 「『사랑의 선물』 再版 과정과 異本 발생 양상」, 『인문학연구』 51, 조선대 인문학연구원, 2016, 298쪽.

11 염희경, 「소파 방정환연구」, 인하대 박사논문, 2007, 119쪽.

12 「광고문」, 『개벽』 31, 개벽사, 1923.1.

13 박현수, 「산드룡, 재투성이 왕비, 그리고 신데렐라－한국 근대 번역동화의 정전 형성과 그 의미」, 『상허학보』 16, 2006.

화의 정전화 과정을 연구했다. 염희경[14]은 『사랑의 선물』을 조선의 '소년운동이라는 차원에서 이루어진' 번안 작업으로 보았고, 그 가운데에서도 「왕자와 제비」는 '동화로 구현한 천도교 사회주의' 작품으로 규정했다. 이정현[15]은 『사랑의 선물』의 일본 중역본을 추적하면서 1922년 방정환의 번역활동과 일본아동문학의 관계를 고찰했다. 구체적이고 실증적인 자료를 제시했다는 점에서 주목할 만하다. 김미정 · 임재택[16]은 방정환의 번안동화를 영문판 문장과 비교분석하면서 방정환 번역의 특징을 이끌어냈다. 그러나 일본을 중개로 한 전유양상을 고려하지 않은 점은 한계라고 할 수 있다.

한국 근대 아동문학이 일본을 참고로 했다는 것은 언급은 많다. 그러나 구체적인 실증자료를 제시하고 면밀히 분석한 연구는 많이 찾아볼 수 없다. 조선의 근대시기에는 서양문화에 대한 직접적인 접촉보다 일본을 중개로 한 것이 압도적이었다. 이 속에서 서양문학의 수용양상과 수용 주체의 독창성을 밝히는 일은 근대 아동문학의 근원을 드러내는 작업이기도 하다. 선행 연구에서는 일본어중역본과 방정환의 유사점을 밝히고 중역본 확정짓는데 집중할 뿐, 일본을 중계로 한 '영향'과 '모방'관계에 주목한 기존 관점에서 크게 벗어나지 못했다.

본론에서는 『사랑의 선물』가운데 방정환이 일본유학 직후 번역 발표한 「왕자와 제비」을 중심으로 영어 원본,[17] 일본어 중역본, 방정환 번

14 염희경, 앞의 글.

15 이정현, 「方定煥の翻譯童話研究－'サランエソンムル(사랑의 선물)'を中心に」, 大阪大學博士學位論文, 2008.

16 김미정 · 임재택, 「소파 방정환에 의해 재창조된 번안동화의 작품세계－『사랑의 선물』을 중심으로」, 『어린이문학교육 연구』 11-2, 2010.

17 Oscar Wilde, *The happy prince and other tales*, Boston : Roberts, 1888.

역본의 문장을 비교하면서, 전체 서사전개의 변형양상과 여기에 나타난 방정환 번역의 특징을 고찰하고자 한다.

2. 「The happy prince」의 번역양상

1) 오스카 와일드의 동화집과 방정환

오스카 와일드(1854~1900)는 영국 시인이자 소설가, 극작가로도 유명하다. 권위적이고 봉건적인 빅토리아 시대의 사회상을 비판하며 쓴 『도리안 그레이의 초상』, 『살로메』 등으로 대표되는 유미, 퇴폐경향이 강한 작품을 남겼다. 또한 와일드에게 대중적인 인기와 명성을 안겨준 대표작으로 동화 「The happy prince」(1888)를 빼놓을 수 없다. 「The happy prince」는 와일드가 남긴 동화집 『The happy prince and other tales』(1888)에 수록된 다섯 편의 동화 — 「The happy prince」, 「The nightingale and the rose」, 「The selfish giant」, 「The devoted friend」, 「The remarkable rocket」 — 가운데 한 편이다.[18] 와일드의 동화들은 19세기말 영국 근대사회의 권위와 위선에 대한 비판을 담고 있다. 아름답고 간결한 문체를 사용하여 아이들에게 친근하게 다가오지만 한편으로 '동화라기에는 지나치게 고상하며 지나치게 난해하다'[19]는 평가를 받기도 한다.

---

18 오스카 와일드의 생애와 작품에 대해서는, 子どもの本・翻譯の歩み硏究會編, 앞의 책, 「와일드 편」, p.855 참조.

일본에서 오스카 와일드 작품은 일찍부터 번역되기 시작했다. 특히 「The happy prince」는 와일드 작품 가운데에서도 각별한 인기를 모았다. 가장 이른 시기의 번역은 다나미 미시로田波御白의 「황자와 제비皇子と燕」로 1910년 출판으로 확인되고 있다.[20] 이후 2000년대까지 130점 이상의 번역이 쏟아져 나와 거의 해마다 번역이 나왔다고 할 수 있을 정도로 높은 인기를 누리고 있다. 1945년 이전의 번역은 혼마 히사오本間久雄, 아리시마 다케오有島武郎, 기쿠치 칸菊池寛, 하마다 히로스케濱田廣助 등 문학인들이 담당하고 있었다. '아동문학이라는 영역은 당시, 교육이나 저널리즘에서는 특정분야를 형성하는 과정에 있었지만, 여전히 사회적으로 자립된 번역자를 확보하지 못하고 그 번역은 서구문학 전반에 관심을 보이는 문학자 손에 맡겨져 있었기' 때문이다.[21]

방정환은 일찌감치 「왕자와 제비」라는 제목으로 번역, 『천도교월보』에 게재했다. 방정환에게 외국동화 번역은 창작동화로 향하는 과정에 꼭 필요한 요소이자 또 하나의 창작형태였다.

이정현은 「The happy prince」의 중역본으로 『긴노후네』(제2권 5호, 1920.5)에 게재된 사이토 사지로齋藤佐次郎의 「王子と燕(왕자와 제비)」를 들었다. 제비의 행동을 쫓아서 시작되는 서사전개의 유사성과 본문 삽화의 일치를 근거로 삼고 있다. 실제 삽화를 확인해 보면, 『긴노후네』의 「王子と燕」에는 총 4점의 삽화가 실려 있다. 이 가운데 방정환은 2점의 삽화만을 사용했다. 나머지 소녀가 울고 있는 삽화 1점은 『어린이』 창

19 本間久雄, 『柘榴の家』, 春陽堂, 1916, p.2.

20 이정현, 앞의 글, 56쪽.

21 榊原貴教 外, 『図説兒童文學翻譯大事典』 第3巻, 大空社, 2007, pp.864-866.

王子と燕

齋藤佐次郎

七二

春のまだ早い頃でした。一羽の燕が、黃い蛾の後を追つて、川のほとりへ來ました。すると、其處で「葦」に遇ひました。燕は思はず立止つて、細りした葦の姿に見とれてゐましたが、すつかり氣に入つてしまつて、

「お前さん、私のお嫁になつておくれな。」

と、言ひました。葦は、暫くの間思案してゐるやうに、默つてゐましたが、やがて靜かに一つお辭儀をしました。燕は、葦の快い返事を　いたので、すつかり喜んで了ひ、翼で水を打つては、銀の漣を立てながら、葦のまはりをくる〳〵廻りました。

それから夏中、燕は葦のご氣嫌をとりながら仲よく暮しました。

やがて、秋になりました。燕たちは、南の國へ旅立つ時が來たので、皆な支度をはじめました。ところが葦をお嫁

〈그림 5〉 斎藤佐次郎, 「王子と燕」, 『金の船』 2-5, 1920.5, p.72.

간호(1923.3)의 '명작동화' 「석냥파리소녀」에 차용했다.[22]

『사랑의 선물』 전체의 삽화를 보면, 독자들의 이해에 도움을 주고 내용에 어울린다고 판단되면 다른 작품의 삽화라도 차용하는 삽화 재배치 경향이 강했다. 예를 들면 「산드룡의 류리구두」에는 3점의 삽화가 실려 있는데, 모두 「산드룡의 류리구두」와 상관없는 별도의 작품에 실렸던 것이다. 방정환은 일본에서 접한 책에서 발견한 다양한 삽화를 자유자재 재배치했기 때문에 삽화만으로 번역저본을 단정지을 수는 없다. 따라서 서사전개를 중심으로 살펴볼 필요가 있다.

3. 「The happy prince」와 「왕자와 제비」

『긴노후네』의 「王子と燕」에는 번역자의 이름만 있을 뿐 원작자나 제목을 밝히는 정보는 기재되지 않았다. 이는 1920년대 전후 번역의 특징이자 일본아동잡지에서 전반적으로 볼 수 있는 현상이다. 작품의 원작자는 누구인지, 창작인지 번역인지도 명확하게 구별되지 않던 시기였다. 특히 『긴노후네』의 번안자들은 서양 작품을 상당히 자유롭게 고쳐 쓰거나 번안했다. 방정환이 『천도교월보』(1921.2)에 「왕자와 제비」를 실을 때 아무런 정보도 적지 못하고 다만 '외국의 유명한 것 중의 하나'(29쪽)로 소개한 것도 이런 사정이 있었기 때문이다. 방정환은 이듬해 『개벽』(제29호, 1922.11)에 역시 오스카 와일드의 「털보장사」를 번

22 각 작품의 삽화에 대해서는 이정현의 논문 참조.

역・게재하면서 다음과 같은 해설을 덧붙인다.

털보장사 英國 오스카―와일드 作 / 小波 譯

이 一篇은 彼有名한 「사로메」의 作者 또는 「架空의 頹廢」의 論者로 有名한 오스카─・와일드(一八五六年生一九〇〇年死)의 名作童話 中의 一이다. 그가 一生 中에 지은 童話는 全部 『柘榴의 家』와 『幸福한 王子와 其他의 物語』라는 두 冊에 실려잇는 大小 九篇뿐인데 모다 그 藝術的 活動의 全盛期에 쓴 것이어서 大槪는 宗敎的 敬虔한 '사랑'을 高潮한 '로─맨쓰'의 香내가 그윽한 것이라 다만 한 녯날 이약이로만 보지 못할 것이다. 어떠케 보면 童話로서는 넘우 寓意가 깁고 難解할 점이 만하서 一般壯年들에게도 그 眞意를 捕捉키 어려운 것이 만흔 것 가트나 그 中에 사랑의 힘을 몹시 强하게 가르친 이 一篇은 寓意가 깁흐면서도 몹시 보들업게 씨운 것이라 이제 讀者께 紹介하기로 한 것이다.

(거듭) 이 一篇은 一八八八年에 公刊된 『幸福한 王子와 其他의 物語』라는 冊에 실려 잇는 것이요, 拙譯 「사랑의 선물」에 실려잇는 「王子와 제비」라는 것이 그 冊의 題目인 「幸福한 王子」의 譯인 것을 이 機會에 말해둔다.(43쪽)

방정환은 혼마 히사오가 번역한 와일드 동화집 『석류의 집』(1916)[23]의 「序」와 구스야마 마사오가 엮은 『세계동화보옥집』(1919)[24]을 인용해서 작품설명을 작성했다. 여기에서 방정환은 「왕자와 제비」가 「幸福한 王子」의 번역임을 강조하고 있다. 이는 처음 「왕자와 제비」 번역 당시 알

23 本間久雄, 『柘榴の家』, 春陽党, 1916.
24 楠山正雄, 『世界童話寶玉集』, 富山房, 1919.

아내지 못한 작가 오스카 와일드에 대해서 다른 번역서를 읽는 과정에서 알게 되었다는 것을 의미한다. 와일드의 이야기들이 "童話로서는 넘우 寓意가 깁고 難解한 點"이 많지만 그 가운데에서 「왕자와 제비」, 「털보장사」는 아이들이 읽고 느낄 수 있는 것으로 골라 번역 소개한 것이다.

현재, 「The happy prince」는 「행복한 왕자」로 더 많이 알려져 있지만, 방정환은 「왕자와 제비」라는 제목을 달았다. 기존연구에서 중역본으로 알려진 사이토의 「王子と燕」에서 「왕자와 제비」를 그대로 가져왔을 가능성도 있다. 일본에서 오스카 와일드의 「The happy prince」가 어떤 타이틀로 번역되었는지 정리한 목록을 보면,[25] 「황자와 제비皇子と燕」(田波御白), 「행복한 황자幸福な皇子」(堀口熊二), 「황자와 제비皇子と燕」(本間久雄), 「왕자와 제비王子と燕」(齋藤佐次郎), 「행복한 아이幸福な子」(矢口達), 「제비와 왕자燕と王子」(有島武郎), 「행복한 왕자幸福な王子」(濱田廣介) 등 각 번역자에 따라 다른 제목을 사용하고 있다는 것을 알 수 있다. 방정환은 사이토의 작품을 번역 저본으로 했지만, 도입부와 에피소드, 그리고 결말의 전개를 상당히 다르게 고치고 있다는 점에서 사이토의 번역을 상당히 비판적으로 변용하고 있다. 그러면서도 사이토의 「왕자와 제비」를 그대로 가져 온 이유는 원작의 제목보다 「왕자와 제비」가 자신의 뜻과 맞다고 판단했기 때문에 이를 수용했다[26]고 보는 것이 자연스럽다. 이런 경향은 와일드의 「The selfish giant」 번역에서도 찾아볼 수 있다. 방정환은 『개벽』(제29호, 1922.11)에 「The selfish giant」를 「털보장사」로 번역해서 실었다. 이 작품의 일본어 중역본으로 추정[27]되는 『세

25 이정현, 앞의 글, 56쪽.

26 염희경, 앞의 글, 139쪽.

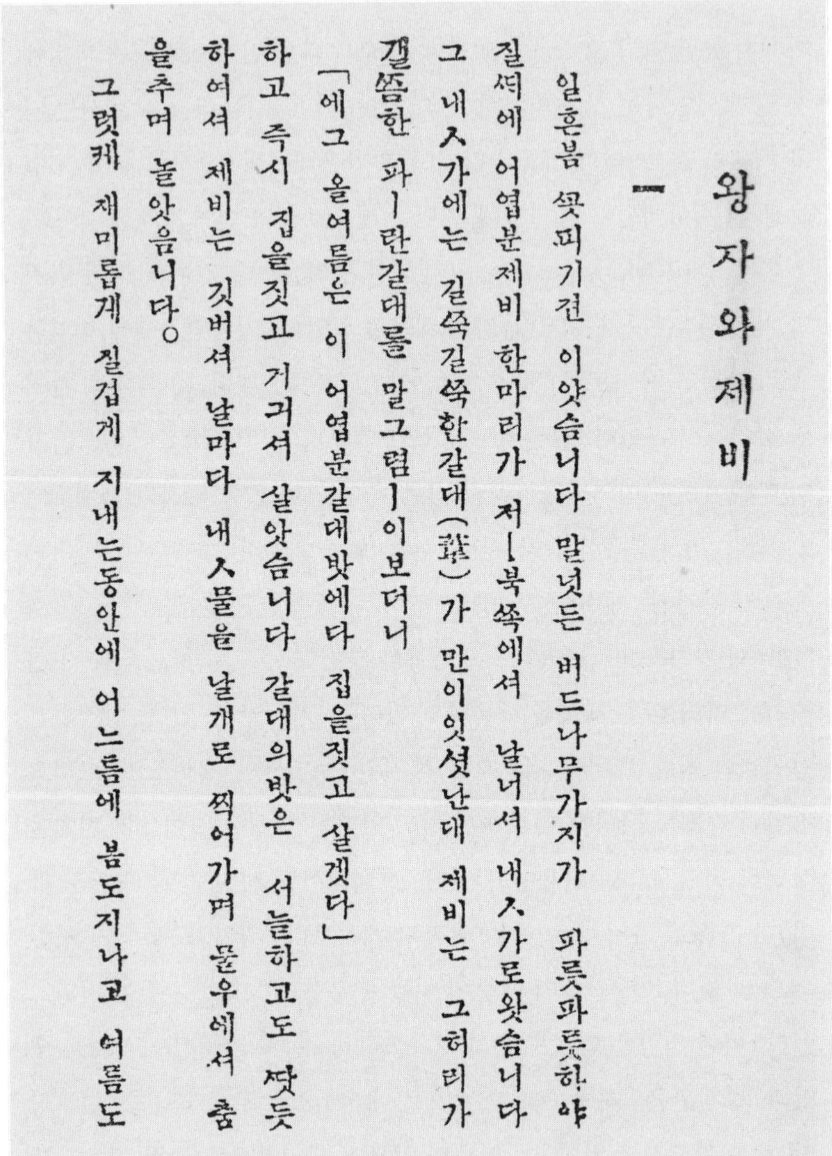

왕자와제비

一

일흔봄 꼿피기젼 이얏슴니다 말넛든 버드나무가지가 파릇파릇하야
질석에 어엽분제비 한마리가 저ㅣ북쪽에셔 날너셔 내ㅅ가로왓슴니다
그 내ㅅ가에는 길쭉길쭉한갈대(蘆)가 만이잇섯난대 제비는 그허리가
갤쑴한 파ㅣ란갈대를 말그럼ㅣ이보더니
「에그 올여름은 이 어엽분갈대밧에다 집을짓고 살겟다」
하고 즉시 집을짓고 거긔셔 살앗슴니다 갈대의밧은 서늘하고도 쌋듯
하여셔 제비는 깃버셔 날마다 내ㅅ물을 날개로 찍어가며 물우에셔 춤
을추며 놀앗슴니다。
그럿캐 재미롭게 질겁게 지내는동안에 어느틈에 봄도지나고 여름도

〈그림 6〉『사랑의 선물』 수록 「왕자와 제비」

---

27 이정현, 앞의 글, 208쪽.

계동화보옥집』에 「The selfish giant」가 수록되어 있지만 제목은 「我がままな大男(제멋대로인 거인)」이다. 삽화에 거인의 모습은 없고, 본문 중에도 거인 외형에 대한 특별한 묘사는 없다. 한편, 혼마 히사오가 번역한 『석류의 집』 표지는 털복숭이 거인이 아이를 안고 있는 영문판 표지를 사용했고, 「我がままな大男」에도 거인의 특징이 뚜렷하게 드러난 삽화가 실렸다. 방정환은 이를 참고해서 거인의 용모에 대해 "얼굴에 털이 만히 나고 긔운이 세여서 털보장사라 합니다(44)"라고 구체적으로 표현하고 제목도 「털보장사」라고 붙였다. 방정환은 일본 유학당시 발간된 외국작품의 다양한 번역서를 적극적으로 참조하면서 번역작업을 한 것으로 보인다. 이런 다양성은 방정환 번역의 중요한 특징의 하나로, 유학지 일본에서 접한 외국동화를 폭넓은 시야와 관심으로 골라 조선아동들에게 번역 소개했음을 의미한다. 『사랑의 선물』에 영국, 프랑스, 독일 등 여러 나라의 작품을 수록할 수 있었던 것은 19세기 중반부터 세계 각국의 작품이 활발하게 번역되던 일본의 문화 환경이 있었기 때문이다. 여기에 방정환의 편집자로서의 뛰어난 감각, 이야기꾼으로서의 심미안이 작용한 덕분이라고 할 수 있다.

4. 서사전개 변환의 의미

1) 도입부 변형에 따른 제비의 성격 변화

마리아 니콜라예바는 아동도서의 번역에 대해, '아동도서는 상당한 정도로 번역보다는 개작의 운명을 타고 났다. 개작adaptation은 하나의 텍스트가 번역가가 대상 청중의 요구라고 생각되는 것에 맞추어진다는 것을 의미하는데, 이에는 삭제, 추가, 설명, 미화, 단순화, 현대화, 그 밖의 수많은 중재가 포함될 수 있다'[28]고 논했다. 방정환의 번역은 기독교적 지식과 사회배경에 대한 이해가 필요한 대목은 과감히 삭제하거나 변형했다. 배경지식이 많지 않은 아이들이 어렵게 느낄 수 있는 부분을 알맞게 손질한 것이다. 한편, 아이들의 감정을 풍부하게 이끌어 내기 위해서 추가나 미화 등 이야기성을 강조하는 방법을 썼다.

방정환이 번역한 「왕자와 제비」의 도입부는 원작과 크게 다르다. 원작에서는 온몸이 황금으로 뒤덮이고 루비와 사파이어로 장식된 왕자의 외형과 시민들의 평판에 대한 묘사로 이야기를 시작한다. 그리고 그 다음에 제비가 등장한다. 방정환은 제비가 갈대밭에 날아드는 장면으로 시작했다. 이런 전개는 사이토 번역의 「王子と燕」도 마찬가지이다. 그림으로 표현하면, 원작은 도시를 내려다보는 왕자의 동상으로 시작해서, 따뜻한 남쪽 나라를 찾아가던 제비가 하룻밤 날개를 쉬기 위해 왕자의 동상으로 날아오는 흐름이 된다. 반면 방정환 번역은 이른

28 마리아 니콜라예바, 조희숙 외역, 『아동문학의 미학적 접근』, 교문사, 2009, 296쪽.

봄, 제비의 이동을 좇아 장면이 열리고, 추위 때문에 정들었던 갈대밭과 헤어진 제비가 남쪽 나라를 찾아가는 여정에 왕자가 등장한다고 할 수 있다. 이 전개는 봄에서 겨울로 이르는 자연스러운 계절의 변화에 따르고 있다. 원작에서 제비와 갈대의 만남이 회상식으로 처리되어 계절 변화를 거슬러 올라가는 것과 사뭇 다르다. 기존 연구는 이런 전개에 대해, 사이토만의 독특한 방식을 방정환이 '답습'한 것이라고 분석했다. 다만 제비와 갈대의 만남에서 갈대의 의인화가 배재된 것은, 비현실적인 환상공간을 현실적인 공간으로 치환시켜 아이들의 친근감을 유도하기 위해서라고 보았다.[29]

그렇다면 사이토는 왜 제비와 갈대의 의인화를 배제하지 않았을까? 사이토가 도입부에 제비 에피소드를 가져왔지만 서사변주 같은 특별한 목적을 발견할 수 없다. 다만 제비 등장 순서를 바꿈으로 해서 자연스런 계절의 변화에 따라 이야기가 전개되는 효과가 확인될 뿐이다. 도입부 이외에 다른 에피소드나 결말은 별다른 변형 없이 비교적 원작에 충실하게 번역하고 있기 때문이다.

위에서도 지적했듯이 방정환은 1916년에 나온 혼마의 번역본도 참고 했을 가능성이 높다. 혼마는 원작에 충실하게 옮겼다. 원작에 충실한 혼마 번역본과 도입부분에 변형을 가져온 사이토 번역본, 이 두 가지 판본 가운데 방정환은 사이토의 전개방식을 선택했다. 사이토의 전개방식을 가져온 것은 그저 단순한 따라하기나 답습이 아니라, 방정환의 번역전략에 따른 '선택'이다. 즉, 방정환은 도입부의 서사전개 변형을 통해서, 봄에서 가을로 바뀌는 계절의 변화에 자연스럽게 따르고 있다.

---

29 이정현, 앞의 글, 61쪽.

여기서 그치지 않고 방정환은 제비와 갈대의 관계에서 의식적으로 갈대의 의인화를 배제하면서 제비의 성격규정에 큰 변화를 가져온다. 도입부 문장을 살펴보면 다음과 같다(이하 영문판, 일문판 인용은 졸역에 의함).

① 원작

High above the city, on a tall column, stood the statue of the Happy Prince. He was gilded all over with thin leaves of fine gold, for eyes he had two bright sapphires, and a large red ruby glowed on his sword-hilt. He was very much admired indeed.

(마을 높은 곳 커다란 기둥위에 행복한 왕자가 서 있었다. 왕자의 온 몸은 얇은 금판으로 덮여있었고, 눈에는 눈부신 두 개의 사파이어가, 그리고 칼 손잡이에는 큰 루비가 박혀있었다. 왕자는 사람들에게 아주 존경받았다.)

② 사이토 번역

이른 봄이었습니다. 한 마리 제비가 노란나방 뒤를 좇아 강가로 왔습니다. 그러자 거기에 '갈대'를 만났습니다. **제비는 갈대의 모습을 정신없이 보고 있다가** 완전히 마음에 들어서,

"내 신부가 되어 줄래?"

하고 말했습니다. (…중략…)

이윽고 가을이 되었습니다. 제비들은 남쪽 나라에 여행을 떠날 때가 되었기 때문에 모두들 준비를 시작했습니다. 그러나 갈대를 신부로 둔 제비만은 아무렇지도 않게 놀며 지내고 있었습니다. 다른 제비들이 걱정하며,

"너는 왜 여행 준비를 하지 않는 거야. 부인이 보고 싶을까봐? 그렇다면 넌 정말 바보다. 네 신부는 돈도 없고, 친척은 너무 많잖아."

하고 말했습니다. 실제 이 강은 갈대로 가득 차 있었기 때문이었습니다.

③ 방정환 번역

일은 봄 꽃 피기 전 이약습니다. 말닛든 버드나무가지가 파릇파릇 하야질 때에 어엽븐 제비 한 마리가 저-북쪽에서 날너셔 내ㅅ가로 왓습니다. 그 내ㅅ가에는 길쭉길쭉한 갈대가 만이 잇셧난대 제비는 그 허리가 갤쭘한 파-란 갈대를 말그렴-이보더니

"에그 올 여름은 이 어엽븐 갈대밧에다 집을 짓고 살겟다." 하고 즉시 집을 짓고 거긔셔 살앗습니다. 갈대의 밧은 서늘하고도 땃듯하여셔 제비는 깃버셔 날마다 내ㅅ물을 날개로 찍어가며 물우에셔 춤을 추며 놀앗읍니다…

그럿케 재미롭게 질겁게 지내는 동안에 어느 틈에 봄도 지나고 여름도 지나고 선선한 가을이 되야셔 제비는 그만 이곳을 떠나 남쪽으로 따듯한 나라로 옴겨 가게 되엿습니다.

원작(①)과 일본판(②)은 도입부에서 명백한 차이를 보인다. 방정환의 번역(③)은 분명 일본판과 같은 전개를 보인다. 원작에 제비와 갈대가 만나는 장면은 제비가 갈대의 외모에 매혹되어(attracted slender waist) 갈대를 사랑하게 되는 것으로 되어 있어, 어른들의 세계를 그리고 있다. 사이토 역시 제비와 갈대를 사랑에 빠져 결혼에 이르는 남녀관계로 묘사한다. 그러나 방정환 번역에서 제비는 갈대와 사랑에 빠지는 것이 아니라 '갈대의 집은 서늘하고도 땃듯하여셔' 여름 내내 지내게

된다. 즉 에로틱한 남녀관계에서 포근한 보금자리와 따뜻함을 그리워하는 제비로 전환되면서, 따뜻한 정과 보금자리를 그리워하는 어린 아이에 훨씬 가깝게 묘사된다. 또한 제비가 갈대밭을 떠나는 것도 원작이나 사이토판과 다르다. 부인이었던 갈대에게 싫증을 느껴서가 아니라 싸늘한 가을바람이 부는 바람에 하는 수 없이 떠나는 것으로 치환되면서 자연의 이치에 순응하는데 따른 이별의 아픔으로 표현된다. 제비는 '정이 깁히든 갈대밧집'에서 '안 떠나려고 안 떠나려고' 하지만, 너무 추워져서 견딜 수 없게 된다. 제비는 '참아 떠나기 어려운 갈대집'에 작별인사를 한 뒤에도, '리별이 애처로와셔 도라다보고 도라다보고 하면서' 남쪽나라로 여행을 떠난다. 이런 제비의 묘사가 도입부에 나오면서 「왕자와 제비」라는 제목에 타당성을 부여하고 제비를 원작보다 주목받는 숨은 주인공으로 부각시킨다. 또한 제비의 성격은 원작보다 사이토 번역에서, 사이토 번역보다는 방정환 번역에서 더욱 눈물과 동정이 풍부하게 표현되고 있다. 예를 들면 젊은 학자에게 자기 눈을 갖다 주라는 왕자의 부탁을 받은 장면을 보면 다음과 같다.

① 원작

"Alas! I have no ruby now," said the Prince; "my eyes are all that I have left. They are made of rare sapphires, which were brought out of India a thousand years ago. Pluck out one of them and take it to him. He will sell it to the jeweller, and buy food and firewood, and finish his play."

"Dear Prince," said the Swallow, "I cannot do that"; and he began to weep.

("아, 이제 루비는 없단다. 남은 건 내 눈뿐이야, 이건 천 년 전에 인도에서 온 귀한 사파이어로 되어 있단다. 둘 중 하나를 뽑아서 그에게 가져다주렴. 그럼 그걸 보석상에 팔아서 양식과 땔감을 살테고, 그의 작품이 완성될 거야."

"왕자님!"제비가 말했다. "그건 할 수 없어요." 제비는 울기 시작했다.

"제비야 제비야 귀여운 제비야, 제발 내 말대로 해줘." 왕자가 말했습니다.)

② 사이토 번역

"하지만 이제 루비는 없단다. 내게 남아 있는 건 두 눈 뿐이다. 내 이 눈은 몇 천 년 전에 인도에서 가져온 귀한 사파이어로 만들어져 있으니 한 쪽을 쪼아내서 저 남자에게 가져다주렴. 저 남자는 그걸 보석상에 팔아서 먹을 것과 땔감을 사서 책을 완성할 수 있을테니."

"그래도 그건 할 수 없어요, 왕자님."

제비는 견딜 수 없어서 훌쩍훌쩍 울기 시작했습니다.

그러나 왕자는 "제비야 제비야 귀여운 제비야 난 괜찮으니까 내가 말 한대로 해줘." 하고 말했습니다.

③ 방정환 번역

"제비야! 칼자루에는 보석이 업다…… 이제는 남어 잇는 것이 금강석 눈뿐이다 이 두 눈 중에 하나를 빼여다가 주고 오너라 그러면 그 학자는 그것을 보석 상졈에 가셔 팔아다가 음식도 사고 불도 피우고 그 유익한 책을 맛쳐 내일 것이니!"

"그럿치만 엇더케 왕자님의 눈을 빼임닛가" 하면서 제비는 눈물이 펑펑 쏘다짐니다 착하고 착한 왕자님의 마음에 감동된 가슴이 터질 듯이 압핫습니다 그러나 왕자님은

"제비야 울지말고 어셔 빼여다 주워라"

제비는 하는 수 업시 그 눈을 빼이게 되엿습니다 눈물은 비오듯 쏘다지며 우는 목소리로

"아아 왕자님!" 하고 쳐다보며 불넛습니다.

"오오 제비야!" 왕자님의 눈에도 눈물이 흘넛습니다.

왕자는 살아 있을 동안에는 한 번도 울어본 일이 없이 즐거운 대궐 속에서만 행복하게 살다 죽었다. 백성들의 모습은 높은 곳에 동상으로 세워진 후에야 내려다보게 된다. 왕자는 움직일 수 없는 몸이 되어 목격하게 된 모습이 너무도 불쌍하여서 날마다 눈물을 흘리고 있었다. 대궐의 높은 담과 호화로운 궁전생활은 대궐 밖 백성들의 고달프고 비참한 삶과 대조를 이루고 있다. 이런 깨달음에 따르는 고통은 제비라는 조력자를 만남으로 해서 해소될 수 있었다. 그러나 제비는 왕자가 아픈 아이에게 보석을 전해달라는 부탁을 듣고 처음에는 '어린애들은 미워요. 알타 죽으면 그만이지요. 그것도 제 팔자지요' 하면서 냉정한 태도를 보인다. 그랬던 것이 왕자를 도와가면서 점차 가난한 사람들을 불쌍히 여기고 그들을 돕는 왕자의 마음에 감동해서 눈물을 흘린다. 왕자의 소망을 외면할 수 없었던 제비는 소극적인 자세를 버리고 적극적으로 도움이 필요한 사람들의 소식을 전달해준다. "박제된 왕자의 바람을 실현시키는 제비는 왕자와 별개의 인물이 아니라 다른 차원의

왕자의 모습일 수 있다."[30]

원작(①)에서 'he began to weep'는 사이토 번역(②)에서 '견딜 수 없어서 훌쩍훌쩍 울기 시작했습니다'가 된다. 이것이 방정환 번역(③)에서는 제비와 왕자의 감정이 극대화되어 둘 다 눈물을 쏟는 장면이 된다. 이런 감정 과잉의 경향은 어느 정도 의도된 것이다. 『사랑의 선물』 광고문에는 '구절 구절 마듸 마듸 자미잇고도 앗차로운 정경이 닑는 이를 울니여 곱게 곱게 흐르는 눈물이 누구나의 가슴 속을 맑게 보드럽게 씨서 주'[31]기 때문에 이상한 힘을 가졌다고 선전한다. 이렇듯 방정환은 『사랑의 선물』을 처음 엮을 때부터 책을 읽는 이들의 감정을 이끌어 내기 위해 감정과잉을 의식했다고 할 수 있다. 윤석중도 '웃을 줄도 울 줄도 모르는 우리 어린이들에게 우선 웃음과 눈물을 선사'[32]하기 위해 방정환이 동화나 동요를 썼다고 밝힌 바 있다. 눈물 과잉이나 감상적인 문체는 왕자의 선행과 비극을 극대화시키는 효과가 있다. 이는 왕자를 돕는 제비의 감정을 고조시키고 다시 이를 읽는 독자의 감정도 최대한 이끌어 내려고 하는 방정환의 글쓰기 장치라고 할 수 있다.

30 이혜진, 「인식과 오인 사이, 폭력적 진실의 자리—오스카 와일드의 '행복한 왕자'」, 『외국문학연구』 57, 2015, 468쪽.

31 『사랑의 선물』 광고문, 『어린이』 5권 3호(1927.3) 게재.

32 윤석중, 「노래여 새싹이여」, 『여원』 105, 여원사, 1964, 133쪽. 이재철, 『한국현대아동문학사』, 일지사, 1978, 97쪽에서 재인용.

2) 에피소드 전개의 비교

왕자의 발밑에서 하룻밤을 지내려던 제비는 왕자의 부탁으로, 바느질하는 여인의 아픈 아이, 위대한 책의 완성을 눈앞에 둔 가난한 학자, 성냥팔이 소녀, 도시의 가난하고 불쌍한 사람들에게 차례로 왕자의 보석과 금 조각을 갖다 주는 역할을 맡는다.

〈에피소드〉 바느질하는 여인과 아픈 아이

① 원작

He passed by the cathedral tower, where the white marble angels were sculptured. He passed by the palace and heard the sound of dancing. A beautiful girl came out on the balcony with her lover. "How wonderful the stars are," he said to her, "and how wonderful is the power of love!"

"I hope my dress will be ready in time for the State-ball," she answered; "I have ordered passion-flowers to be embroidered on it; but the seamstresses are so lazy."

He passed over the river, and saw the lanterns hanging to the masts of the ships. He passed over the Ghetto, and saw the old Jews bargaining with each other, and weighing out money in copper scales. At last he came to the poor house and looked in.The boy was tossing feverishly on his bed, and the mother had fallen asleep, she was so tired.

(제비는 하얀 대리석 위에 천사 모습이 새겨진 대성당 탑을 지나갔다. 성을 지날 때 사람들이 춤추는 음악소리가 들렸다. 아름다운 아가씨가 연인과 발코니로 나왔다. "별이 정말 아름다워!" 연인이 아가씨에게 속삭였다. "그리고 사랑이란 얼마나 아름다운가."

"무도회 때까지는 내 드레스가 완성되면 좋겠어요."아가씨가 대답했다. "드레스에 패션플라워를 수놓아달라고 주문했는데, 바느질 하는 사람들은 너무 꾸물대요."

제비는 강을 지나며 배의 돛대에 달린 불빛을 보았다. 빈민가를 지날 때는 늙은 유대인들이 물건 값을 흥정하며 구리로 된 저울로 돈을 달고 있었다. 제비는 마침내 그 가난한 집에 도착해서 안을 들여다보았다. 아이는 침대에 누운 채 열에 들떠 뒤척였다. 그리고 어머니는 깊은 잠에 빠져 있었다. 그녀는 그만큼 지쳐있었다.)

② 사이토번역

제비는 왕자의 칼에서 커다란 루비를 쪼아내서 그것을 부리에 물고 날아갔습니다. 제비는 교회 위와 궁전 위, 수많은 범선이 모여 있는 강 위를 날아서 간신히 가난한 집 창문 옆까지 날아왔습니다. 방안에는 아이가 열이 올라 괴로워하며 잠자리에서 이리저리 구르고 있었습니다. 그러나 어머니는 잠에 빠져있었습니다. 그만큼 어머니는 지쳐있었습니다.

③ 방정환 번역

그래셔 제비는 왕자님이 하라는대로 그 칼자루에 잇난 보셕을 빼여 입에 물고 그 구차한 오막사리집을 차져 갓습니다 훨-훨 날너셔 몃 번을 남의 집웅에 안저 쉬여가지고 억지로 그 집을 차자갓습니다 살그머니 그 집 창엽에 가서 보닛가 방속에는 어린애가 병들어 누어서 헐넉어리고 그 엽에셔 그 어머니는 "에그 엇져면 좃탄말이냐"고 눈물만 흘니고 안져 잇슴니다 제비는 몹시 불상히 생각하면서 (…후략…)

원작(①)에서는 왕자의 부탁으로 바느질 하는 여인에게 루비를 전달하러 가는 제비의 모습이 상세하게 묘사되어 있다. 제비가 날아가는 정경 속에 호화로운 성의 댄스파티와 무도회 때 입을 드레스를 걱정하는 소녀의 이야기가 들어있다. 오스카 와일드가 활약하던 빅토리아 시대는 영국이 세계 각지로 식민지를 확대하며 경제적 번영을 누리고 있었다. 작가는 '영국 사회의 중산계급이 보여주는 허위의식과 속물주의'[33]를 비판하며, 성 안의 화려한 무도회와 노동으로 지새우지만 병든 아이의 갈증을 달래줄 오렌지조차 살 수 없는 여인의 가난함을 대조함으로 해서 사회의 부조리를 드러내고 있다. 그러나 일본어판과 방정환 번역에서는 인용의 강조 부분은 생략되고 만다. 번역에 있어서 텍스트에 충실하기보다 독자를 우선 고려에 넣은 '개작'이라고 할 수 있다.[34] 사회적 배경에 대한 이해가 필요한 에피소드의 생략 내지는 변경은 독자들이 제비의 움직임에 집중하게 하는 효과를 가져온다. 바느질 여인의 에피

33 염희경, 앞의 글, 141쪽.

34 마리아 니콜라예바, 조희숙 외역, 앞의 책, 295~296쪽.

소드 이후, 제비는 가난한 학자, 성냥팔이 소녀 및 도시의 가난하고 불쌍한 사람들에게도 차례로 왕자의 보석과 금 조각을 떼어 나른다. 제비가 왕자의 부탁으로 가난한 사람들에게 왕자의 보석을 조금씩 나누어 주면서, 왕자의 아름다움과 권위를 상징하던 보석들은 백성들의 목숨을 구하는 구원의 물질, 행복의 상징으로 위치하게 된다. 이러한 에피소드가 하나씩 거듭되어 가면서 제비의 성격이 강화되는 한편, 결말 변형을 위한 서사 구조가 점층적으로 형성되어 나간다. 이를 위해 방정환은 원작에는 없는 장면을 추가시키게 된다. 다음은 추위와 배고픔에 지쳐 위대한 작품의 완성을 이루지 못하고 있는 젊은 학자의 이야기이다.

〈에피소드〉 가난한 학자

① 원작

So the Swallow plucked out the Prince's eye, and flew away to the student's garret. It was easy enough to get in, as there was a hole in the roof. Through this he darted, and came into the room. The young man had his head buried in his hands, so he did not hear the flutter of the bird's wings, and when he looked up he found the beautiful sapphire lying on the withered violets.

(제비는 왕자의 눈을 쪼아내서 학자의 집으로 날아갔다. 지붕에 구멍이 뚫려있어서 들어가기는 쉬웠다. 지붕을 지나 방으로 들어갔다. 젊은이는 손으로 머리를 감싸 안고 있었기 때문에 날개소리를 듣지 못했다. 그리고 고개를 들자 아름다운 사파이어가 놓여있는 것을 발견했다.)

② 사이토번역

그래서 제비는 하는 수없이 왕자의 눈을 쪼아내서 젊은 남자의 다락방으로 날아갔습니다. 지붕에는 구멍이 하나 뚫려있어서 안으로 쉽게 들어갈 수 있게 되어 있습니다. 제비는 이 구멍으로 방 안으로 휙하고 날아들어갔습니다. 젊은 남자는 두 팔로 머리를 감싸고 엎드려 있었기 때문에 제비 날갯짓 소리조차 듣지 못했습니다.

③ 방정환 번역

왕자님의 재촉에 하난 수 업시 제비는 눈 하나를 빼여서 입에 물고 그 산밋 학자의 집에 갓습니다 불도 업는 쓸쓸한 랭방에 젊은 학자는 턱을 고이고 멀건이 안저 잇섯습니다 제비는 그의 압에 금강석을 노코 나왓습니다 학자는 깜작 놀내여 제비의 날너가는 것을 보고 (…후략…)

위의 인용 문장에서 무엇보다 눈에 띄는 차이는, 제비의 모습을 인지하는 가난한 학자의 태도이다. ①, ②에서 젊은 학자는 두 팔로 머리를 감싸고 깊은 절망에 사로잡혀 제비나, 제비가 물고 온 보석을 목격하지 못한다. 그저 자신의 찬양자(great admirer)나 신의 도움(神様のお助け)으로 짐작할 뿐이다. 와일드는 왕자가 자신이 가진 모든 것을 가난한 이들에게 내어주는 행위를 사람들의 눈에 띄지 않는 숨은 선행으로 그리고 있다. 바느질하는 여인이나 젊은 학자에게 보석을 가져다주는 제비의 모습은 사람들에게 목격되지 않고, 마치 가난한 이의 절실한 기도가 통한 듯한 우연성이 두드러진다. 한편, 방정환은 이 부분에 변화를 가져온다. 바느질하는 여인이 '병들어 누어서 헐넉어리'는 아들을

지켜보며 눈물만 흘리고 앉아 있는 방으로 제비가 들어가서 아이의 머리맡에 보석을 놓고 나온다. 또한 젊은 학자는 턱을 고이고 앉아 있다가 제비가 금강석을 놓고 날아가는 것을 목격하는 식이다. 이렇게 전개를 변화시키면서 방정환은 「왕자와 제비」의 결말을 크게 바꾸어 놓는다. 왕자에게 집중되어 있던 아름다움과 부유함은 가난한 백성들에게 나누어진다. 왕자님이 '긔엿코 아무 광채업는 잿빛으로 변하'는 대신에 '얼골빗이 노랏코 푸르고한 가난한 사람들도 복스러워지고 구차한 집 아해들도 장미꽃갓치 활적피여셔 질겁게 깃겁게 복스럽게' 놀 수 있게 된다. 방정환이 추구하던 사회주의가 조화롭게 형상화되어 있는 부분이라고 할 수 있다. 그러나 왕자와 제비의 희생적인 사랑이 민중들에게 어떤 식으로 보상받는가를 바꾸면서 방정환 번역은 결정적으로 원작과 달라지게 된다. 방정환은 왕자의 모든 선행을 민중(민심)의 눈에 드러나는 구조로 바꾼다. 이는 결말부분에서 기독교적인 사랑의 완성과 하늘나라의 축복 대신 지상에서의 보상과 민중들의 화합, 그리고 영원한 행복을 노래하기 위한 의도적인 서사변형이라고 볼 수 있다.

5. 결말부 변형에 따른 메시지의 변화

방정환의 번역이 원작이나 일본어판과 가장 큰 차이를 보이는 것은 역시 결말부분이라고 할 수 있다.

① 원작

"Bring me the two most precious things in the city," said God to one of His Angels; and the Angel brought Him the leaden heart and the dead bird.

"You have rightly chosen," said God, "for in my garden of Paradise this little bird shall sing for evermore, and in my city of gold the Happy Prince shall praise me."

(신께서 한 천사에게 명령했다. "이 도시에서 가장 귀중한 것 두 개를 가져오너라." 그러자 천사는 납으로 된 심장과 죽은 새를 신에게 가져갔다. "아주 잘 골랐다. 작은 새는 내 아름다운 정원에서 영원히 노래할 것이다. 그리고 왕자는 내 황금도시에서 영원히 나를 칭송하게 될 것이다.")

② 사이토 번역

그날 신께서 천사를 보고 하계의 이 마을을 가리키면서, "도시에서 가장 귀한 것은 가져오너라." 하고 명하셨습니다. 그러자 천사는 신 앞에 왕자의 심장과 죽은 제비를 가지고 왔습니다.

"아주 잘 골라 왔다. 이 작은 새는 나의 낙원에서 언제까지나 언제까지나 노래를 부르게 하리라. 그리고 행복한 왕자는 나의 즐거운 마을에서 행복하게 살게 할 것이다."

이렇게 신께서 말씀하셨습니다.

③ **방정환 번역**

이 소문이 금시에 쫙 퍼지쟈 그 중에 제비에게 보셕 밧은 사람들이 모여와셔 그 니약이를 모다해셔 세상사람이 다 알고 참 신긔한 일이라고 또 그런 착한 왕자와 제비는 다시 업다고 젼보다 더 좃게 더 죠흔 보셕을 박아셔 왕자의 상을 맨드러 세웟난대 이번에는 특별이 그 왕자의 억개우에 제비까지 만드러 안쳣습니다 그리고 제비의 눈도 조흔 금강셕으로 박엇습니다.

날마다 밤마다 사람들이 그 밋에 모여셔 졀을 하고 재미잇게 놉니다 대대로 그 니야기는 전하고 영원하도록 왕자와 제비의 상은 세상 사람의 존경과 사랑 속에 싸여 늘―봄쳘이고 늘―졂어 늙지 아니하엿습니다……

①에서 세상 사람들 몰래 이루어진 왕자와 제비의 숭고한 희생과 사랑은 모든 것을 지켜보고 계신 신의 구원으로 보답 받는다. 왕자와 제비는 숨겨진 선행으로 하늘에 올랐을 때 천상의 낙원(garden of Paradise)에 들어갈 수 있는 자격이 주어진다. 이런 기독교적인 결말은 조선 아이들이 쉽게 이해할 수 있는 것이 아니었다. 뿐만 아니라 방정환은 와일드가 구현한 신의 구원이나 하늘나라에서의 행복보다는 선행이 실행되는 지상에서의 행복에 더 큰 관심을 두고 있다. 이런 가치관은『사랑의 선물』에 수록된 다른 작품, 예를 들면「한네레의 죽음」이나「천당 가는 길」에서도 마찬가지로 드러나 있다.「한네레의 죽음」에서는 천당에 가서 죽은 어머니를 만나고 싶어 하는 한네레에게 교장 선생님이 천당의 존재를 부정하고 현실의 생존을 귀히 여기라고 충고한다.「천당 가는 길」에서는 천당에 갈 수 있다는 말에 속아 이성적인 판단을 접

어둔 채 주머니 속에 들어가 골탕 먹는 목사와 서기관의 모습을 비웃고 있다.

방정환은 제비가 쓰레기통에 버려지는 대신, 사람들의 손에 의해 새로 세워진 왕자 동상의 어깨에 올라앉는 것으로 서사에 변화를 가져온다. 제비는 왕자의 메신저 역할을 완수하고 왕자 못지않은 위상을 부여받으면서 숨은 주인공에서 왕자와 대등한 위치로 자리매김 되고 있는 것이다. 제비는 천사의 손으로 하늘에 오르는 축복과 행복이 아닌, 지상에서의 영원한 삶과 행복을 노래하게 된다. 이런 서사 변화와 결말부분의 변형은 작품이 주는 메시지 자체에 큰 변화를 가져온다. 왕자는 백성을 구원하고자 하는 높은 뜻과 재물을 지녔으되 동상에 고정된 채 움직일 수 없는 몸이었다. 그렇기 때문에 제비라는 협력자가 반드시 필요했다. 왕자는 제비와의 만남을 통해서 비로소 자신의 뜻을 펼칠 수 있었다. 제비는 처음에는 마지못해 왕자의 청을 들어주는 수동적인 존재였지만, 점차 왕자에게 감흥 받아 왕자의 뜻을 적극적으로 돕는 조력자의 모습으로 변모한다. 도입부에서 볼 수 있는 눈물 많고 나약한 존재에서, 죽음을 각오하고 모든 것을 잃은 왕자 곁을 지키는 존재로 강화된다. 그렇기 때문에 사람들은 왕자와 제비를 찬양하며 '전보다 더 좃케 더 죠흔 보석을 박아셔 왕자의 상'을 세우고 '특별이 그 왕자의 억개우에 제비까지 만들어 안치고 눈도 좋은 금강석으로 박아서' 세우게 되는 것이다. 제비는 왕자와 대등한 위치에서 왕자와 함께 사람들의 영원한 존경과 사랑 속에 살아가게 된다. 방정환은 조선의 '貴하고 어린 詩人'의 '天使갓흔 마음 깨끗한 가슴에 가장 適合하난 깨끗한 神聖한 것'을 주기 위해 「왕자와 제비」를 번안했다. 이런 의도는 방정환의 동화선언이라고 할 수 있는 「동화童話를 쓰기 전前에-어린애 기르는 부형父兄과 교사敎師에게」라는 글에서 이미 밝히고 있다.

> 어엽분 天使人乃天의 使徒 이윽고는 새 世上의 天道敎의 새 일꾼으로 地上天國의 建設에 從事할 우리 敎中의 어린 동모로 하여곰 애쩍부터 詩人 일쩍붓터 아즉 物慾의 魔鬼가 되기 前부터 아름다운 信仰生活을 憧憬하게 하고 십다 아름다운 信仰生活을 讚美하게 하고 십다 永遠한 天使되게 하고 십다[35]

방정환은 제비와 같은 적극적인 행동과 실천으로 세상을 바꾸고 열어갈 소년운동의 주역으로서의 어린이상을 제시하고자 했다. 천도교에서 말하는 '인내천人乃天' 사상은 '사람이 곧 한울님'이라는 천도교의 기본사상이라고 할 수 있는데, 한울의 뜻이 인간을 통해 드러나고 실현된다는 의미에서 인간은 온 우주에서 가장 귀중한 존재임을 말한다.

> 앞으로 인간을 통하여 우주가 진화 발전하게 되어 있으므로 우주의 창조력은 인간을 통하여 실현된다는 뜻에서 사람이 곧 한울이며 도덕적인 측면에서 볼 때 우주 가운데 가장 귀중한 사람이 사람노릇을 하자면 서로 돕는 힘을 합쳐 세상을 발전시켜 나가며 살아야 한다는 것이다. 궁극적인 목표에서 볼 때 한울을 알고 깨닫고 사는 세상이 되려면 이 세계가 천국이 되어야 할 것이므로 이러한 지상의 천국을 건설하는 것이 인간의 책임이라고 보는 견해이다.[36]

---

35 방정환, 「童話를 쓰기 前에-어린애 기르는 父兄과 敎師에게」, 『천도교월보』 126, 1921, 93쪽.

방정환은, 결말의 처리에서 왕자와 제비가 신의 낙원에서 영원한 행복을 누리는 모습대신, '세상 사람의 존경과 사랑 속에 싸여 늘—봄철이고 늘—젊어 늙지 아니하셧슴니다'로 바꾸었다. 이런 결말의 변경을 통해서 방정환은 '한울을 알고 깨닫고 사는 세상이 되려면 이 세계가 천국이 되어야 할 것이므로 이러한 지상의 천국을 건설하는 것이 인간의 책임'이라는 점을 강조한다. 천도교에서 말하는 '지상천국 건설'의 모습을 보여주고 있다고 할 수 있다.

6. 결론 —방정환 번역의 특징 및 문제의식

「The happy prince」에는 '세계 식민지 획득을 배경으로 풍족해진 영국인들의 달라진 가치관'에 대한 작가 와일드의 비판이 담겨있다.[37] 원작에는 변화된 사회와 시민들에 대한 풍자와 비웃음이 넘치고 있다. 그러나 사이토 번역에서는 영국과 사회적 배경이 다른 일본에 맞게 그런 요소들이 약화되거나 배제된다. 여기에 방정환이 의도적인 개작을 더하면서 작품의 결말은 크게 달라진다. 이 부분에서 방정환만의 독창성을 찾아 볼 수 있다. 먼저, 청중을 울고 웃게 만드는 뛰어난 동화구연가[38]였던 방정환은 일본에 번역된 외국동화를 열심히 읽고 조선 아이

36 최동희 · 김용천, 『천도교』, 원광대 출판국, 1976, 260쪽.
37 子どもの本・翻譯の歩み研究會編, 앞의 책, p.866.
38 정인섭, 『색동회어린이운동사—증보』, 휘문출판사, 1961, 67쪽.

들에게 주기 위해 노력한다. 여러 번역판을 참고하면서 마음에 드는 문장을 그대로 번역하기도 하고, 때로는 조선의 어린이가 알기 쉽고 이해할 수 있도록 문장을 바꾸기도 했다. 방정환은 원작 혹은 일본어판을 충실하게 번역하는 자세보다, 작품을 읽는 독자(어린이)의 정서를 자극해서 '감성의 해방'을 꾀하고, 이해를 돕기 위해 문장을 고쳐 쓰는 번안내지는 '개화改話, rewrite'에 주력했다.

둘째, 등장인물의 성격을 뚜렷이 드러내고, 에피소드 변형을 통해서 작가의 가치관을 일관되게 표현했다. 「The happy prince」를 「왕자와 제비」로 번역한 이유, 즉 제비가 왕자와 함께 제목에 등장한 이유를 명확히 하고, 서사전개에서 제비의 역할을 더욱 선명하게 자리매김했다. 이를 위해 가난한 사람들의 고통에 공감하고 이해하며 같이 눈물 흘릴 줄 아는 따뜻한 성격으로 제비를 묘사하고, 사람들이 힘을 합쳐 왕자와 제비를 칭송하는 결말로 자연스럽게 이끌어간다.

끝으로 제비의 성격을 강화하고 왕자와 대등한 위치에 올려놓으면서 천도교적 가치관을 구체적으로 보여주고 있다. 신의 구원을 통해 하늘나라의 낙원에 들어가는 원작의 결말을 따르지 않고, 에피소드들의 의도적이고 점층적인 변형을 통해서 지상천국 건설의 서사를 강조했다. 방정환은 근대 시기 한국 아동문학의 개척을 위해 외국동화를 가져와서 아동문학의 기초를 마련하고자 노력하면서, 종교를 통한 인간 구원의 희망을 탐구했다.

방정환의 번역은 일제 식민지라는 제한된 문화 환경에서 꽃피운 독특한 글쓰기 방식이라고 할 수 있다. 이 글에서는 『사랑의 선물』 수록 작품 중 「왕자와 제비」에 주목해서 논지를 전개했다. 그러나 전체적인 번역양상을 파악하기 위해서는 작품 전체를 분석한 후 방정환의 문제의식에 다각적으로 접근할 필요가 있다는 것을 인식하고 있다. 필자는 계속해서 『사랑의 선물』 수록작품의 문장 분석을 통해서, 방정환의 독창적인 문제의식에 주목해 나가고자 한다.

참고문헌

1. 기본자료

방정환, 『사랑의 선물』, 개벽사, 1922. 이 글에서는 제11판(1928, 11)을 사용.

『천도교월보』 126, 개벽사, 1921.2.

Oscar Wilde, *The happy prince and other tales*, Boston : Roberts, 1888.

2. 논문

김미정 · 임재택, 「소파 방정환에 의해 재창조된 번안동화의 작품세계 – 『사랑의 선물』을 중심으로」, 『어린이문학교육연구』 11-2, 2010.

김제곤, 「윤석중(尹石重)연구」, 인하대 박사논문, 2013.

박현수, 「산드룡, 재투성이 왕비, 그리고 신데렐라 – 한국 근대 번역동화의 정전 형성과 그 의미」, 『상허학보』 16, 2006.

방정환, 「童話를 쓰기 前에 – 어린애 기르는 父兄과 敎師에게」, 『천도교월보』 126, 1921.

______, 「새로 開拓되는 '童話'에 關하야 – 特히 少年以外의 一般 큰 이에게」, 『개벽』, 개벽사, 1923.

염희경, 「소파 방정환연구」, 인하대 박사논문, 2007.

윤석중, 「노래여 새싹이여」, 『여원』 105호, 1964.

이혜진, 「인식과 오인 사이, 폭력적 진실의 자리 – 오스카 와일드의 '행복한 왕자'」, 『외국문학연구』 57, 2015.

장정희, 「『사랑의 선물』 再版 과정과 異本 발생 양상」, 『인문학연구』 51, 조선대 인문학연구원, 2016.

이정현, 「方定煥の翻譯童話研究 – 'サランエソンムル(사랑의선물)'を中心に」, 오사카대 박사논문, 2008.

3. 단행본

마리아 니콜라예바, 조희숙 외역, 『아동문학의 미학적 접근』, 교문사, 2009.

이재철, 『한국현대아동문학사』, 일지사, 1978.

정인섭, 『색동회 어린이운동사—증보』, 휘문출판사, 1961.
최동희 · 김용천, 『천도교』, 원광대 출판국, 1976.

잭 자이프스, 김정아 역, 『동화의 정체』, 문학동네, 2008.

龜井俊介 編, 『近代日本の飜譯文化』, 中央公論社, 1994.
子どもの本・翻譯の步み硏究會編, 『図說子どもの本・翻譯の步み事典』, 柏書房, 2002.
原昌, 「第3章〈異文化〉移入としての翻譯」, 鳥越信編, 『はじめて學ぶ日本の兒童文學史』, ミネルヴァ書房, 2001.

방정환의 『사랑의 선물』에 나타난 멜로드라마적 특성과 동화의 숭고미*

오현숙

"아름다운 樂園, 崇嚴한 王國! 거긔를 世上人類는 누구나 지나온다"[1]

1. 서론

방정환의 번역 동화집인 『사랑의 선물』(개벽사, 1922.7)[2]은 방정환에 대한 활발한 논의에 비해 연구자들에 의해 본격적으로 분석되지 못했

* 이 논문은 「방정환의 『사랑의 선물』에 나타난 멜로드라마적 특성과 동화의 숭고미」, 한국아동청소년문학회, 『아동청소년문학연구』 17, 2015.12에 수록된 것을 일부 다듬어 재수록한 것임을 밝혀둔다.

1 방정환, 「새로 開拓되는 '童話'에 關」하야—特히 少年以外의 一般 큰 이에게」, 『개벽』 31, 1923.1, 22쪽.

2 방정환의 번역 동화집 『사랑의 선물』은 1922년 7월 초판본이 발행되었다. 그러나 이 번역집의 초판본은 아직 학계에서 확인되지 못했다. 이 글은 1928년 1월에 발행된 판본을 저본으로 삼아 분석하고자 한다.

다. 그간 창작 작품 위주의 연구경향 속에서 번역 동화의 위상은 방정환 작가 연구뿐만 아니라 아동문학사 서술에서도 일정한 공백으로 남아있다. 그러나 특히 초기의 번역 작품은 당대 조선의 문화와 교섭되면서 근대 아동문학 형성의 중요한 토대였다는 점을 상기할 때 번역 작품들에 대한 보다 적극적인 연구가 요구된다.

이 번역동화집의 주된 연구 경향을 살펴보면 번역텍스트를 독해하는 방법론의 어려움을 잘 보여준다. 선행 연구에서 가장 주목할 수 있는 논문으로는 민족주의적 관점에서 '네이션'을 상상하는 문학적 기여를 했다는 염희경의 논의[3]와 전파론적 관점에서 발신자로서의 일본문학의 위상을 강조하는 이정현의 논의[4]가 대표적이다. 그러나 이처럼 동일한 텍스트에 대해 민족주의적 관점과 전파론적 관점에 따른 상이한 평가가 대립하고 있다.

먼저 염희경의 연구는 수신자의 관점에서 수용의 '능동성'을 강조했다는 점에서 의미가 있다. 그 논의의 핵심은 민족주의다. 이 경우 방정환의 번역 텍스트가 일본 문학을 저본으로 하고 있다는 실증을 완전히 지워버릴 수 없다는 점에서 논의의 한계가 있다. 또 민족주의라는 거대담론이 『사랑의 선물』의 독특한 특성을 드러내기보다는 방정환을 민족주의자로 기술하는 관성화된 문학사적 규정을 정교화해서 잇고

3 염희경, 「'네이션'을 상상한 번역 동화―방정환의 「사랑의 선물」에 대하여」, 『동화와 번역』 13, 2007; 「민족주의의 내면화와 '전래동화'의 모델 찾기―방정환의 「사랑의 선물」에 대하여」, 『한국학연구』 16, 2007.

4 이정현, 「方定煥の翻訳童話と『金の船』= 방정환의 번역동화와 『金の船』(킨노후네)」, 『일본문화연구』, 2007; 「방정환의 그림동화 번역본에 관한 연구―「잠자는왕녀」와 「텬당가는길」을 중심으로」, 『어린이문학교육연구』 9, 2008; 翻案童話研究」, 大阪大学大学院文化研究科 博士学位論文, 2008.

있는 것은 아닌지 생각해볼 필요가 있다.

한편 문학적 영향에 대한 이정현의 실증적인 논의는 이후 방정환의 번역 작품 연구에 중요한 토대를 마련했다는 점에서 높게 평가할 수 있다. 하지만 발신자의 문화적 우위를 전제로 한 '이입'의 관점을 강조하면서 방정환의 번역 작품집을 서로 다른 기원을 지닌 이질적인 텍스트들의 기계적인 조합으로 설명하는 한계를 보인다. 이정현에 따르면 방정환의 『사랑의 선물』은 1919년과 1920년대 일본에서 간행된 가정독물간행회家庭読物刊行会의 시리즈, 『킨노후네金の船』, 『세카이도우와호교쿠슈世界童話寶玉集』 시리즈, 또 후잔보富山房에서 출판한 『모한카테이분코模範家庭文庫』 시리즈의 『그리므오토기바나시グリム御伽噺』와 『안데루센오토기바나시アンデルセン御伽噺』 등을 원천으로 한 동화집이다. 이른바 '원자론적 경향' 속에서 방정환의 독창적인 문제의식은 소실된다.

따라서 실증주의에 토대하면서도 동시에 '발신자－전신자－수신자' 틀 안에서 '이입'을 강조하는 좁은 전파론적 관점을 넘어서는 새로운 독해 방법론이 필요하다. '이입'의 관점을 넘어서 방정환이 이질적인 텍스트들을 선택하고 배치하는 메타적인 원리는 무엇인가에 대한 탐색이 요구된다. 이를 통해서 번역 작품집 전체의 특징을 고려하는 총체적 시각으로 나아갈 필요가 있다.

이 글은 방정환의 번역과정에서 가장 주목할 수 있는 독창성으로 서구의 정전들을 '멜로드라마적 양식'으로 전환함으로써 동화의 '숭고미'를 창출하는 것이라는 가설을 새롭게 제시하고자 한다. 멜로드라마에 대한 피터 브룩스의 논의는 번역과정에서 창출되는 방정환의 독창적인 문학적 표현양식을 이해하는 데 유용한 틀을 제공해준다. 음악과 운문을 결합시킨 대중극의 형식으로서 18세기에 처음 발생한 멜로드라마는 점차 도덕적 극단성, 개연성 없는 플롯, 수사적 과장으로 특징지어지는 극적 형식과 소설적 형식을 포함하게 되었다. 따라서 멜로드라마는 드라마에 한정된 특수한 서사 논리나 주제적 논리로 규정되기보다는 서로 다른 장르의 다양한 텍스트들에서 반복적으로 나타날 수 있는 미학적 표현양식으로 폭넓게 규정된다.[5]

일반적으로 멜로드라마적 양식의 특징은 도덕적 양극화와 도식화, 존재·상황·행동의 극단적 상태, 강렬한 감정표출, 과장되고 지나친 표현, 서스펜스와 아슬아슬한 운명의 급변 등으로 요약된다. 멜로드라마적 용법은 저속하고 경멸적인 용법에서부터 교훈적이고 초월적인 가치의 제시까지 폭넓게 나타나는데, 피터브룩스는 일반적인 멜로드라마적 양식적 특성을 수용하면서도 특히 후자의 성격을 강조한다.

그에 따르면, 첫째 멜로드라마라는 양식은 문학이 신성함을 상실한 근대적인 시-공간에서, 근본적인 인간의 도덕 감정의 존재와 유효성을 증명하고 윤리적 영역을 재정립하고자하는 "윤리적 마음의 연극"[6]이다. 따라서 "멜로드라마는 가장 기본적인 도덕적 감정들을 재배치하고 재명료화해서 옳은 것의 기호들을 찬양한다"[7]. 앞서 언급한 일반적인

---

5 피터 브룩스는 멜로드라마적 양식을 "표현양식", "미학 구조"로서 재발견하면서, "멜로드라마로부터 멜로드라마적인 것을 추론해내는 것, 명사적인 것으로 형용사적인 것을 정의하고 예각화"하고자 했다. 그는 멜로드라마에서 파생된 미학개념을 확장하면서 멜로드라마의 플롯, 수사학, 전제는 다른 많은 매체나 장르에서 일련의 주제를 위해 이용되고 접합될 수 있는 문화 형식으로서 멜로드라마적 양식을 정의한다. 피터 브룩스, 이승희·이혜령·최승연 역, 『멜로드라마적 상상력—발자크, 헨리 제임스, 멜로드라마, 그리고 과잉의 양식』, 소명출판, 2013, 17~21쪽, 162쪽.

6 위의 책, 56쪽.

7 위의 책, 88쪽.

멜로드라마의 구조적, 주제적, 표현적 요소들 모두 근본적인 윤리적 세계의 힘을 정립하는데 기여한다. 이러한 개념을 수용할 경우, 방정환의 번역동화에서 나타나는 멜로드라마적 특성이 성性, 연애, 퇴폐 등을 강조하는 통속적인 멜로드라마와 갈라지는 지점을 보다 명확하게 보여줄 수 있을 것으로 기대된다.

둘째 멜로드라마적 상상력의 핵심은 삶을 극적인 갈등과 충돌의 장면으로, 과장된 제스처로 재현하는 장대한 투쟁의 장면으로 만든다는 것이다. 이는 특히 낭만주의적인 극작술의 전통과 연결되며, 연극의 스펙터클한 측면은 의미들을 행동과 시각적 기호들로 재현함으로서 대부분 교육받지 못한 청중들에게도 명확한 의사소통체계를 확립할 수 있었다.[8] 이는 플롯 중심의 서사 전개와 아동독자를 고려한 문자를 넘어선 의미의 재현이라는 아동문학의 장르적 특성과 상당부분 유사성을 보여준다. 사실 우리가 '동화'라고 부르는 예술은 음악, 극, 그림, 동요 등의 다양한 요소를 통해 이야기를 구성하고 있으면서도 언어 매체만을 유일한 것으로 생각하는 경향이 있는 것은 아닌지 재고될 필요가 있다. 소설처럼 동화 역시 산문으로서 단순히 잡종적인 특성을 지닌다는 것이 아니라, 아동이라는 독특한 지식체계를 지닌 독자에게 향유되는 문학은 '문자'라는 매체만을 특권화할 수 없다는 것이다. 구체적으로 조은숙은 1920년대 동화회에 주목하면서 작가들이 '문자화될 가능성'과 '구연될 가능성'을 동시에 전제해야 했던 당대의 문화적 맥락을 고려할 때 동화회와 동화적 글쓰기의 상호 영향 관계가 심도 있게 연구되어야 함을 지적한 바 있다.[9] 방정환의 번역 동화에서 나타나

8 위의 책, 147~153쪽.

는 멜로드라마적 특성은 동화, 구연, 아동극 등의 다양한 매체와 장르들을 유연하게 넘나들면서 창작되고 향유되었던 동화적 글쓰기를 깊이 있게 이해할 수 있는 새로운 시각을 제시해 줄 수 있을 것으로 기대된다.[10]

이상 논의한 피터 브룩스의 논의와 함께 방정환의 『사랑의 선물』 간행과 번역 과정의 중요한 문화적, 사상적 토대로서 천도교의 위상을 강조하고자 한다. 천도교의 담론은 『사랑의 선물』에 두드러지는 비극과 구원, 죽음과 영원, 현실과 초월이라는 이분법을 통합하고 승화시키는 기준점이자, 숭고의 개념을 고유하게 실체화해주는 틀로 판단되기 때문이다. 이 글에서 제시하고자 하는 숭고는 인간이 도달할 수 없는 초월적 위치나 이상향, 유토피아 등을 환기하는 것이 아니다. 방정환과 천도교 논자들에 의해 제기된 미덕들은 인간의 내부에서 찾을 수 있으

---

9 조은숙, 「식민지 시기 '동화구연회'의 공간」, 『한국 아동문학의 형성』, 소명출판, 2009, 265~269쪽.

10 실제로 동화집의 발표 이후에 일부는 아동극의 레퍼토리로 자리 잡기도 했다. 특히 『사랑의 선물』에 수록된 「한네레의 죽음」은 1920년대 아동극으로 여러 번 공연되었다. "텬도교 소년회에서는 오는 십사일 오후 륙시부터 경운동 텬도교당에서 다음과 가치 동화극을 한다는대 출연은 전부 소년회의 남녀 회원이오 흥미가 만흐리라더라 조선동화 별주부전 이막, 사랑의 선물 소재 한네레의 죽음 이막, 독립전쟁애화 마리의 奇計"(『동아일보』, 1923.1.12); "동화극대회 1923.1.14. 6시 경성 경운동 천도교 소년부 별주부전 2막, 사랑의 선물 소재 한네레의 죽음 2막, 독불전장여화"(『매일신보』, 1923.1.11); "1923.12.21. 하오 7시 인천 내리 야소교회 눈 온 뒤 1막 여자청년 한네레의 죽엄 1막 영화여보생, 동화극 썩 한 조각1막 영화남학생"(『동아일보』, 1923.12.18); "야학 기성 음악가극회 경성 가나다회 6.16. 8시 종로 중앙기독교 청년회관 가극 한네레의 죽음 외 동화극"(『시대일보』, 1926.6.16); "화평소년의 동화극 준비, 인천 화평 소년회, 5.5. 오후 7시, 인천 산수정 공회당, 한네레의 죽음 전2막, 마음의 꼿 전1막, 산도령의 유리구두 전3막, 얌전한 대답 전1막, 창립 1주년 기념 동화극"(『중외일보』, 1928.5.2. 김경희, 「『어린이』에 수록된 아동극의 현황과 '실연(實演)'」, 『『어린이』(1923~1949)를 다시읽다—미공개 28책을 중심으로』(근대서지학회 · 청주고인쇄박물관 제5회 공동 학술발표대회 자료집), 2015.12.5, 44~46쪽에서 재인용.

며, 숭고는 단순히 낭만주의적인 감상성의 산물이 아니라 현실의 한계를 넘어서고자 하는 천도교의 무한사상 속에서 구체적인 함의를 갖는 것으로 사용하고자 한다.

이상의 논의를 바탕으로 2장에서는 천도교의 물질문명에 대한 문명사적 비판담론을 살펴봄으로써, 부르주아 가족 내에서 보호받는 아동의 형성에서 출발한 서구나 일본과 다른 한국 아동문학 형성의 독특한 담론의 전개의 한 양상을 살펴보고자 한다. 3장에서는『사랑의 선물』을 중심으로 수록 작품들에서 두드러지는 멜로드라마적 특성과 그 효과를 분석하고, 4장에서는 인간의 근원과 본성을 탐구하는 동화의 시학과 숭고미의 관계를 탐구할 것이다. 이를 통해서 서구 정전의 수용과『사랑의 선물』에 나타나는 고유한 숭고미가 형성되는 과정을 분석하고자 한다.

2. 천도교의 물질문명에 대한 문명사적 비판

이 글은 아동을 억압하는 '조선의 전근대적 특수성'의 극복이라는 개별문학의 특수성뿐만 아니라 제1차세계대전 이후 서구의 물질문명에 대한 비판이라는 '동시대적 보편성'에 대한 추구를 통해 한국 동화의 독특한 시학이 마련되었다고 생각한다. 제1차세계대전의 종전은 천도교 논자들이 세계사의 보편적 흐름을 자각하는 중요한 계기가 되었다.[11] 방정환의 "인내천의 사도"로서 동화 예술이 요구된다는 것의 심층적인 의미는 무엇인가 하는 문제 역시 이와 연속선상에서 생각해 볼 수 있다. 천도교의 인내천 논의의 핵심은 과학과 물질주의로 대표되는 서구적인 근대의 위기에 대한 종교적 반응으로서 새로운 정신적·종교적 우주론을 제기하고자 한 것에 있다. 이돈화와 방정환의 다음 논의는 인류의 과학과 물질문명의 전개에 대한 비판이라는 보편적인 문명사적 인식을 보여준다.

①

> 十八世紀의 科學勃興은 實로 精神界의 一大變動을 起케 ᄒᆞ엿나니 卽 物質發明이 極端에 至ᄒᆞᆫ 結果—宗教는 遽히 大打擊을 受ᄒᆞ야 宇宙는 神이 無케 되며 人生은 一個 機械的 物質體에 不過케 되엿도다 玆에 人生은 益益 憤慨에 入ᄒᆞ여 益益 懷疑悲哀의 境의 落케 되엿도다 雖 經濟的 方面에셔 科學은 大勝利를 得ᄒᆞ엿다 ᄒᆞᆯ지라도 精神的 方面에셔는 空前의 大失敗를 逢ᄒᆞ엿더니라 이른바 十九世紀의 懷疑悲哀라 ᄒᆞᆷ은 卽 이를 이름이니(이돈화, 「改造와 宗教」, 『천도교회월보』 112호, 1919.12, 5면. 이하 강조는 인용자)

11 천도교의 문명사적 인식은 1910년 세계대전에 대한 당대의 담론장과 연속성에 있으며 이를 극복하고자 하는 독특한 종교적 담론을 전개시켜 나갔다고 볼 수 있다. 권보드래에 따르면 1910년대 조선에서 전쟁—죽음—공포라는 연상은 제1차세계대전에 대한 심상을 강하게 지배하고 있었으며, 진보, 평화 등 문명의 명분은 허구에 지나지 않았다. 따라서 조선 청년들은 구미 문명의 선진성 자체에 대한 회의를 짙게 할 수 밖에 없었다. 권보드래, 「영혼, 생명, 우주—1910년대 제1차세계대전의 충격과 '죽음'의 극복」, 『개념과 소통』 7, 2011, 10~12쪽.

②

그리고 나는 이 새 일에 着手할 써에 더욱 우리 敎中의 만-흔 어린 동모를 생각한다 어엽분 天使 人乃天의 使徒 이읏고는 새世上의 天道敎의 새 일꾼으로 地上天國의 建設에 從事할 우리 敎中의 어린 동모로 하여곰 애쩍부터 詩人일썩븟터 아즉 物慾의 魔鬼가 되기 前부터 아름다운 信仰生活을 憧憬하게 하고 십다 아름다운 信仰生活을 讚美하게 하고 십다 永遠한 天使되게 하고 십다

늘 이 生覺을 닛지 말고 이 藝術을 맨들고 십고 쏘 그럿케 할난다.(방정환, 「童話를 쓰기 前에 어린이 기르는 父兄과 敎師에게」, 『천도교회월보』 126호, 1921.2, 93면)

18세기에서 19세기에 걸쳐 진행된 서구의 과학, 물질주의에 의해 타락한 인류와 물질적 현실의 변형과 초월의 문제가 바로 천도교의 중요한 문명사적 인식의 핵심이다. 「개조와 종교」에서 "過去 五年의 大戰爭은 挽近人心의 變化로부터 出ᄒᆞ야 如斯ᄒᆞᆫ 大災禍가 釀出ᄒᆞ엿다 ᄒᆞ야도 쏘ᄒᆞᆫ 過言이 안이로다"라는 이돈화의 언급에서 확인되는 바, 천도교 논자들이 제1차세계대전을 통해 서구의 과학과 물질문명 비판이라는 세계사적 동시성의 감각을 체득해나갔음을 잘 보여준다. 그는 "平和는 科學의 力으로 成ᄒᆞᆯ 바안이오 宗敎에 依ᄒᆞ야 成立ᄒᆞᆯ 者"라고 생각했다. 방정환 역시 "物慾의 魔鬼"로 물질주의를 비판하면서 자신의 동화론으로 전개시켜나갔다.

그러나 인류 역사에 대한 반성적 시각과 대안의 제시는 근대와 탈근대가 동시에 나타나는 모순적인 것이었다. 근대성을 전면적인 세속화

와 탈마법화의 시대로만 설명하는 것은, 천도교가 새로운 형이상학적 체계의 창조를 통해 근대성의 상실을 만회하고자 했던 당대의 실천을 과소평가하는 것이다. 근대의 세속화와 탈마법의 결과는 획일적인 것이 아니라 불균등하고 모순적이었다. 주지하듯이 1920년대 조선에서 세기말적인 문화현상과 낭만적인 정신은 절정에 이르렀다. 천도교는 제1차세계대전 이후 서구문명에 비판적인 세기말적인 당대 문화와 교감하면서도, 퇴폐주의나 비관주의가 아니라 현실에 대한 적극적인 변혁 의지를 가지고 이를 실천하고자 했다. 특히 천도교 계열의 사상가나 작가들은 신의 의지와 우주를 지배하는 목적이 인간에게 있다고 확신하였다. 이들은 도덕적·정신적 의미가 고갈된 무질서해 보이는 우주와 현실에 대한 새로운 대안을 제공하고자 했다.

이처럼 서구 문명으로 대표되는 자본주의, 물질주의에 대한 비판은 과학적인 마르크시즘뿐만 아니라 천도교에 의한 도덕적 비판과 형이상학적인 대안 제시 역시 중요한 역할을 했으며, 이는 1920년대 한국의 고유한 동화 미학 형성의 중요한 배경으로 이해될 필요가 있다. 즉 1920년대 타락한 사회적·물질적 현실의 변형과 초월의 의지는 독자적인 동화 장르의 창작이라는 문학적 전환을 가능하게 하는 토대가 되었다. 천도교 논자들에게 타락한 사회는 아동을 억압하는 조선의 전근대적인 현실뿐만 아니라 서구로 대표되는 물질문명에 의한 인간의 존재론적인 가치하락을 동시에 지시하는 것이었다.

그러나 천도교의 인류 역사에 대한 반성과 대안은 물질문명에 대한 비판 논리에 근거하고 있기도 했지만, 근대의 과학과 철학은 천도교의 종교담론을 구체화하는 하나의 수단이기도 했다. 천도교는 세기말적인 1920년대의 문화와 교감하면서도 자신의 교리를 정당화하기 위해 자주 근대적인 철학, 과학의 언어와 결합함으로써 다시금 인간의 존재와 현실을 개조하고자 했다. 예컨대 천도교는 과학적 지식과 현존하는 종교적 전통을 화해시키고 싶어 했다. 이돈화는 새로운 종교가 지녀야 할 덕목을 다음의 네 가지로 요약하였다. ① 신종교는 필히 유래由來종교를 배척한 것이 아니요 능히 유래종교의 최선의 이상을 증류蒸溜한 정신이다. ② 신종교는 필히 과학을 등진 것이 아니라 과학의 진리를 일층 천명하며 일층미화한 것이다. 즉 과학의 최고 이상이 신 그자의 절대관념으로 변화되어 일물일질一物一質이라도 모두 신의 미려한 표현됨을 증명할 만한 사실적 원리를 구비한 것이다. ③ 신종교는 철학을 더욱 내포하는 종교이다. ④ 신종교는 우주를 중심으로 함과 동시에 또 개인을 중심으로 하는 종교다.[12] 이처럼 근대적인 과학과 철학은 천도교의 종교담론을 구체화하는 수단의 하나로 인식되었다. 천도교의 논자들은 이러한 방법론을 통해서 종교와 과학, 우주와 개인, 절대관념과 물질 등의 대립적인 가치들을 천도교의 새로운 종교적인 내포 속에서 화해하고자 했다. 이러한 이질적인 것들을 통합해 나가면서 천도교는 현실의 한계를 무한이라는 철학을 통해 극복하고자 했다. 현상적으로는 모순되어 보이는 것들이 본질의 시각에서는 하나의 지평으로 통합될 수 있다는 것이다. 즉 유한한 현상계를 넘어서 무한한 본질계로의 시각을 전환할 것을 요구하는 것이자, 개혁과 변화를 강조하는 정신개벽 운동이기도 하다.[13]

---

12 이돈화, 「改造와 宗敎」, 『천도교회월보』 112, 1919.12, 6~8쪽.

13 동학에서 천도교로 이어지는 무한사상에 대해서는 다음의 논의를 참고할 수 있다.

이처럼 근대문명 자체가 의심되는 시대적 문맥 속에서, 천도교는 다시금 인간의 존재를 정초하고자 노력했으며, 방정환의 『사랑의 선물』이 번역되었다.

3. 멜로드라마적 양식과 도덕적 승리의 외면화

앞서 논의한 천도교의 인류문명에 대한 비판적 시각은 특히 방정환의 『사랑의 선물』에서 나타나는 양식적 특징과 주제와도 연결된다. 방정환은 물질주의에 자신의 이상주의를 대립시켰다. 자신의 문학 목적은 현실을 있는 그대로 보여주는 것이 아니라 그렇게 되어야만 하는 것임을 보여주고자 했다. 예컨대 동화는 "더렵히지 아니한 純潔과 無限한 自由의 世上을 憧憬하는 마음", "將來 未來의人生에 對한 사랑과 希望"[14]을 표현해야 한다는 것이 방정환의 주장이었다. 방정환의 미학은 감상적인 동시에 도덕적이고 미래적이다. 그는 당대 사회적 삶의 디테일을 기록하기보다는 진실한 정서적 강렬함과 정신적 정수를 포착하려고 노력했다.

조극훈, 「의암 손병희의 '이신환성'에 나타난 철학적 의미」, 『동학학보』 제24호, 2012; 김영철, 「인간 유한성 극복의 단초로서의 동학사상」, 『동학학보』 제36호, 2015.

14 방정환, 「새로 開拓되는 '童話'에 關」하야—特히 少年以外의 一般 큰 이에게」, 『개벽』 31, 1923.1, 22쪽.

주지하듯이 방정환의 『사랑의 선물』은 서구의 아동문학 정전들을 수용한 번역 작품집이다. 흥미로운 것은 "이태리, 불란서, 영국, 시시리아, 독일, 정말" 등의 다양한 세계의 아동들이 '기능적 고아'[15]로 제시된다는 점이다. 무구한 아동과 대부분 죽거나 병이 들거나 도덕적으로 타락한 부모로 대비된다. 아이들을 수식하는 것은 "구차한 집 아해 가튼 그 소년", "부모도 형뎨도 업는 이 가련한 소년", "객지에서 부친을 마져 일코 어의 업는 고아가 되어 먼－고향의 친하지도 못한 아지머님께 길니우려 가는 어린 소년", "가련한 소년", "병든 아해가치"(「란파션」, 2~5쪽), "연한 몸이 고흡흐기도 몹시 고흡흐고", "흡흔 신세"(「산드룡의 유리구두」, 21~22쪽), "혼자 남은 한네레", "가련한 한네레", "불상한 한네레"(「한네레의 죽음」, 85~90쪽), "어머님이 도라가시고 혼차 길리운 불상한 애", "어머니 아버지는 도라가시고"(「어린 음악가」, 114~115쪽), "다만 홀로 가난한 가련한 소년"(「마음의 꼿」, 167쪽) 등이다. 아동이 보여주는 약함은 주로 외적 상황 요인 때문에 생기는 것으로 어린이들 자신의 내적 주체의 약함을 원인으로 하는 것과 다르다. 가난한 집 아이들이나 고아와 같은 사회적 약자들이 대부분이다. 이들의 참혹한 현실은 폭풍우 치는 밤(「란파션」, 10쪽), 다가오는 겨울(「왕자와 제비」, 46쪽), 눈오는 밤(「한네레의 죽음」, 91쪽), 비오는 밤(「어린 음악가」, 113쪽) 등의 배경과 결합

15 기능적 고아(functional orphans)는 일반적인 고아의 개념을 확장한 용어이다. 부모를 잃고 홀로된 아이뿐만 아니라, 부모가 생존해 있더라도 자신의 아이를 돌보지 않는 부모를 가진 아이를 '기능적 고아'라고 한다. 예를 들면, 부모가 정서적으로 온전히 돌보지 못할 수도 있으며, 부모와 멀리 떨어져 지내는 것부터 죽은 경우까지 다양한 범주의 부모의 상실을 경험하는 아동을 지칭한다. 이에 대해서는 다음 책을 참조할 수 있다. 마리아 니콜라예바, 조희숙 외역, 『아동문학의 미학적 접근』, 교문사, 2009, 192쪽.

되어 비극성이 심화된다.

그런데 '기능적 고아'를 강조하는 작품의 선택과 배치 속에서 제국과 식민지, 서구와 동양의 대립이나 거리는 사라진다. 수신자로서 방정환이 위치한 식민지 조선적 현실을 반영한 '고향상실 의식'이나 '고아의식'으로 독해할 수도 있으나, 인류 전체 아동의 현실을 비극적으로 평가하는 '초국가적supra-national'이고 보편적인 방정환의 시선에 보다 주목할 필요가 있다. 앞서 이돈화가 「改造와 宗教」라는 글에서 자본주의 모순의 분출로 인해 인류가 기계의 부품으로 존재론적 가치가 하락했으며 19세기 회의와 비애에 이르렀다는 비판론을 제시한 바 있다. 이러한 맥락에서 방정환은 인류에 대한 천도교의 보편적이고 비판적인 문명사적 인식의 연장선에서 『사랑의 선물』을 통해 인류 문명의 가장 억압된 존재인 아동의 비극적 현실을 전면적으로 다룬 것으로 볼 수 있다.

특히 방정환은 어린 아동과 어른을 도덕적 극단성의 세계로 대비시킨다. 어른의 세계는 악당, 악마, 땅 위의 지옥, 근대의 퇴폐, 타락 등으로 상징된다.

①

훌륭한 대궐이 잇고 모든 것이 전에 보지 못하던 찬란한 것뿐이여셔 맛치 요지경 속에 들어온 것갓치 좃코 깃거웟스나 그러나 그즁에 여긔져긔 **사람의 뼉싸귀와 해골**이 쓰레기처럼 싸여잇고 어듸는 **썩지도 아니한 사람의 송장**이 노여잇는 것을 보고(「요술왕 아아」, 66쪽)

②

참다참다 못하야 소래쳐 울엇습니다 압흔 곳에 손을 내여 밀면 무정하게도 손등까지 휘갈겨셔 어리고 연한 손가락에셔 붉은 피가 쥬르르 흘럿습니다 어딕 아니 압흔 데가 업시 젼신이 물에 져진 솜갓치 되야 느리져셔 가느르고 쇠진한 소릭로 에그어머니이 — 에그어머니이 — 하며 울엇습니다 눈물이 비 오듯 쟉—고 쏘다졋습니다 (…중략…) 그러더니 별안간에 어딕셔 왓는지 무서운 사나운 마테른이 한 팔은 부르것고 한 손에 몽동이를 들고 낫하낫습니다 얼골은 슐을 먹어 그런지 붉고도 퉁퉁 부어 즘생갓고 크고 무셔운 두 눈을 사자갓치 굴니며 입을 악물고 달겨들 듯이 섯습니다(「한네레의 죽음」, 90・98쪽)

③

별안간에 사납게 생긴 남자 한 명이 어대셔인지도 모르게 달겨들엇습니다 그 사납게 생긴 남자는 색씨를 집어다 길으는 악한 남자엿는데 손에 들엇던 시퍼런 칼을 번개갓치 번저석 들더니 쏫에 입 맛추는 아해를 한 번에 찔너 죽이엿습니다 그리고 흉악한 그 악한은 죽어 넘어진 아해의 목을 버혀 잘너셔 짜로 짜로 내여가지고 늣트나무 밋헤 한써번에 파뭇어 바렷습니다.(「쏫속의 작은이」, 180~181쪽)

인용한 텍스트들은 공통적으로 아동의 생명을 해치는 성인의 대립을 형상화한다. 「란파션」, 「요술왕 아아」에서 어른들이 세계가 곧 죽음의 세계이자 공동묘지라면, 「한네레의 죽음」, 「쏫속의 작은이」에서 아버지나 남성은 아동의 생명을 해치는 악한으로 현현한다. 이처럼 선한 심성과 생명을 지닌 아동과 죽음과 악한 심성을 지닌 어른의 대비로 도덕적 극단성이 강화된다. 흥미로운 것은 방정환이 번역 과정에서 아동과 성인의 대립과 도덕성의 대비를 강화하고 있다는 점이다.

①

그 때 **음흉하고 사납게 생긴 한 사나이**가 다가왔다. 그는 다름 아닌 아리따운 **처녀의 오빠**였다. 사나이는 청년을 보더니 날카로운 칼을 뽑아들고는 **장미꽃에게 입을 맞추는 청년**을 찔러 죽였다. 그리고 죽은 청년의 목을 베어 몸과 함께 보리수나무 아래 묻었다.(안데르센, 「장미요정」, 『안데르센 동화전집』, 현대지성사, 2010, 211쪽)

②

별안간에 사납게 생긴 남자 한 명이 어대셔인지도 모르게 달겨들엇습니다 그 사납게 생긴 남자는 색씨를 집어다 길으는 **악한 남자**엿는데 손에 들엇던 시퍼런 칼을 번개갓치 번저석 들더니 **꼿에 입 맛추는** 아해를 한 번에 찔너 죽이엿습니다 그리고 **흉악한 그 악한은** 죽어 **넘어진** 아해의 목을 버혀 잘너셔 짜로 짜로 내여가지고 늣트나무 밋헤 한써번에 파뭇어 바렷습니다.(「꼿속의 작은이」, 180~181쪽)

안데르센의 판본에서는 사랑하는 남녀 사이를 질투한 오빠가 청년을 죽인다. 반면에 방정환의 판본에서는 오빠를 악한 남자라는 제3의 인물로 치환하고, "아해"를 죽이는 것으로 변형한다. 이러한 변형에 의해서 원작이 지닌 근친상간적 요소가 순화되어 보다 아동에게 적절한

〈그림 1〉 오사나이 가우루(小山内薫)의 「고토노타로(琴の太郎)」에 수록된 삽화.

텍스트가 되기도 하지만, 동시에 성인에 의한 아동 생명의 희생이라는 새로운 의미가 만들어 진다.

「란파션」 역시 번역 과정에서 삽화의 재배치와 수사적 과장을 통해서 성인의 세계를 죽음, 지옥의 상징으로 더 강화해서 형상화한다. 방정환의 「란파션」은 일본의 마에다 아키라前田晁가 번역한 「난파선難破船」(『쿠오레クオレ』, 가정독서간행회家庭讀書刊行會, 1920)을 저본으로 중역한 것이다. 그런데 방정환은 번역과정에서 「란파션」의 본문에 전혀 다른 작품의 삽화를 차용해서 본문과 병치한다.

〈그림 1〉은 오사나이 가오루小山内薫, 「고토노타로琴の太郎」(『긴노후네金の船』, 긴노쓰노샤キンノツノ社, 1920.5.1)에 수록된 삽화이다.[16] 방정환은 이 삽화를 「란파션」의 본문 12쪽에 삽입한다. 난파되는 배에서 군상들은 "마치지옥과갓치" 소란해졌으며, "공동묘지가티" 참혹한 형상인 것으로 묘사된

16 이 자료를 허락해 주신 박종진(인하대) 선생님을 통해서 연구를 진전시킬 수 있었다. 연구자로서 선생님의 후의에 감사의 뜻을 전한다.

다. 즉 전혀 다른 작품의 삽화를 난파되는 배의 정경 묘사에 삽입함으로써, 번역 과정에서 지옥의 상징을 훨씬 강화하는 것으로 기능한다.

현실을 지옥의 상징으로 강화하는 경향은 방정환의 「난파선」을 다른 판본들과 비교해 볼 때도 확인된다.

①

선장의 목소리였습니다. 선원들은 펌프를 가지러 달려갔습니다. 하지만 뒤쪽에서 갑작스러운 파도가 몰려와 증기선과 난간과 배의 창문을 박살내고 증기선을 격류 속으로 밀어 넣어 버렸습니다. **살았다기보다는 죽은 사람 같아 보이는 승객들** 모두가 큰 객실로 몸을 피했습니다.(Edmondo De Amicis, 『Cuore』)

②

선장의 목소리였습니다. 선원들은 펌프쪽으로 달려갔습니다. 그러나 그 순간 갑자기 또 파도가 부서지면서 선미쪽으로 무시무시하게 밀려오는가 싶더니, 뱃전도 모두 부수어 버리고 안으로 홍수를 보냈습니다.

승객들은 모두 죽을 것만 같아서, 서둘러 일등실로 달아났습니다.

それは船長の聲でありました。水夫達はポンプの方へ駈けて行きました。所が途端に海が碎けて、艫の方から凄まじく打ち寄せたかと思ふと船縁をも艙口をも打ち碎いて、中へ洪水を送りました。

乘客達はみんな、生きた心地もなく、あわてて一等室へ逃げ込みました。(アミチス, 「難破船」, 555쪽)

③

션장은 소릴를 질너 명령하엿습니다 슈부들은 몰녀와셔 이렇케 급한 ᄯᅢ 쓰려고 매여 달어두엇던 조그만 배를 끌너나렷습니다 그러나 그것도 발셔 바람과 물결이 다 가져가고 단 하나밧게 남지 안엇습니다 그 하나 남은 배는 누가 타기도 젼에 무서운 물결이 배ㅅ뎐과 소리를 깨쳐셔 물속에 녓코 말엇습니다 손님들은 귀신갓치 날뛰며 울고 부르짓고 하엿습니다 발서 그 눈에는 부모도 업고 형데도 업고 제각기 제가 살녀고 날뛰며 부르짓고 하야 마치 지옥과 갓치 소란해졋습니다.(방정환, 「란파션」, 11~12쪽)

침몰하는 배와 승객에 대해 ①의 아미치스 판본이나 ②의 마에다 아키라의 판본은 비교적 객관 묘사가 중심이라면 ③의 방정환 판본에서는 "부모도 업고 형데도 업고 제각기 제가 살녀고 날뛰며 부르짓"는 지옥이라는 주관 묘사가 새롭게 추가된다. 멜로드라마적인 감정의 과잉 서술 속에서 선한 것은 더욱 선하게 악한 것은 더욱 악하게 표현이 명징해진다.

이처럼 아동을 미덕의 기호로, 성인이나 현실을 악한이나 지옥으로 도식화하는 것은 핍박받는 아동을 단순히 재현하는 것을 넘어서 보다 깊은 상징적 의미를 지닌다. 성인이 인간의 한계, 결함, 불완전성을 환기한다면, 아동은 폭력적인 인위적인 제도나 현실에 의해서도 완전히 정복될 수 없는 인간의 타고난 미덕을 상징한다. 집안 깊숙이 인간의 썩은 시체와 뼈다귀를 숨겨놓은 요술왕 아아, 인간의 모든 생명을 빼앗는 폭풍우는 모든 악이 응축되어 인물이나 자연에 투영된 것이다. 아동은 이러한 악과 고투함으로써 인간의 도덕적 실재라는 추상적 가치가 독자에게 가시화될 수 있다. 이러한 멜로드라마적인 도덕의 양극화는 인간의 다양한 본성을 스스로 성찰하고 반성하기 위한 것으로 기능한다.

특히 사건에 대한 '감정적' 서술이 멜로드라마적인 문체 즉 과장된 언어 표현과 반복에 의해서 원본이나 중역본보다 방정환본에서 훨씬 강조된다. 이는 『사랑의 선물』의 여러 텍스트들에서 공통적으로 나타난다. 멜로드라마적인 문체는 원본이나 중역본과 다른 번역 과정에서 발현되는 방정환만의 창조성, 독특성을 보다 뚜렷하게 보여준다는 점에서 충분히 주목할 필요가 있다.

①

"마리오야" 하고 쮸리엣트는 훌적훌적 늣겨 울엇습니다.

어서 어서 소리가 비ㅅ발치듯 하엿습니다 마리오는 다시

"어서 가거라 가셔 어머님 아버님을 만나 뵈어라 나는 죽어도 슯히할 사람도 업다 내가 죽을쎄니 네가 살아가거라" 하엿습니다 그러나 쮸리엣트는 눈물이 비 오듯이 울면셔 마리오를 노치 안엇습니다.(「란파션」, 17쪽)

②

"그렁치만 엇더케 왕자님의 눈을 쎄임닛가" 하면셔 제비는 눈물이 펑펑 쏘다집니다 착하고 착한 왕자님의 마음에 감동된 가슴이 터질 듯이 압핫습니다 그러나 왕자님은

"제비야 울지 말고 어셔 빼여다 주워라"

제비는 하는 수 업시 그 눈을 빼이게 되엿습니다 눈물은 비 오듯 쏘다지며 우는 목소리로

"아아 왕자님!" 하고 쳐다보며 불넛습니다.

"오오 제비야!"왕자님의 눈에도 눈물이 흘넛습니다.(「왕자와제비」, 51쪽)

"왕자님 안령히 게십시오 왕쟈님 왕자님의 손에 입이나 한번 맛추게 하여 쥬십시오" 하는대 발셔 눈에셔는 눈물이 펑펑 쏘다집니다 왕자님 눈에셔도 두 쥴기 눈물이 흐르며

"아아 어엽분 제비야 쌋듯한 남쪽나라로 가련? 아못조록 몸 셩히 잘가거라"

"아아니요 저의 가는 곳은 남쪽나라가 아닙니다 져는 죽엄의 나라로 감니다 영— 영— 다시 뵈옵지 못할 길로 쥭어감니다 부대 안령히 게십시요 왕자님"

"오오 제비야………………"

"아아 왕자님………………"

눈물은 비 오듯 함니다 긔여코 제비는 마즈막 날나셔 눈 감은 왕자님의 입살에 입을 맛초고 그만 죽엇습니다.(「왕자와제비」, 57쪽)

③

"오오 한네레야 아버지도 업고 어머니도 업시 나 역시 이 세상에셔 너 하나를 엇더케 보고 십어 하엿는지 모른다 밤이나 낫이나 남 아니 보는 데셔 나는 이 날까지 울면셔만 지닛단다 한네레야 그릐도 너는 어머니나 모시고 갓치 잇셧지……… 나는 단 혼자셔 쓸쓸하게만………"

"그릐도 어머님 도라가신 후에는 엇더케 견딜 슈 업시 매를 마졋는지 날마다 눈물 마르는 쎄가 업셧셔요 그럴 젹마다 어머니 생각과 언니 생각이

> 엇더케 나는지 견될 슈 업셧셔요 언니는 그렇케 맛지는 안쿠 살겟지요"
> "오오 한네레야 나는 구박을 밧다 — 못해셔 굴머 쥭엇단다"
> "으응? 굴머 쥭엇셔요?"
> "아 — 아 언니마져……… 언니마져 쥭엇구려………"
> "오오 — 한네레야 — 나는 죽은 혼이란다"
> "아아 언니………" 네 쥴기 피 나는 눈물은 비 오듯 흘럿습니다 그즁에도 언니마져 일코 영 — 영 홋몸이 된 어린한 네레의 애닯흔 눈물이 한이 업시 작 — 고 흘넛습니다(「한네레의 죽음」, 103~104쪽)

인용문에서 나타나는 기본적인 기술 방식은 아동, 생명이 희생되는 참혹함의 효과를 성취하기 위해 감정을 과장되게 서술하는 것이다. 감탄사, 대시 기호, 말줄임표 등의 장치는 언어가 불충분하다는 감각을 전달하고 독자에게 전달되는 정서적 효과를 극대화하기 위해 규칙적으로 전개된다. 이러한 서술 방법은 원작이나 중역본과 다른 방정환의 독창성을 뚜렷하게 보여준다.

하지만 이러한 멜로드라마적인 과장된 서술은 단순히 '비극'으로만 수렴되지 않는다. 오히려 고양된 감정과 윤리를 명료하게 표현하는 과정이다. 인용한 「란파션」과 「왕자와 제비」의 부분들은 소년과 제비가 자신의 생명을 내던짐으로써 표면적으로는 비극적인 상황에 놓이지만, 그 심층에서는 타인을 구하고자하는 고결한 도덕적 승리의 드라마가 놓여있다. 멜로드라마적 서술은 마리오와 제비가 내면의 자각을 통해 새로운 존재로 전환되는 장면을 삶과 죽음을 넘나드는 극단적인 것으로 재현한다. 메시지의 반복적인 설명과 수사적 장치 이 모든 것들이 아동의 시련과 종국의 도덕적인 승리를 극화하는 데 기여한다. 한네레와 그의 죽은 언니에 의해서 반복되는 시련에도 불구하고, 미덕의 파멸을 향해 움직이는 세계 안에서도 결코 정복될 수 없는 무구함의 광채를 드러낸다. 표면의 비극적인 서사만으로는 한네레의 죽음이 찬미되는 결말 부분을 충분히 이해할 수 없다.

> 자―쟝 착한 애기 잠 잘 자거라
> 압흔 생각 슯흔 우름 울지를 말고
> 땃듯하고 깁히업난 꿈속의 나라
> 소래 업시 죠용하게 잠 잘자거라
> 자―장 착한 애기 잠 잘자거라

> 아름다운 노래소리를 듯고 또 다시 한네레는 잠이 솔―솔 들엇슴니다. 희고 고흔 날개 달닌 아해들이 어린 한네레의 침ᄃᆡ를 에워싸고 돌면서 춤을 츄더니 이윽고 그나마도 살아지 바리고 다시 방 쇽은 무섭게 죠용한 쇼에가러안졋슴니다.(「한네레의 죽음」, 108쪽)

인용문에서 음악을 통해 아무런 죄가 없는 한네레의 무구한 미덕이 최고조로 고양된다. 그리고 다시 "날개 달닌 아해들"에 의해 과장된 숭고는 우리를 현실의 국면을 넘어선 무구로서의 미덕을 외화해서 보여준다. 멜로드라마는 숭고한 감정이나 관념을 인물의 행위나 노래, 환영들을 통해서 모두가 보고 만지도록 제공된 시각적·촉각적인 모델처럼 다룬다. 감정은 완전히 행동화된 것으로, 독자의 눈앞에 완전히 재현된다. 이러한 멜로드라마적인 단순하고 과잉된 서술 안에서 독자에게 인간이 지닌 미덕의 기호가 인지되고 선한 가치가 승리한다.

방정환을 '눈물주의', '천사주의', '영웅주의' 등으로 가치 폄하했던 기존의 논의들은 이와 같은 방정환의 작품과 번역 작품에 나타나는 수사학의 '과잉'이라는 성격을 잘 나타낸다. 그러나 멜로드라마적인 수사법에 대한 선행연구는 부정적인 평가를 전제로 한 경우가 많다. 방정환의 작품에 대한 카프계열 아동문학 진영의 비판적 논의가 더해지면서 '감상적' '낭만적'이라는 말이 점차 부정적인 함의를 얻게 되었으며, 방정환의 '눈물주의', '천사주의'는 현실을 비판적으로 이해하려 하지 않고 아름다운 환상 속에서 과장된 감정을 전개하는 형식 속으로 도피하려는 텍스트에 붙이는 꼬리표가 되었다. 다시 말해 눈물주의, 감상주의, 천사주의라는 범주는 방정환을 제대로 평가하기에는 지나치게 부정적인 함의를 담고 있다.

반면에 원종찬, 장정희 등은 가치 폄하된 방정환 문학의 위상을 회복하고자 했다. 원종찬은 방정환이 "눈물주의에 빠진 '비현실의 작가'가" 아니라 초기 신문학 운동의 낭만주의라는 맥락에서 이해되어야 함을 주장하였다.[17] 장정희는 방정환의 소년소설을 분석하면서 "감정의 강화와 주정主情의 서사 전략"을 구사한 것을 적절히 지적하였다.[18]

그러나 아동문학의 '기원'으로서 방정환 문학의 위상은 높게 평가되지만, 낭만성과 결합된 멜로드라마적인 미학적 특성은 여전히 '눈물주

---

17 원종찬, 「한국 아동문학이 창조한 주인공—근대아동문학사 연구의 반성」, 『아동문학과 비평정신』, 창비, 2001, 101~102쪽.

18 장정희, 「방정환 문학 연구—'소년소설'의 장르의식과 서사전략을 중심으로」, 고려대 박사논문, 2013, 147쪽.

의'로 평가절하 되었다. 이는 세속적인 물질세계의 구속을 넘어서고자 하는 방정환 작품의 초월적인 열망을 올바르게 평가하지 못하게 한다. 낭만주의의 특징들, 즉 '무절제'한 감상, 이성이 아닌 '감성'에 대한 호소 등을 일반적으로 근대성을 외면하고 낭만적인 것에 호소한다는 점에서 낡고 퇴행적인 것과 동일시하는 가치평가가 타당한 것인지 재검토될 필요가 있다. 이러한 가치평가는 특수한 아동문학의 규범들을 고려하지 못한 무차별적인 비판의 일반화는 아닌지 생각해볼 필요가 있다. 구어 문화oral culture에 상당부분 의존하는 아동에게 문체의 반복성은 '잉여'로 평가하기 어려우며, 문자언어 즉 선형적이고 구조화되어 있는 관습적 기호만으로는 의미를 충분하게 재현할 수 없음은 아동문학의 보편적인 문제이기 때문이다.

이상 살펴본 바와 같이 기능적 고아로 과장된 인물, 웅장한 사건, 과장된 감정표현과 눈물 등의 멜로드라마 레퍼토리에서 온 여타의 요소들을 사용해서 현실에서 하찮거나 대수롭지 않은 존재였던 아동은 모든 악과 선, 죽음과 생명, 비극과 구원 사이에서 갈등하며 삶의 중요한 운명을 선택하는 강렬한 내면의 드라마의 주인공이 된다. 독자에게 극도의 고통과 괴로움을 경험하게 한다는 점에서 비극과 유사하지만, 격렬한 고통의 경험은 아동 인물의 선한 행동으로 치유되고 해방된다는 점에서 다르다. 방정환의 번역 작품에서 아동의 비극적 현실과 이에 대한 수사적 '과잉'은 단순히 관객의 눈물을 자극하거나 당대의 현실을 눈물의 위안으로 해소하는 것이 아니다. 오히려, 이후 전개될 생명의 구원, 인간 본성의 구원이라는 전환을 예비하고 도덕적 승리를 외면화하기 위한 작가의 의도된 전략으로 적극적으로 평가할 수 있다.

4. 생명의 근원과 인간의 진선미眞善美를 탐구하는 동화의 시학

이 장에서는 도덕적 극단성, 수사적 과장과 함께 방정환이 새롭게 창조하는 초월적인 것, 고양된 것, 형언할 수 없는 것에 대한 열망이 지닌 중요성을 강조하고자 한다. 피터 브룩스에 따르면 멜로드라마적 양식의 특징은 미학적인 과잉을 통한 '신성화의 충동resacrilization'으로 요약된다. 즉 그는 멜로드라마가 신성한 것의 돌이킬 수 없는 상실에서 발생하며, 재신성화의 충동과 개인적인 차원 이외에는 신성화를 생각할 수 없는 현실 모두를 재현한다고 지적한다.[19] 이 글은 영원, 초월, 무한에 대한 열망의 문학적 재현을 동화의 '숭고미'로 논의하고자 한다. 다시 말해 숭고 개념에 포함되는 것은 세속적인 것을 넘어서는 지각과 관련된 환희, 도취, 자기초월 등의 의식을 불러일으키는 모든 표상들이다. 방정환의 동화에서 이러한 효과는 멜로드라마적 강렬한 형식과 현실 및 물질세계의 초월이라는 주제가 결합됨으로써 성취된다.[20] 이러한 멜로드라마적 양식이라는 개념어는 선행 연구에서 '눈물주의' '감상주의'로 폄하되어 온 방정환의 문학에서 나타나는 서사적

---

19 피터 브룩스, 이승희 · 이혜령 · 최승연 역, 앞의 책, 76~77쪽.

20 리타 펠스키, 김영찬 · 심진경 역, 『근대성과 페미니즘』, 거름, 1998, 191쪽. 리타 펠스키는 버크와 칸트 저작에서 숭고는 남성적인 형식으로 정의한 것으로 비판한다. 반대로 그는 여성적이면서 대중적인 숭고를 탐색하면서 이를 "대중적 숭고(popular sublime)로 명명했다. 필자는 보다 여성적이며 감상적인 것에 기반을 두고 숭고를 개념화하는 리타 펠스키의 논의를 차용해서 '숭고' 개념을 정의했다. 그러나 아동문학에서 숭고는 일반적으로 대중문학에서 성적(性的) 요소와 결합되어 흥미성을 강조하는 경향과 차이가 있다고 판단해서 '대중적'이라는 수사는 제외했다.

특징과 미학을 새롭게 평가할 수 있는 틀을 제공할 수 있을 것으로 기대한다.

방정환의 『사랑의 선물』에는 명백한 갈등구조를 넘어서는 구원이 뚜렷하게 형상화된다. 선악의 갈등구조에서 인과응보에 의한 결말은 「욋속의 작은이」뿐이며, 대부분의 작품에서 이러한 갈등을 넘어선 숭고한 미美의 창출로 수렴된다. 1920년대 아동과 동화 양식이 '순수함의 표백'이라는 낭만주의 담론에 기반하고 있음은 선행 연구에 의해 섬세하게 분석된 바 있다.[21] 그러나 조선에서 아동과 동화는 단순히 '순수'라는 기표로만 구성된 것은 아니었다. 이러한 서구나 일본을 경유한 낭만주가 천도교의 담론과 방정환의 번역 작품이 교직될 때, 생명과 인간의 진선미를 탐구하는 동화라는 개성적인 숭고미가 형성될 수 있었다. 『사랑의 선물』에서 아동은 단순히 깨끗함만의 표상이 아니며, 개체를 넘어서 우주로 고양되는 무한철학과 인간에 대해 어떤 것이 진실한 것인가 하는 가치론, 어떤 것이 선하고 악한 것인가 하는 윤리론이 결합된 것이라는 점에서 서구의 낭만주의나 일본 다이쇼기 감상주의를 대표하는 『빨간새』의 성격과도 구분될 수 있다.[22]

『사랑의 선물』에서 두 가지 서로 다른 불가능한 영역들 간의 대립은, 인간에게 이미 기입되어 있는 이중성으로 구체화된다. '대중문화'의 멜로드라마 레퍼토리 역시 양가적인 대립을 기반으로 하지만, 대부분 권선징악의 결말로 수렴된다는 점에서 방정환의 번역동화에서 나타나는

21 조은숙, 『한국 아동문학의 형성』, 소명출판, 2009.

22 일본의 다이쇼기 감상주의 문학에 대해서는 가와하라 카즈에, 양미화 역, 『어린이관의 근대』, 소명출판, 2007의 3장 참조.

숭고미와 차이가 있다.[23] 방정환은 대립적인 두 체계들, 즉 악과 선, 현실과 초월, 자연과 문명, 죽음과 생명 등 인간이 가진 이중성을 주인공의 희생을 통해서 통합시키면서 '숭고미'를 창출한다. 이러한 숭고미는 현실에 존재하면서 동시에 현실의 삶에 예속되지 않는, 순수의 현현인 아동에 의해서 실체화될 수 있다. 아동에 의해 두 영역들 사이에 공명이 만들어지고 그것들 간의 소통이 가능해진다. 따라서 그의 번역 텍스트에서는 응징보다는 구원의 주제가 보다 뚜렷해진다. 기독교적인 전통에서 초월자에게 의탁하는 구원이 아니라 인간 스스로 내면을 자각함으로써 존재의 인식론적 상승을 이룬다는 점에서 천도교적인 문맥의 구원이라고 할 수 있다.

이러한 주제를 뚜렷하게 형상화한 작품이 「란파션」과 「왕자와 제비」, 「한네레의 죽음」 등이다. 이들 작품에서 죽음은 비극이 아니라 삶과 죽음을 초월한 숭고함의 약호로 읽을 필요가 있다.[24]

> 둘이 제각긔 살겟다고 하다가 그 소리를 듯고 쮸리엣트가 그만 락심되야 두 팔이 축 느러지고 얼골이 파래졋습니다 그리고 멀건히 서셔 마리오

23 피터 브룩스에 따르면 멜로드라마적 용법은 통속적인 드라마부터 '고급'한 문학 형식에 이르기 까지 널리 퍼져 있는 하나의 문화 형식이다. 이런 다양한 스펙트럼 속에서 '동화'와 멜로드라마적 양식이 교차할 때에는 멜로드라마의 윤리적 차원의 함의가 보다 선명하게 나타나고, 선악을 넘어서 아동을 통해서 보다 신성한 가치를 재현하려는 경향이 강화되는 것으로 판단된다. 이는 멜로드라마적 양식을 이탈하는 것이라기보다는 다양한 스펙트럼 안에서 독특한 한 계열을 차지하는 것으로 설명할 수 있을 것이다.

24 방정환의 『사랑의 선물』에 나타나는 숭고미는, 1920년대 당대의 맥락과 연속성과 차이의 관점에 대해서도 논의될 수 있을 것이다. 1920년대 초기 시에 나타난 숭고의 시학에 대해서는 최호영, 「1920년대 초기 시에 나타난 '거리감'의 도입과 숭고시학에 관한 시론」, 『민족문학사연구』 54, 2014.4 참조.

를 보앗습니다 인제는 키 쟉은 쇼년 마리오가 살게 되엿습니다.

그러나 그때 마리오의 눈에 멀건히 락망하고 섯는 쮸리엣트의 논란 저고리 압헤 뭇어잇는 불근 피가 언 듯 뵈엿습니다 아아 불근 피!! 가련한 쇼년의 어린 가슴에 하날 갓흔 귀여운 생각이 번개가치 번쓱이엿습니다

"쮸리엣트야 네가 타거라" 썰니는 그러나 무섭게 힘잇는 소리로 부르지젓습니다.(「란파션」, 15~16쪽)

그쎅 문이 부스스 열렷습니다 드러온 이는 아버지가 아니고 모르는 병든 이엿습니다 얼든 보기에도 불상한 병든 길 가는 나그네엿습니다.

갈 길은 멀고 춥기는 하고 눈은 퍼붓고 배는 곱흐고 더 가는 슈가 업서 염테를 불고하고 들어왓스니 사람을 구원하여 달나고 그 나그네는 애걸하엿습니다 어린 한네레는 자긔 설음도 다 이져바리고 다만 그 나그네를 불상히 녁이는 마음만 가슴에 가득하야 져녁도 대졉하고 더운 자리에 눗게 하고 십엇습니다.(「한네레의 죽음」, 87~88쪽)

침몰하는 난파선의 삶과 죽음을 가르는 운명 앞에서 마리오는 스스로 자신의 죽음을 선택함으로써 쮸리엣트의 생명을 살린다. 어머니를 잃고 하나뿐인 언니와 헤어져서 아버지의 폭력에 시달리는 한네레 역시 오히려 가련한 다른 생명을 구원한다. 방정환의 멜로드라마적인 대립의 기획에서 중요한 것은 사회적 존재로서의 인간, 즉 인간이 일상을 살아가는 방식을 재현하면서 이와 동시에 인간존재와 연루된 도덕의 드라마를 표현하는 이중적 구성이다. 파괴적인 현실 속에서 아동의 희생을 통해 인간 자신의 신성함의 윤리적 · 심적인 파편들을 회복하고

자 하는 번역자의 필사적인 노력이 있다. 마리오의 죽음은 오히려 생명을 구할 수 있는 인간의 본성, 윤리가 최후에 살아있음을 형상화하며, 다른 생명을 구원하는 선한 한네레의 죽음을 통해서 독자에게 선과 악의 윤리적 상황이 명백해진다. 이처럼 멜로드라마적인 수사학, 선행 연구에서 간단하게 '감상주의', '눈물주의'로 처리해온 멜로드라마적의 과장된 진술과 지나친 강조, 수사학적 과잉 등은 우연적인 것이 아니라 인간의 심리적 갈등과 진선미의 승리로 형상화되는 숭고라는 추상적 가치를 '외화'해서 보여주는 필수적인 형식이라고 할 수 있다.

이와 같은 이분법적 대립과 치유로 대표되는 멜로드라마의 감정구조는 유아의 나르시시즘, 자기 연민과 과장된 감정 상태의 탐닉이라는 유아적인 꿈의 자기극화를 기원으로 갖는다.[25] 다시 말하면 아동에 의한 인간성의 구원과 생명과 윤리의 회복이라는 서사구조는 단순히 아동기로의 퇴행을 의미하는 것이 아니라 인간의 기원으로 돌아가서 인간의 자기 해방을 탐색하는 서사이다. 위의 인용문에서 강조한 부분은 방정환이 각각 참조한 중역본인 前田晁의 「難破船」(『クオレ』, 家庭読書刊行会, 1920)과 木谷勝의 「ハンネレの昇天」(『世界童話宝玉集』, 冨山房, 1919)의 서술에는 없는 것으로, 방정환에 의해 새롭게 삽입된 부분이다. 하지만 "하날 갓흔 귀여운 생각"이나 "사람을 구원하여 달나"는 단순히 새롭게 덧붙인 것이 아니라 방정환에 의한 인내천과 무한사상 등의 천도교적인 담론들의 삽입으로 이해할 수 있다. 이를 살펴보기 위해 이 돈화의 천도교의 자기해방과 사람성 무궁 담론의 핵심 내용을 면밀하게 분석해볼 필요가 있다.

---

25 피터 브룩스, 이승희 · 이혜령 · 최승연 역, 앞의 책, 75~76쪽.

吾人이 神을 보고 神을 알며 神이라 主張하며 神이라 崇拜함은 自己의 精神이 直接-神인 ㅅ닭이 안이냐 吾人이 眞善美를 보고 眞善美라 讚揚하며 眞善美라 謳歌함은 自己의 精神이 直接 眞善美인 故가 안일 것이냐 如斯히 吾人의 精神은 直接-神이며 直接 眞善美니라 (…중략…)

吾天宗大神師는 實로 自己解脫의 宗敎를 創建하엿도다 "天의 五萬年 無功한 일을 내 能히 自擔하야 이를 成功하리라" 하신 一言은 實로 神의 奴隷됨을 解脫하신 바요 "네 몸에 모셔스니 捨近取遠하지 말나" 하심은 곳 人으로 神 되는 資格을 覺하라 命함이니 吾人은 모름직이 自己解放의 大功績을 人乃天主義의 信仰으로붓허 엇고 또한 實地體現치 안임이 不可하도다(이돈화, 「自己解放과 人乃天主義(續)」, 『천도교회월보』 119호, 1920.7, 5~6면)

사람은 本來-사람性의 本質의 中에 仁이 有하며 愛-有하며 慈悲-有하엿는지라 故로써 仁의 理想이 生하며 慈悲의 理想이 生하며 愛의 理想이 生하엿도다 사람은 自己의 行하는 實地事實과 밋其의 理想을 서로 對立케 하는 點에서 쳐음으로 神은 諸美德의 理想體라 假想하게 되엿고 人은 邪惡이라 自暴自棄하게 되엿다 사람이 만일 自己의 理想과 事實이 根本부터 사람性 自己의 延長이라 確信할 것 갓흐면 仁愛, 慈悲等 諸美德은 決코 神其者의 專有物이 되지 안이하고 사람 自己의 無窮性의 表顯임에 可知할 것이엇다(이돈화, 「사람성의 無窮을 論하노라」, 『천도교회월보』 128호, 1921.4, 6면)

이돈화는 「自己解放과 人乃天主義(續)」라는 글에서 자기해방 담론을 크게 두 가지로 요약한다. 하나는 "빵의 평균 분배"로 대표되는 객관적인 물질적 해방이며, 다른 하나가 주관적 해방이다. 인용문은 주관적 해방에 대한 핵심 사상이 사람으로서 신이 되는 자격을 각성하는 것에 있음을 잘 보여준다. 그에 따르면 자기해방은 이 두 가지 모두의 성취를 말한다. 이 글에서 이돈화에 따르면 "이른바 資本主義가 世界市場을 獨占"하고 있는 현재 "麵包의 平均分配"는 정치, 종교, 도덕의 궁극적 목적이다. 이는 계급주의 사상을 천도교의 담론 아래 포섭해나가는 단면을 보여준다.[26] 하지만 『사랑의 선물』에 형상화된 계급모순은 계급투쟁으로 사회변혁이 이루어지는 이야기보다는 오히려 신비하고 초월적 힘으로 '시적 정의'가 실현되어, 죄 없는 사람들의 불행이 상징적으로 보상을 받는 서사 속에서 하나의 이상으로 표현되어 있다. 「왕자와 제비」, 「마음의 꽃」 등이 대표적이다. 한편 인용 부분은 주관적 해방의 구체적인 내용을 설명하는 것이다. 인간이 자기 정신의 진선미眞善美를 자각하는 것, 자기 안에서 신성을 발견하는 것이 곧 자기해방이자 주관적 해방의 내용이다.

그러나 이러한 자기해방은 1920년대 '자아'나 '개인의 발견'이라는 담론으로만 수렴되지 않는다. 인간 본성의 진선미에 대한 자각은 "사람성의 무궁", "자기의 연장延長"으로서 인류 나아가 우주 전체로 확장되는 '무한'에 대한 철학을 기반으로 하고 있기 때문이다.

26 염희경은 운동사적 관점에서 천도교 신파와 사회주의와의 관계를 세밀하게 논의한 바 있다. 염희경, 「1920년대 아동문학 연구의 현황과 과제 – '방정환과 그의 시대'를 중심으로」, 『아동청소년문학연구』 3, 2008.12, 3장 참조.

元來 사람性이 한울님을 崇拜하는 것은 한울님의 物質的 形式을 가리켜 그를 偉大하다 하여 崇拜하는 것이 아니오 우리는 한울님의 屬性을 理想하고 그것의 偉大를 崇拜하는 것이다. (…중략…) 그러므로 우리가 한울님을 崇拜한다 함은 **사람이 사람 스스로가 自己들의 理想한 바 한울님의 意志와 合一할 것**을 豫期한 것이며 그리하여 한울님의 意思와 合一되는 理想鄕을 此世의 中에 實現하기로 目的한 것이다.(이돈화, 『인내천요강』, 천도교중앙총부, 초판 1924(1968년 복간본, 85~86쪽)

이돈화의 논의를 염두에 두고 작품 분석으로 돌아가 보면, 단순히 살기 위한 욕망에 빠져있던 마리오가 자신이 살 수 있는 기회를 버리고 다른 아이를 구원하는 서사에서 방정환이 기술한 "쇼년의 어린 가슴에 하날 갓흔 귀여운 생각이 번개가치 번쩍"인 것은 바로 사람 스스로가 자신의 본성에서 진선미를 자각하는 것을 의미하는 것으로 해석할 수 있다. 한네레 역시 어려운 처지의 다른 인간을 구원함으로써 생명을 구하는 인간의 신성을 스스로 자각하게 된다. 「한네레의 죽음」은 중역본인 木谷勝의 「ハンネレの昇天」의 제목과 같이 "승천"해서 기독교적인 신성과 초월의 세계에 귀의하는 것이 아니라, 방정환본의 제목과 같이 인간적인 "죽음"을 통해서 인간의 미덕과 선한 본성으로 돌아간다. 이처럼 『사랑의 선물』에 공통적으로 형상화된 이분법적 대립과 아동에 의한 인간 본성의 회복이라는 숭고한 서사는 이돈화의 어법으로는 사람성의 본질 가운데 인ㄷ, 사랑, 자비를 자각하는 과정이자 곧 자기의 본성으로부터 무궁성을 확신하는 과정인 것이다.

성인과 아동의 대립, 도덕성의 극단적인 대립이라는 표층 서사의 심층에는 인간적인 것과 신적인 것, 삶과 죽음이라는 두 개의 상이한 대상 영역을 통합함으로써 인류와 우주의 '거대한 연쇄' 속에서 인간으로 하여금 자신의 근원과 본성을 바르게 정초할 수 있게 하는 것이다. 이것이 『사랑의 선물』에 나타나는 고유한 숭고성의 미학이며, 인간의 근원과 본성을 탐구하는 동화의 시학을 마련한 작가 방정환의 기여라고 평가할 수 있다.

5. 결론

이 글은 방정환의 번역동화집 『사랑의 선물』을 중심으로 서구 정전의 수용과 근대 아동문학의 고유한 숭고미가 형성되는 과정을 분석하였다. 방정환은 『사랑의 선물』에서 서구의 정전을 수용하면서도, 인류 전체 아동의 현실을 비극적으로 재현하고 이를 동화의 문법 속에서 구원하는 작품들을 공통적으로 선택, 배치하였다. 그는 멜로드라마적 형식과 물질세계의 초월이라는 주제를 결합함으로써 고유한 숭고미를 형상화했다. 그는 번역 과정에서 아동과 어른을 도덕적 극단성의 세계로 대비시키고, 생명이 희생되는 참혹함과 구원의 과정을 강조하기 위해 감정을 과장되게 서술했다. 감탄사, 대시(—) 기호, 말줄임표 등의 기호를 자주 활용하면서 언어가 불충분하다는 감각을 전달하고 독자에게 전달되는 정서적 효과를 극대화했다. 이러한 서술 방법은 원작이나 중역본과 다른 방정환의 독창성을 뚜렷하게 보여준다.

이처럼 방정환을 '눈물주의' '천사주의' '영웅주의' 등으로 가치 폄하했던 기존의 논의와 달리, 멜로드라마적 양식의 특징인 미학적인 '과잉'은 신성한 가치의 재현을 위한 작가의 의도적인 전략으로 새롭게 이해할 수 있다. 또 서구나 일본을 경유한 낭만주가 천도교의 담론과 방정환의 번역 텍스트와 교직될 때, 생명과 인간의 진선미眞善美를 탐구하는 동화라는 고유한 숭고미가 형성될 수 있었다. 무한철학과 인간에 대한 가치론과 윤리론이 함께 결합된 것이라는 점에서 서구의 낭만주의나 일본 다이쇼기 감상주의를 대표하는 『아까이도리』의 성격과도 구분될 수 있다. 이상의 논의를 통해서 선행 연구의 전파론적 관점을 넘어서 방정환의 번역동화집 『사랑의 선물』에 나타난 작가의 창조성과 고유한 미학을 강조하는 성과를 보이고자 했다.

이 글에서 논의한 멜로드라마적 양식과 숭고미는 선행연구에서 '눈물주의'로 폄하되어온 방정환과 1920년대 아동문학의 성격을 새롭게 평가할 수 있는 개념틀이 될 수 있을 것이다. 특히 1920년대 동화가 구연이나 동극 등의 다양한 장르로 전환되어 다양하게 향유되었다는 점, 방정환의 아동문학 활동이 천도교의 대중문화 활동이라는 뚜렷한 목표 아래 전개되었다는 점에서 대중문화와 방정환 문학과의 관련 양상에 대한 보다 깊이 있는 탐구가 요구된다. 또 이 글에서 제기한 멜로드라마적 양식과 숭고미가 방정환의 번역 작품뿐만 아니라 그의 창작 작품 속에서 어떻게 지속되고 변형되는지 함께 논의될 때 이 글의 논의가 더 정치해질 수 있을 것이다. 이는 후속 연구의 과제로 남겨둔다.

참고문헌

1. 기본 자료

방정환, 「童話를 쓰기 前에 어린이 기르는 父兄과 敎師에게」, 『천도교회월보』 126, 1921.2.

______ 역, 『사랑의 선물』, 개벽사, 1922년 7월 초판본(1928년 1월 재판본).

______, 「새로 開拓되는 '童話'에 關하야—特히 少年以外의 一般 큰 이에게」, 『개벽』 31, 1923.1.

이돈화, 「改造와 宗敎」, 『천도교회월보』 112, 1919.12.

______, 「自己解放과 人乃天主義(續)」, 『천도교회월보』 119, 1920.7.

______, 「사람성의 無窮을 論하노라」, 『천도교회월보』 128, 1921.04.

______, 『인내천요강』, 천도교중앙총부, 초판 1924(1968년 복간본).

木谷勝 역, 「ハンネレの昇天」, 『世界童話宝玉集』, 東京 : 富山房, 1919.

前田晁 역, 「難破船」, 『クオレ』, 東京 : 家庭讀書刊行會, 1920.

2. 논문

권보드래, 「영혼, 생명, 우주—1910년대 제1차 세계대전의 충격과 '죽음'의 극복」, 『개념과 소통』 7, 2011.

김경희, 「『어린이』에 수록된 아동극의 현황과 '실연(實演)'」, 『『어린이』(1923~1949)를 다시읽다—미공개 28책을 중심으로』, 근대서지학회 · 청주고인쇄박물관 제5회 공동 학술발표대회 자료집, 2015.12.5.

김영철, 「인간 유한성 극복의 단초로서의 동학사상」, 『동학학보』 제36호, 2015, 149~174쪽.

염희경, 「'네이션'을 상상한 번역 동화—방정환의 「사랑의 선물」에 대하여」, 『동화와 번역』 13, 2007.

______, 「민족주의의 내면화와 '전래동화'의 모델 찾기—방정환의 「사랑의 선물」에 대하여」, 『한국학연구』 16, 2007.

______, 「1920년대 아동문학 연구의 현황과 과제—'방정환과 그의 시대'를 중심으로」, 『아동청소년문학연구』 3, 2008.

이정현, 「方定煥の翻譯童話と『金の船』 = 방정환의 번역동화와 『金の船』(킨노후네)」, 『일본문화연구』, 2007.

______, 「방정환의 그림동화 번역본에 관한 연구-「잠자는왕녀」와 「텬당가는 길」을 중심으로」, 『어린이문학교육연구』 9, 2008.
______, 「方定煥の翻案童話研究」, 大阪大學大學院文化研究科 博士學位論文, 2008.
장정희, 「방정환 문학 연구-'소년소설'의 장르의식과 서사전략을 중심으로」, 고려대 박사학위 논문, 2013.
조극훈, 「의암 손병희의 '이신환성'에 나타난 철학적 의미」, 『동학학보』 제24호, 2012.
최호영, 「1920년대 초기 시에 나타난 '거리감'의 도입과 숭고시학에 관한 시론」, 『민족문학사연구』 54, 2014.4.

3. 단행본

원종찬, 「한국 아동문학이 창조한 주인공-근대아동문학사 연구의 반성」, 『아동문학과 비평정신』, 창비, 2001.
조은숙, 『한국 아동문학의 형성』, 소명출판, 2009.

피터 브룩스, 이승희·이혜령·최승연 역, 『멜로드라마적 상상력』, 소명출판, 2013.
리타 펠스키, 김영찬·심진경 역, 『근대성과 페미니즘』, 거름, 1998.
가와하라 카즈에, 양미화 역, 『어린이관의 근대』, 소명출판, 2007.
마리아 니콜라예바, 조희숙 외역, 『아동문학의 미학적 접근』, 교문사, 2009.

부록

|

방정환 번역동화 발굴 자료

「로소쿠 우오ろうそく魚」

고지마 마사지로 지음 | 박종진 역

로소쿠 우오ろうそく魚

고지마 마사지로(小島政二郎, 1894~1994)
한국어 번역 · 박종진

三

らふそく魚

小島政二郎

皆さん、今日は一つ、私がお祖父さんから聞いたお話をいたしませう。

江戸時代のことださうです。その頃、或山の中に、蠟燭を知らない村がありました。その村の名主さまが、或年江戸見物に來て、蠟燭に灯の附いてゐるのを見てビックリしました。

「アーレまあ珍らしい。流石お江戸は將軍さまのお膝下だけあつて、あゝいふ重寶なものがある。高いものかしら。」

さう考へたので、恐々

『お商人さん、その灯の附いてゐるものは高いもんかね。』

『いえ、この方は一文に三本でございますよ。』

『そりや又安いことだ。錦繪や淺草海苔の土產は誰

『긴노호시(金の星)』, 긴노호시샤(金の星社), 1924년 7월호(제6권 7호), 22~27쪽

여러분, 오늘은 내가 할아버지한테 들은 이야기를 하나 하지요.

에도시대 일이라고 합니다. 그때 어느 산중에 양초를 모르는 마을이 있었습니다. 어느 해, 그 마을 촌장名主님이 에도(우리의 한양 — 역자)구경을 왔다가, 양초에 불이 켜져 있는 것을 보고 깜짝 놀랐습니다.

'이야, 신기하다. 과연 에도는 쇼군님이 계시는 곳이라서 그런지 저런 귀한 것이 있구나. 비싼 건가?'

그렇게 생각했기 때문에 조심조심 물었습니다.

"상인 양반, 저기 불 켜져 있는 건 비싼가?"

"아니요, 이쪽은 일문一文에 세 개이옵니다."

"그거 참 싸기도 하네. 니시키에(목판으로 인쇄한 아름다운 풍속화 — 역자)나 아사쿠사김 선물(관광 기념품 — 역자)이야 아무나 사갖고 가니 마을에서도 신기해하지도 않을 거야. 난 이걸 선물로 사가야지. 다들 얼마나 놀라고 좋아할까 — 그럼 백 자루만 주시오."

이렇게 해서 촌장님은 선물로 양초를 잔뜩 사가지고 돌아왔습니다. 그걸 대여섯 자루씩 종이에 싸서, 종이 위에 「로소쿠(양초 — 역자)」라고 써서 마을 사람들에게 나누어주었습니다. 그러나 이때, 일부러 어디에 쓰는 건지 알려주지 않았습니다.

그런데, 받은 쪽에서는 난리가 났습니다.

"로소쿠? 로소쿠라는 게 도대체 뭐지? 이봐 오른쪽 집 할멈, 자네는 아는가?"

"왼쪽 집 할아범. 영감이 모르는 걸 내가 어떻게 알아요? 영감이 모르는 걸 내가 안다면 영감을 욕보이는 일이지. —헌데 오른쪽 집 할멈. 자네는 알어?"

"아이고 왼쪽 집 할멈 아냐? 나 같은 사람이 그걸 어떻게 알겠어? 그런 걸 알고 있을 정도면 그 옛날에 망해서 박사가 됐겠지. — 그런데 이번에는 오른쪽 집 영감. 영감은 알고 있어?"

"아니, 몰라."

이런 식으로 옆집에서 옆집으로 물어보기는 했지만, 아직 알고 있다는 사람을 만나지 못했습니다. 그러는 사이 한 달에 한 번 씩 있는 마을 회합이 가헤 할아범 집에서 열리게 되었습니다.

그 자리에서도,

"자네 아는가?"

"아니, 몰라." 하고 '로소쿠' 이야기로 떠들떠들 했습니다.

그러자 그 속에서 사쿠쥬라는 남자가,

"저, 가헤 할아범." 하고 그 집 주인이자 올해 아흔아홉이 되는, 마을에서 아는 게 가장 많은 사람에게 말을 걸었습니다.

"도대체 로소쿠라는 건 어디에 쓰는 겁니까?"

"뭘 물어보나 했더니, 그거? 그걸 자네 모르나? 그걸 모르다면 차라리 죽는 게 나아."

"아니, 나만 모르는 게 아니니까 죽을 건 없지. 온 마을 사람들이 한 사람도 모르는데."

"그러면 다들 죽어버리라고 해."

"그렇게 말하면 안 되지. 알고 있으면 알려 주시구랴."

"알고 있으면 이라니, 이런 건방진. 언젠가 알려줄 때가 있을게야. 지금은 아무 말 말어."

"그렇게 심술 맞은 말 하지 마시고. 물어보는 건 한때의 수치요, 묻지 않는 건 영원한 수치라는 말이 있어요. 나는 부끄러움을 무릅쓰고 물어보고 있는 게 아닙니까?"

"건방진 소리는 하는 게 아니야. 잠자코 물러서 있게."

"아니, 안 물러서. 알려줄 때까지 안 물러서."

그러자, 이모사쿠라는 노인이,

"그만하게, 사쿠쥬. 나이 든 사람한테 대들면 안되지. 자, 가헤 영감, 영감도 상대로 안 되는 젊은 애랑 말싸움 같은 걸 하면 안 돼요." 하고 말리는 옆에서, 모쿠에몬이라는 노인이,

"가헤 영감. 실은 이 나이 먹어서 면목이 없지만, 나도 저 로소쿠라는 게 뭔지 모른다우."

"뭐라고, 모쿠에몬 영감. 영감도 모르는 게야? 그거야, 먹을 거지."

모쿠 "아하! 먹을 거라니 뭔가?"

"이건 물고기야."

"물고기?"

"로소쿠 우오라고 해서 에도 사람들은 하루에 서너 개 정도씩 먹지요."

사쿠쥬 "그래도, 물고기치고는 비늘도 아무 것도 없는데."

"물고기라면 비늘이 꼭 있을 것이라고 생각하면 그건 틀렸어. 물고기라도 비늘이 없는 것도 있으니까."

"그런데 아무리 봐도 물고기 같지는 않은데?"

"어허, 조용히 좀 해, 이봐, 할멈 로소쿠 우오 좀 가져와 보게."

"영감, 이게 물고기 맞어? 아주 깨끗한 물고기도 다 있네. 여기 뾰족한 건 뭔가요?"

"그건 주둥이지."

"어라? 여기 구멍이 있네."

"그건 배꼽이야."

"이건 어떻게 먹나요?"

"음, 조리거나 구워도 먹을 수 있지만, 오늘처럼 추운 날에는 된장국이 가장 맛있을 거야."

"그럼 한번 만들어서 사람들이 먹게 나누어주지 않겠나?"

"아, 물론이지. 이봐 할멈. 된장국을 끓여서 그 속에 이 로소쿠 우오를 부러뜨려서 넣고 뜨거울 때 사람들에게 담아주시게."

얼마 후 로소쿠 우오 된장국이 다 만들어졌습니다.

"자, 여러분 맘껏 드세요."

"고맙습니다. 자, 잘 먹겠습니다. 왠지 에도 사람들이 먹는 거라고 생각하니, 먹기도 전에 목이 꿀꺽꿀꺽 울리고 침이 고이네."

"왠지, 가헤 영감, 반짝반짝 빛나는 덩어리가 떠 있는데요."

"그건 생선 기름이지."

"맛이 어떨지, 내가 먼저 한 모금 마셔볼까요. — 어라? 이거 이상한 냄새가 나네. — 한모금 삼켰는데 왠지 목이 따끔따끔한데?"

"어허, 예의 없어. 먹을 때는 입 좀 닫으시오."

"이게, 하, 맛있는 거라고? — 그러고 보니 맛있는 거라고 하는 게 바로 맛없는 거네."

그런 말을 사쿠쥬가 하는가 싶더니, 이쪽에서는 모쿠에몬이,

"내 그릇 속에는 로소쿠 우오가 두 개 들어있는데, 아주 얇아졌는데."

"그게 마른건가?"

"이거 안되겠네."

"왜 그래? 맛이 달라진 거야?"

"모조리 이에 달라붙어 버렸어. 가헤 영감, 사쿠쥬가 말한 대로 뭔가 이상한 냄새가 나. 아이고 속이 미슥거리네. 정말 맛있다는 건 맛없는 게 틀림없다. 이거 못 먹겠어. 에도 사람들이 먹는 것은 시골 사람 입에는 안 맞어 — 아아 속이 울렁거리네."

여기저기서 속 안 좋은 사람이 나타났습니다. 그러자 그때 밖에서,

"안녕하세요?" 하는 소리가 들렸습니다.

모쿠에몬이,

"네, 나갑니다." 하고 맞으러 나가서, "아이고 촌장님 오셨습니까? — 마침 잘 오셨습니다. 실은 촌장님이 에도 선물이라고 주신 로소쿠를 된장국으로 끓여 다 같이 먹고 있던 참이었습니다. 촌장님도 한 그릇 어떠세요?"

"로소쿠로 된장국을? 도대체 누가 그런 걸 만들라고 시켰습니까?"

"가헤 영감이 알려주셨습니다."

"아이고 가헤 영감님. 나이 값도 못하시고 바보 같은 걸 알려주는 게 아니에요. —— 여러분 그런 건 드시면 안됩니다. 먹는 게 아니에요."

사람들 "네? 먹는 게 아니에요?"

사쿠쥬 "그것 보십시오. 가헤 영감. 사람을 지독하게 혼내고 아는 척 해놓고 먹을 것도 아닌 걸 먹게 만들고……. 어쩐지 속이 미슥거리더라. — 그건 그렇고, 촌장님. 이건 도대체 뭐하는 겁니까?"

"이건 밤이 되면 불을 밝히는 것이야."

"아이쿠 큰일 났네. 불을 밝히는 걸 마시고 뱃속에 화상이라도 입으

면 어쩌지? 담배라도 피워서 불과 불이 부딪히면 뱃속에 불이 나는 거 아냐? 이걸 어쩌지?"

"어쩔 수 없지. 물에 들어가자."

"그게 좋겠어. 목에 새끼줄을 매고 우물 속에 매달릴까?"

"바보 같은 소리 하지 마. 어떻게 우물에 들어갈 수 있어?"

"자, 친주사마鎭守様 연못으로 갑시다."

"옳지, 그게 좋겠어."

그래서 사람들은 모조리 일어서서 친주鎭守숲을 향해서 달려갔습니다. 그리고 그 연못으로 풍덩풍덩 뛰어 들어가 목만 내놓고

"아휴, 사람한테 이상한 걸 먹여가지고 봉변을 당했네. 그래도 이렇게 물에 들어가 있으면 아까 먹은 로소쿠 불도 꺼지겠지?"(끝)

필자 소개 _ 방정환연구소

김경희(金璟姬, Kim, Kyunghee)
서울대학교 대학원에서 「심의린의 동화운동 연구」로 박사학위. 구비문학을 전공하면서 옛이야기가 어린이를 위해 재편되는 과정과 내용의 변이에 관심 북한의 옛이야기와 그림책에 대한 연구를 진행하고 있음. 건국대학교 인문학연구원 연구교수.

김용휘(金容暉, Kim, Yonghwi)
천도교한울연대 공동대표. 고려대학교에서 「동학의 시천주사상」으로 철학박사. 이후 군산대와 고려대학교에서 연구교수를 지냄. 한양대학교와 명지대학교에서 동양철학 강의를 하고 있으며, 시민대상으로 동학 강의. 방정환한울학교 상임이사를 맡아서 동학사상에 기반한 생명운동과 교육운동.

박금숙(朴錦淑, Park, Keumsook)
고려대학교에서 「강소천 동화의 서지 및 개작 연구」로 박사학위. 주요 논문으로 「권정생 초기 동화 연구」, 「두 작가를 동일인물로 혼동한 문학사적 오류」, 「동화작가 이영철의 생애 고찰」, 「피천득 초기 동시의 개작과 그 의미」 등.

박종진(朴鍾振, Park, Jongjin)
한일 아동문학 연구자. 일본 시라유리 여자대학교에서 「미야자와 겐지 연구」로 박사학위. 근대 시기 한일 아동문학 연구에 중점을 두고 연구를 수행. 현재 인하대학교 인문과학연구소 연구교수.

서희경(徐希京, Seo, Heekyung)
숭실대학교 문예창작학과 박사 수료. 『시와 정신』·『아동문학평론』 동시 신인상 수상. 유아 그림책을 쓰고 번역. 옮긴책으로 『탐정 해럴드』, 『너에게 쪽지를 썼어』.

오현숙(吳炫淑, Oh, Hyunsook)
서울대학교 대학원 국문과에서 「한국 아동문학의 형성과 장르 분화」로 박사학위. 주요 저서로 『미디어콘텐츠로서의 박태원 문학』. 서울대학교, 경희대학교, 명지대학교 등에 출강.

이성훈(李星薰, Lee, Songhoon)
건국대학교 동화미디어콘텐츠학과 교수. 독일 빌레펠트(Bielefeld) 대학교 독문학과 박사(세부전공 : 동화). 건국대학교 인문과학대학 학장, 미디어커뮤니케이션대학 학장, 동화와번역연구소 소장 역임. 저서로 『동화 힐링』, 『동화 창작』 등.

이주영(李柱暎, Lee, Juyoung)
어린이문화연대 대표. 저서로 『어린이 문화운동사』, 『어린이 해방, 그날로 가는 첫걸음』, 『아이코, 살았네』, 『삐삐야 미안해』, 『비나리시』, 그림책 『비』 등. 어린이도서연구회 이사장, 한국어린이문학협의회 회장 역임. 방정환 전집 편찬위원.

장정희(張貞姬, Jang, Jeunghee)
방정환연구소 소장, 고려대학교 대학원에서 「방정환 문학 연구」로 박사학위. 저서로 동화집 『마고의 숲』 1·2, 『열한 그루의 자작나무』, 학술서 『한국 근대아동문학의 형상』. 방정환문학상·눈솔어린이문화대상 수상. (사)색동회 어린이날100주년기념사업회 사무총장.

정선희(鄭仙熹, Jeong, Sunny)
인하대학교 한국어문학과를 졸업하고, 고려대학교 국어국문학과 대학원에서 박사과정 수료. 「『어린이』 소재 전래동화를 통해 본 소파 방정환의 이념적 지향과 성격」으로 석사학위를 취득. 설화와 동화의 관계를 어떻게 탐구해야 할지에 많은 관심을 갖고 연구.

홍창수(洪彰秀, Hong, Changsoo)
고려대학교 교수, 『한국희곡』 편집주간, 한국극작가협회 이사장 역임. 1998년 〈오봉산 불지르다〉를 공연하면서 극작가로 활동. 저서 『김우진 전집』 1·2·3, 『한국희곡연구 역사와 실존』, 번역서 『연극의 역사』 1·2, 『희곡쓰기의 즐거움』 외 다수.

오오타케 키요미(大竹聖美, Otake, Kiyomi)
도쿄 쥬신대학교 어린이문화학과 교수. 한국 아동문학을 연구하면서 현대한국그림책을 일본에 번역·소개. 한일문화류 기금 방한연구원 및 대한민국 정부 초청 유학생 지원. 저서로 『근대 한일 아동문화와 문학 관계사』 등.

찾아보기

(ㄱ)

(ㅌ)

(ㅍ)

(ㅎ)

(기타)